读行者

从阅读走进现实

knowledge-power

knowledge-power

读行者

傳記文學書系

十四年：從1931到1945

《传记文学》◎编

台海出版社

博集天卷
CS-BOOKY

图书在版编目（CIP）数据

十四年：从1931到1945 /《传记文学》编. —北京：台海出版社，2016.5
ISBN 978-7-5168-0969-3

Ⅰ. ①十… Ⅱ. ①传… Ⅲ. ①抗日战争－中国－文集 Ⅳ. ①K265.07-53

中国版本图书馆CIP数据核字（2016）第086066号

十四年：从1931到1945

编　　者：《传记文学》

责任编辑：晋璧东　　装帧设计：张丽娜
特约策划：秦　青　　责任印制：蔡　旭

出版发行：台海出版社
地　　址：北京市朝阳区劲松南路1号　　邮政编码：100021
电　　话：010－64041652（发行，邮购）
传　　真：010－84045799（总编室）
网　　址：http://www.taimeng.org.cn/thcbs/default.htm
E-mail：thcbs@126.com

经　　销：全国各地新华书店
印　　刷：北京鹏润伟业印刷有限公司
本书如有破损、缺页、装订错误，请与本社联系调换

开　　本：700×995　1/16
字　　数：400千字　　印　　张：25
版　　次：2016年6月第1版　　印　　次：2016年6月第1次印刷
书　　号：ISBN 978-7-5168-0969-3

定　　价：58.00元

总序

岳麓书社依据台湾的《传记文学》，分类编纂，陆续出版“传记文学”书系，这是两岸文化交流史上的大事，是中国近代史和中华民国史研究的大事、喜事。

1962年2月5日，时值春节，曾在北大读书的刘绍唐向当年的校长胡适拜年，谈起胡适长期提倡传记文学，而始终未见实行，向老师透露，自己正准备创办《传记文学》月刊。胡适虽肯定其志，却以为其事甚难，办月刊，哪里去找这么多“信而有征”的文字，因此不大赞成。不料当年6月1日，绍唐先生主编的《传记文学》竟在台北出刊了。自此，直到2000年2月10日，绍唐先生因病在台北去世，历时38年，共出版453期。每期约30万字，453期就是约13590万字。此外，传记文学出版社还出版了“传记文学丛书”和“传记文学丛刊”，其中包括《民国人物小传》《民国大事日志》等许多民国历史方面的著作。

尽人皆知，绍唐先生没有任何背景，不接受任何政治集团、经济集团的支持，只身奋斗，孤军一人，却做出了台湾官方做不出的成绩，创造了中国出版史上不曾有过的奇迹。因此，绍唐先生被尊为“以一人而敌一国”，戴上了“野史馆馆长”的桂冠。

我在大学学习中国文学，毕业后业余研究中国哲学，1978年4月，调入中国社科院近代史研究所，参加《中华民国史》的编写，自此，即与绍唐先生的《传记文学》结下不解之缘。在众多历史刊物中，《传记文学》最为我所关注。但是，我和绍唐先生相识则较晚，记得是在1995年9月，纪念抗战胜利50周年之际。当时，台湾史学界在台北召开学术讨论会，我和其他大陆学者31人组团越海参加。这是海峡两岸学者之间交流的起始阶段，有如此众多的大陆学者同时赴会，堪称前所未有的盛事。我向会议提交的论文《九一八事变后的蒋介石》，根据毛思诚所藏《蒋介石日记类抄》未刊稿本写成。当时，蒋介石日记存世一事，还不为世人所知，绍唐先生很快通知我，《传记文学》将发表该文。9月3日，闭幕式晚宴，由绍唐先生的传记文学出版社招待。各方学者，各界嘉宾，济济一堂。我因事略为晚到，不料竟被引到主桌，和绍唐先生同席。那次席上，绍唐先生给我的印象是热情、好客、豪饮。次年，我应"中研院"近史所所长陈三井教授之邀访问该所，在台北有较多停留时间。其间，我曾应绍唐先生之邀，到传记文学出版社参观。上得楼来，只见层层叠叠，满室皆书，却不见编辑一人。绍唐先生与我长谈，详细介绍《传记文学》创刊的过程及个人办刊的种种艰辛。绍唐先生特别谈到，办刊者必须具备的"眼力""耐力""定力"等条件，可惜，我没有记日记的习惯，未能将绍唐先生所谈追记下来，至今引为憾事。绍唐先生交游广阔，文友众多，因此宴集也多。每有宴集，绍唐先生必招我参加，我也欣然从远在郊区的南港住所赴会。许多朋友，例如旅美华人史学家唐德刚等都是在这样的场合下认识的。在台期间，台北史学界为纪念北伐战争70周年，召开北伐及北伐史料讨论会，我根据原藏俄罗斯等处的档案，撰写《1923年蒋介石的苏联之行及其军事计划》一文参加，绍唐先生不仅到会，而且当场确定《传记文学》将发表拙文。我离开台北前，绍唐先生再次将我引到他的藏书室，告诉我，凡传记文学出版社出版的图书，喜欢什么就拿什么。我因为"近史所"已赠我大量出版物，又不好意思，只挑选了《陈济棠自传稿》《傅孟真先生年谱》《朱家骅年谱》和李济的《感旧录》等有限几种，回想起来，至今仍觉遗憾。

绍唐先生自述，他有感于两岸的文士因为历史原因等种种关系，"许多史实难免歪曲"，因此，创办此刊，以便"为史家找材料，为文学开生面”。我觉得，绍唐先生的这两个目的，比较成功地达到了。政治对学术，特别是对历史学的干预，古已有之，但是，学术特别是以真实为最高追求目标的历史学，又最忌政治和权力的干预。绍唐先生在台湾的白色恐怖余波犹在的年代，能够不怕“因稿贾祸”，创办刊物，发行丛书，保存大量中国近代史特别是民国史资料，供千秋万代的史家和史学爱好者采用，这是功德无量的盛事、盛业。刊物虽标明“文学”，但是，取文、选文却始终恪守历史学的原则，排斥任何虚构和想象，这也是值得今之史家和文家们借鉴和注重的。

绍唐先生去世后，《传记文学》由中国新闻界的前辈成舍我先生的后裔续办，至今仍是华人世界中的著名历史刊物，衷心希望绍唐先生的事业和精神能长期传承，永放光彩，衷心希望“传记文学”书系的出版，能得到读者的喜欢，助益历史学的繁荣和发展。

杨天石

2015年5月于北京东城之书满为患斋

目录

第一编　九一八事变

第二编　七七事变

第三编　淞沪会战

第四编　台儿庄战役

第五编　对日受降

第一编

九一八事变

“不抵抗”的抵抗
——沈阳北大营守军团长关于“九一八”的回忆

王铁汉

“九一八”后果的总结

“九一八”是世界近代史上一个沉痛的日子。三十二年前的这一天，日本军阀在中国东北的沈阳、永吉（吉林省会）、长春、四平街等地同时发动攻击，第二天占领上述各地。二十一年（一九三二）一月二日，日军占领了东北三省，一月二十八日发动上海事变，三月九日导演伪“满洲国”。二十二年（一九三三）三月四日，占领热河省。二十五年（一九三六）五月二十四日，导演伪“蒙古国”。二十六年（一九三七）七月七日，日军发动卢沟桥事变，中国开始长期抗战。三十年（一九四一）十二月八日，日军攻袭珍珠港，引发世界大战。三十四年

（一九四五）八月十四日，日本向中、美、英、苏四国无条件投降。日本军阀穷兵黩武，蹂躏东亚，中间经过十四年，终遭惨败。

“九一八”前夕东北军政情势

东北边防司令长官张学良以陆海空军副司令职位驻在北平行营，并养病于协和医院。东北边防司令长官公署事务由军事厅长荣臻代行，东北边防驻吉副司令长官兼吉林省政府主席张作相，居父丧在锦州，东北边防驻江副司令长官兼黑龙江省政府主席万福麟因公留北平，东北特区（哈尔滨）行政长官张景惠驻哈尔滨，辽宁省政府主席臧式毅在沈阳。当时东北军政，实际上是由荣臻、臧式毅负责，亦即尔后日本对中国办理交涉的对象。

东北军力：东北空军代司令张焕相驻沈阳。东北海军司令沈鸿烈在葫芦岛。陆军为自陆军独立第七旅至第三十旅，共二十四个步兵旅（装备精良而有战力的，不过十六个旅）。分布在平、津及河北、察哈尔两省者十二个旅，辽宁四个旅，吉林八个旅。骑兵为第一、二、三、四、六共五个旅，驻河北省两旅，辽、吉、黑省各一旅。炮兵为独立第六、七、八共三个旅，主力在平、津一带。辽宁省防军为东边镇守使于芷山所属步兵两团，骑兵一团。洮辽镇守使张海鹏所属步兵一团，骑兵两团。黑龙江有省防军三个旅，苏炳文即当时之黑龙江陆军步兵第一旅旅长兼呼伦贝尔警备司令，马占山为黑龙江陆军步兵第三旅旅长兼黑河镇守使。

北大营被攻的经过

事变当时，我任陆军独立第七旅第六二〇团团长，本旅共辖六一九、六二〇、六二一等三个团。旅长为王以哲，第六一九团团长张士贤，第六二一团团长何立中（因公在北平）。只有本团第一营驻皇姑屯，第六二一团三个直属连驻东山嘴子（沈阳城东）营房，其余全部驻在沈阳北大营。北大营的营房，是坐北向南并列着，第六一九团在东，第六二一团在西（外墙距南满铁路二三百公尺不等），旅部及本团在中间。日军攻击的主要目标，就是北大营的本旅。

“九一八”下午十时一刻钟，忽闻南满铁路方面发生爆炸，这就是事后查明日军自己炸坏南满铁路一段，诡称“中国军队炸毁铁路”为借口的爆炸声音。我正在团部，判断又系地雷爆发，这是多少天以来司空见惯的事，本已不再惹人注意。但五分钟后，北大营西墙外有手榴弹及断续的步枪声，接着就是炮响。这个时候，才觉得事态并不寻常，当即叫旅部电话，始知旅长在城内，又叫六二一团电话，已无人接听，复问第六一九团张团长也不在营。至十一时将过，才得知第六一九、第六二一两团已分别向东山嘴子撤退。我在奉到命令之前，不能自由行动，只有就营房及已有的简单工事，做战斗准备。到十二时，接奉旅长由城内来电话指示：“不抵抗，等候交涉。”此后即失去联络。“等候”不等于“挨打”，敌人向本团营房进攻时，我决心还击，这是“自卫”的必要手段，虽和“不抵抗”冲突，也只有“一面等候，一面抵抗”了。

十九日上午一时四十分钟，日军步兵二百余，并有跟进的部队，逐次向本团接近，炮兵也开始射击本团营房。此刻，适奉东北边防司令长官公署军事厅长荣臻电话，询问情况，并严令“不准抵抗”。我答称：“敌人侵吾国土，攻吾兵营，斯可忍，则国格、人格，全无法维持。而且现在官兵愤慨，都愿与北大营共存亡。敌人正在炮击本团营房，本团官兵势不能持枪待毙。”荣厅长当即指示：“将枪弹缴库。”我答：“在敌人炮攻之下，实在无法遵命，我也不忍这样执行命令。”荣厅长又问：“你为什么不撤出？”我答：“只奉到‘不抵抗，等候交涉’的指示，并无撤出的命令。”荣厅长又指示说：“那么，你就撤出营房，否则，你要负一切责任。”电话也告中断。正在准备撤退的时候，敌人步兵四百余，已向本团第二营开始攻击，我即下令还击，毙伤敌人四十余名。就在敌人攻击顿挫之际，忍痛撤出北大营，正为十九日上午五时。本团第五连连长陈显瑞负伤，士兵伤亡十九人。次日，日本关东军司令本庄繁公布“日军死伤一百二十余名”，乃是为了扩大“中国军队滋事”的反宣传，并不确实。

本团撤出北大营后，即沿沈海铁路向山城镇（柳河县属）前进，行至铁岭县大甸子镇和由沈阳脱险的旅长相遇，本旅在山城镇及东丰县（县长为现任“监察委员”王冠吾先生）附近，略事收容整顿，王旅长命令我代理旅长职务，他要自山城镇乘火车经永吉、长春，先往锦州。我就指挥本旅又经铁岭越过南满铁路，于九月二十九日，分别从彰武县、新立屯两地车运锦州，即调驻北平。

对荣臻的建议

到达锦州的当时，我随王旅长（二十五日到锦州）晋见已由沈阳化装来锦的荣厅长，在报告撤出北大营经过之后，荣厅长即说：“我们已将这次事变经过情形报告中央，经由外交途径，向国际联盟申诉。现在将驻辽宁的部队，向辽河以西移动；吉林的部队，驻地太分散，先将主力在长春、永吉以北地区集结；黑龙江部队不多，暂维现状，等待国际变化。不过万主席（福麟）仍留北平，刻在此地（锦州）的张主席（作相）一二日内也要前往天津，吉、黑两省军政失去重心，还有许多问题。”我听了以后，很是惊异，当即未加思索地说：“我们自己的问题，只有靠自己的奋斗，才能得到合理的解决。与其往后退以待变，莫如向前进以求变。”荣厅长冷笑着说：“你有何高见？”我答：“按目前情况，万主席应该赶快从北平回齐齐哈尔（黑龙江省会），稳定黑龙江局面，张主席即日赴哈尔滨，指挥在吉林的部队，收复长春、永吉（通往齐齐哈尔、哈尔滨的铁路，并无阻碍）。并把辽宁的部队集结起来，若觉得兵力不足，应将在关内的部队调回一部，派人统一指挥，收复沈阳，局势仍然可以转圜。”我说到此处，荣厅长又笑着问：“这样？”我答：“我个人认为应当这样做，如果有困难，您可以转向北平建议和请示。”荣厅长稍犹豫一下说：“再说罢。”看情形，不便再说下去，我即先行辞出。位卑言高，自然不会被采纳的。当日晚，本团由锦州车运北平。

在赴北平火车中默想，日军侵犯吾国土，占领吾城市，在军人的立场来讲，没能够拼之于敌人攻城攻地的当时，也应不计成败利钝，和敌人拼之于失城失地的今日。坐视不前，反向后走，总是一个不可饶恕的过错。

在李顿调查团做证

国联李顿调查团从沈阳回到北平以后，要我们去做证。王旅长率同我们三个团长及我方译员张歆海（前驻波兰公使），于二十一年六月十日上午十时，来到北京饭店，接受询问。届时，调查团的五位团员全体出席。李顿爵士开口就说：“本调查团曾到过沈阳北大营现场。”接着即询问王旅长九一八事变当时日军攻击北大营全盘经过，均由旅长答复。李顿爵士随即又拿起一张日军给他的北大营写景地图，对我询问几点：一、“你看这张地图是否正确？”我答：“正确。”二、“你的部队，是否驻在这所营房（以手指图）？”我答：“是的。”三、“日军在这所营房的南面、西面，被你的部队击死击伤共一百二十余名，你是否知道？”我答：“知道，但是据我的正确估计，日军死伤不会超过五十名。”四、“依你的观察，日军伤亡以少报多，其用意何在？”我答：“我认为这是和日军当时自己炸毁这一段南满铁路（以手指图），借口‘中国军队炸毁铁路’，突向北大营攻击，同一用意。”五、“你们攻击日军的理由是什么？”我答：“我们并没有进到日军所在地的兵营，向之攻击，而是日军侵犯吾国土，攻击吾兵营，我军被迫还击，是‘自卫’的必要手段。”李顿爵士颔首未语，并转问其他团员有无问题，仅意大利籍团员马克迪伯爵说：“这是正当行动。”做证即在十二时结束。

国联根据李顿调查团报告，于二十二年二月宣布日本为侵略国。美国国务卿史汀生曾在二十一年一月，发表不承认日本非法侵略的领土，并要求英国与美国联合对日本提出严重抗议。日本发动九一八事变之初，系采取试探行动，如果当时英美共同出面干涉，根据国联决议，压迫日本撤兵，未必不能实现，这样就可以消弭第二次世界大战。但英国外相西蒙拒绝了史汀生的要求，因之，国联中几个强国也就没有对日本制裁的决心。日本看穿了英美不采取联合行动，国联的权势又是纸老虎，于是蛮横狂妄地退出国际联盟，并肆无忌惮地续行侵略。

李顿调查团到达沈阳时，沈阳邮政局意大利籍的副局长普莱第在他给李顿爵士的备忘录中曾指出："如果列强不在东北就地阻遏日本侵略，我相信不出三年，我的祖国意大利就要染指埃塞俄比亚。"英国著名学者凯士博士，于一九四〇年所著《战祸的原因》一书的结论中，也曾说："从满洲事变中，墨索里尼学会一门重要的课程，所以西蒙爵士不能不对这次战争负有一部分责任。"其实，学会这一门重要的课程，岂止墨索里尼一人而已。

第二次世界大战，日本诚然是祸首罪魁，又何尝不是由于列强纵容所致的呢?

"不抵抗"的由来

"九一八"之夜，我两次接奉电话命令："不抵抗，等候交涉。""不准抵抗……否则，你要负一切责任。"这就是事后备受舆论攻击的"不抵抗主义"了。当时荣厅长、王旅长何以下令"不抵抗"？根据二十一年的日记，知道"不抵抗"出自"不与反抗"的"鱼"电，那是二十年（一九三一）八月六日，张司令长官从北平发给荣臻厅长的。原电：

> 查现在日方对外交渐趋积极，应付一切，亟宜力求稳慎，对于日人无论其如何寻事，我方务须万分容忍，不与反抗，免滋事端。希迅即密电各属切实注意为要。

当夜事变发生，荣厅长用长途电话向北平报告的是十时三十分钟以前的情况，那时日军只是炮击北大营，沈阳其他各处，都没有变化。张司令长官基于累日日军演习司空见惯一点，仍令遵照“鱼”电指示办理。等到沈阳当局发觉日军大举进攻，再向北平请示，电话线已被日军割断，虽改发无线电，但辗转到达张氏面前，已是十九日上午，日军业经占领沈阳，实已超出“寻事”的范围太大。现在回头想起来，“不与反抗”，系以“寻事”为条件，当不会以“占领”为条件，如果北平当局所得为“全面占领”的情况，究竟是否仍令遵照“鱼”电，应有问题。这就是说，“不抵抗”似由于情况不明及通信不灵而促成的。

迄今，我总认为“不抵抗”并不是“主义”，更不是中央的“主意”。而在当时，沈阳军政负责人员昧于情势，事前未能提高警觉，来防备敌人的侵袭，临事又未能适应情况，做权宜积极的处置，遂于仓皇失措中以“不抵抗”应付问题，实为一件最大的错误。

事变前的交涉

日本既决定“武装占领东三省”，即从二十年六月起制造万宝山事件、朝鲜排华事件、中村事件，来激动日本军民“用强硬手段，解决满洲中日现存之困难”。但是表面上仍透过外交形式，由日本驻沈阳总领事林权助与我方之荣臻厅长、臧式毅主席进行交涉。几月来，一方在必有所得，一方则虚与委蛇，当然不会获得协议。林权助在交涉中看出我方在推拖敷衍，曾告知荣、臧两氏“日本军方不耐烦了，你们必须有具体的答复”。而我们认为这是日本外交上惯用的虚声恫吓，绝没有想到会大规模来侵犯。同时，总以为这许多年来，一切问题都敷衍过去了，这次也能敷衍过去。因此，既无应变的计划，更无应变的准备。到了“九一八”日军攻击北大营时，荣、臧才在惊疑中向林总领事交涉“立刻制止日军行动”。林答：“全不知情，正向军部探询。”随后臧主席又找林权助询问日军真意所在。林支吾其词地说：“军方行动，无权过问，外交官只能向东京请示。”延至十九日上午二时，日军攻势益急，荣、臧再约林总领事询问究竟，林已避不见面。事情发展到这个地步，荣、臧束手无策，军政即入无主状态。沈阳就在十九日上午被日军占领，永吉、长春、四平街等地，也同时失陷。这一次的国耻，也就是这样造成的。

“九一八”的起因

九一八事变，为什么发生？近代史家，已多有叙述，不过在许多原因之外，尚有一点被人所忽略的，值得在此一述。甲午中日战争之后，日本吞灭了朝鲜，日俄之战，日本又取得“南满”为势力范围，遂处心积虑，想利用东北做桥梁，以实现其所谓“欲征服世界，必先征服中国，欲征服中国，必先征服满蒙”的“满蒙政策”。于是威胁利诱主政东北的张作霖做他们的傀儡，开头，张氏割据自雄，乃至中原问鼎，多少受有日本特务的策动。但张氏绝不甘心把东北合并给日本，而且全力保护中国在东北的主权。直到民国十六年（一九二七），日本乘张氏危难，提出所谓“满蒙五路建筑权”要求，终为张氏坚决拒绝。日人也认清楚了他终不为所用，在愤恨之余，竟一切不顾，使出最后的一招——置张氏于死地。其后，张学良继起，怀于家仇国难，便于十七年（一九二八）十二月底，毫不理会日本的多次警告及多方阻挠，毅然决然地举辽、吉、黑、热四省以效忠国民政府，助成中国的统一。迨十九年（一九三〇），阎、冯叛变，张氏又力排日本的干涉，于九月十八日发出“巧”电[①]申讨，派军入关，阎、冯瓦解，中国复归于统一。中国的统一，是日本“满蒙政策”的死对头，结果发生了九一八事变。

---

① 张司令长官申讨阎、冯的“巧”电，是十九年“巧”日（九月十八日）发出的，日军选定二十年“巧”日（九月十八日）攻击沈阳北大营，这恐怕不只是一个“巧”合的故事。

“九一八”的教训

中国近几百年来的祸患，可以说是完全导源于东北。九一八事变，如果能够给我们一种教训的话，那应该是使我们更相信东北是中国之生命线，无东北，即无中国，东北的存亡，实和中国的存亡有连带关系。换句话说，这个地方，我们自己不能利用，固然无从强国，若被旁人得去利用，反能使我们亡国。所以我们认为，只有独立自主的中国政权在东北建立起来之后，中国才得安全，亚洲始有和平。

原载《传记文学》第四卷第一期（一九六四年一月号）

“九一八”之夜——《东北大学话沧桑》外一章

宁恩承

一九六七年，香港举行中学毕业生会考，历史考试题目中有：“何谓‘九一八’？试略述其起因。”有一学生答：“‘九一八’是一种治病的药，上海药厂制造的，现在没有了。”

九一八事变是第二次世界大战的起点，是世界史上最大事件之一，发生在一九三一年九月十八日之夜。日本军人制造炸毁铁路事件占领沈阳，逐渐占领东三省全部，进而侵占华北攻打上海，接二连三，引起世界大战。直到一九四五年日本投降，先后十四年之中，全世界战火弥漫，其起点始于“九一八”之夜。第二次世界大战第一个炮弹由我头上飞过，永生难忘。

日本自明治维新以后，逐渐强盛，一八九四年甲午战争打败了大清帝国，此后日本人视东北为囊中之物，很多年处心积虑，要把东北并吞。《马关条约》以后，日本人继续欺凌中国，国际情势也越来越紧。一九一五年，迫袁世凯签订“廿一条”，东北沦为日本特殊地区。一九二八年，日本人炸死张作霖，步步进逼，日日威胁，中国青年爱国英雄如张学良极力反抗侵略，一时日本人未能立即鲸吞东北，日本军人十分不耐，遂制造九一八事变，以图一逞。

一九三一年春，日本人把两尊要塞大炮由旅顺移到沈阳，蠢蠢欲动，但是无隙可乘，无口可借，相安一时。到了九月，日本少壮军人发狂了。乃于十八日派一小队日军到沈北一个小村柳条湖，把南满铁路的铁轨炸断一小段，事前抓了两个中国穷人穿上中国军服，然后把两人枪杀，留在柳条湖铁道上作为中国军人炸毁铁路的佐证，强说中国军人炸毁南满铁路危害了日本帝国权益，日本才不得不采取断然行动，炮轰中国驻军所在地北大营。

北大营在沈阳市北八里。北大营西边三里是柳条湖，即是日本人诡称铁路被破坏的地方。柳条湖西边再三里是东北大学校园。日本人的大炮设在沈阳西边日本附属地，在东北大学西南九里，日军攻打北大营的炮弹须经过东北大学上空，向东飞射到北大营。

“九一八”这天下午，美国木德博士来东北大学讲演。晚七时，我以校长身份招待他在市内青年会西餐部吃饭。宴后八时半，我返北陵校园，路经工业区接近日本附属地，有日本巡捕三三两两，手拿着灯笼，沿街巡察。我的汽车经过时，他们提举灯笼看看，并未阻车。我以为出了抢劫案件。日警巡察街道是常有的事，未以为怪。九时到家，按平时一样十时就寝。

方入蒙眬，忽然一个极大爆炸之声，声震屋宇，窗门动摇。我被震醒了。那是十点二十分。我以为东北大学工厂锅炉爆炸了，立即打电话问工厂看守人员，他们回答说工厂平安无事。我大为惊异，这爆炸是什么呢？由哪儿来的？我披衣出门，走向门口大道上西望，只见新月当空，一般夜景，寂静如常，没有发现什么异样。再打电话问问大学各部门，也没有什么消息。

我披衣出门，沿着大中路走向办公楼的灰楼。那夜是阴历八月初七，凉秋八月，塞外已渐清寒。新月斜挂，凉风袭衣，我一面向西走，一面想这大爆炸究竟是什么事呢？心思起伏，踽踽独行，务要寻求爆炸之源。我方走到办公楼门前十码，忽然一个大炮弹经我头上飞过，一道火光，索索作响，由西向东如流星一般飞去。夜深人静，大炮弹由头上掠过，声音特别清晰。我不禁大吃一惊，知道大事不好了，日本人开始攻打我方驻军北大营。我急忙走入办公室打电话给大帅府荣臻参谋长，问明是什么事。荣参谋长是沈阳的留守司令，代理张学良主持东北一切军务。我向大帅府打电话打了许久，只听对方铃响，没人接话。我再打电话给省主席臧式毅。他先问我："学生全在校吗？"我说："全已睡觉了。"他说："日本人攻打北大营，学生不要闹事。"

"日本人攻打北大营"一句话，比大炮弹由头上飞过更可怕。我立即警觉发生了大事。我再打电话给教育厅长兼省府秘书长金静庵，他也说日本人进攻北大营，他还力说必须管好学生，不可让他们出校闹事，"国难当头，我们必须忍辱负重"。

不抵抗政策，不要惹事，处处躲避日本人，是很多年来的地方政策，也是南京中央政府蒋介石的政策。我们的国策是逆来顺受，不和日本敌抗，中国是弱国，日本是强国，以弱御强，躲避是上策。反之，如和日本开仗，中国必然大败。与其开口骂人，挨了打再跪地求饶，不如先赔笑脸，唾面自干。不抵抗的精义就是如此。当年金静庵的"忍辱负重"声音六十年后仍然在耳。

日本人攻打北大营事件是紧急大事。东北大学邻近北大营，我必须采取一切紧急行动应付危局，我立即召集事务人员李荘、敖世珍两人，吩咐他们把所有马灯、孔明灯集中起来，排在体育场附近，把体育场的更衣室全部打开。我的计划是，如果校园的电源为日军破坏，全校昏黑了，把孔明灯点起来，由女生宿舍沿路设灯，把二百个女生由宿舍领到体育场的更衣室暂避。东大体育场是钢筋洋灰建筑物，可以防枪防弹。东北大学女生宿舍中二百女生是最大的危险品，日本军人如果攻入我校，后果不堪设想。如果二百女生有了安全地带，就减少我心中最大忧虑了。二千多男学生任他们各自照顾自己，其不能照顾自己、维护自己的男生，听天由命。

十一时后，新月西沉，星光闪闪，夜色渐渐阴沉了。日本人的大炮每隔二十分钟有一次，每次经东北大学上空飞过，第一炮经过头上觉得惊恐，三五炮之后，习以为常就不在意了。我所关心的是如何应付危急，假如炮弹落下校园，房屋着了火或伤了人，如何处理。我找到东大校医刚实大夫，请他留守在家里，听我的电话，预备救死扶伤。

事实上，以上两项准备是防备万一的计划，日本人攻打北大营，没有工夫攻打东北大学文化机关，而且大炮弹由我头上飞过，目标是北大营，我们在抛物线弧形之下，炮弹不可能落在我的头上。十一时半以后，我巡察了女生宿舍，告诉女生管理员金陟佳先生在危急之时如何领女生走入体育场的洋灰钢筋建筑物暂避。事实上，大多数女生已沉入睡乡，没听得炮声，因为炮声在十里以外，门窗紧闭，已酣睡的年轻姑娘这时还不知外边发生了惊天动地的大事。

我命令大学工厂看守人员把易燃物品移到较安全地带。理工楼中化学室中的爆炸药品，加封隔离以免扩大燃烧。

十二时再打电话给大帅府、省政府、教育厅，均没有人接听电话了。我自知已陷入孤立绝援之地了。十二时半，我走出办公楼，心思沉重，踽踽独行。返回校长宿舍途中，遇见几个学生，问长问短，我强颜为笑告诉他们，日本人攻打北大营与我们无关，一切措置我已有办法，不必害怕。苗可秀是我在途中遇见的学生之一，他向我说："我们必须沉着谨慎。"他是中国文学系的学生，后来率领义勇军抗日三年，身经百战，为敌所获，杀身成仁。他建议"沉着谨慎"虽嫌空泛，仍算有主张的人。

中夜一时以后，炮声已停，大概日军已攻入北大营正在短兵相接，只听远远的机关枪声，没有炮响了。我独坐房中，心绪万端，但校园中一切平安，万籁无声。

一度紧张之余，感到疲劳。二时以后，我和衣睡着了。

五时，东方渐白，许多教授来舍打听消息。有些人惊慌失措，一位教授说："这样严重时候，秘书长还能睡觉？"我说："不睡觉，我们抱头大哭也不能解决问题。"人在惊惶之中，行动和语言常常失去平日的理智，教授群中也是如此。

东方既白，曙光晨霞带来安全感。人在夜间黑暗之中，恐怖感扩大，增加无谓的恐惧，日光则能带来安全感。但当抬头东望，北大营火光烛天，浓烟缕缕，上升云际，战火烧到沈阳大地，北大营的火柱黑烟，宣示世界大战肇始了。

晨五时后，楼下客厅已挤满了教授们、学生们，全很惊惶，不知所措。我个人的惊惶已成过去，一夜的沉思准备和计划，没一件用得上。表面上一切平安，校园中没有落炮弹，更没有抢劫奸杀，晨光照耀着各座教学大楼，水塔以及体育场等处如平常一样。只是大难临头，人心恐惶，好像居在台风的中心风眼之中，虽然风眼中有一小块的安静，四周狂风暴雨冲杀之力正在施虐。

我决定六时召开全校大会报告时局消息，未到六点，理工学院理工大楼已挤满了人群，学生、教职员工人、巡警全都来到。我向他们郑重地讲了下面一段话：

昨晚十点半，日军攻打北大营。半夜十二时以后，大帅府、省政府已经没有人接电话。现在北大营火光冲天，正在燃烧之中，你们全可看见。我的消息，只是这一点点。

日本在沈阳驻军只三千人，攻打北大营、兵工厂，占领省政府、大帅府，尚感人手不足，大概不会派兵攻占我们大学文化机关。我们目前的安静不成问题，将来如何发展，会发生什么危险，那就不可知了。我和诸位一样，同在校园，没有特别消息可以奉告，只是大帅府、兵工厂、北大营全被日本小鬼攻占了，我将尽我的一切能力维护东北大学，给教授、学生提供一切安全办法。如有任何逃生之路，我一定告诉你们，我要尽我全力来帮助你们。

我在英国上过学。英国是海岛之国，远航渔船常有沉船危险。英国人有一传统，一艘船将沉没的时候，船上的妇女、小孩先下船，先上救生艇，其次是男的乘客，更次是船工水手，最后是船长。如果船沉得太快，船长来不及逃生，这船长就随船沉入海底。今天我是东北大学的船长，我们这条船处在风浪之中，不知要有什么危险。我向诸位保证，我一定遵守英国传统，筹划安全出险办法。如果遇上危险，逃生的次序一定按我所说次序实行：妇孺先离船，其次是教授、学生，再次是职工，我是永守舵位，尽力让大家先逃生。

中国向有国家养士的传统。古人说“士报国恩”，今天国难当头，我们全是一国的善士，应有“士报国恩”的准备。如果暴风暴雨不久就过去了，大家平安无事岂不好。反之，如果发生任何危险，应该恪守“士报国恩”的信条，就一切无恐无惧了。

这一段讲话，全场听众寂静无声。六十年后，有一部分老学生还记得“士报国恩”这段话。

散会后，我令会计主任解御风先生把学生们的伙食费先发还给学生。东北大学规定，开学之初，学生须把学费、膳费交给会计处保管，学生每月伙食费由会计领取应用。九月是开学的第一个月，膳费全在学校铁柜之中。我令会计主任把铁柜打开，把全部膳费发还给各班办伙食的班长。我能记得的班长有李文团、印永法、任光甲。印、任两君均已物故，李文团现居美国洛杉矶。

膳费发还以后，铁柜空无所有。我令会计主任把铁柜永久开着，以示存款已空，校内之人不能向我借，校外强徒放弃抢劫的意图。

六时以后，我家中发生紧急事件。家中工人急催返舍，原来是张三小姐和赵府人马逃到我家了，家人不知如何应付。张作霖老帅的第三女儿张怀瞳嫁给东三省总督赵尔巽的儿子赵世辉为妻。赵世辉是当时东北大学的学生。因为张家、赵家地位特殊，赵世辉不住校中宿舍，他住在张学良的北陵别墅，在校西二里的地方。赵尔巽总督老年得了仅此一子，乳名“天赐”。赵家老太太，和张三小姐陪同赵世辉一向住在北陵别墅。“九一八”大炮一响，震惊了赵家乐园，张学良远在北京，城内大帅府惊逃四散，问计无人，奔投无处，乃怆惶逃到东北大学校长官舍了。赵府全部人马，有赵老太太，即赵尔巽总督夫人，张三小姐和赵世辉公子，另有三个随从副官、两个老妈子。东大校长官舍在东村二号，是小规模的宿舍，容不了这一大群不速之客，所以在我家成了紧急事件。总督夫人赵老太太是见过世面的人，能言善道，连连说“打扰，对不起”不在话下。如何安置这不速贵宾确是不小的问题。我把楼上三间房子全部让给赵家，我家祖母移居楼下，随从三位武装副官已无用武之地，把他们带的盒子炮缴械交给我收藏起来。三位副官、两位老妈子无地收容，就任其各自逃生去了。

实际上，校长官舍是东北大学中最不安全的地方，日本军人如来到东北大学，第一要巡察攻占的地方是校长办公室和校长官舍。然而这个真情实话不能向张三小姐和赵老太太吐露，我硬着头皮硬说我有办法，请安心。在危难之中说大话说假话可以壮胆，赵家全府就暂时委曲住下了。张三小姐当时怀有七个月的身孕，更增加我的忧虑，患难之中没法求万全之策，只好听之任之了。

同时，警察所所长王作肃来访，请问如何逃生。东大校园中设有警察所，有二十个警员，维持治安，日军攻击中国，警察所是主要目标，因为警察有武器，有反抗能力。王所长的惊惶忧虑，自在情理之中。他说城内警察所情况不明，请示无人，只好向校长商量怎么办。我说事已至此，全市已为敌人占领，你们警察弟兄，只好放下武器，各自星散逃命了。王所长表情悲苦，在无可奈何之中，只好按照我的提议，大家散伙了。王所长是我在第六小学的同学，对我很有好感，那天离别以后，生死不明，就永无消息了。

一夜虚惊之后，沈阳全市已陷入敌手，人民四出逃难，路上行人争先恐后。由工业区北市场至东北大学的路上，很多男男女女背包携伞，逦迤不断。带来不少谣言，如北市场死了几个人、西门里的警察所打死了五个巡警、兵工厂已被占领、北大营大火、大帅府已经没人了等。有些消息有些根据，有些是以讹传讹。然而，大帅府被占，省政府逃亡一空，是事实。我屡次向各处打电话，对方没有人接话，逃难路人的小道消息也算消息了。

我放心不下最困扰的难题仍是这二百女生，万一日本兵来校把女生拉走几个，我如何应付呢？我传谕女生部金主任，凡家在沈市或沈阳市内有亲友可投奔者，任其自由回家或投靠亲友，没有投奔的人，送入小河沿医院躲避一时。

小河沿医院是前一世纪七十年代由苏格兰人司督阁大夫（Dr. Christie）所创办，是东三省第一个现代化的西医医院，并附设有医科大学。经司督阁大夫六十年惨淡经营，救死扶伤，活人无数。在清末民初时期是东北了不起的大事业。但是，司督阁大夫年老退休回了英国。加之医学日新月异，许多设备要增加、要革新，医疗器材不是个人捐款所能济事，何况中国有钱的人没有捐助公共机关的习惯，仅靠苏格兰人一个人重洋万里外的捐款，自然不足。因此，小河沿医科大学的经费困难拖了多年，屡向中国政府和东北大学接洽，均无结果。我接长东大以后，该院高墨泉校长、刘仲明副校长向我重提旧话，我绝对赞成把医科大学改为东北大学医学院，一切经费设备改建统由东北大学负责；原有医大在英国董事会继续借重，原有英国董事照旧任职；宗教信仰绝对自由。在这三个条件之下，小河沿医科大学就成为东北大学的一院了，改名为东北大学医学院。六月初，一切说好了，医学院院长一职仍由高墨泉大夫充任，只等伦敦的董事会同意即行宣布。按当时形势，伦敦不可能不同意。医大伦敦董事会决定八月份开会，在没宣布以前，九一八事变爆发了，胎死腹中。医科大学归并到东北大学的计划就不提了。事变时，医科大学仍是英国人的学术机关，当时日本人侵占中国，不惹英美西方国家。对于蓝眼睛黄头发的人，日本人不干扰。小河沿医科大学因为仍是洋机关，是中立地带。

早七时，接通了高墨泉校长的电话，我提议把我们的女学生送到小河沿医院和医大暂避，他自然同意。

由北陵到小河沿要经过沈阳市，而沈阳市已为野蛮的日军占领，通过日军防线是一个大问题，我借重另一黄头发的外国人探路。先由东大体育教练德国人布希探清路线，寻出一安全可行之路，由北陵去小河沿。

布希（Baucher）是东北大学体育系的教练，他是德国人，年富力强，行动敏捷，他头上黄头发是保护色，九一八事变中，对外交通，很得到他的助力。我和他说明送女生计划，他马上骑自行车入城探清可走的路线。晨八时，我们开始行动，分两三人为一组，隔离进行。先由最大胆的女生三人化装为乡下人，背包步行入城，由布希教练骑车在后远远相随。两小时后，我得到电话，说平安到达，我放心不少，解决了一个大难题。嗣后分批分组，把无家可归的女生全部送到小河沿医院。后来，她们逐渐分散了。

日本人占了沈阳全市，而南满铁路和北宁铁路照常通行无阻，只是难民拥挤，人多杂乱而已。许多学生乘火车分去南北东西，各自逃生去了。到达小河沿医院的女生，一两天内也已星散，报纸上宣传东北大学女生为日军强奸云云，是无中生有，绝对不确的消息。

次日，九月十九日，由晨至午，全校一片慌张纷扰，大家全在想法逃难。许多学生、教授，各奔前程，不声不响地分散了。到了下午，已渐安静，只是谣言四起，虽然校园中并未发生任何乱子，眼见沈阳市全市被敌人强占，敌人的刺刀可能随时临在任何人的头上，生命的威胁是每人最大的恐惧，惶惶终日，无暇注意外界的真实情况。

黄昏降临了。夜间昏黑再一次带来忧虑和恐慌。一些学生说，大学四周的穷人流氓可能乘夜入校抢劫，我们必须防备。我召集部分学生组织三队义勇队，学生们称为棒子队，预备抗击土匪。领队的头目是郝更生、宋君复和德国人布希，队员有刘长春、关印忱、刘德邻等，学生多数是体育系的，那些说闲话怕土匪的学生都未参加。这支义勇队三队共三十人，分在各处守夜防贼，三夜中没发生任何事故。我却发现一个浅近道理，身体和胆量相关，身体强壮的人胆子大，身体软弱的人胆小。棒子队员多是体育系的学生，因为他们身强胆大，那些戴近视眼镜的文弱学生只是疑神疑鬼，自己恐吓自己，不敢挺身和贼匪打斗，不能参加棒子队。事变大恐慌中对外交通和校内的治安多靠体育系教授郝更生和德国教练布希出力，这证明刚强的意志导源于强健身体之中；至于义勇棒子队是否发生阻吓作用令贼匪不敢入校，或者根本没有贼匪要攻校，没法确定。但校园彻夜平安无事，总算义勇队的功劳。

二十日的晨光依旧光照东北大地，经过一天两夜的惊慌，学生、教授走了许多人，校园中渐渐沉寂了。向我打听消息的人已渐渐少了，因为他们已发现我的办公室并没有特别消息。他们从洋车夫、难民口中却得到许多马路消息，当然全是小道消息，某处打死多少人，什么人丢了东西，没有政要消息。到了午前十一时，发生大惊慌，学生们看见两部汽车，车上插着日本军旗，由沈阳市奔驰向北陵东北大学而来。学生们以为是日本人来接收或攻打大学，全体大哗，有些人惊慌四散，有些人逃到附近小村陵堡躲避。我在办公楼正襟危坐，等着大难的来临，默想在全校大会讲过的沉船故事和“士报国恩”的大义，既然祸难临头，只有硬着头皮顶住。我立即打电话给祖母说“我要进城去两天，不要着急”。我以为日本人来捉我进城，所以我向祖母说句永别的话。

两辆汽车顷刻到校长办公楼前停车，车上走出来的不是日本人，而是四个美国人。一车是哥伦比亚大学教授张伯伦和他的侄女，另一车是太平洋国交讨论会（Institute of Pacific Relations）（后来改称太平洋学会）纽约支部书记卡特（Edward C. Carter）和他的儿子。他们四人原定去上海开会，会期是十月初，他们借机会由美国东行漫游欧亚各国，经西伯利亚到东北，然后去上海。未想到九月十八日，他们到了哈尔滨，遭遇日本人攻打沈阳。他们到了沈阳，住在大和旅馆，如同走进空城，机关无人接待。他们发现我仍在北陵东北大学，乃驱车来访。我是太平洋国交讨论会的会员，认识卡特和张伯伦教授，所以他们驱车来访。事变紧急时期，西洋人的汽车必须在车头插挂日本军旗方可通行，这是遵照日军的规定。他们到了东北，没见到任何一个官方负责人员！我是他们的旧识，他们找到了我极为喜欢，问长问短，可惜两天围城之中，消息断绝，无消息可奉告。卡特却重述南开大学张伯苓校长的名言“大学是不沉的大船”，“大学的贡献胜过许多军舰”。（张伯苓，海军出身，中日甲午战争中国海军大败，中国军舰沉入黄海，张伯苓先生弃武修文，创办南开学校及南开大学。）

围城被困之中，没法招待远客。大学中教授俱乐部西餐厅尚有红茶、三明治，我招待这四位远客，围城贫困的茶点胜过珍馐美味，他们永不忘记。后来在美国重逢，他们仍提起这次围城中红茶、三明治，极力赞誉我困守校园的英勇。

沈阳被占三天，已出现地方维持会了。由袁金铠出面维持治安。这位老人，原是张作霖的秘书长。三年前，张作霖被炸身死，张少帅主政，一朝天子一朝臣，这位前朝遗老就冷藏了。久静思动，日本人把他抬出来维持沈阳治安。在他自己，可能以为是维持沈市人民生命，是为人民服务。在日方则利用他做汉奸，供日本驱使。九月二十二日，他打电话问我东大情况，我大略敷衍他几句，并问他张三小姐和赵尔巽总督夫人困在我家，有什么办法可以逃出东北，他唯唯诺诺，说不出什么主张。时艰计穷，这些汉奸老人也一筹莫展，只说几句废话，敷衍几句罢了。

“九一八”围城之中，我的两个大难题，一是安置东大女生，二是如何送走张三小姐和赵老夫人。第一难题既已圆满解决，女生们全部安置，卸掉了我一个重担。第二难题赵府全家仍困住我家，终日惶惶，愁眉苦脸。张三小姐还身怀七个月身孕，如果惊惶之余早产了，如何是好。必须设法早日逃出虎口。

事变以后，沈阳市虽然被占，全市的电话、电灯没破坏，南满、北宁两铁路依旧按时开车，通行无阻。只是中国的北宁车站，路警、车警全部不见了，难民逃出沈阳，拥挤不堪，赵家妇孺老小没法加入人群一起挤车。他们自己的身份又不容暴露。我试探多种办法，例如坐日本人的火车南走大连，或北去哈尔滨经苏联绕道新疆回北京，考虑再三，都有问题，不敢冒险。

北宁路局车务处长胡训忱是我南开的同学，具有南开精神，临难不苟，仍守岗位。我在电话中和他商量如何把赵家四人偷运出境，他说单挂一节车是可能的，但是没军警维持秩序，没有军警维持车厢，难民一拥而上，这节车就保不住的。商讨再三，我提议先把一节车拨到另一岔道上，离开正站，我派人把守防卫。我的防卫员是体育教练布希，他率领三个体育系学生前去看守这节专车。二十三日晨光之中，赵家四人坐我的汽车，布希坐在汽车前座，挤满一车。小汽车在中国一向是特权的标志，黄头发西洋人是那时最好的通行证，一行人马堂堂正正地驰入北宁车站，上了专车，没有发生任何事故。只是专车移到正站时，又挤上不少难民。赵老太太和张三小姐总算平安脱险，逃出沈阳，第二天安全到了天津。

九月廿四日，大学校园中已渐沉寂。风去楼空，学生们已四方星散了，赵家的专车安然离沈。我再向胡训忱处长交涉车辆把教授们送走，也相当成功。廿四日，教授要去津京者全走了。

赵家专车西行有一插曲值得记述。邱昌渭教授原在东北大学教书，这一年秋，他受聘为北京大学政治系主任教授。他去了北京，他的夫人周淑清仍留在沈阳，在东大教英文，她独自带有一初生四个月的女孩。赵家专车接洽好了以后，我向她说“明天有一节专车离沈阳去天津，你可以带小孩附车同行”。我以为她一定双手赞成，想不到她说她不怕，她决定随同其他教授一起行动。时穷节乃见。她临难不苟的精神大气凛然，令人敬佩。此人现年九十五岁了，住在美国华府附近一小村中，神志清楚，多福多寿，谁说上天无眼。

二十三日这天上午发生另一件事。那是真的日本人来了，但这个日本人不是军人而是文人，他是南满中学堂校长中岛守人。他驱车来访。日本人多是嘶嘶哈哈鞠躬如也，严肃而无趣，这位仁兄也不例外。他先致慰问之意，他说本庄繁司令官请他前来慰问，如有什么可帮忙的地方，他一定尽力云云。我怀疑是否真是本庄繁派他来说降，或者他自告奋勇为帝国效力。日本人团结对外的精神和中国人各自为战、互相内攻、勇于私斗大不相同。他们对外是一致的，我怀疑中岛来说降是他个人行动，这个谜始终未解，也不关重要。

他说了一套废话、鬼话、假话，全是不堪入耳之言。我说：“我是中国官方人员，虽然我们是教育界中人，我仍然站在中国的立场。在现在环境之下，我不能接受日本帝国的任何援助，而且我们大学之中的教授、学生多已离校了，没有什么困难需要外援，谢谢你的好意。”他听了我冷言冷语，很是失望，又讲了几句闲话，问问校中有什么损失，他留下他个人名片和电话号码，就在淡白无味之中走了。他一去无迹，嗣后再没听到中岛这个人。

二十四日，家祖母和舍妹带同她的一个小女孩名雅琴随同教授大队去了北京，家中只剩下我一人。大学校园已十分空寂了，只有事务处敖世珍、李茳两人和几个工友。可感激的事是几百工友在患难中没有人向我索薪求借，没有人找我麻烦。大凡在患难中人与人容易相处，享安乐时，在权势之中争权夺利容易生摩擦。

二十五日以后，大学中的教授、学生都已星散，人去楼空，三方里校园之中，只有两个事务处职员、两三个工友和我一人了。我令他们把各处门窗全部关上锁上。二十五日下午，我一个人步行入城，忧愤凄惨地离开了我的家，不知何年何月，我再返还我家园。

东北大学校中汽车交给德国教练布希，任他处置。我穿上一件蓝布大褂，走向北市场工业区。回首校园，愁思万斛。走路本是可以消除烦恼，街头漫步、屋中踱步，可以减少烦恼，但是今天的凄凉惨别不是走路可以消除的，半里地一回头，屡屡北望。行行复行行，走入西城门瓮城中，见地上铺几张草席，两个日本兵在席上伸着腿睡觉，他们没理我，我也没敢理他们。入了西城门，市面萧条，行人稀少。经皇宫西华门、东华门转入南门里，不久到了大帅府。大帅府门前，只有两个日本兵懒洋洋地把守帅府东门。他俩望望我，我望望他们，我当然不敢入门。我即时走入五十步以南的边业银行。

边业银行是张老帅的银行，在大帅府门外东南角，是两层楼的新式银行建筑。门前也有一个日本兵站岗，但是银行是商业机关，任人进出无阻。那时银行已停业五天了，银行行员逃散一空。我进门时，日本兵没阻挠，他以为我是一般中国市民，不足重视。他不知我是边业银行总稽核。行中庶务处还有一职员李宏毅留守，他见了我好像见了鬼，大惊失色。他问我："你怎么来的？"我说："就是这样走来的。"他忽然改惊为喜，好像大海漂流中遇到一救生圈。我问他彭总裁和郭仲安总经理现在何处，他告诉我这两人的隐藏之地，我再步行到沈阳大北关一个染布坊找到了郭仲安。他也惊喜之至，我从他手中拿到调款密码，准备把可调之款集起来调到北京。

银行业务中调拨款项有一密码本——电汇款项，凭这密码对方据以付款，机密可靠——这密码本平时在总经理一人手中密存，现在郭经理不敢出面，他把密码本交给我了，于是我凭密码打电报向各分行调款。那时是九月底。沈阳虽已被占，哈尔滨、长春、新民、锦州仍在我们手中，日本人没有足够的人马占领东北全境。而且已占领的沈阳，只是军事行动，对于商业行为，尚来不及插手。中国银行、交通银行照旧能调拨款项。边业银行是张大帅、张少帅的银行，情形特殊，有一个日本兵把守，中、交两行门前没有设岗，市民随便出入。只是在日军攻占情况下，很少人敢进出银行，存钱取款，市民是犯忌的。

我拿得密码回到边业银行，把长春、哈尔滨等处分行余款全部由中国、交通两行调拨到我手中，共三百万元。中、交两行主事人知道我是边业银行要人，毫无留难之处，把三百万现洋票据全给了我。我得款在手，顺利完成任务。这是我在边业银行总稽核任内一件小贡献，后来许多张少帅及张家各房生活靠这三百万现洋维持，不无小补。

我腰缠三百万元，在小南门外红十字会隐藏了三天，这红十字会是宗教团体，日本人没工夫搜查。三天之中，苦思深索，如何可以走出沈阳，如何化装，如何应付危局，如何对答日本兵的查问，种种问题，全须精细图谋。“匹夫无罪，怀璧其罪”，平常的沈阳市民离开沈市没有什么困难，而我身怀三百万元，这是大璧，如被日本鬼查到了，我的身份暴露了，被捕入狱是必然的后果，那就生死不可知了。

我决定冲向敌人所在地，兵法原则“置之死地而后生”。南走日本的大连，比西奔北宁路更安全些，北宁路车站日本人盘问较严。南满铁路是日本人所有，是日军自己的园地，日本人以为中国官员不敢自投罗网，因此不严格盘查。我到了日本车站，挤入人群之中，和其他乘客一样，挤上三等车，并会同东大女生管理员金陟佳女士同车，好像家眷，更不受日本巡捕的注意。车开以后，车上巡捕时时走来走去，东张西望，以为我们是一般乘客，没有盘问，很顺利地到了大连。

大连是旧游之地，我的好朋友邵承善久住大连。邵家是大连望族，邵承善的叔父邵慎廷是大连商会会长，在当地很有体面。在中国人方面，邵慎廷先生是大连的要人。我直奔邵府，受到热诚欢迎。日本人不可能到邵府“查店”，如果住旅馆，日本人照例要“查店”，盘问旅客来历和行李。住到邵府，许多忧虑惊惶消逝了，安心地睡了两天。“九一八”围城被困的惊心动魄大事，好像成了过去的噩梦。

邵府中人不知我身怀三百万元，那是危险品，邵家如果知道，将使他们处境为难。在邵府，招待一个客人，不是大事；在我，逃生之中得到邵家庇护，保住生命，是生平大事。六十年后，一九八八年，我再到大连，邵慎廷、邵承善均已作古，寻得邵慎廷的后人邵先汝、邵作宾，感谢当年救命之恩，彼此均怀沧桑之感。

由大连去天津的轮船全是山东人经营的，小轮船杂乱脏污不在话下，逃难之中得地便佳，无所选择。大连久经日本占领，社会安定平静。沈阳战火烧不到大连，轮船往来照常，我托邵家买得去天津的三等船票，十月一日起锚。那天早晨，邵承善兄用汽车送我到码头附近，下车步行到船旁，挤在人群之中装作送客者模样，暂不上船。三等舱在船底，多数是贫民小贩，拥挤不堪，几个人卧在地板上抽大烟。一个“二鬼子”中国人当日本爪牙的巡捕，抓起一支大烟枪丢在海里，连打带骂，把大烟鬼推上岸，围观的人瞠目结舌，缩头苦笑。这一丑态是我候船中唯一可记得的事。不久，打锣了，锣声一响，一些人赶紧上岸，另一些人赶紧下船。当跳板正要拉起之际，我告别了邵承善兄跳上船边，鸣笛一声，轮船就缓缓离岸了。次日，到了天津。

经天津到北京见了张学良，我交上三百万元现洋票据，详述“九一八”前后所见所闻，供他作为下一步对应敌人策略的参考。

身怀三百万元逃大连这件事是秘密行动，许多年后以讹传讹，国民党情报中说成我运走边业银行黄金五十万两。中国人对于数字和时间常常模糊不清，国民党的特务更没有常识，五十万两合二十吨，一个人如何搬走二十吨的东西？这样没有常识地越传越离奇，一九六〇年传到美国联邦调查局（FBI），他们得到情报说西安事变时，我运了三百万两黄金到西安给张少帅支持西安事变。一九六二年夏，芝加哥的联邦调查局派人到布卢明顿（Bloomington）我的住所查问三百万两黄金案，我说“九一八”是一九三一年的事，西安事变是在一九三六年，时间相差五年。西安事变时，日本已占领东北五年，当时“满洲国”已成立四年，我是中国政府人员，何能由“满洲国”偷运三百万两黄金？而且三百万两为九十多吨，需要三节火车，我如何能弄到三节火车？来人听了这些时间和数量概念，苦笑一番，就结束了这三百万两黄金案，此后再无消息。

九一八事变原因和结果，著述甚多，无法在本文赘述，仅能叙述我亲历亲闻，供史学家参考。

中国是大国，但是是弱国。一百年的腐败政治，三十年的内乱，民穷财尽，人民有贫、病、愚三宗大病，病根顽固，人民组织能力差，军队不够现代化，武器和训练不能和日本相比。如果向日本军队开仗，一定大败无疑。大败之后割地赔款，是更大的耻辱，更多的损伤。一八九四年甲午中日战争，中国大败，丢了台湾，也几乎丢了辽东半岛，割地赔款，各国要瓜分中国。一九二九年，中俄之战又是大败，蔡运升到伯力签订城下之盟。这些事蒋介石记忆犹新，张学良也不善忘。处此不得已情况之下，对日本只有躲避、容忍、逆来顺受、忍辱负重，以不抵抗为国策。中央如此，地方也如此。蒋介石一再申告张学良不要抵抗，张学良在北京也一再传知留守沈阳人员要躲避日本人，不可惹事。我主持东北大学期间，大帅府、省政府再三教我管理学生，不可有任何游行、请愿、贴标语、发传单等反对日本人的行动。“九一八”之夜，省主席臧式毅在电话中第一句话要我看管学生不要闹事，金静庵说“必须忍辱负重”，都是上下一贯的政策。

不但此也，近代史上，不抵抗忍辱躲避政策，且有一次成功之例。一九二八年六月四日，日本少壮军人炸死了张作霖。当时日本人以为张作霖一死，东北地方立即混乱，日本人借口保护日本军民安全和帝国利益，乘机占据东北。臧式毅是奉军留守在沈主持东北一切军政，他用不抵抗方略，一切容忍，一切推诿拖延，张作霖之死，密不发丧，沈阳市平平安安过了一个难关。六月二十三日，张学良由滦河化装为小兵秘密到沈阳以后，大帅府方宣布张大帅之丧，那时已死了十九天了。当大难临头，用忍辱不抵抗方法平安渡过危机，这是臧式毅的大功，也是不抵抗政策成功之例。

既有此成功之例，自可按此陈方老法应付日本人。何况一九三一年，张学良坐镇北京，主持华北军政。臧式毅是辽宁省主席，又成为后方留守大员，主持内政和对日外交，他是不抵抗的老手，也是三年前不抵抗成功“名将”。“九一八”不抵抗理所当然，一方面中日弱强悬殊不得不尔，另一方面不抵抗在三年前有成功之例。真正当地主事者仍是三年前成功的臧式毅，因此不抵抗政策不是不可理解的。有些人，事后有先见之明。一些政论家和冒热气有情感而无理智的青年，坐在象牙塔里高喊抵抗救国，只有热气而无头脑，只有好心而无实力，救不了国，也驱逐不走日本人。假如“九一八”之夜，我们奋力抵抗和日本一拼死活，壮烈牺牲，大义凛然，可成为可歌可泣的历史篇章是不成问题的。其结果流血牺牲，死了几万人，全军大败是毫无疑问的。人们一定责备张学良少不更事，自找麻烦，以卵击石，惹恼了日本，终致割地赔款，张学良岂不是全国罪人?

更有一些不知内情、不懂中日情形的人，主张于“九一八”事前张学良应和日本人交涉，向日本人折中妥协，给日本人一点好处，比把东北全丢了好些。这种说法，更是不知道日本的野心侵略政策，更不知我方多年来向日本交涉经过。

日本的大陆政策，打算把中国全部占领，以日本本岛做大本营，统治中国大陆，“田中密奏”如此主张。后来，一九三七年卢沟桥的炮火更暴露日本帝国主义侵占全中国的野心，绝不是给日本人一点好处，让给几条铁路、租让几处港口，甚至割让东北一省两省土地，就可解决问题，就可天下太平。日本军人狼子野心，贪得无厌，得寸进尺，把东三省全给日本，日本要全国，把中国全占了，它要占东南亚。一九四一年，日本人偷袭珍珠港，可见日本军人的夸大狂，不是交涉可以了事的。

事实上，我们和日本人交涉永久在进行，年年在交涉，月月在交涉。中央对日交涉，地方也交涉。公开交涉，秘密也交涉。一九三一年春，张学良派汤尔和到日本观察情形，调查日本意图。汤尔和六月中返回沈阳，我问他日本之行情况如何，他说日本军人蠢蠢欲动，而民政党主政，尚主和平。“有许多有裂痕的地方，我全塞上一个钉子，一时不至爆炸。”有什么裂痕，在什么地方塞了钉子，事关机密，他没有向我说明，我也不便追问。他在沈阳停留两三天以后，就去北京向张学良报告他在日本的见闻了。

我述及这段汤尔和去日本旅游故事，证明我们对日交涉已用尽一切方法，竭尽智能，力求解决问题。公开的交涉在南京、在北京、在沈阳，无时无刻不在进行。不公开的秘密外交，也永在进行。我述另一件事，证明我方的努力。一九二九年春，我方在日本的情报人员取得“田中密奏”真本，原是张学良花了五千元收买东京外务省一个小职员偷偷影印的，此事由大帅府外交秘书王家桢经手承办。我们把这密奏译为中文及英文，同年十一月在日本京都太平洋国交讨论会中，由我把中、英两种文本分发给英美各国代表。日本全国大哗。外务省立即声明说这份“田中密奏”是中国人伪造的，暗示是我宁某伪造的。外交上的否认，常常是否认真实，把真事说成假，把假事当作真，日本外务省的官方否认，证明“田中密奏”是真的。

“田中密奏”中主张先夺取东北三省及蒙古，所谓“满蒙政策”，然后再蚕食华北及中国全国，这样的狂妄侵略政策，如何能用和平交涉可以解决？张学良采取种种办法，向日本交涉，明的交涉、暗的运用同时进行。公开的交涉由南京外交部王正廷和日本大使馆交涉，和东京外务省接洽，报纸上、档案中各有记载，不必赘述；东北地方政府也时常和日本领事馆交涉，和日本关东军司令部也往返交涉；同时也向日本国内政党联系活动，希望日本政党对我们有较好的助力。

一九三〇年，日本国会大选，政友本党急于重整旗鼓，政友本党主脑人床次竹二郎派人来沈阳筹集竞选经费，向张学良募捐。张学良以为这是好的政治投资，经由王家桢密商，张学良允助二百万现洋，先给政友本党五十万元。取得五十万元的收据，由王家桢密交张学良保存，张将此收据锁在大帅府自己的保险柜里。

后来日本大选，政友本党失败，民政党若槻上台，五十万元已花光了，其余一百五十万元当然不提了。这五十万元的收据久沉保险柜中，张学良本人早就忘光了。九一八事变，日军占据了大帅府，翻箱倒柜，发现这五十万元政友本党出具的收据，报告到日本政府，风传到日本政界。政党在国内竞选用外国的钱是天大的罪名，政友本党向外国敌人伸手拿钱，当然构成叛国大逆不道的丑闻。政友本党就此完蛋，床次竹二郎死了，赤冢浓被捕判刑。

我说起这段故事，证明张学良对日交涉，秘密和公开两方无所不用其极。局外人说张学良不交涉、不抵抗，真乃不明真相。

不抵抗是当时不得已情势中较好的办法，躲避退让，唾面自干，可能少挨几次打。弱小之人，摩拳擦掌硬充好汉，多被踢多被打。不抵抗政策不可能得胜，人人皆知。反之，无能力抵抗而充硬汉，其结果仍是丧权辱国，蒙受更大损伤。

不抵抗政策失了沈阳，失了吉林，失了长春，失了哈尔滨，中国陷入无可奈何之中。南京政府王正廷的革命外交高调，也就无法再唱了。学生们示威游行，吓退不了日本军人。报纸上呼吁牺牲救国，救不回任何已失的土地。中国在走投无路中，不得不求救于“正义”，向国际联盟喊救命。

正义在国际间是空话，是外交辞令。国际间只有利害，向无正义；只有武力，向无道德。国际联盟是座空中楼阁，充其量只是一个国际辩论俱乐部，各国政客聚在一起，说说废话，既无力维持和平，更没法阻止战争。第一次世界大战之后，美国威尔逊总统提议组织国际联盟，威尔逊总统原是普林斯顿（Princeton）大学政治教授，他教书多年后选为总统。教书的人，有些理论和空想。他以为全世界应有和平，应有一国际政治组织统驭全世界，这样，人类才有永久和平。他的理想未可厚非，但如何实行就不简单了。他的国际联盟提议，各国均赞成。一九二〇年就组织起来了，总部设在瑞士的日内瓦。但美国国内政党政争不息，一部分人不赞成国联组织，被参议院否决了，决定美国不加入国际联盟。美国宪法规定，对外条约须经参议院核准，既已否决了总统的提议，美国终于没有参加国际联盟。

美国是世界上一等强国兼头号富国，美国总统提议创立起来的国联而美国竟不加入，乃是国际政治一大笑话。国联先天不足，一起步就跌倒了。美国既不加入国联，乃由其他二等国如英、法、中、日、西班牙等国不冷不热地参加，组成空洞涣散的机构，自然产生不了制裁力量，解决不了任何大问题，只是香火缥缈之中一尊泥菩萨而已。

中国政府积弱无能，当走投无路之时，只好顶礼拜拜这尊泥菩萨。张学良、王正廷明知国际联盟没有用，在万般无奈呼天不应的时刻，也只得求救于国联。可以说，九一八事变的乞灵于国联的路线，是人穷而膜拜泥菩萨的路线。

中国派最好的外交人才顾维钧、施肇基、王家桢去日内瓦参加国际联盟大会。真理在中国一边，顾维钧、施肇基等辩才演说也极出众。但是，正义、和平、仁爱、道德，只是穷极呼天的美丽辞藻，在武力侵略之下，不发生效果。

国联大辩论之后，决定组织一个调查团远来远东寻求解决方法，调查团的团长由英国人李顿勋爵（Lord Lytton）充任，一般报纸称为“李顿调查团”，另有法国、意大利各派一高级官员为团员。美国不是国联的成员，然而美国是大国强国，如果没有美国参加，力量更加软弱，于是聘请美国有声望的麦考益将军（General McCoy）参加调查团为团员。日本及中国是当事人，不能为团员，各派参议一人随团提供各项资料。中国方面的参议是顾维钧，顾先生在北京组织一参议处，邀请许多名人为参助人员，例如王家桢、鲍明黔、徐淑希等十多人，我也是其中之一。

一九三二年夏，李顿调查团姗姗东来，先到上海再到北京。在北京举行的听证会，我参加了，我写了两篇报告书述说东北经济情形及“九一八”亲历事实。在北京听证之后，调查团再去东北，费了两个多月的工夫。开会、听证、询问、考察、研究，取得大把大捆的文件及统计数字。回了日内瓦，又费了几个月的工夫做文章，咬文嚼字，制出一篇很好的文章，称为“李顿报告书”。这报告书先叙述东北情形、政治沿革、历史、地理、工矿、商业、进出口贸易及日军占领沈阳经过，报告书严词谴责日军暴行和无理，对中国很有利。但是最末所提的解决方法，中国不能接受，日本也不能接受。

调查团建议把东北地区划为中立地带，由国际共管。这种论调很合于国联宗旨——世界大同。但是实际政治中，国与国相争相打，是民族主义互不退让，中国不肯把东北放弃，日本不肯把吞到口中的肥肉再吐出来，“李顿报告书”只是一篇好文章而已。

李顿调查团到中国之时，日本人已扶植了“满洲国”，抬出宣统皇帝溥仪为傀儡皇帝。调查团出关去东北，“满洲国”竟不准中国人入境。调查团的英、美、法、意人员可以出关去沈阳去哈尔滨，顾维钧和我们这些参议却不能随团出关。顾维钧这辈人，眼巴巴地遗在北京，深感亡国之恨。我们在自己的家园，望门不得进入，心中很不是滋味。

国联调查团报告书公布以后，国联在日内瓦再开大会，讨论并辩论，日本人备受谴责。日本老羞成怒，退出国联。威尔逊总统的空中楼阁就摇摇欲坠了。接着，意大利侵略埃塞俄比亚，国联无能为力；德国希特勒扯毁第一次世界大战的《巴黎和约》，国联干瞪眼不知所措；一九三七年卢沟桥日军全面进攻，中日大战开端，国联便瓦解了。

原载《传记文学》第五十五卷第三期、第四期
（一九八九年九月、十月号）

“九一八”噩梦录

刘博昆

流传了三十五年的马君武先生名作《哀沈阳》，与真正的史实并不相符，可是没有人能否认，它确是极富想象力的两首杰作。马君武先生是创造民国的俊杰，是传播新知的先进，至于他写的这两首诗，正如邓家彦先生所说：“不过是激于义愤之作。至于诗中所述的人与事，是否完全与事实符合，他那时远在桂林，自是根据道路传闻而写，并没有亲经目击。以他的个性和作风，自然不暇考证事实可靠与否，故以游戏文章出之。”邓先生最近也去世了，临终前，能为他的好友了却这件公案，马先生地下有知，也可以无憾了。

“九一八”的前几天，我刚从北平回沈阳，与马先生诗中人物有密切关系的朱光沐当时也正回沈阳。我听到了日本的炮声，最先是与朱通电话相询问，一夜之间曾有几次。若从马先生的名诗去联想，倒是很有趣的巧合。尤其凑巧的，当晚在炮响之前，我倒是在电影院看电影，与我同去的，是辽宁省党部委员康明震和他的太太。康是事变之后在天津的租界被人刺杀，原因何在，凶手何人，至今不明。

“九一八”当然是历史上的大事，但是在今天来说，已经成为陈迹。我不敢写历史，甚至不敢承认是在提供史料。我只想就这件大事，据我自己的耳闻目睹，说几件零碎但极真实的故事。我说到的人与事，也许与历史有关，至于我个人，当然是微不足道。

民国十九年（一九三〇）五月，我从日本回到北平，一个人住在西山碧云寺的疗养院。遵从医生的劝告，日间总是睡在露天的高大树林里。北国的阳光，高爽的空气，在虎皮松下，遥望十丈红尘的北平，心情似乎平静，实际也不胜空虚。原来回想到十年前离开故乡安东，五年前离开沈阳，亡命江南，随军呐喊，只因幻想破灭，才又流落到东京苦读。无奈贫病逼人，虽不敢“好语仁义”，自然更无“奇士之行”，但如今之落得个被动的“严处”，真正的“亦足羞矣”。

突然，某一天下午，我正睡在躺椅上，忽然听到嘈杂的军乐、女人的哭声，由远而近，不久从庙门拾级而上一堆庞杂的人群，而且抬着一口棺材，来的原是送丧的。丧家披麻戴孝，多半是妇人孺子，而且似乎有些土气。可是当我看到送丧的行列，我不能不大为惊奇。这些人不仅毫无土气，而且许多是政坛上闪光的明星。其中最引我注意的是民国十六年（一九二七）秋天在南京，我曾听过他连续两小时以上讲演的谢持先生。他对于国共分合的经过、西山会议的详情、鲍罗廷的阴谋，条分缕析，坦率真诚，一改我前此对于耳闻的西山会议派的印象。老实说，从此我对谢先生是颇为钦敬，可是目前他就在送丧的行列。另外两人引我注意的，一是傅雨霖，一是王昆仑。十六年秋在南京的门帘桥，我们是对立的两方，毫不含糊地打过赤手的交锋。我的战友之一，现在台湾的山东“国大代表”逄化文，就是因为交锋失败而被捉到公安局，后经国民政府三常委之一的李烈钧先生面允，并亲下手谕，才得恢复自由的。于今傅、王二人，也在这里送丧。此外更有大名鼎鼎的邹鲁、覃振，以至陈公博。很显然，这是所谓西山会议派、改组派联合阵线所组成的送丧行列。中国向有红白喜事之说，“白”既然可称为喜事，于是人无分老幼，地无分南北，看热闹的总是大有人在。碧云寺虽僻居乡间，也许是军乐声与哭声感动了敏锐的听众或观众，于是耳语转成广播，我才知道棺材里睡的是绰号“樊老二”的名人樊钟秀，而他是被中央空军炸死的。北方当局把他的灵柩送在当年孙先生停灵的处所附近，大概是表示崇高的敬意。不过我当时的感觉，似乎有些不伦不类。

当时逐鹿中原的南北大战，正在惨烈地进行，据说双方死伤将近二十万，至少在民国以来是空前惨烈的内战。记得当时天津《大公报》社论，曾列举两方要角的姓名，称为旗鼓相当、势均力敌，似乎大有坐山看虎斗的兴致。从口气、风格看去，这篇社论显然是出自张季鸾的手笔。

如果一个人的祸福休咎，真是命里注定，那么民国二十年（一九三一）的“九一八”是张学良政治生命的丧钟，而民国十九年的“九一八”则是张学良政治生命的顶点。只因为他这一天的和平通电，阎锡山只好撤出平、津、保，退进娘子关。以中国之大，张学良真好像是一人之下，万人之上。虽远隔三十几年，我还记得他的通电中，有“事过境迁，恩怨俱了”两句话。这原不过是帮闲文人的滥调，但也可视为民国以来政治变迁的注解，而也无意中透露了张氏个人政治命运的禅机。

时势变迁，恍若隔世。我以一个年仅二十一岁的幼稚青年，居然敢于无视炙手可热全盛时代的张作霖大元帅，离乡背井，南下参加全国政治改革大运动。而且居然穿上军装，煞有介事地参加了北伐战役，并且目击身受五三济南之变。如今张作霖尸骨已寒，而我面对现实，痛感幻灭。放眼弥漫全国的政治狂潮，目击个中人数不清的得失恩怨，烽火遍地，何处去觅桃源？江南的明媚，故都的幽情，我都无意流连了，冰天雪地的严冬季节里，我回到了阔别五年的沈阳，而在一个民间报纸，做了夜间手拿剪刀糨糊的编辑。二十年四月初，一位曾经做过辽宁建设厅长而当时仍是省政府委员兼省党部委员的彭济群，突然函约晤见。我与彭在十八年（一九二九）夏天曾有过一面之缘，彼此可说并不相识。这次见面，他开门见山地约我参加即将成立的辽宁省党部，并且主持宣传，同时声明这是他商请吴铁城先生所推荐。这位彭先生言辞诚恳，态度谦和，热烈希望我能接受他的邀请。我虽然感激他的诚意，不过吴铁城先生这时已经离开了沈阳，我无从知道这事的经过。于此，我想在此追述一下我在沈阳与吴先生接触的情形。

我是由于张溥泉先生的介绍才认识吴铁城先生。吴先生那时还没有被称为“吴铁老”，而富于传奇情调的吴先生，当时也尚在风度洋溢的壮年。吴先生是游说张学良出兵平津的成功人物。他在彭济群所主持、张学良所亲临的葫芦岛筑港开工典礼上的演讲词，宣扬于平津、京沪各大报，的确是一篇心理战的杰作。加以吴先生场面的豪华、作风的新奇，对于东北当政人物的生活方式，不仅能消极地适应，更能积极地启发。他住在沈阳西关商埠地，那是现代而又高级的住宅区。住宅大门墙外有醒目的红底黑字，虽没有斗大却有升大的“吴委员公馆”几个大字。这种风格不仅当时的南京绝不会有，就是由北京改称的北平，也极少见。我还清楚记得吴先生在沈阳相见时的服装，蓝花缎面的重裘，黑缎团花的马褂，白纺绸的中式衬衫，两袖卷起，整洁得一尘不染。这样的扮相，在当时的南京所谓要人们，是绝没有勇气见客的。入境问俗，也可见吴先生高人一等的作风。他对我极力称赞张汉卿（吴先生原来的口气）如何如何爱国，如何如何拥护国家统一，冠冕堂皇，无懈可击。因为吴先生机警地知道，他面对谈话的是一个东北人。我对吴先生的谈论，当然只有点头称是，不过我紧接着说，我是最近从南京来，南京天气如何冷，又如何下雨，当然避免谈及当时南京所发生的一件政治大事。我又很轻松地告诉他，某君拿着他所题签的“某先君行状”给南京警察厅长吴思豫出了一个小难题。于是，吴先生像以后大家所熟习的吴铁老那样笑起来了，放弃了原来的矜持姿态，而以自家人的口气谈些与国计民生毫不相干，不成问题的问题。

吴先生离开沈阳，我事前并不知道，我更不知道他向彭推荐我的事。东北三省居然挂起党的招牌，究竟这个新衙门的葫芦里应该卖些什么药，虽然不必认真，但是未尝不是问题。我是一个曾经走过江湖、卖过膏药的人，可是三年来已经洗手不干这一行了，现在再叫我抛头露面，弄拳使棒，真感觉难以为情。可是这一位彭先生是一位中国人的君子、西方标准的绅士，他是民国元年（一九一二）就去法国，由中学而大学，而中法大学校长，没有一点官味，而却极富人情味。面对这样一个似普通而实非常的人，我将怎么办呢？全面拒绝吗？不忍。全面接受吗？不愿。中庸之道，接受一半，决定帮他开张，不过希望他赶快物色他人；拒绝一半，我还是做我的编辑，我那时幻想终生吃定新闻饭。彭先生不满意，但彼此只有在这种条件下协议了。不久，我自已发现这种如意算盘打错了。报纸的另一位编辑，是一位自命日本通的大连人，是大连《泰东日报》的老人。他时常回大连，于是我就必须编两版，而且要看大样，如此这般，第二天上午我又如何能到这个新衙门去搞什么宣传。于是，不是彭违约，而是我自己知难而“进”，辞掉了编辑而专心去搞所谓宣传了。

辽宁省党部有三位常务委员，他们是张学良、朱光沐、彭济群。张学良以中华民国海陆空军副司令的煊赫声势，统大军，驻北平，司令部设在西长安街，顺承王府名为私邸，实为公府。朱光沐够得上是张学良的影子，彼此分不开的，自然要常驻北平的。他是副司令行营的总务处长，同时还是东北电信处长、东北官银号总稽核。彭济群仍是辽宁省政府委员，同时是葫芦岛港务处长，更兼华北水利委员会委员长。张本来把这个新衙门交彭主持，可是葫芦岛的筑港工程，正由荷兰筑港公司承包兴筑，彭是一位极负责的人，这工程中外注目，彭如何能放手不管，所以他在葫芦岛时多，当然也常去北平。那么这个新衙门岂不是成了空城吗？倒不尽然，现在我要谈到另一位角色——邢士廉。

邢士廉与杨宇霆是日本士官同学——杨是张作霖的智囊，邢也是东北新将领的中坚。杨宇霆被杀以后，邢士廉也失掉了兵权，而改任为空空洞洞辽宁省政府委员。这固然是张学良的决定，同时也由于他与省主席臧式毅的私交。更重要，邢士廉是第一个代表张学良晤见国民革命军总司令的东北将领，张学良的易帜，奉国民政府的正朔，邢士廉是著有劳绩的。所以，邢士廉也以省政府委员而兼省党部委员，正是水到渠成，顺理成章。如今党部三常委，既然一无所“常”，于是邢士廉取代虚三常，而成真一常了。

邢虽然是军人，却有一个“邢老太太”的绰号，其人性情之温和可见一斑。很短期间内，彼此颇为了解，相处极感愉快。他很喜欢邀我到小馆吃晚饭，然后到他家里尽兴地谈天。他告诉过我从张作霖到张学良他所参与的政治秘密，对张作霖他是感恩戴德，对张学良则不无微词。有一天上午到党部里，他忽然很郑重地对我说有要紧的事要谈一谈，接着面色严肃地说：“刘先生（他惯于这样称呼我），我承认我是军阀余孽，可是我的军装都送给勤务兵了，发誓以后不再做军人，因为我认为军人已经把国家祸害够了。”

我听到这样突然的话，正觉得有些发窘，他接着说：“不是我发牢骚，昨天晚上在臧奉久（臧式毅）家里谈到半夜。接到戢翼翘（驻北平海陆空军副司令行营参谋长，现在台湾）从北平来的电报，说东北军奉命解决石友三，征询大家的意见。张辅帅（张作相）极力反对，我也不赞成。东北军入关以后，关外已经空虚，现在日本人又找麻烦，如果东北军在关内再去打石友三，岂不是丢了老家不管，尽到关内去胡扯吗？石汉章（石友三）也实在没有出息，自己既然站不住了，就应该把军队交出来算了。上一次他到沈阳来谈了很久，他一度意思活动有意交出，由东北给他个人二十万，可是最后他又舍不得交出来了，真是没有出息。现在既是要解决他，尽可以要别人去打他，何必我们动手呢？”

我对于他的话，不加可否，他又继续说：“刘先生，你知道，我从代表大元帅（指张作霖）到日本别府去会唐生智，以后又代表副司令（指张学良）去南京接洽挂旗，我老早决心不愿看到国家再有内战。就因为这种心理，所以有一次同何某某闹得极不愉快。挂旗（指易青天白日旗）之前，何有一次对我说：‘你回沈阳，催促张汉卿赶快挂旗，挂旗之后，我们还有事呢。’我问他还有什么事？何说：‘对付阎、冯。’听到这句话，我不客气地说了，阎、冯都是我们奉军手下的败将，可是现在都是国民革命军了，怎么又要我们去对付？我们为的是不再打仗，所以才要挂旗，若是还要打仗，那又何必要挂旗？我说过这话，何觉得很窘。不过这段话我到今天也不会忘记。现在说是要打石汉章，我真生气。刘先生，我是军阀余孽，但是我实在反对再打了。”

三十五年前这一段谈话，我所以记得很清楚，一则由于邢自称为军阀余孽，当时给我的印象极为深刻；一则他当时的真诚忧时情操，我颇被感动。更重要的是，当时日本所挑动的万宝山事件，我曾主张扩大反日宣传，并编印大批宣传书刊，邢不怕花钱，尽量支持我的计划。他更与我的看法相同，认为日本人要制造机会，有心大干。因为有这些事实背景，所以我当时并不认为他是无的放矢，空发牢骚，何况对他个人说，并没有什么利害关系，更没有什么政治责任。八月初，石友三“叛军”被东北军与山西商震军夹击解决。但是在东北，从万宝山事件，继而朝鲜排华事件，最后发生了中村震太郎大佐的失踪事件。邢士廉与我都觉得风声越来越紧了，他很想去北平看看张学良，我也怂恿他快去。他去了，可是没有等他回来，我也去了，不过去的时候，在中途我先到葫芦岛，与彭济群、康明震盘桓了一天。在北平遇见朱光沐，他催我早回沈阳，不久他因家事也回沈阳，正遇到九一八事变。不过邢士廉却留在北平，“九一八”时并不在沈阳。

我一向的习惯是深夜才睡，所以“九一八”夜里，日本攻击北大营的第一炮，我清楚地听到，当时我当然不知真相，继而为连续的炮声所困扰，我就打电话给朱光沐探询真相。第一次他说他也不知道是什么事，并且说他曾打电话问王鼎方（王以哲，驻北大营第七旅旅长），王也不知真相。不久我又打电话问朱，这一次他说知道是日军攻击北大营，并且说王鼎方已经离开家，设法向部队联络去了，其他情况仍然不知。当时已经是深夜，自然不能外出，同时我判断省党部绝不是日军袭击的目标，当前我要有一个充足的睡眠，以便应付明天任何的事变。十九日黎明，我巡视城内外各重要街衢，首先触目惊心的是警察所之被捣毁，以及在商埠地所见到的一位被刺杀的宪兵，横尸街头，血流遍地。我曾与朱光沐以电话约定，到臧式毅家晤谈，我用尽方法，才突过日军防线，但我到臧宅，朱并没有如约。我再遍访有关朋友，以相慰问，并谋对策。我当时判断，国内政局正是京粤敌对，绝无力足以对日抗争，欲求东北不亡，要看国际有无有利反响。如三五日内国际上没有反响，我唯有及早脱离虎口，保得此身，以求与暴日长期周旋。

我逃离沈阳，与一般人的逃亡路线不同。多数人逃亡是取道北宁路，就是荣臻、朱光沐也不例外，因而遭受了若干危险的干扰。我是走向大家所畏惧的日本南满车站，从日本国际观光局买到经由南满路到大连，然后搭乘日本的"大连丸"去青岛的联运票。从青岛经济南，然后去南京。我是九一八事变后，从沈阳逃到南京的第一人。我的朋友、"立法委员"张子扬，当时正在南京，当我到京之前，他对一般关心我的朋友说，"只要沈阳能有一个人逃出来，我相信刘博昆就可以出来"。子扬是我四十年前亡命南京的知己。

恩师余井塘先生，当时是中央组织部副部长，他要我列席当时的最高政治权力机构的中央常会，报告沈阳事变。当天的主席是叶楚伧先生，我的报告很长，尤其大胆地提出我的判断与建议。我因为曾身遇济南五三之变，所以我把沈阳之变与济南之变相比较。我强调说，日本出兵济南，是打击中国统一的手段，而如今占领沈阳，这个行动本身就是目的。我们以往可以用延宕手段，应付侵占济南的日本，可是我们今天不能用延宕手段，应付沈阳事变。如果我们没有反击行动，那不仅等于默认它的侵占，更是帮它巩固侵占。当时"九一八"这个名词还没有流行，所谓义勇军等，更是还没有产生。不过我强调指出，日本一定要树立傀儡政权，所以我又强调国亡家必破，我们要不惜牺牲，不择手段地打击日本，不许它建立秩序。戴季陶先生对于我的报告颇感兴趣，所以对我一再地提出许多问题，有的我加以解释，有的似乎有些小的争辩。最后，戴先生很坚决地要我再写一份书面报告，我当然乐于从命。会后，以副部长代理宣传部部务的陈布雷先生又约我长谈许久，我当然也尽量提供我所知的资料，以及我自以为是的意见。当天的戴先生，好像又恢复了戴天仇时代的气概，彼此对话，意气昂扬。至于陈布雷先生，则还是记者的派头，安安静静地听，切切实实地谈。所以当时我觉得我的报告，虽然未必有用，但也不至完全浪费。我当时是一个不满二十六岁的幼稚青年，对此历史上重大事件，居然敢在当时国家的最高权力机构大放厥词，有所主张，并非狂妄大胆，只以身当国家兴亡关头，不敢不尽其匹夫之责而已。

我的书面报告写成，送上余井塘先生之后，就离开南京去北平。以后不知是谁的决定，把我这份报告交由南京《中央日报》，从二十年十月一日起，摘要发表，连载五天。三十几年来，我完全忘记这件事。去年秋季，偶与朋友谈天，忽然想起这件往事，并承业师罗家伦先生慨允协助，在他所保存、台湾仅有的一份当时南京《中央日报》，抄下我这篇文字。为了解九一八事变当时的沈阳情况，我摘录这连载五天的长篇报告中有关的几段：

据日方事后宣称，其攻占沈阳的兵力，系以下列各部队所组成：

（一）独立守备队第二中队与由铁岭调来之守备队攻击北大营，于十九日上午零时占领后，转向东大营攻击。

（二）第二师团之一部二十九联队与由辽阳调来之十六旅团互相协助，分别向工业区北市场、商埠地、航空处、迫击炮厂及城内各地进攻。

（三）十五旅团向兵工厂进攻，于十九日早六时占领后，并设团司令部于内。

（四）稻见中佐率所属部队布防于南满附属地，并向各方策应。

昆于十九日早六时出发，驰赴城关各地调查，市街商户严闭，往来通衢者，但见杀气腾腾之日军，及便衣携械之在乡日人，此外并见巡逻市内之装甲车，与装架军用电线之日工兵。最为触目伤心者，则为面呈悲痛恐惶之同胞，及被日军捣毁之各地警所。由大西门进城，见邮政局大门禁闭，门可罗雀；再至中国银行，见大门上张贴白纸黑字，写“日军占领”字样；更东至东北电信管理处，则已为日军占领，并改设为日本奉天宪兵队本部；再南折至小南门里，见交通银行亦贴有“日本军占领，犯者铳杀”字样。又东折至东北边防司令长官公署，日军警备严重，昆欲冒险通过，当即被阻，旋绕道东至省政府，见小队日军蜂拥而来，至省府门前，以手撼省府木牌不下，乃用兵器击碎掷于地下。此情此景，终我今生，不能忘矣。又东进至大南门里，辽省教育厅、财政厅，与省主席臧式毅住宅在焉。日方置重兵于此，盖一则为封锁财政厅，一则为监视臧式毅也。……

日军之侵占我领土，其损失自非可以数字计算，至于显见之物质损失，只兵工厂一处即近两万万。去年兵工厂之报告，一切机械设备与兵器储存，在一万万八千万以上。据云现时所存有之兵器及原料，计有步枪十五万支，手枪六万支，重炮、野炮等共约二百五十尊，各种子弹计三百万发，炮弹十万发，弹药五万磅。至迫击炮厂，存有迫击炮约六百尊。飞机场库停存飞机三百余架，其中可飞行者一百余架，作战机七十余架，总计空军损失约在六千万以上。……

十九日晨八时许，昆巡行各地时，在大西边门第一次发现日军之所谓告示，其蔑视我主权、奴隶我同胞者，就今思之，犹觉痛不自胜，兹录其原文如下：

告　示

（一）日军纪律严正，对于无辜人民，极力保护，无犯秋毫，如有阻碍我军行动、侦探日方机密之徒，一体重惩，勿予宽贷。

（二）对于居住城内外商埠地及其他各处均须完全保护，有危害日本侨民生命财产者，不问何人，定枪决不贷。

（三）凡示威运动集合其他等事，苟使人心激昂，或图扰乱之行为，一律严行禁止，违者从重查办。

昭和六年九月十九日

日本帝国第二师团长多门中将

此项布告为日军暴行后第一次之布告，并未声述暴行之理由，而徒做高压之恐吓，其态度之丑恶，其计谋之拙劣，当于后文另行辟驳之。……

日军占沈阳，市民多闭户不敢外出，恐怖愈甚，心理上愈求探知外界之真相。但中国报纸皆被迫停刊，而我同胞素日深恶痛绝而思有以抵制之满铁机关报如《盛京时报》者，反乘机大肆活跃，每日数次发行号外，一方为日本宣传，一方又大量制造恐怖空气。我同胞本已成惊弓之鸟，及闻此警，家人亲族多有相聚痛哭者，景象悲惨，无以复加。于是城关各外国教会、教堂，顿时为之人满，但日军搜查，而教堂亦难幸免。呜呼，亡国之民，真丧家犬之不若也。……

十九日下午，日官方授意与我方会办本溪湖煤矿之日本资本家大仓组人员，访该矿我方总办李友兰，相约至关东军司令部，协商过渡期间维持治安办法。李氏虑被国人误解，不肯独自前去，乃会同我沈阳县长李毅，以商民代表资格，乘日人汽车共同前往。至八时许，所谓关东军司令部始指定日本三谷奉天宪兵队长与我方李县长，共同讨论维持治安办法。昆于二十日上午十时许访李友兰时，所谓维持治安办法犹未商定。于是昆乃以电话询问李县长，始知当时仍在商议中也。二十一日晨，昆又往访李县长，据告日本宪兵队促李县长组织自卫警察局，并以李为局长，李并荐我原公安局内勤督察长李助天为副局长，同时招集徒手警察六百名以维持治安，由日本奉天宪兵队发给臂章。李氏语我曰："当我昨日外出戴此臂章时，不禁为之泪下。"……

日军侵占东北已逾一周，我之主权，已被日军蹂躏殆尽，我东北同胞，日处日军暴行之下，亡国苦况，何堪忍受。东北非仅为东北人之东北，乃全体中国人之东北，我中央政府及关内同胞，将何以挽救东北之沉沦，以拯救东北同胞于水火之中乎？在此危急存亡之秋，不能空望国际之援助，国际向无公理，只见国联对沈阳事变之态度，其他可以知矣。今次东北之被日军侵占也，其性质与十七年（一九二八）日军之侵占济南迥异，盖济南之被侵占，乃日本帝国主义者打击我革命运动之一种手段，而今日侵占我东北者，其本身即目的也。是以昔者我对济案以延宕相应付，终使日本铩羽就范，但如以同样态度，应付今日之东北事变，则彼日本帝国主义者，将为之无任馨香祝祷矣。……

这篇明日黄花的文字，当然不值得再摘录下去，以下我想就我与九一八事件的历史人物张学良的接触，叙述一些无关宏旨的小故事。

当我在南京列席中央常会之后，不知道张学良何以很快地知道我到了南京。是余井塘先生转给我张学良约我快去北平的电报，我当然只有应命前往。日期我记不清楚了，只记得我到北平后，就约定到顺承王府去看他。时间是在夜里，到后先由秦华出面招待。秦是日本士官早期毕业生，奉天凤城县人，曾在段祺瑞的陆军部任科长，“民四中日军事协定”，他是中国代表之一，做过宪兵司令，做过张作霖的参谋长，在东北是颇有一点名气的军人。略事寒暄，他引我经过外边的大会客厅到张的小客厅。张学良那晚上穿的蓝色法国毛葛面灰鼠皮袍，在他那黑胡而显苍白的面孔上，给我一种忧郁的感觉。只有我们两人对谈，他对我很客气，甚至说是太客气，不过正题话一开始，我实在有些惊奇。

他说：“刘先生，你说这一回咱们东北是不是叫陈友仁给卖了？”

他说完这句话，硬是等着我答复。当时我对于这个问话，实在觉得离奇。最近我向与张有深切渊源的“国大代表”某先生谈起这件事，他解释说，这是张故意探询我的立场，并非张真正不解政情一至如此。不过以我当时的感觉，张未必有此深意。他的问题一提出，我立时意识到，虽然国难临头，而当政人物最注意的还是内争，其次才是外患。因为彼此陌生，而我又必须注意礼貌，所以我只有婉转地答复说：“我不知道这次日本占领东北是否与陈友仁有关，不过我怀疑陈友仁真有资格出卖东北，我更不相信日本情愿出价钱从陈友仁手里买东北。日本人早把东北看成是他们的囊中物，尤其是军人的囊中物，他们对于日本本国的政客都不买账，更何取乎买中国政客的账。张先生主持军政大计，当然情报很多，我的说法并没有任何事实证明，只是我的推论，不知是否错误。不过当前我们的国内政局，的确给了日本人动手的方便，甚至鼓励。如果我们自己争气，日本何至于这样欺侮我们。我甚至敢放肆地说，如果张先生你在沈阳，不是在北平，日本人敢不敢动手，我想也许成问题。”

我的话说到这里，张有些动容。不过当时他的身体实在不健康，精神既不振奋，言辞也不中肯，但是很想谈，所以谈得很多。有些话我也忘了，有些记得的，也实在不必写出来。不过有一段话，就张的地位和所负的责任论，我真没有想到他会如此说，甚至竟会如此想。但是他竟如此想，而对我这一个陌生人居然如此说，就一个当时像他那样重要的政治人物论，其为人实在太天真了。

张在谈话将告结束时，曾这样说：“刘先生，和你说实话，若是为我个人想，我真想出国，一走了事。不过，人家现在都骂我不抵抗，若是我再一走，人家更不知要把我骂成个什么样子。那么，不走有什么办法吗？还是没有办法，所以只有慢慢看吧。”

我听过这段话，真感觉无话可说了。论地位，论责任，论年龄，我真是微不足道，但当此重大国难，担当军政大任的人，如此心情，如此气概，如何不令我心寒？

这时候在南京的外交部长王正廷，被学生打得头破血流，我们驻英、美、法三大国的使馆都是空空如也，没有使节。驻日新公使蒋作宾才刚到任。我们的军事没有前线，外交也没有前线。在广东人回广东的口号下，“非常会议”正在广州剑拔弩张，斗争的目标是南京，而并非是东京。

我在北平与邢士廉相见，真是恍若隔世。这时候的邢士廉绝没有想到他最后居然回东北，而且做了伪满的陆军大臣。大战结束时，邢被俄军俘虏，下落不明。事变发生不久，日本人最初并没有注意到他。不过天津的日本报纸，有几次登载他的谈话。我曾对邢说，这时候最好不要与日本记者接近，更不要发表谈话。他开玩笑似的伸一伸舌头说：“小鬼真可恶，我哪里和他们谈过正经话。不过有些日本人，平常很熟，现在见面也不能假装不认识，谈话更是难免。”我说：“私人谈话，固然可以，不过目前这个局面太严重、太复杂，就是为个人着想，也要避免是非。”他又说：“我倒觉得，我们既然没有力量，倒不如趁早探探行市，问问价钱，免得以后越发不可收拾。”我说：“这事要由政府负责任的人去做，私人活动可能更有害的。”他当时同意我的话，并且说是要小心，更要避免与日本记者见面。这时的邢士廉并没有意念要做汉奸，我可以借下述的故事来证明。

邢的儿子名邢立中，东北大学毕业，是一个拘谨的老实人，在我所主持的那个单位工作。当我在北平与邢谈时局的时候，我对他说，我还要秘密回东北看看，现在不早回去，以后日军控制严密，要回去将越发困难。邢同意我的话，也赞成我回去看看。我先到锦州，以后冒充北宁路的职员回了沈阳，又转去安东，绕了一个圈又回北平。在锦州，我与彭济群、黄恒浩，还有一位曾做过奉天教育厅长的祁彦树一同住在锦州商会里。国内外宣扬，我们曾一度设在锦州的辽宁省政府，实际不过如此。张学良派米春霖代理省主席，而米本人并不是省府委员，他本人也无意于此，所以到一下就走了。祁彦树也不是省府委员，他做厅长还是张作霖、王永江时代的事。黄恒浩是财政厅的秘书，他代理财政厅长张振鹭主持财政，还是切乎实际。彭济群是省府委员，虽然无事可办，可是这位正人君子，绝不临事逃避。

邢士廉倒是很热心地来到过锦州，经过日军一度轰炸，他回北平了。有人说他是吓跑了，不过凭心论，久经战场的军人邢士廉，绝不会比我这样一个年轻的文人更胆小，我都没有怕，说邢是被吓跑了，似乎不近情理。不过他感觉气愤，有些牢骚。以他过去的经历，当此非常时期，他自己想有所作为，而当局对他不加理会，他的苦闷是可以想到的。他对我说，他到北平几次求见张学良都被拒绝，他非常气愤。他一再地对我谈及张学良的态度说：“他究竟打的什么主意，也得对人说说呀。”当他知道我要秘密回沈阳时，他曾很诚恳、很坚定地要我告诉他的儿子邢立中，不要和日本人接近，也不必多关心他个人的安全，不过在日军占领下，他是绝对不会回东北的，至于家事，要他儿子主持一切。邢士廉以后下水，是伪满的形势已成，他先任伪第一军区司令，最后做伪满陆军大臣。邢的变节，我很难过一个时期，他本不是奴颜婢膝甘心做奴才的角色。可见一个人能有所不为，实在太不容易。身当世变，利害关头，一般势利小人，固不必说，就是曾闻君子之大道，而信道不笃，也同样要被狂风暴雨席卷而去。也更可知，只有国强民富，才能培植人、保全人；国弱民贫，只有大量地毁灭人，人是很容易地不像人了。

二十年十一月十二日，当时训政的党召开第四次全国代表大会，我也被指派为辽宁省代表，会场是在中央大学大礼堂，开幕时是由林森先生主席。当时的广州，也在召开第四次代表大会，唱的当然是对台戏。北平的学生，群集东车站卧轨，客运为之冻结；南京的学生，请愿示威，五四运动的大宗师蔡元培先生，居然被学生打得头部流血。全国青年为外患刺激而近乎发狂，而京粤两地的政治纷争，也是风骤雨急。代表大会组成一个对日特种委员会，由戴季陶先生主席。可是戴先生向大会提出的报告，好像日本历史的学术讲演，对于挽救当前的危亡，显然是不切实际。

某次大会又是林先生主席，主席团提出一项内容包括十点的提案，由吴铁城先生出席说明。这个提案如果照原案通过，势必加深京粤的分裂，我这个目击身受沈阳大难的人，深感切肤之痛。我发言说，这十点内容，应逐项分别加以讨论，凡是有碍团结之处，主张加以修正。某知名之士大声驳斥我的主张，并且说，要通过就全文通过，要否决就全文否决，因为他知道没有人敢主张否决的。我也激动了，我说这是大会议题，并不是战胜者加于战败者的投降条款，为什么不能讨论？我索性更明快地说出我的主张，要求团结，反对分裂。但是我太孤单了，没有人附和我的主张，会场的空气是一面倒，结果主席团的提案被通过了。表决之后，我再起立，请问主席林先生，是否还允许我再说几句话？雍容大雅的林先生很从容地连声说：“你可以说，你可以说。”于是我很沉痛地说了一大段话，直截了当地说，这种加深分裂的决议，必然要严重地助长日本的凶焰，促进国家的危亡，而我们在座的每一个人，都要对历史负下罪戾的责任。我最初发言时，虽经林先生的慨允，但是四座都起了嘘声。当时没有麦克风，我是就座发言，不知是我的言辞，还是我的热情，居然很快地转变了会场的空气。最后全场无声，我庄重严肃地提出请将本案复议的动议。安徽代表陈一郎立时附议，并且大声说本案讨论不够成熟，应予复议，于是全场通过这个复议的动议。主席宣布休息，案交由主席团研究，提出大会复议。复会后，仍由吴先生说明，他一再说，广州方面种种，实在令人失望，但是外交、军事不能一日中断，所以将本案略事修正提出，仍希望维持原案精神。我乃就本案，再提修正意见，仍强调团结的重要。我说，吴先生说，广州方面有的令人失望，不过并没有认为是绝望，因此，我们为国家必须容忍，然后才谈到所谓精诚团结，共赴国难。我们如果关闭团结之门，则国人必然失望，尤其陷于敌手的东北人甚至感觉绝望。我的修正意见，居然被大会接受一部分，而这个被修正通过的提案，扩大了些团结之门。今天回想这三十五年前的往事，我得承认当时我充分享受了一个会议成员应享有的言论自由，而大会对本案的讨论，也充分发挥了民主的精神。

谈“九一八”总离不开张学良，所以我再写一点我与他晤谈的小故事以结束本文。

东北三省丢了，张学良的海陆空军副司令也丢了。随后热河也丢了，张的绥靖主任也丢了。他去欧洲了，二十二年（一九三三）十二月又回来了。回到上海，他住在莫利爱路张啸林的房子。朱光沐为我安排，在张把一切客人送走之后，深夜里我与张有一段将近两小时的畅谈。他的身体、神态，真使我耳目一新。他是那样地健康，甚至是健壮，精神那样地饱满，谈吐那样地有力，顺承王府里的张学良已经不见了。不过他太兴奋，太健谈。最初还是坐着谈，以后是时起时坐地谈，最后我只有随着他站着谈，甚至手舞足蹈地谈。从内政到外交，从国家到个人。当时正是福建事变，所以更有新颖的题目可谈。我是有所顾忌，必须保留地谈；他是兴会淋漓，大谈而特谈，因而有些话硬是听得说不得的。不过有些可笑而也无伤大雅的话，不妨在此转述一点。他曾经说：“我现在回想，我真是没有学问。如果我有学问，我可以和日本人早一点谈，只要我和日本谈，我一定不会离开东北。不过我得说，我张学良是爱国的，就是因为我爱国，所以我不愿意和日本人谈。我认为只有爱国的人，才能救中国，一般军阀

（他骂军阀）不必说了，官僚更是没有出息，至于知识分子，都是坠（他没有说‘堕’字）落的，都没有用。剩下的一般老百姓糊里糊涂，什么都不懂。所以我认为只有爱国的人凑一起，才可以救中国。……”

如此云云，翻来覆去说了一大堆。以后又说，他在香港看过胡汉民先生。张说：“我最佩服胡先生的话，胡先生说，害中国的有白色帝国主义。我们反对白色帝国主义……”

我与张这场无所为自然也无结果的谈话，也无须再加以引述了。以他现时的处境，我本不必谈到他的种种，而且很容易被人误解是一面之词，甚至有违忠恕之道。不过，我向来不敢说假话，尤其不敢在关系重大的事与人方面，去说无所根据的话。我之所以谈到张学良，只因为是谈到“九一八”这件历史上的大事。谈这件大事，而完全省略张不谈，未免文不对题，所以我取样几件不相干的小故事，以资点缀。

张学良被白色帝国主义赶出了东北。如果有人替他解嘲说，“我不入地狱，谁入地狱”，那倒是大彻大悟的现身说法，而可以进入大乘境界了。

原载《传记文学》第九卷第三期（一九六六年九月号）

美国记者笔下的“九一八”（节选）
——《上海〈密勒氏评论报〉主持人鲍维尔回忆录》之一七

John B. Powell　原著
尹雪曼　译

第十七章　二次世界大战“真正”的肇始

当一九三一年九一八事变发生时，我们被派驻在中国的外国记者，比世界上其他的人，感到较少的惊异。那时，日本的发言人和宣传家对全世界说，日本人所以进攻中国的东北各省，以及占领三十六万五千平方英里的中国土地，乃是因为日本人所有的南满铁路，受到身穿中国政府军服的士兵的攻击。但是，日本国内的老百姓所听到的有关九一八事变的原因，却又是一个不同的故事。

那是一九三一年七月，也就是九一八事变的前两个月，日本报纸上忽然刊载出一连串有关一个日本军官在内蒙古被杀的新闻。这些新闻写得非常激动，说那个名叫中村的上尉军官，是在内蒙古某地被杀；那儿是一块广大的地区，从满洲的西部一直延伸到蒙古；一度曾被俄国占领。由于这块土地生产的牛羊肉，以及畜牧上的其他副产品，像羊毛、兽皮之类，一直供销华北各地，所以日本人多年来就一直垂涎着这块有价值的广大土地。当然，这块广大的土地还生产有其他的皮货。因此，那位中村上尉跑到这儿干什么，日本人始终没有正式宣布过；然而在一份神户出版的，英国人发行和编印的《日本纪事报》（*Japan Chronicle*）上，关于这项事件的新闻中说，中村上尉是由另一位未公布姓名的日本军官，和一位白俄及一位蒙古族向导陪同。沈阳中国政府官员发给中村上尉的旅行证件，说他是一位“教育家，从事有关地理和历史的研究工作”。但这位上尉却随身带了很多钱，据说共有十万元，折合当时的美金五万元。然而日本报纸在军方的示意下，对于中村上尉的被杀，却极尽夸大、渲染之能事，因而激起日本国内巨大的骚动，一致谴责中国政府对这件谋杀案的处理缺乏诚意。但是中国报纸的有关报道说，根据中国官方的调查，以中村上尉为首的这个日本团体，是在俄国人控制下的外蒙古边境上，从事一项神秘的旅行；而中村上尉携带有大量的“海洛因”，这种毒品为当时的外蒙古人所迫切需要。但是为避免因此引起更复杂的情势，沈阳的中国政府当局对于此事很快地表示歉意，并愿赔偿日方所有的损失。可是，日本方面却加以拒绝，情势因此而大加戏剧化。我们这些一直注视着中村上尉事件的新闻记者，因此当一九三一年九月十八日晚上爆发了那个真正的大风暴时，一点也未感觉惊异。

但是，有一个很重要的团体，对此一变故事前却未曾料想到。这个团体便是“太平洋关系学会”（Institute of Pacific Relations）。这个太平洋关系学会是由来自各国的小组所组成，他们专门开会调查那些极可能造成国家与国家间的复杂情势，因而可能爆发战争的特别事件。他们每两年举行会议一次，但对社会公众或新闻界向不公开，只有参加会议的各国代表团被谨慎检查过的报告被获发表。参加这个学会的国家小组，有美国人、英国人、法国人、加拿大人、澳大利亚人、新西兰人、俄国人、中国人，以及珍珠港事变前的日本人。对于中国和日本间的危机，这个学会已经花了两年的时间编撰报告，收集文件，并已定于一九三一年的秋天，在上海举行两年一次的会议。为了集会，该会已派出一位主管率领大批工作人员，到达上海负责筹备事宜。在上海，这位主管举行了一次茶会，招待上海的新闻界，并介绍他带来的工作人员与大家认识。这些工作人员大半都是哥伦比亚大学的毕业生，也都是国际关系各方面问题的专家。这个学会的工作，全部由私人捐献的经费加以支持；主要的来源是纽约的几个大基金会，这些基金会对于倡导国际事务的研究十分感兴趣。

这次会议预定在上海公共租界的汇中饭店（Cathay Hotel）举行；旧金山的名报人罗威尔（Chester Rowell），也是有名的公共关系专家，带着他的一批助手也到了上海，参加筹备工作。罗威尔到了上海后，首先邀宴上海的新闻界，出席的编辑、记者约有五十人。餐后，罗威尔起立致辞，特别介绍了一下太平洋关系学会的工作目的。他说，参加这个学会的各国小组人员，都是各国关系重要的男士和女士，他们专门研究国际间的特别问题。因此，不管在任何国家与国家间，如果有复杂的问题发生，这个学会立刻就可指派十分了解这个问题的专家小组，采取行动，对他们各个的政府施以压力，维持和平的态度，直到这个特殊问题予以和平地解决。在这种情形下，罗威尔十分慎重地说，太平洋关系学会着眼于防止任何主要战争的爆发，至少是在与太平洋有关的各国之间。

罗威尔讲完后，要参加宴会的记者们提出问题。由于我对九一八事变相当地注意，并且深深感到这件危机逐渐增长的严重性，于是我就提出一个仅仅是逻辑上的问题："如果中国和日本在太平洋关系学会会议期间发生战争，贵会将采取什么行动？"这位在美国西海岸一向被誉为最佳的餐后演说家，又一次地不知如何回答。在稍加思索后，他说："我想，战争将结束一切。"于是，颓然坐下。

罗威尔的话竟成预言。太平洋关系学会的会议于九月下旬在上海召开；这时，九一八事变早已发生，日本军队已经占领沈阳，并且在中国领土内的好几个地方，正跟中国军队血战。在太平洋关系学会会议的开幕式席上，中国代表与日本代表互相叫骂；于是，大会开幕后只好暂时休会，其后重在气氛比较缓和的杭州召开。虽然新闻记者经常是被排斥于会议之外，但这则中日代表争吵的新闻仍旧被漏了出来，而且引起各方广泛的注意。

在美国对日本提出徒劳无功的抗议后，列强对九一八事变的最初反应，是派遣军事观察员，前往中国东北中日冲突的现场察看，俾做调查和报告。美国派了四位，两位来自驻日本的大使馆，两位来自驻北平的公使馆。英国派了三位，法国两位，意大利一位。国联大会当时正由西班牙共和政府的代表主席，亦派出了一位军事观察员，那就是驻上海的西班牙总领事法拉（Senor Farrar）；法拉曾任西班牙非洲殖民地的上校军官。代表美国、英国、法国和别的国家的一些著名报纸和通讯社的记者们，这时也从远东各地蜂拥而来，大家一齐赶往沈阳，去采访当时被一致认为的重大新闻。这时的沈阳，除原有的美国和英国的领事人员外，还有二百多位外籍侨民，大都是生意人。

这时，东京方面对于在中国东北轻举妄动的皇军中的所谓“关东”派的行动十分不安。因此，使当时在满洲采访新闻的很多记者相信，如果参加华盛顿会议的列强提出强硬的抗议，甚至就是美国单独提出，就足使日本从沈阳撤兵。据说，东京有一个有力的派系，原反对日本军队的此项行动；尤其是当日军占领锦州时，更无疑地可以看出东京方面犹疑不决的态度。锦州是一个很重要的城市，同时也是一个铁路交叉点，是东北三省与关内的衔接处。当列强看出已经无法促使日本不对满洲展开全面的攻击后，他们就想设法不使日本军队进攻长城附近的地区，像北平北部的热河省，以及长城东端的山海关与锦州等地。日本军队因此被迫不把他们的攻击扩展到这些地方。

驻华盛顿的日本大使，相信是在获得他的政府的授权下，保证既不轰炸，也不占领锦州。但是，为了看看这项协议是否确被执行，美国、英国、法国和德国（德国这时在远东还是站在法律与秩序的一边），各自派遣他们的武官前往锦州。在锦州，他们住在一所中国学校里，这所学校离火车站只有几百码。

几天之后，全世界为下列一项报道而震惊，那是："虽然日本政府业已保证不轰炸锦州，锦州还是被轰炸了！"驻在沈阳的日本本庄繁将军总部，对此报道立刻加以否认。但是，当一位瑞士籍的记者博斯哈（Walter Bosshard），把他在锦州火车站附近捡拾的日本炸弹碎片拿出来展示时，日本军方发言人才无言以对。博斯哈当时是代表自由派的德国Ullstein通讯社记者，曾赴锦州采访。于是那天晚上，一位日本军方发言人岛本少校就召来艺伎，举行酒会，招待各国记者。当他喝下大量的威士忌苏打后，他就讲出轰炸锦州的整个内幕。他说，本庄繁将军总部的参谋人员，全都是年长的将官；他们曾接获东京的训令，不要扰乱锦州。但是年轻的日本军官不肯服从这项命令，于是就在岛本少校家里举行了一次秘密会议；轰炸锦州的计划就这样被决定了。

岛本少校那晚在家里举行酒会，我也是被邀请的一位。当我们在客厅中一张小桌子旁边坐下来后，岛本少校轻轻地敲着那薄薄的、约有一英尺见方的木质桌面，戏剧性地宣称："这是一张有历史价值的桌子，我们就是围坐在这张桌子旁边，定下轰炸锦州的计划。"在这之后，日军自然必须派遣部队前往占领。于是，日军就从沈阳开出一支大军，乘北宁铁路南下；但行至中途，忽然又撤了回去。撤回去的原因，是由于美国总统在白宫记者招待会中宣称，日本军队"已经疯了"。日本方面一听此话，大感不安，认为美国总统此言甚不简单，于是赶忙退了回去。但是当他们发觉美国不过是在虚张声势的时候，他们还是照计划进行，占了锦州。

从沈阳陷落后开始，我一直负责采访东北的战事新闻，所以现在决定趁日军退走后的一段平静时期，到锦州去实地察看，以便获得些第一手的新闻。在我到达锦州的时候，正是一九三一年圣诞节的前几天；这时我才知道，除了美国和英国的武官外，别的国家的武官都已离去。在那所中国学校的校园里，我看到几处炸弹坑；这所中国学校亦就是国联调查团的总部。从校园里这些炸弹坑来看，日本飞机不仅只轰炸锦州火车站，并且还意图轰炸国联调查团总部。

在圣诞节与新年间的一天早上很早的时候，我到火车站电报室去发一封电报，发现电报员已把他们的工具从工作台上拆下来，显然是就要撤退的样子。一位工作人员对我说："日本人就要来了！"我立刻带着这则新闻回到国联调查团总部。一位年轻的美国部队情报官奥德瑞区中尉，这天夺了一辆机车，沿着铁路线向沈阳那边驶去，以便察看日军情况，结果被日军捉了起来，关了好几个小时才获释放。我于是搭最后一列火车离开锦州，火车上全是撤退的铁路工作人员和中国政府官员；大部分的中国军队都已撤走。我在山海关停下来，中国的万里长城就是从这儿延伸到海边；看张学良元帅的部队，从满洲穿越长城，到达关内；这无疑是意味着中国对东北三省主权的结束。但当我把中国部队从满洲最后撤退的情形写了一则新闻电讯，准备发往美国时，却被山海关的中国部队司令扣住。

这是日本军队准备向长城南部——关内展开征服之战的前五年。西方列强在这五年中，除做了些徒劳无功的讨价还价外，就是过着闲散的日子。但是日本却联合着德国，不停地在进行它征服远东和世界的野心计划。

满洲之战和远东继续不安的情势，给美国报纸的读者们带来不少由一群新记者所写的报道。这批新记者的大名，在此以前是没有人知晓的，原因是他们一直被派驻在欧洲。但是当他们转来亚洲工作后，他们之中有好多位，后来都成为远东问题专家。譬如斯诺（Edgar Snow），当时是伦敦《每日先驱报》（*Daily Herald*）的特派员；基恩（Victor Keen），《纽约先驱论坛报》的特派员；斯威特兰（Reginald Sweetland），《芝加哥每日新闻》（*Chicago Daily News*）的特派员；洪德（Edward Hunter）、克益德（John Goette），国际社（International News）的特派员；巴布（Glen Babb）、哈里斯（Morris Harris），美联社的特派员；欧理渥（Frank Oliver），路透社的特派员；阿本德（Hallett Abend），《纽约时报》的特派员；莫里斯（John Morris），合众社的特派员。至于我，则是英国《曼彻斯特卫报》（*Manchester Guardian*）和《芝加哥论坛报》（*Chicago Tribune*）的特派员。后来，当东北的情势愈来愈紧张时，合众社又加派弗雷德里克·顾（Frederick

Kuh）从柏林赶来；国际社也增派了吉本斯（Floyd Gibbons）。

当那位专门对付日本的幽默作家罗杰斯（Will Rogers）来了之后，情形变得更加多彩多姿。罗杰斯每天的五十字幽默专栏，是供给许多家报纸共同采用的。因此，他很担心日本方面的检查。果然，有一次他的一篇文稿，被日本新闻检查人员拿着，在沈阳大街小巷到处请教美国人到底怎样解释，因而被耽误了好几个小时。这篇文稿是这样的：

> 我刚刚听说，国联决定派遣一个调查团，来沈阳调查满洲事变的真相。它使我想起许多年前发生在俄克拉何马州同样的故事：有人报告警长，马被人偷走了，警长于是赶忙去看马厩。

这篇幽默专栏，费了好大的牛劲，才向日本军方的新闻检查员解释清楚。

说到九一八事变本身，我们这些外国记者已找到充足的证据，证明它到底都发生了些什么事。日本军队原先是驻扎在日本所有的南满铁路区域内和朝鲜，现在却占据着沈阳。当我们这群外国记者到达沈阳后，日军总部的新闻官岛本少校，用略带牛津重音的英语向我们解释说："这儿曾发生一件意外——穿着张学良元帅正式军服的中国部队，在沈阳郊外，将日本铁路炸坏了一段——日本军队因此被迫采取行动，在沈阳郊外反击中国军队。"为了让我们去看看究竟发生了什么，岛本少校护送我们前往"罪恶的现场"——在距沈阳几英里路外的郊外，日本人拥有的南满铁路被破坏了一节。

在那儿，我们和一些军事观察员看到三个中国"士兵"的尸体倒卧在铁路线上；很可能的是，他们是从现场跑走时被射杀的。岛本少校说："他们在那儿引发炸药，炸坏了三条枕木及一段路轨。"毁坏的地方自然已经重修过；岛本少校一边说，一边把三条新枕木和一节新路轨指给我们看。他同时又要我们注意，从那三个中国士兵倒毙的地点，可以看出他们是在逃走时被射杀。但是，岛本少校却忽略了一个很小的情况，那是在那三个中国士兵倒毙的地上，竟然没有血迹！由于日本军队在进攻沈阳的同时，曾攻击沈阳附近的中国卫戍部队，所以他们很容易弄三具中国士兵的尸体来摆在这个地方。但为了减少我们的怀疑，日本军方在几天之后，又开出一张清单，列举三百多件中国方面侵犯日本在满洲的“权益”事件。

后来，当国际联盟派遣一个国际性的调查团，由李顿爵士（Lord Lytton）率领，前来调查日本攫夺中国的东北三省时，一位随国联调查团一同前来的美国专家杜弗曼（Ben Dorfman），查对了一下南满铁路的行车时间表，结果发现一列时速约五十英里的快车，就在日本军方所说爆炸事件发生后的二十分钟内，通过了日方所说为中国方面破坏的铁路地点！但是，日本方面很谨慎地保存着那三块被炸坏了的枕木，以及三四英尺长的一段被炸弯曲的铁轨，和一块弯曲的夹铁轨的铁板。这些东西摆在沈阳日本关东军总司令部本庄繁将军的办公室，陈列了好几个星期。因此，有人觉得有点想不通，日本人既已明目张胆地大举进犯，而且目标也昭然若揭，十分显明，为什么还如此煞费苦心地去掩饰他们侵占中国领土的行为呢?

在沈阳，我又发现其他的证据，显示日本军人夺取沈阳的方法。在访寻日本人经营的照相馆时，我发现很多张照片，上面都是身穿平民服装的日本兵，背着步枪，戴着臂章。据欧美的生意人说，在九一八事变前好多天，沈阳街上忽然来了很多穿着平民服装的日本“游客”。事实是，日本军方已把数千名伪装的日本士兵，偷偷地运进沈阳，要他们在听到动手的信号时，立刻占据所有的战略地点。果然，在一九三一年九月十八日的晚上十点钟光景，他们全照计划实行了。一九三一年九月十八日这一天最好记在心里，因为它是第二次世界大战真正的开始！

我写了一篇有关日本以便衣军队侵占沈阳的内幕报道，附以我在沈阳照相馆中搜寻来的有关照片。当这篇报道在上海《密勒氏评论报》上刊出来后几小时，日本军方便派员在沈阳街上大举搜索所有的照相馆，没收了所有日本便衣军队的照片。

分析日本夺取中国东北各省的技巧，显示出希特勒在以这同样的方法窃取别国的领土时，只是一个模仿者，而非创始者。日本声称他们在沈阳的行动，是被中国军队激起，但是在九一八事变前很久，沈阳街上就充满了日本的便衣军队。而且还有证据显示，在九一八事变爆发前数小时，穿着制服的日本军队就乘坐火车从朝鲜越过鸭绿江，到达满洲境内。

日本军方在沈阳早已建立榴弹炮炮台，静待攻击行动的开始。这些大炮位置在由日军严密看守的一所广场内，这所广场的上端，有起皱的铁屋顶，修建得像一座谷仓似的。这些大炮的炮口都对准着沈阳兵工厂。据中国政府方面宣称，这些大炮是在九一八事变前好几个月偷运进来的，外表标明是“矿场机器”。在沈阳被日军占领后的第二天，我的一位美国朋友，名叫格雷厄姆（Kendall Graham）的生意人，就住在这个大炮炮台广场附近，事变后发现很多碎屑从这座“谷仓”中飞出来；起皱的铁屋顶，也因为大炮的轰击而被震得飞上天。我的这位朋友是美国一家汽油公司的工作人员，当我到达沈阳后，曾带我到这座假“谷仓”去看日军的野战大炮。

由于日军在中国东北三省的军事侵略行动，全世界才第一次听到日本人的暴行故事；但是一般说起来，世人对此还是不太相信。我们经常接到报告，说日本人常因怀疑哪儿窝藏中国游击队，因而把整个的中国村庄予以消灭。国联的代表法拉，保存了不少这样的报告，并把它们详细地电告日内瓦国联总部。有一件日军暴行，我曾亲自前往察看，并且写了一篇报道，但是立刻受到日本驻芝加哥总领事的否认。这位日本领事争辩的是数字。我说那个村庄的三千名中国人都被日军屠杀了！他说那儿并没有什么屠杀，“只有三百名中国人被枪毙”！

日本人养了一批美国籍和英国籍的宣传员，首脑是一位爱尔兰人高孟奇（George Gorman），和一位美国人金纳（Henry Kinney）。他们的工作是辩驳所有日军不同意的新闻报道。金纳原来卜居在火奴鲁鲁，娶了一位日本太太，一直在南满铁路服务，担任公共关系工作。高孟奇曾在北平及其他地方日本人办的机关报做过编辑，他的正式职务，是伦敦《每日电讯报》（*The Daily Telegraph*）的特派员。这个工作使他有机会参加所有的记者招待会，只是他的主要工作，好像只是日本军方的辩护人。

原载《传记文学》第十七卷第五期（一九七〇年十一月号）

九一八事变与东北义勇军（节选）
——《学钝室回忆录》之一章

李　璜

九一八事变的由来及其发动

日人对我东北三省竟起吞并的野心，当然始于甲午（一八九四）战败了中国，一直攻占中国东北奉天省［民十八（一九二九）改称辽宁省］南部称为辽东半岛的时候。辽东半岛位于渤海与黄海之间，其地以形势言，则南临龙口，控两海之通道，而山东在其俯瞰之下；以经济言，则其地煤铁产量最丰，鞍山之东至连山一带的铁矿富藏即超过中国铁产总量半数以上。况半岛尖端有大连良港，经冬不冻，更有旅顺军港，形势险要。故中日《马关条约》，日人迫我割让辽东半岛，而法、俄、德三国皆反对之。尤以俄国早视我东北为其禁脔，岂肯任日人吞去这一块肥肉，于是始有三国干涉还辽之举。因日人当时国力尚不敢与三强为敌，乃忍痛退还辽东半岛予我国。但从此日人仇视俄人日深，乃有一九〇四年的日俄战争。及日胜俄败，俄国被迫而退据我长春以北的利益，尽弃辽南利益，让渡于日本。自是之后，我东北权益竟成日俄瓜分之局，而产生所谓“南满”与“北满”这一奇怪而不正当的分别名称。

一九〇六年（光绪三十二年），日本成立南满铁道株式会社（简称“满铁”），虽名为商业机构，而实际上执行其政府有计划地开发及殖民政策，并且同时在旅顺、大连租借地设置“关东州”都督府，以从事于军事政治的积极布置，是日本无所顾忌，已视辽东为其殖民地，而心目中并无我国的主权存在了！其后遍筑铁道（安奉铁路、吉长铁路、新奉铁路、沈海铁路等均为日本所包办），并在铁路沿线包办工矿事业，大事殖民，不到十年，而日人移殖南满竟有五六十万之众！

因在民五（一九一六）之后，在奉天主政之张作霖，表面虽亲日，而为国人所不满，但暗中却时时与日人斗智，因是日本军阀恨张狡黠，横施暗杀手段，而在一九二八年的六月四日，乘张作霖自北京退归东三省，车经京奉与南满两路相交叉处的皇姑屯，埋起炸弹炸死之。皇姑屯之一弹，已足证明日本军阀的野心并不在小，立意吞并整个东北了！幸东北各方震于日阀的凶横，念奉张之惨死，一致团结，拥戴作霖之子学良主政，秩序安定，军队戒严，使日阀尚不敢乱动。然而政府与南北方军人皆尚不加儆惕，内战不已；且在一九三〇年的四月至九月，南北打了一次最大的内战——中原大战，国民政府劝诱张学良以奉军入关，占据北平，虽因是而将阎、冯大军打败，但东三省的省防空虚了，日阀并吞东北的计划日趋积极了！

当一九二九年（民国十八年）的十一月，张学良因中东路的纠纷，而与俄人大战于海兰泡一带，关内即有谣言，传日阀将乘机袭取沈阳。时曾慕韩（琦）兄正在天津，即命我驰赴沈阳，带了一封致张学良的长信，说明日人为东北之大敌，日阀业已蠢蠢欲动，万不应再与俄人开衅，以致日阀有机可乘云云。我曾秘密见张，面交了慕韩这一封信。我与张学良有一种很奇特的神交关系，缘于民十五（一九二六）的三月，我在北大第三院反俄援侨大会与人大打一场，他阅及天津《大公报》所载详况后，曾命人向我致意，并称赞我一番；故后来民廿一二（一九三二——一九三三）我在长城组织义勇军抗日时，他暗中给予我助力不小。

慕韩忧国最勤，且对于日人野心知之最深，故自民七（一九一八）为反对中日军事密约，鼓动日本留学生数千人归国后，组织救国团、少年中国学会与中国青年党，历标“内除国贼、外抗强权”的宗旨，皆未尝一日忘却日本的大患。及十九年（一九三〇）中原大战起后，他在天津见国民党内争闹得兵连祸结，便深感日本大举侵略中国的国难将不可免，故令我一会儿跑东北，一会儿又回四川布置；后我从四川出来，又令我去山西警告晋阎，直将我跑得身染重病，卧于北平医院几死，而“九一八”的大事变竟发生了！

九一八事变的发生，不能完全称为“突发”事件，因事前有二十年（一九三一）夏天的万宝山事件，日本军警曾在吉林的长春当地枪杀我农民，死伤至数百人之众！如此惨酷，而日阀还借此宣称东北人排斥朝鲜人，引起朝鲜排华事件。直至是年八月二十八日，日阀又宣称其陆军大佐中村震太郎被我兴安驻屯军所杀，向东北及中央当局同时提出抗议后，又对其在东北的日人发传单，称“日本在满洲之特权与利益现已处于危险状态”，以激动其军民的情绪；一面且增兵南满。这种情势之危急，而南京岂有不知之理！然而当时正因胡汉民被囚问题成为宁粤对峙局面，广州方面正在酝酿起兵北伐，南京的国民政府竟无暇留意东北。在张学良方面，安居北平，认为东北既已归顺中央，已不复为他张家的私人地盘，则万事听之南京处断，也对日人之侵略，不再像他父亲“老帅”那样事事留心。因是日阀才以迅雷不及掩耳的手法，于九月十八日夜进攻沈阳，晨即占领之；而同日，长春、营口、铁岭、安东、抚顺、延吉等重要城市均被占去；张学良已无法应付，只有以“不做抵抗”一电令了之，以待南京中央的处理。因是吉林省代主席熙洽开门降敌，而九月二十二日，日军便发出布告，声称永远占领东北了！

在史家来据当时真相以明不抵抗而即失掉东北的责任所在，则张学良与南京中央均应各有其事前忽视问题，事起未能应变的误国之罪。兹即以《陈布雷回忆录》两段记载证之，亦足见当日南京中央陷于国民党的内争恶劣状态，万事莫可为，而后来南京竟闹成无政府状况，又才令日阀敢于发动上海的一·二八事变，几欲一举而亡中国，此真所谓“国必自伐，而后人伐之也”！《陈布雷回忆录》（“传记文学丛书”之五中第八十四页）写道：

九月十八日，日军突攻北大营，沈阳沦陷。蒋主席闻讯，次日即起程回京。变起非常，全国民意激昂，社会群情惶惑无主，而党中元老之不在中央或故树异帜者，复推波助澜，以长攻击政府者之气焰。蒋主席忍辱负重，决定按照国联盟约及《非战公约》与《九国公约》，诉之国际之公论；一面则严令东北当局，节节抵抗。然东北军骄逸性成，不能遵奉命令，达成任务，日军复锐进侵略，以至失地日广，三省相继被占，而内外责难更纷然杂起矣。

这一段记载，我认为语语皆是纪实。最足注意的两点：一是党中元老不在中央者故树异帜，推波助澜，攻击政府，竟令蒋主席不敢调兵北上；二是中央既不有大军北上，以表示剑及履及，增强东北军的勇气与信心，而只是严令张学良——从来没有当过大难的青年人——来单独应付这一强敌，又何能济事！至于蒋之不能调动大兵北上，其为所处的环境所不许可，则在《陈布雷回忆录》另一段上（第八五至八六页）即足见之：

国联行动迟缓，英、美意见未能一致，日寇益鸱张，反政府分子之结合破坏亦愈烈。中央蔡（孑民）、张（溥泉）及陈真如等力主斡旋宁粤，合谋团结，……嗣接胡电非蒋公先有辞职表示，不允来京。（蒋）乃于十二月十五日向中央常会正式提出辞呈，将国府主席、行政院长及海陆空军总司令本兼各职一并辞去……

国难当前，如是严重，而国民党的巨头竟不能容忍须臾，而一定要逼走一向手握军政大权的蒋先生，方才快意，真是心目中并无国家危局，而徒逞私忿，令人齿冷！因使日阀随之野心愈炽，而二十一年一月二十八日之难又发作了！“一·二八”的上海事变将起的前夕，南京简直陷于无政府状态，据陈布雷所记云：

> “一·二八”事起之前旬日，南京政枢动摇，行政院长孙科离京赴沪，陈友仁任外交部长高唱宣战，蒋公既发表独立外交之论文（邵元冲拟初稿而余承命润色之），复不忍中枢扰攘无主，乃与汪相约入京共同负责。既抵京而沪战即起，即日决定政府迁洛阳，蒋公护送至中途，仍回京坐镇……（见其《回忆录》第八八至八九页）

大敌当前，而政府乃成如此景象，无怪乎一闻上海炮响，而便仓皇出走，竟远走至于洛阳！

东北义勇军的初基与发展

有人说：“日本军阀吞并了我东三省，等于吞下了一颗大炸弹在肚里去！”这个话一点也不错。自一九三一年的“九一八”，日本军阀乘东北军大部都开入关内，而其时主持东北的统帅张学良又在北平耽于享乐，东北像样的正规军只剩下驻在奉天的王以哲的一个第七旅，此外虽还有十一二万兵，都驻在边远地方，且装备也够不上与日军做敌，因此日阀才敢于以迅雷不及掩耳之势，一下就消灭了第七旅，而占据了沈阳城，接着四处动兵，并没有费什么事就占去了整个东三省，后来又制造出伪“满洲国”来！

但是，日本军阀就忽略了东北的民性强悍以及自来有所谓“红胡子”的这一社会力量。东北抗日义勇军的初基，就由这个所谓“红胡子”掀动起来，而并不只是在松花江以北日军所遇着的装备不足的马占山、丁超、李杜等几个旅的抵抗而已。马、丁、李等力量是有限得很的，只能且战且走地退往边区号召抗日，所以日本军阀起初并无所畏，得到汉奸合作，进展异常顺利，可以说在“九一八”后不两月，他们便算是传檄而定了整个东北。

但在这事变后不几时，东北各处便有了公开的红胡子出现了！在这里，我须先将红胡子解释一下：红胡子在东北人平日视之，就是强盗，他们沿着山东的强盗作风（东北人大半是来自山东的垦民），号称“响马”。这类大批强盗大都是马贼，而他们的首领的马戴铜铃，声音响亮，来抢劫时，表示不是偷偷摸摸、鼠窃狗偷之辈，而是明来明去，效法《水浒传》“杀人者武松也”那种所谓英雄行径。不过何以叫他们为“红胡子”？则东北人的解释不一，有说是大都戴红色的胡须，这是不确实的；大抵其中有人以红巾蒙着首脸，以蔽风沙，或故以红巾围颈，以示威风标帜而已。但东北人是见惯了红胡子的。据传其历史系起源于明末清初，那时有一部分不愿同着“三藩”降清，而仍忠于明室的好汉落草为寇，在东北的山中隐聚起来；在后来太平天国与捻匪之役（一八五一——一八六三），中原大乱，清室不及顾到东北时，这些多年伏莽便窜出山来造反，一时在热河、锦西都有攻城略地的举动。及至义和团变起（一九〇〇），俄军进占东北全境，那时的红胡子便夺得不能抗俄的官兵枪支而大干起来！中间的领袖人物，就有东北后来巨头冯麟阁、金寿山、洪辅臣、钱广召等人，据地称雄，以打“老毛子”（东北人称俄人为“老毛子”）为号召，张作霖、张景惠、汤玉麟、张作相等都是跟随着他们的后一辈，换句话说，“三张一汤”都算是红胡子出身的。

红胡子虽然是强盗，但中国古语所说的“盗亦有道”，在此却是真话。因为红胡子既根源于不肯投降异族统治于一六四三年，而入山落草为寇，其后又曾乘清内乱（一八五一）而窜出山来造反，继复于一九〇〇年以后大举打击过强占东北的俄寇，故其民族思想的发挥已有二三百年的历史。当庚子乱后，东三省地方秩序尚未恢复而日俄之战又起，奉天省巡防总办张锡銮对于张作霖等之能招抚土匪来归，且安定了地方甚为赏识，特呈委张作霖等以官职，因之马贼御侮安邦的社会风尚，自此流行于东北草莽之中。

“九一八”后，首先以红胡子巨头而组织义勇军较多的为吉林的王德林。王本人原系山东沂水人，少年即来东北为垦民，后来参加了红胡子组织；初与通化唐聚五部合作对付日人，其游击队伍一天一天地壮大起来。及至日人成立伪“满洲国”时，原在东北第十三旅下的九团三营九连连长孔宪荣也落了草。孔与王是山东的小同乡，两人合股，组织“抗日救国军”，王德林称司令，孔宪荣为其副司令，在吉林打出旗帜，招兵买马，直属有十七个支队，人数达二千三四百人；武器除旧有短枪外，还夺得日人的臼炮与轻重机枪，声势顿振，东北起自民间的义勇军从此声光显出了！

日阀曾宣布王、孔为吉林两大匪首，以大兵围剿，但日军第十七旅团“服部”，曾先后与王德林作战十次，结果这一个日本旅团被消灭殆尽，而日本官兵被俘者有数百人之多！当王德林部突袭横道沟时，还活捉了日本宪兵团森木大佐及其以下二十多个军官，日本屡次以大兵来抢救，虽然使王部义勇军大受损失，但俘去藏着的森木大佐等总要不回来。到了民二十一之冬，日本驻哈尔滨的特务机关长土肥原贤二被迫想出了换俘的方法，他逼迫着张作霖时代所聘用的意大利人范士白到穆棱地方，去与王德林部的另一副司令吴义成办交涉，用彼此对换重要战俘的办法，去把森木大佐等换回来。当范士白到了义勇军中，吴义成很礼貌地请他去参观其队伍。他看见吴军士兵身着的是日本兵的军衣，使用的是日本军武器，士气旺盛，满不在乎。范士白立刻感到这个日本“皇军”是终于不敌他所称的“大匪首”的。因是范士白跑了这一趟差事后，他便很机警地设法逃出“皇军”掌握，而间关逃到了上海，写了一本书，完全纪实其做日本军队侦察东北义勇军工作经过，书名《日本的间谍》，我曾经看过他这本书的译本。（按：本节大半得于东北友人斐有明君所述及。）

这是在吉林的义勇军情形的一斑。除了有名的马占山将军等退往热河，当时这类抗日救国军，在奉天（即辽宁省），还有辽宁民众自卫军、东北人民革命军等大小不等的地方组织；有名的地方领袖人物，如活动于通化、临江、辑安（今集安）一带的王凤阁、唐聚五，松花江一带的谢文东，长春东南的许越衡等，都是地方旧有的潜伏势力，而与日军以不断打击纠缠，一直到日军占据东北十五个年头里，还是用伪组织名义去招安，给予“满洲国”属下名义，方才渐就安定下来。不过这些所谓“伪军”的领袖一部分还是随时在想得机会以报国家的，可惜胜利刚一到来（一九四五），陈诚便下令把他们解散了！

我参加了东北义勇军

我并不是东北人，但我自上海一九三二年二月至四月出入淞沪抗日战区以后，上海的朋友们都主张我去组织东北义勇军抗日，他们愿为我的后援。首先“中社”（见后）社友在上海募集了三万大洋交予我；接着在四川曾于清末当统带，革命时任了几天四川副都督的朱庆澜将军，便由于广东同志的宣传，一下予我汇来他募集的九万大洋。（朱在当时并不认识我，后来我们才往还甚熟，他那样热心帮助我，或者因为他是东北人，而又因信任我同志们的宣传，特别表同情于青年党为国难的奋不顾身。）此外，丘念台先生自香港汇来二万大洋。我在一九三二年四月便先后收到十四万大洋，都是中国银行的支票，真使我有义不容辞之感。

同时，慕韩自天津来信，言北方同志抗日心切，纷纷向他请缨，要我迅即回津想一个统率的办法，否则人自为战，必无所成，徒遭牺牲。我于是便在一九三二年五月自上海又赶回天津。不过在回天津前，还有一段政治的插曲，在此附带一述，这就是民国二十一年四月七日，国民政府所召集在洛阳开的“国难会议”。

当时国民政府有鉴于日阀之进攻不已，既占了东北土地，又发动淞沪之战，民气之激昂达到极点，而国民党南北之对峙不妥协尚如故，因此乃由退往洛阳的中央发出通知，于四月七日召开一个国难会议，邀请海内知名之士竟有五百二十余人。本来这个会议在当时政治的作用上确有其必要的；人数虽不免过多，然而国难会议的名称却适合民众的心理。但最令人感到有点滑稽且引起群情不满的，是这个国难会议的通知上声明“不谈政治”。当在东北事变后，淞沪战争未起时，上海威海卫路有一个俱乐部名叫“中社”的，便常有若干新旧热心国家大事的政治人物随时在那里聚会谈天。其中以世人所称的政学系要人张耀曾等最为热心，左舜生兄原来就常去“中社”，我自一九三二年一月到上海后也有时去。及至四月中，得到国难会议的通知，这类“中社”中谈天朋友的名字大半都在被请之列。但一看通知上有“不谈政治”字样，大家都笑起来，认为“国难”本就是政治问题，而今标明不谈，则又从何处谈起呢！因是激烈派便主张不理，温和派就主张去问一问政府要开这一个会议的用意所在。于是公推熊希龄、谷钟秀、王造时与我共四个人，由上海去南京就近问一问汪精卫，因为汪那时是行政院院长。我们四个人到了南京，由长于马戏团玩杂耍的褚民谊招待得相当周到，但一见汪精卫，就令大家很不开心。他首先有个成见，认为主张抗日的人是在安心捣政府的蛋，而要谈政治，就是有意夺取政府的政权。因此，汪简直声色俱厉向我们四个代表说道：“国民党的政权是由多年革命流血所取得来的。你们有意要求取消党治，你们就去革命好了！”因是不欢而散。我们四人回上海复命，汪的如此无聊说法当然要发表出来（因为我们当代表不能不据实以告众人），因之国难会议虽仍然如期敷衍开会，不但中国青年党被邀请的七位同志全数未去，而上海大半较重要分子都未出席。我是急于要赴天津主持东北义勇军事，更无有心肠去讨论这种无聊的政权不政权之事了！

我一回至天津，知在东北讲武堂的学生同志二百余人，业已有五十余人不及待青年党总部回信指示，已去参加马占山将军的部队了。我感到如此零零星星、东西南北地散漫投军，结果不但不能发挥力量，而且对这种拼斗不去加以组织指挥，那还能说青年党是革命政党吗？我因是立刻辞去青年党中其他职务，专门办理东北义勇军事。首先约集在东北讲武堂担任政治教官有年的王师曾与王慎庐两同志商量组织办法。他们两位，一是四川人，一是安徽人，虽与这两百多学生同志都有深厚感情，但他们认为究竟省籍有关系，因之他们两人又推在东北讲武堂任事务多年，且任张学良的秘书的王捷侠同志出来总理其事，他们两人副之，于是我就指挥这“三王”从事工作。

“三王”所共商定的安排并不错，后来都发生预期的效果。一为加强热河的队伍。其时，热河的马占山的队伍已被日军六个师团猛攻而失败，散为游击零星小队，因之我以中国青年党抗日义勇军总部名义委王捷侠同志为司令，叫他率领同志一百二十余人（多系东北讲武堂学生，此外还有北方少数同志），即赴热河承德以南的滦平组织一个梯团，以便与马占山的零星部队联络，扩大起来。我记得我曾给以中国银行的一百元的本票二百张，共两万元；这个本票，在凡有中国银行支行地方都可以立刻十足兑现大洋的。殊不料王捷侠同志在张学良处任职日久，没有了解到我们抗日是不会得着南京国民党政府赞成的；我们无论内对政府，外对日寇，都要在秘密的地下去做无名英雄。而王捷侠同志乃打出热河抗日义勇军第八梯团的招牌来，并且欢迎宋子文去检阅讲话。固然当时的宋子文确是抗日的同志，他将他财政部的税警团，装备甚好、士气旺盛的一团，并不得政府许可，而亲率至北方来，所以大家都欢迎他。他看见我们的学生队伍，也十分感动，表明他来热河，也是参加抗日，并不代表国民党与政府，而算是青年党的同志。我得着这样的消息，我深信宋子文所言不假，因为在税警团里也有青年党同志打来报告，言宋在团中鼓励抗日行动。但一般同志做地下工作既久，以保密为第一义，总不以王捷侠同志的官派习气太深为然。但中青的第八梯团在热河推进之后，发展得很快，但牺牲得也很快。因为日军在热河的兵力太大，自二十二年（一九三三）的三月四日承德失守后，敌军横扫全省，且直攻古北口，我们的健儿早已牺牲过半，逃回者只二三十人而已。

二是加强辽宁的队伍。这就比热河的工作要困难得多了！因为辽宁省为日寇军队首先发动地，而且正集结以扫荡义勇军；既无像马占山将军的声势为号召，又须打探深藏的义勇军小队以及红胡子之可靠而足以为我们合作助力者。我特委王慎庐同志为司令，在遵化县组织司令部，率领东北讲武堂学生同志近百人前往，先行派人出关联络零星的官兵队伍与马贼可靠群众，我给了他十万元的中国银行本票，同时我还得为之准备武器弹药，为之运往长城口子。

在天津租界购买手枪炸药并不难，当地同志们早有路子，只要肯出价钱，就到了手。但是要从天津将武器炸药运往北京，并转运遵化，这便是一个艰险的工作。幸得一个广东同志侯一星（曜），他的国语说得很好，而他是电影导演，常往来平津，摄取镜头，无人不知他是戏剧界中人，他的太太濮舜卿也是同志，同他一道活动；我与他夫妇商量运输事，难得他俩对这危险工作一口承认。一星主张多有两个少女，更易掩护，于是我又派四川女同志喻德权参加［因喻女士曾自告奋勇，于民十七（一九二八）与段慎修同志前往武汉刺杀鲍罗廷而未得着机会下手］。就全靠侯同志夫妇与喻同志勇敢沉着，来往平津十几次，运去手枪五十余支及弹药不少。（送往北平，其时已有人接应。可惜后来侯一星于一九四四年在新加坡抗日，为日人捕杀！）

我在北平坐镇，而王师曾同志则往来北平、遵化之间，传达命令与消息。经几度的试探，知辽宁义勇军工作确比热河要困难得多。因为辽宁陷落已经八九个月，敌人已大举清乡扫荡，伏莽颇难存身，其能存在者大抵为数零星；唯马贼彼时能以“青纱帐”掩护，出没无常，日寇无奈之何！（“青纱帐”一名词，本夏秋之交，北地高粱长成，漫田遍野，一望无际，盗贼出没其间，易于隐避，故又曰“青纱障”。）此等日夜隐于青纱帐中之马贼，却能与敌人以威胁，每每夜半冲出，或劫火车，或断车轨；敌军翻车被杀之事，时有所闻。

因之我们基本队伍既少，一时联络不上较正式之义勇军残部，则只有收买马贼，加强其袭击火车办法。王慎庐请令于我，我虽感到其事不大可靠，但因同志们杀敌心切，我也只好批准试办。其时百余东北讲武堂同志已有半数自喜峰口或九门口偷渡出关，每人照发中国银行本票五张（五百元）。但去后消息无多。自决定收买马贼，则同志约来之赳赳武夫不少。

王慎庐司令为之定下赏格：每打翻敌人火车一次，奖大洋五千；杀死敌人军官一个，奖大洋五百；每一队马贼，以两三青年同志随之进军。这一办法，初行之颇为有效，因其正在夏季青纱帐起时，伏于北宁、南满与新民几条铁路附近都甚容易，如是者有三个月的相当满意，而且有喧腾众口的成绩。不过我知道如此做法，只能快一时之意，而不能成大事，只是令日寇头痛而已。

但不料此一收买马贼办法，结果发生内讧情势，王慎庐与王师曾两人都应付不了，要我想办法。我只有自北平亲赴遵化与喜峰口之间，在一村中破屋里去与二王共商应付办法。我到后始知，我给慎庐之十万元中国银行本票业已发散完毕，而马贼纷纷前来请命，无钱便不肯走，其势汹汹。但我所存已只有二万大洋，实不足以应付这一大堆半真半假的江湖豪侠人马。并且王捷侠同志其时因热河司令已无事可做，等于结束，他来与慎庐、师曾争领导权；他手中也掌握了十几个马贼头子，认为慎庐派人给钱，有所偏心，并不公平。捷侠向我表示，他约来的马贼头子务必要见我一面。慎庐、师曾都挡住我不要去见，恐被扣留索钱，难于应付。我想了一下，深感王捷侠约来的马贼固目的在钱，绝不可靠，而慎庐令学生所约马贼，虽已表现劫车杀敌成绩，仍是终不可靠。因为我的钱是有限的，而马贼每一次动作，不管成功与否，都是用钱收买的，像这样长期抗战，只靠大洋收买，又何能久支？因之我在半夜，召集慎庐、师曾及在他司令部尚留下几个青年干部训话。我说："我们是要长期抗敌，像这样收买马贼来干，同志们虽然与之起居，伏于青纱帐中，异常辛苦，也表现出相当成绩，异常难得！但马贼要钱的欲望愈来愈大，我虽有金山，也终难应付，这不是长期抗战好办法。我认为，第一，我们忠勇的同志必须独力从事去组织义勇军，我不相信在辽宁的零星正式队伍已完全无存，只要我们忠勇的同志能够冒险深入，总能寻得着可靠的友军共同长期抗敌。第二，我必须继续在北平及京东北一带训练青年勇敢同志，不断地送出关去加强我们义勇军的阵容。因此，我今夜宣布我们组织一'抗日救国学生军'，不要马贼，自求出路。"我这一席话，立刻打动了特来北平引我到遵化的苗可秀同志，他自告奋勇，服从我这一指示，率领总部现有之几位青年同志，立刻出关。慎庐对于苗可秀之有勇有谋自来器重，故留在身边，今听他发言后，慎庐即表示赞成。我勉励他几句，立刻将我贴身穿的一条夹背心，内缝有中国银行本票一百张共一万元，脱下来，令他穿在身上后，我说："祝你成功！为国珍重，趁天未明时，你们七人就走，其余六人，以后都要服从苗可秀同志命令，犹如服从党的命令一样！"苗举手敬礼，我与二王同志还礼后，苗率着六人，回身即离小屋而去。慎庐为之泣下。我告慎庐："此子眉宇间有英气，而举止沉着；我自北平与他同来，即详察其有军事领袖才能，此去必有成就的。"

但对王捷侠所约来的一批马贼，必得应付。我叫师曾去告诉捷侠，我明早十时定来训话。慎庐、师曾都不以为可，我说："不要紧张，你看我应付罢！不过明日正午，我们三人必须驰返北平罢了！"

次日（我记得是二十一年七月廿七日）十时，我与慎庐、师曾三人赴捷侠处。但入小屋中，捷侠不在，只有七个大汉都带有连枪（即一发七子的长把手枪），其中一人声洪气粗地向我表示，他们奉命而来，等了三天，拿不到钱；他们杀敌心切，今天非要钱走路不可！我笑道："钱是有的，非先将工作说清楚，办法讲明白，不能便说拿钱。"又有一人道："别人几万大洋拿走了，并没有工作，为什么我们就要说清楚，明明是不相信我们！"更有一人大声道："今天不拿出钱来，便休想走出这个屋子！"我于是大怒，用拳头在桌上一捶，桌上小茶杯立刻震翻！我道："钱是有的，要用威吓，便一文不给，还是要将工作报告打来，向我司令部来商量。"言毕，我立即起身走出屋外，仍向原路走回。慎庐与师曾随着我，都认为好危险。我说："他们是要钱来的，并不可怕！这一捶打下去，是出其他们不意。如果一软化，他们就更凶了啊！但我们非立刻返北平不可！"于是我们三人一回司令部，留下两个勤务兵，说我们进城去了；我们立绕城东，驰回北平。喜峰口内的司令部就从此结束，而移在北平办公。但这一来，王捷侠造了反，后来竟将中国青年党组织东北义勇军事向报上原原本本地发表了出来。

苗可秀的东北抗日成绩与牺牲

苗可秀是一个难得的英才，我的眼光一点也不错差！中国青年党组织东北义勇军，牺牲青年同志于关外者，计在七百人以上。大家忠心义胆地去杀敌报国，各有其贡献，各尽其天职，都是效死而无悔的。不过要像苗可秀那样赤手空拳，竟在东北干出一番比较卓越的杀敌致果的成绩，使敌人丧胆，令青年党增光，结果壮烈殉国，至今令人歌颂，确乎难得！在青年党党史小册中，曾记有一小段苗可秀的事迹，一九六六年一月七日香港《华侨日报》上，又有一长篇记载《苗可秀生平事略》，都是头手资料，兹抄写几段如下。

《十八年来之中国青年党》书中第四十七页末有“苗可秀之死”一段道：

> 苗可秀以民国二十一年七月，奉党部命令出关杀敌，活动于“三角地带”（即辽东半岛的三条铁路之间）的各队义勇军中，旋加入邓铁梅部工作。十月，以诈降杀敌军官六人。冬，陷凤城，攻庄河，使敌伪军疲于奔命。岁末，复团结各部义勇军，粉碎了敌人自称的“第一次大讨伐”。二十二年春初，攻庄河。三月，克复盖平县。四月，组义勇军别动队，二十三年（一九三四）一月，改组别动队为“中国少年铁血军”；又组织“中国少年团”及“绿林大同盟”。于是“三角地带”的抗敌势力，与日俱增。日寇驻屯连山关军队一大佐曾称：“三角地带五千义勇军不足虑，苗部三百别动队实可怕！”二十四年（一九三五）六月十三日，与敌苦战于岫岩县，臀部受伤，二十一日被执，七月二十五日，就义于凤凰城……

至于香港《华侨日报》所记《苗可秀生平事略》，也是曾在当年与苗共过事的朋友，念旧而心有不平，故所记翔实，且有苗的遗书数则，兹择要抄出之（其文长五六千字，不全录）：

一、慷慨牺牲，壮烈成仁：关于苗可秀的家世、抗日杀敌情形、死难经过等，世人知者不多。其原因不外：（一）东北义勇军的活动地区，远隔内地，联络困难。（二）敌后工作，必须绝对保密，不轻易布露消息。（三）当年义勇军在名义上，虽归“东北民众抗日救国会”（按：指一九三一年九月热河未失守时所设立，早已无存）统一指挥，但实际上，国民党、青年党、共产党等都各派有敌后工作人员，各立指挥系统，所以有时是难免各自为政。（四）苗可秀是青年党人。当年的青年党是一个从事地下活动的革命团体。掌握在政府手中的宣传机构，自来就缺少“扬人之善”的雅怀。所以，一直到苗可秀殉难以后，也没有比较完整具体的消息流传世间。一九三五年到一九三六年那个时期，上海曾出版了一部《国难文选》，一开始就收集一些有关苗可秀的种种资料。可是当时编选工作并不容易，于资料搜罗、题材选择，以及编辑、注释等等，真所谓千头万绪，不胜其烦。结果，关于苗可秀的资料，能搜到的也极有限。

如果我们再看当年报纸上，关于苗可秀殉国的消息，记载也颇简略。大意是说：“……自邓铁梅被捕后，其所部义勇军即归参谋长苗可秀统率，仍转战于岫岩、凤城、盖平、本溪一带，图谋截断日本侵略我国东北的重要工具——南满铁路和安奉铁路。最近在摩天岭附近，被日本鬼子包围，全军覆没，苗本人被击毙。……苗可秀的生年月日，无从稽考，有谓其卒时年约二十四五岁，据作者估计，其卒年当在二十七八岁。”

二、遗书字字是血：苗可秀的遗书有三封，一封是给“卓然”的，一封是给“雅轩”和“忱”的。这两封信都写得很长，成于被执后三数日间，意在托付后事。最后一封未写明给谁，成于就义之日，是寥寥数语的绝笔。苗可秀的身世及其为人如何？我们可以从其遗书中窥知一二。其间流露着念弟、念妻、念子的真情，确乎是斑斑血泪，令人不忍卒读。

与卓然（按：卓然姓王，为东北大学教授及讲武堂教官）

卓然师：

生于六月十三日在岫岩与日军作战，当被炮弹中伤臀部，在养伤中，于二十一日又被日军侦骑所得。此书系卧床伏枕，力疾为之者。一烛荧然，窗外虫声唧唧，似悲余之有志不遂者。而生则以为余之事业已告大成矣。日军守卫士兵，求余书数字以为纪念；余书“誓扫匈奴不顾身”诗一首赠之。日本翻译前山，人甚和善，亦求余书，余书“正气千秋”四字赠之。彼又频频嘱余遗书友人，今夜其为余死期耶？余死固无所虑，所虑者二事：（一）父所遗之产业无多，为余读书之故，耗费荡尽，致令吾弟于今竟做流民户，且负债竟至五百余元之多，日积月累，将来更不知何如，此皆生不事家事之故也。吾师能为生解决此一问题，生可以稍慰吾弟，即生之私心，亦可以稍慰于地下矣。（二）余妻至愚鲁，生一子，今年约六岁，斯子幼失其父，长谁教之？其将与鹿豕同矣！此生之所最痛心者。生拟名此子为“苗抗生”，勉其继余之志耳。但谁为教之者？生万思至再，愿以此书劳吾师，不识吾师以为如何耳。生意吾师可以义孙视抗生，即令抗生以祖父礼事吾师。余妻即令为吾师家作仆妇，人虽愚鲁，吾师而善用之，伊尚能任劳苦也。如此，则吾子可以不失教，吾妻可以不失吃饭之所。生自为谋者，至此尽矣，不知吾师究以为如何耳。吾师待生之厚谊，生唯有图报于来世。吾弟、吾妻现流落于何处？生亦不详。但令赵氏叔侄设法，总可以得其梗概也。生自入狱以来，心地坦然之至，此境觉尚不易做到，生亦不知由何修养得来也。古语谓“慷慨就死易，从容赴义难”，自生视之，两皆易耳，第视其真知义与否。

吾师负整顿中华之责任，至为重大，望努力且珍重之！不多谈。

一、赉、衡、辰、醒、光诸公，同此不另，祝为国珍重！为国努力！

二十四年六月二十三日夜十一时

晚生苗可秀鞠躬

原载《传记文学》第十九卷第三期（一九七一年九月号）

“九一八”前后与张学良的接触

顾维钧

赴欧小住，张学良急邀去东北（1928—1929）

张作霖死后，少帅统治着满洲。张学良无疑是个爱国者，对日俄两国的政策都特别怀疑。根据报纸上的报道和从我个人所收到的书信来看，张少帅关于苏俄对他在满洲的积极政策可能做出的反应的估计是相当不现实的。记得有一次我和贝特洛先生谈话。他是法国外交部的政务司长，对法国外交政策有很大影响。不论政府发生什么政治变化，换了多少个外交部长，他能够多年继续保持职位。可以说，他是制定并执行法国外交政策的最重要人物。他在回答我提出的关于苏俄的潜力问题时，他明确地告诉我说，他完全知道满洲当局和莫斯科之间的争端，也知道少帅对苏俄的态度。然而他暗示，中国应当小心谨慎，少帅更应该特别小心，因为他首当其冲，并负责处理涉及苏俄的问题。他说苏俄的军事潜力还很小，不能用欧洲任何一个强国的标准来衡量。但是考虑到中国的情况，特别是满洲的军事准备情况，如果采取任何行动挑起与苏俄的战争，那就是个错误。由于西欧和美国对苏俄仍旧抱有成见，苏俄必然采取克制政策，在西方，苏俄一定不会挑起任何冲突。但是苏俄对远东特别是对满洲的态度就不同了。据他从官方的和非官方所得到的报告，苏俄的现有实力，在远东特别是满洲制造任何出人意料的局势是绰有余裕的。但是，就莫斯科的心理方面而言，如果苏维埃政府由于任何刺激而被迫行动的话，它是会毫不迟疑地做出明确有力的反应的。因此，作为一个中国的"朋友"，他要我理解：少帅方面以保持小心谨慎比勇往直前为佳。他告诉我一些关于苏俄的军事、经济和政治形势的情况，结论是苏俄国内现在比以前更加巩固得多了。

我的一些朋友肯定了他的意见。我觉得少帅正在迫使苏俄做战争尝试，这种尝试不是故意的，而是为了准备对付敌对行动的爆发。因为我担心任何这种可能发生的事件的后果，便给以前的同事罗文干博士发了一封电报，请他转告少帅千万小心。我本想事情已经到此为止，但是当我离开法国去加拿大避暑时，抵加后不到三天，罗博士就给我一封信，说少帅邀请我立刻回到沈阳会商，并且要我迅速答复。罗博士又说，他本人建议我应该尽快赶回。我不愿意去满洲，因为我感到需要再休息一些时间。我写信给罗博士和少帅，说明我不能立刻回国的理由。在这封信到达之前，我又收到一封电报，说少帅非常急于和我见面，而且已经叫人把住处都预备好了。鉴于这封电报，我才离开加拿大去沈阳。

我随身带的护照是北方的中国政府发的。那是外交护照，即使在北京政府已不复存在，国民政府业已建立的情况下，我还是能使用它。我记得那时候没有什么有关护照的麻烦，当时对护照和签证不像现在这样认真。但在日本，我遇到了一些困难，原因是日本有一条非常奇怪的规定。下关的检查员来到我搭乘去朝鲜釜山的船上时，要看我的证件。我认为一切符合规定，可是他要我填一张每个在日本的旅客都必须填的表。他坚持要我在表上签中文名字，不签英文名字。这使我感到生气，因为这次我不想让别人知道我是谁。我确信这位检查员明知故问，简直是有意刁难。他说那是规定。我拒绝用中文签名，他说那么我就不能在朝鲜登陆。我觉得更加气愤，问他别的手续是否无误。我说如果他弄不清我的英文签名，他可以向东京查对，因为他的外务省收到了我途经朝鲜的通知（那时外相是币原喜重郎男爵）。我说他应该打电话给东京向外务省查问Wellington Koo是谁。大概他也觉得他的傲慢并不妥当，于是把问题撂下就突然离开了。这时来了另一位官阶较高的人，他一脸目中无人的神气，说我必须签中文名字。我仍然拒绝。他说所有东方人必须用自己的文字签字。我说我走遍欧洲、加拿大、东京，从来没有遇到过困难（这张表一部分用日文，一部分用英文）。他还是一味坚持。因此我说，或者由他打电话给东京，或者安排让我和外相通话，他就会知道我是谁。我坚持要他打电话。他说他不愿意打，如果我要打，我可以自己打。我请一位和我一起旅行的加拿大朋友何士先生去看看是否他们能够上岸打电话，并且问一下他们能否安排在釜山打电话。他回来说他们可以试一试，但是那是十分困难的。当船在釜山靠岸时，我原来以为会被拘留，但是一个检查员也没有出现。这件事表明日本人对中国人的态度。

中央使张学良陷入对苏俄的困境（1929—1930）

我应张学良之邀，经陆路如期到达沈阳，当天晚上和他见面。一起谈话的有罗文干博士，还有汤尔和先生，他曾经在王宠惠博士内阁中当过教育总长，那时我当外交总长，这时他像罗文干博士一样，是少帅的高级顾问。少帅要我详细说明我对苏联的印象和我对苏联的估计，以及苏联的国内国外形势。我对他说了我在欧洲的外国朋友们谈论的要点，我并不指望我的说明会得出任何结果或结论，也没有自己做出任何结论。我谈话的目的只是要使他知道我所听来的一切。他非常注意听，但是我认为他并不相信我的欧洲外国朋友们估计的准确性。他要尽可能和我多见面，要我也当他的高级顾问。我当然婉言谢绝了。第二天，他派秘书长王树翰送来一封聘书，邀请我当他的高级顾问，并且带来口信说少帅已经发出指示为我准备住处。这在他固然是好意，但是我没有接受。我说考虑到我们的私谊，少帅不必给我官衔，任何时候只要想和我谈话，我都乐意去谈。至于住处，我告诉他我自己找到一处私宅，已经安排好了，谢谢他的盛情厚意。

几乎是每天早上，肯定每周有三四次，他都邀请我和他打高尔夫球。通常是四个人一起打，除我以外还有端纳先生，他一度当过墨尔本和悉尼几家报纸驻北京的记者，后来他接替著名记者莫理循当了伦敦《泰晤士报》的记者。第四个人是少帅的英文秘书，我们径呼之为李。他人很健壮，在这四个人中球打得最好。那时少帅身体不很强健，所以在高尔夫球场上每进两三个洞之后，他总要在为他个人使用而特别修建的有游廊的平房里休息一会儿。

我们打球时，我和端纳配对，少帅和李配对。端纳常常和我说起我应该对少帅更郑重有力地谈谈苏俄的政策。据他所知，不久就会发生大事。少帅深信他的情报人员的报告，这些人把苏俄内部描写成为困难重重。少帅不断对端纳讲，这是中国对俄国过去在满洲的不义行径报仇的机会。他确信会有出头之日。端纳感到少帅的情报是不正确的，他断定无论如何，武装冲突的结果不会对满洲有利。他力主用一种方式对少帅说明，使他感到必须改变他的政策。端纳知道我在国外给少帅的信电的全部内容。他说他同意我的意见。

一天，在打进几个洞之后，少帅请我们到他那所平房里小憩。我们四人围着一张摆着果汁饮料的木桌坐下，谈话由我开始。我说在打球时，我看到几辆满载军队的火车，一辆接着一辆向北方开去。我问道："那些军队开到哪里去？"他说："去哈尔滨。"我说："去干什么？"他说："啊，这次我要吓唬一下苏俄。"他表示曾经得到报告，苏俄向满洲边境和满洲里派遣军队。我说："我看见军队时就猜到了。他们看起来很好。我对你的虚张声势觉得好玩，因为你是打扑克牌的能手（在北京，我和他打过几次）。那也是玩牌的一种方法，虚张声势。但是，假如你发现你的对手手里真正有好牌，你怎么办呢？”他转过身去用手撑着头，显然是认真思考了一会儿，然后扭过头对我说：“我自有对策。”

很明显，他只想到了一个结局，就是在武装冲突中彻底获胜，而没有想到可能出现相反的结果。因此，他不能回答我的问题，只给了我一个实际不是答复的答复。见他如此，我不想逼他。他说：“咱们继续打球吧！”我们就继续打球去了。端纳说他很高兴看见我说得这样直截了当。我说：“不错，为了劝导他，我说了我要说的话，为什么你不对他说呢？”他说他一再说过，但是少帅毫不理会。

我不知道在少帅的顾问中，是否有人可以算作关于俄国问题的专家。莫德惠先生是他亲近的合作者之一，曾经一度当过中东铁路督办。有一位张景惠将军是哈尔滨特区行政长官，中东铁路局就设在哈尔滨。第三位是刘哲。第四位是蔡运升，官阶较低，担任驻哈尔滨的北满特派交涉员，他负责处理俄国问题。刘和蔡都懂俄语，特别是刘哲，后来代表奉系当了北京大学校长和教育部长。

南京在沈阳的对俄政策上是否起过作用是个疑问。实权集中掌握在少帅和他在满洲的同事手里。我在沈阳时，我的两个朋友吴铁城先生和张群将军作为蒋委员长派往满洲的两个代表，在那里待了相当长一段时间。偶尔李石曾先生也被派去和少帅联系，讨论和解决一些南京政府与满洲当局之间的问题，主要是关于海关的管理、任命满洲的法官、满洲盐税收入的分配和其他行政事务等。

很可能张之所以卷入对俄问题，乃是南京对付不听号令的所谓四大集团军的不同战略的一部分。第一种方法据说是用财政手段对付冯玉祥的第二集团军，因为冯有财政困难。第二种方法是用政治手段对付阎锡山的第三集团军。第三种方法是用军事手段对付李宗仁的第四集团军，就是以武力摧毁它。但是对付少帅则用外交手段。中央政府打算把少帅诱入圈套，因为少帅妄自尊大又无充分外交经验；吴铁城、张群甚至李石曾可能设法使他陷于对俄的困境，使之必须依赖南京，这样中央政府就能控制他了。

杨永泰献策，少帅因过于自信而吃亏

这种战略如果是杨永泰向蒋委员长提供的，那正合乎杨的权术和机智，此人精通中国历史上战争时期的哲学和战略。我在北京认识他，那时他是国会中政学系的领袖。由于熟悉他的政治哲学和当政治顾问的敏锐观察力，并且也了解蒋委员长统一中国的坚定政策，我个人认为很可能杨永泰先生在某个时候用函件提出过他的见解，委员长可能曾把它搁置一旁并未立即实行。虽然如此，他必定在制定他统一中国的策略时充分考虑过它，我认为委员长甚至有可能发现有必要用不同的手段来对付不同的集团。这往往是各朝各代的开创者，在对待傲慢专横的军事将领时都要考虑的课题，尽管这些人曾经为新朝代的开创者立过功勋。

少帅过于自信的对俄政策，导致了在伯力城接受哀的美敦书（最后通牒）。我记得当苏军进入满洲，去占领满洲里和扎兰屯时，少帅的一部分军队离开哈尔滨前往迎击。前线部队由梁忠甲将军和韩光第将军率领。他们指挥着两个著名的勇敢善战的旅。但在十一月十七日的战役中全部被俘，被送往西伯利亚。少帅和他的亲近的顾问们都大为惊骇，垂头丧气。少帅立刻召开东北政务委员会特别会议，到会的人有满洲各部门的领导者，其中包括张作相、莫德惠、刘尚清、刘哲、王树翰（维宙）和一位王树常（庭午）将军，他后来当了河北省主席。我得到关于发生事变的紧急通知，少帅要我立即去见他。当我到达时，这些领袖正坐在会议桌周围。看来他们开会的时间已经很长，显得有些疲惫了。他们极为热情地欢迎我。少帅告诉我已经发生的事件，指出讨论题目是哈尔滨特派交涉员蔡运升转来的最后通牒。此通牒有三个条件，要求：（1）恢复冲突前中东铁路的状态；（2）恢复苏联的经理和副经理的职务；（3）释放所有苏联被俘人员。我认为要求中国接受作为进行谈判的最后通牒中的这些先决条件是很带侮辱性的。

但是，给我深刻印象至今难忘的是那鲜明的对比：当初满洲当局，特别是少帅绝对相信“捉鸡”政策必胜的情绪，和如今在这次会议上又完全沮丧的神态。所以我说这份所谓最后通牒所包含的内容是能够料想到的，并且作为战败的结果也不是不正常的。但是在接受这些条件时，我们应当表明，苏俄提出的那些问题是谈判内容，谨慎一些是应当的，但中国全权代表不能只同意俄国人的要求。然而所有出席会议的人都如此沮丧，以至怀疑在接受时是否应表示任何意见，更不用说提什么条件了。所以发给特派交涉员的指示是不加任何修改，完全接受最后通牒。结果签订了伯力议定书，时在一九二九年十二月二十二日。按议定书中的条款，少帅必须派一位全权特使去莫斯科接受详细条件，这些条件不仅涉及苏俄和满洲的关系，而且也关系到苏俄在满洲的权益。直到一九三〇年十月，被派为全权代表去谈判一个正式条约的莫德惠先生，实际只和俄国代表开了第一次会议。此后谈判拖延很长时间，并没有订出条约，待到次年九月十八日沈阳事件之后就不再继续谈判了。

九一八事变前，我计划在黑龙江领地开垦

我以一个在野之身住在满洲。由于我已退出政界，于是对经营开垦事业发生了兴趣。若干年前，我在外交部的一位同僚，也和我的家庭有点关系，由于需用钱，以二万五千元的代价把在黑龙江齐齐哈尔附近的二平方英里的处女地的所有权转让给我。他家在黑龙江拥有比这多得多的土地，准备开垦。我记得，他曾对我说，这处女地的地表下有六英尺深的黑土层，特别适于种植。少帅多少知道点我的土地，因此他命他的秘书长王树翰先生送给我同样数目的土地以供我开发，并且还送给我一栋房子，以便我住在满洲与他经常接近。所有这些，我都以我个人对满洲和满洲人民并没有做过什么事，而数以千计的老军人和退休的行政人员比我更有资格加以考虑为理由而辞谢了。我说，确实，我是想搞点开垦工作，但我已经有两平方英里土地了。他很友好，并说他很高兴听到我的打算，但是在黑龙江，齐齐哈尔附近并不是最好的地方；最好的垦殖地点是在该省的西北部，他父亲早已指派邹作华担任靠近兴安的洮安以西一个山区的屯垦督办。一九三〇年二月，他派邹将军来看我，并对我说，他可以答复我向他

提出的任何问题。他说，少帅曾告诉他选择这个地区最肥沃的土地由我领取。我问他在他管辖地区内申请土地的条件，他说，按照公布的章程，土地分为甲、乙、丙三种，甲等四元，乙等三元，丙等二元。以上系指每垧土地的地价数。一垧在满洲当地的理解是十亩，但满洲的亩比长江流域的亩要大，按照长江流域的标准，一垧大约等于十二亩。邹说，由于向这个地区申请土地的人太多，这个比数自一九三〇年年初以来已经提高了一倍，换言之，即甲等每垧要八元。他说，不过少帅曾特别关照，我的申请仍按原价。我坦率地对他讲，这事系属私人性质，我要把开垦土地作为一个企业来干，决不掺杂官方的或政治的意图。我要按照现行规定去办，我感谢少帅的友好情谊，但我希望照规定价格付款。这样我便提出了申请，并且获准购买七千垧，这是很大的土地面积。我照实价付了款。我做了开垦计划，并且找了一位美国康奈尔大学农学系毕业的学生来主持其事。

我经常往来于北京、沈阳之间，后来则是往来于少帅暑期总部所在地北戴河之间。我在北京的铁狮子胡同房子，连同私人财产都被地方党部没收了，并把它改成孙中山纪念馆，他是在那里逝世的。房屋原来的样式颇像北京的格式，墙壁都上了红漆，但他们都把它涂上了胶水，所有墙壁都被涂上一层胶，并成了“中山纪念堂”。顾太太去到了那里，当她第一次去时，看见房子变成了这个样子而大为震惊。他们甚至把大门全改了。因此，没有同我商量就给北京市长打电话，对没有同业主商量就占据私人房产等表示愤慨。她要去把这一切改变过来，并且恢复原状。市长明确表示，如果她要办，他决不反对，她可以去干，但不要说是市长让干的。于是房子恢复了原状，后来也没有任何人说什么话。

少帅倒向中央，使国民党扩大会议垮台

一九三〇年，华北政局出现耐人寻味的新发展。在一九二九年的大部分时间和一九三〇年年初，蒋委员长先后卷入对冯玉祥和对阎锡山的战

争。一九三〇年夏，反蒋各派联合形成由汪精卫、陈公博领导，郭泰祺和邹鲁等人支持的国民党扩大会议。我这时在北戴河休假，很喜欢游泳和钓鱼。有一天晚上，陈公博和郭泰祺还有另一个人来看我，要和我进行一次严肃的会谈。他们向我公开了以下各派联盟的计划：汪精卫的改组派、西山（会议）派、阎锡山和冯玉祥。他们还告诉我有一个组织政府的秘密计划，由阎锡山当主席，汪精卫当行政院长，他们要我当外交部长。我明确加以拒绝。但是，因为我们是朋友，他们继续催促我答应。最后，他们说："好吧，先别考虑外长了，不要马上做出决定，请到北京去，因为汪精卫要和你面谈。"因此，第二天我去北京。记得在火车站上有很多政界人物迎接我：有国民党的领袖们，有阎锡山将军和冯玉祥将军的代表。我立刻被领到汪精卫家里参加为我接风的宴会。他对我谈了上述计划，并且说他们都在等我答复，然后公布人员名单。

但我在离开北戴河之前已经告诉陈公博和郭泰祺，我认为他们的计划不会成功，并问他们会达到什么长远目的。依我之见，我们的外国朋友如美、英和更多的国家可能只会对新建立的政府感到惊讶，新政府会引起人们注意到中国不统一。可以预料到，人们所要维护的是一个统一的中国，而不是一个分裂的中国，因为任何分裂都会引起许多国际争端。我问他们已经取得什么国际承认的保证。建立一个不被列强承认的政府是无用的。他们回答那就是他们要邀请我参加的缘故。我说，自从一九二七年离开政界以来，我对政治不再有任何兴趣。我的兴趣在外交问题上。而他们要成立的政府是非常特殊的，除非他们已经做好一切必要的准备并且保证新政府会存在下去，否则试图组织政府是无用的，而我看他们的政府不可能维持下去。

我根据这个思路在会上发言。我说我无意使他们泄气，而且作为一个独立的、客观的第三者的想法，他们可以由此理解我为什么犹豫而不参加他们的活动。就我个人而言，我暂时还不愿卷入政治，宁愿继续过平民生活。他们要我好好考虑。我说，北京（其时正当八月）太热，很想回北戴河。他们请我再待一天，因为阎锡山将军要和我谈话。次日早晨得到消息，阎已经不见了。他看到当时局势不可能组织政府，就在八月十八日离开北京回山西去了。所以整个计划便成为泡影。

很明显，他们计划组成新政府时，并未与张学良达成谅解。那时张学良和委员长的驻东北代表张群和吴铁城过从密切，南京和沈阳之间经常互通消息。双方都请张学良担任同样的职位，即陆海空军副司令。此事使少帅深受感动。他已经改换了他的旗帜，但要尽可能保持他在东北的实力和实权，他的易帜原来只是为了对付日本。他要求中央政府支持他，并不真想把东三省的控制权交给中央政府。但是他倒向南京一边的决定促使扩大会议的计划垮台。

预感日本要采取激进的军事行动

我在北戴河时，少帅告诉我，他早已提出应当取消原来的通缉令，他觉得把我的名字列入那些恶名昭著的政客名单对我本人和对中国都是不公正的。他是一片好心，并未告诉我他正在促使南京政府采取措施。在一九三〇年中，他告诉我业已安排妥当，工商部长孔祥熙博士已经任命我为中国展览委员会成员，要张学良劝我去南京就职。我确实去了上海，但不是为了去南京，而是为了母亲逝世，我要回原籍安葬，并且和家兄料理家务。上海市长吴铁城也来参加葬礼，他要我到南京去。我在上海时，王宠惠博士来看过我，也力劝我去南京，他说蒋委员长和其他同事要我谅解那项通缉令是本不应有的事，因此它已经被取消了，并且要我不必误解政府的目的。（访问者在一九二八年七月十一日的禁锢令上没有发现顾博士的名字。）政府要起用我为它服务，但是当时我还无意干什么事。我打算离开政界，完全放弃外交和政治生涯。然而，事情往往是不从人意的。

一九三一年夏天我在北戴河时，对于日本情况感到非常不安。我并没有什么特别情报，但报纸上发表的东西已把满洲局势的发展充分告诉了我。日本政府一直紧逼的所谓中日三百件悬案，多数都发生在满洲或与华北有关，而满洲各省和华北，全在少帅统治之下。七月中旬，我在北戴河看到来自日本的新闻报道，谈到有关日本政府，特别是军事当局的部署，相当激荡人心。有群众集会抗议中国当局特别是满洲当局的行为，有军事当局，即所谓少壮派军人团体接连煽动群众集会抗议几个悬案，特别是一个中村上尉在兴安被杀事件。我首先对东北来的朋友们谈，他们是在那里避暑的，尤其是在少帅把他的夏令总部设在北戴河之后，这些人都到那里去。我看到他们当中的四位：刘尚清，他后来当了监察院副院长；王树翰先生，他是少帅的秘书长；臧式毅先生，奉天省长；一位北满特派交涉员。我提醒他们充分注意来自日本的报道和我的看法，我恐怕日本要把东北当局拒绝讨论、谈判和解决所谓三百件悬案作为借口，关东军在日本军部的指示或教唆之下可能会采取激烈的行动。我告诉他们，我担心如果日本这次采取行动，可能要成为严重事件。他们问我日本人会采取什么行动，我说我不知道，但是大致可从所有消息来判断，日本人这次也许会用武力夺取沈阳，进行恫吓，迫使我们在处理那些案件时妥协就范。他们的态度是："你认为他们竟敢那样干吗？"我说我不能肯定回答，但是我能够从最近几天出版的报纸上的消息整理出一个结论：我怕很可能日本人这次要采取军事行动。他们忽然领会我所说的事情的严重性。刘先生说我所谈的话给他的印象很深，并转向王说，他们应该邀请我去北京和少帅本人深谈。这时少帅在协和医院治病，虽然他并没有住院。我告诉他们这并不干我的事，我本来无须插嘴提出个人意见，但是我既然过去一直对外交问题很感兴趣，我认为应当提醒他们注意当时发生的以及可能会发生的事，因为我感到担忧。于是他们问我，如果我实在不愿亲自去北京，我可否把意见写出来交他们转递。我说那倒是个好主意。

九一八事变发生后，建议诉诸国联并派人实地观察

这封由我写给少帅的信当天晚上就交给了他们，以便他们能够派人把它送给少帅。两天后的下午，他们来访说少帅打电话邀请我当天去他那

里。他派他的飞机来接我，他要我和他细谈那封信的内容。我去了，他不在。由于他运动后出汗，全身湿透，去洗淋浴了，请我等几分钟。后来他出来，我们就谈起来。谈话持续不久，因为我不想在盛夏耽在北京，又有午宴约会，就告辞了。他说他要考虑我的意见，问我能否多住几天，以便进一步讨论。我感觉到他并不像我那样看出局势的严重性，所以我留给他一封信，表示我怕会发生大事，但愿它不发生。这是七月的事。

到了九月，我们都回到北京，但是我没有和他见面，因为没有什么事要去见他。随后在九月十九日早晨约六点钟，端纳打电话来，首先问我少帅是否已要我去见他，如果没有，他说最多五分钟后我就会得到他的通知。他说他自己刚开过会回来，开了通宵的会。因为日本人已经到达沈阳，攻打北大营，占领了全城，他们都在等待和我商量。我说我还不知道这消息，太糟了。谢过他的提醒后，我赶快穿好衣服。两三分钟后，电话铃响了，少帅要我立刻到他那儿去，因为他有极重要的事要和我商谈。

我去了，那是在醇亲王府，也可能是在医院里。与会的先生们都表现得疲惫不堪。大约有十二位东北集团的领袖。少帅坐在桌子的顶头，他简要地告诉我发生了什么事，问我该怎么办。他说他们从一点钟开始讨论，事情非常严重，他们很想听到我的见解。我说，我所害怕的事果然发生了，对当前应采取的行动我提出两个建议：第一，立刻电告南京要求国民政府向国际联盟行政院提出抗议，请求行政院召开紧急会议处理这一局势；第二，立刻派一位能说日语的人设法去找日本旅顺总督（我想此人是儿玉），并且也找当时南满铁路总裁内田康哉，他是前日本外相。

少帅和会上其余的人都立刻赞成第一个建议。至于第二个建议，少帅没说什么，但是有几个人说是个好主意，后来少帅说他认为那是无用的。我说当然它不会立即产生结果，然而也会起些作用。这时有几个人支持这个意见，并且也催快办，少帅说没有适当的人可以派遣。我提出一个东北人，他精通日语，叫陶先生。少帅说那是无用的。他不能见到总督，因为总督不会愿意见他。我的印象是少帅不愿意去找总督而只想依靠第一个建议产生某种结果；还有一部分理由，就是以这种方式把这个问题交由国民政府来负责，而不是由他个人单独负责了。但是我对他解释说，虽然请求国联斡旋是必要的，但他一定不要指望能有多大结果或立刻产生任何效果，因为国联行政院这样的机构，对满洲这样的局势，不能采取任何有效的行动。我说，诉诸国联只是为了引起世界注意和公众舆论，间接给日本某种压力，使之不再扩大在满洲的侵略行动。

同时我认为要紧的是——事实上，真正能使问题得到解决的唯一希望是——探听出当地日本负责人士的意向，因为很明显，此事已经准备了几个星期，他们的借口就是满洲当局甚至拒绝会见日本派去谋求解决某些问题的负责人员。日本军事当局特别强调的案件就是中村事件。我对少帅说，关于“三百件悬案”的事实或细节，我了解不多，而且我怀疑是否有那么多，但是无论数目若干，问题性质如何，必定有些案件是能够经由互相妥协来解决的。解决几个案件就会缓和气氛，从而铺平更全面解决的道路。他不同意这种观点，我看出也许是由于涉及他个人的尊严，因为直到那时，在他领导之下的东北当局全都不愿和日本人接触，他们的表现好像是能够应付可能出现的任何局势。

我回家时不知道有三个参加会议的人跟在我后面，包括王树翰和刘先生。他们说他们也完全同意我的第二个建议，要我再对少帅提出来。我说他们提比我提好，我毕竟是客人，他们直接参与了这件事，又是少帅的亲信。他们求我再去一次，还说在我离开之后他们一再力劝未成，但是他们仍旧相信这个主意应当实行。我说我不单独去，但是如果他们下午和我一起去，我愿意再次去见少帅。结果我去了。这次尝试虽未成功，但是少帅似乎有点感到派个人去也不会有害处，不过他仍旧说想不出适当的人选。我告诉他略加访求定能找到，特别是这是个秘密使命而非公开任务，只是去观察和探听日本军事当局到底准备走多远，以之作为我们决定行动的基础。

原载《传记文学》第五十九卷第三期（一九九一年九月号）

回忆马占山将军

刘健群

一个人最怕是欠债，尤其是欠人情债。欠金钱债可以拖延，欠人情债有时连拖延的机会都没有。《传记文学》发行人，承他欣赏并刊载了一篇我关于宋哲元将军的文字。他还要我再写。他不晓得我正是一个易于开口、难于提笔，勤于开口、懒于提笔的人。天热挥汗，提笔有若千钧，真是哑子吃黄连，有苦说不出。但这是人情。人情债，必须还。我想起了我的忘年兰交好友抗日英雄马占山将军。

我在军委会任政训处长的时候，因为率领宣传总队去过北方，所以同华北各军都发生过密切的联系。以后又奉派到广东，因而和广东、广西的重要人物，乃至以后在抗战中和云南的龙云，都有着极不寻常的交往。就中只有两个疆吏是有意和我交往，而且也应该交往，但却是被我有意婉谢的。一个是山东的韩复榘。他由一位姓张的驻京办事处长，曾在南京中央饭店开了一间房，特别约韩复榘和我单独谈话。我看韩说话时，眼珠四面流转，知其狡而无信。我想我当然不会受你之愚去欺骗中央，同时我也没有兴趣代表中央来欺骗你。因此一度谈话之后，从此就不再来往了。第二是四川的刘湘。当时他的代表也来拼命地拉关系。因为我是西南人，知道当中一件小故事。当北伐军胜利，定都南京时，刘湘对于中央，仰视若神明。当时有某一位代表去到四川。刘湘一出手，便送了大洋五万元，弄得那位代表飘飘然。当时有人向刘湘说，你何必送那样的重礼呢？刘湘笑一笑，他说："范哈儿①包飞机去上海接姑娘，还比我花得多呢！"我对于刘湘的这种观念，是深切地厌恶，当然更没有兴趣去做人家心目中的花姑娘。所以我在中枢工作的那几年，关于这两位大疆吏的关系，一直是避之若浼。唯有这位马将军，照说是和我风马牛不相及。他回国的时候，既不是疆吏，又没有带兵。他出生在东北，我出生在西南，恰好是两个相反天南地北最远的地区。可是我们认识了，成为最了解相知的朋友，使得我至今不能不怀念他。正是当过问的没有过问，不当过问的反而过问了。你能说这不是佛家所说的缘法吗？

自从"九一八"日本关东军强占东北，东北军撤退入关。中央政府应付维艰，国联调查团毫无作用。马占山将军，不计成败生死，在黑龙江省嫩江桥奋起一击，孤军抗战，与日本军阀周旋。当时全国各地民众，口有言，言马将军；手有指，指马将军。京沪一带的照相馆不将马将军的照片放大悬挂起来，好像便不成其为照相馆似的。所以抗日英雄马占山，真是名播中外，深入人心。当然马将军这是螳臂当车，以卵击石，失败是注定的命运。但他却表现了中华民族不甘屈服、不畏强御的精神，也振奋了全国的人心，唤起了朝野的警惕和自重。任何天大的事，之后想起来，都觉得很容易。但在当时日本人的利诱威迫下，不计个人和家族的安危生死，能下决断，真不是容易事。若果容易，那么比马将军带了更多精兵的将领，为什么不干这样的傻事呢？我不是在黑龙江浴血苦战的当事人，其中千辛万苦、千难万难的经过，只能在想象中得之，恕不能代做详尽的描

① 四川有一军长名范绍增，土匪出身，人称"范哈儿"。"哈儿"者，川语有"呆儿子"之意，彼曾以数万元包飞机到上海接舞女入川去玩，成为老子花钱不在乎的式范。

写。马将军当然免不了失败，失败后去欧洲一次，又回到了中国。这些事情，在我们心目中，止于同情和佩仰。我和马将军的见面，是在南昌一个偶然的机会。

民国廿二年（一九三三），蒋委员长在南昌行营。我因有公务由南京去南昌向委员长请示。下车不久，路过离百花洲不远的一家大旅馆（名字记不得了）门首。有一人忽然一把拉住我，他说："刘先生，你来得正好。"我一看是一位东北朋友，名叫韩立如。为什么我会认识这些东北朋友呢？因为张副司令汉卿下面有一批文人干部，其中我还记忆得起的，有高崇民、王卓然、黎天才、王化一、吴瀚涛、阎宝航等。他们有一个组织，叫四维学会。承他们看得起我，也约了我参加，还要我负了一点责任。韩立如也就是其中干事之一。所以他见了我，就如同见了亲人一般。他拉了我到他住的房间内，向我说："健群兄，我是陪马占山将军到南昌来见蒋委员长的，马就住在后面的上房。"我说："见过委员长没有？"他说："见是见过了，委员长还请马将军吃过两次饭。我们被招待住在这里，有一个多月了。这几天马将军烦闷得很。照我过去和他相处的情形看，每遇着这种不好的心情，定然要出事。我又不能细问，只是心里干着急。健群兄，你来得正好。你是一个有办法的人，你能替我们拿点主意吗？"韩和马将军关系很深，在黑龙江抗战时同过患难。韩的话当然很含蓄，有保留，但内心的焦灼，已情见乎词。我说："我倒也想见见这中外驰名的马将军。你替我先容，到明天约定时刻，我再来看他。如果有用得着我的地方，我自当尽力。"

第二天，韩来陪我到了马将军的房里。韩退出去了，让我和马将军单独谈话。我看马是有点北人南相，人很瘦，虽不是矮，也不是很高，但很精干，两目有神。说话很爽直，但亦有心机，绝不是老粗。我先和他谈谈黑龙江抗战的经过，和欧游的感想。也许他早听到了韩立如对我的推许，他终于忍不住了，向我斩钉截铁地说："健群先生，我近来心情很坏，想杀人也想自杀。"我说："这是为什么呢？"他说："我马占山毁家赴难，不计生死，无非是为了抗日。我回国时，路过香港，西南有许多有名人物来船上访我，欢迎我去广州。我想他们只是玩政治手段，不是真抗日。所以我完全谢绝，一直回到南京。我想只有中央政府蒋委员长，才能够抗日。我一心一意别无他念，来到南昌晋谒蒋委员长。见是见过了，也请吃过两次饭，但抗日之事，一点没有指示。我去见秘书长杨永泰，他不单是语不着边际，而且官派十足。所以我坐在旅馆，接受招待，如坐针毡。心头苦闷到了极点！”我听了之后，已经了解了他的心病。我说：“马将军，我想冒昧地问你一句话：你是只想保持中外驰名抗日英雄的荣衔吗，还是真要做切实抗日有效的工作？”他说：“什么抗日英雄，我已经打到没有一兵一卒。别人赞扬我，我不能自己安慰自己。我要抗日到底，打回老家去。至于名誉地位，我不重视。我在张大元帅下面，只是二三等角色，算得了什么？”我说：“既然如此，你的问题很简单。你知道蒋委员长是日本士官学生，他对日本了解得很深。他对抗日自有正确的策略和一贯的做法。他对于你，除礼遇之外，实在很难遽做其他的表示。绝不是他待你不亲切，更不是对抗日没有决心和诚意。我今天和你畅谈之后，我断定这是一个不成问题的问题。等我有机会见了委员长，替你说明，定然有结果。请你安心等待吧。”谈话到此为止。第二天，我晋谒委员长，除报告公务外，附带提到马将军的事。我说明了他的心情。他不是只务虚名，不能下人的人。他所需要的，不是礼貌上的优遇，而是抗日问题与工作的确切指示。

委员长何许人，一听便明白，当下决定次日请马将军单独共进晚餐，即由我作陪。晚餐之后，委员长将抗日的要点简切向马将军说明，并说：“过几天请你和我一同上庐山去参观海会寺的训练。”

马回旅馆去后，韩立如次晨来告我说：“马昨晚归去，兴奋得几乎睡不着觉，盛赞委员长的英明，真是国家的领袖。所有过去的幽郁烦闷，均已一扫而空。”我觉此事，已经附带解决。当日有事需即回南京。因马起床较晚，我没有去告别，以免扰人清梦。

我回南京后约两个礼拜，当时我住在淮海路，有一天晚上，马将军来了，带了两份大红帖子。他说他去过了庐山，听过委员长对训练团的训话，看见了训练团的军容和朝气。他觉得抗日的前途非常光明，完全超过了他的想象。

他说："我这次进关来，逢着你老弟，算是我生平唯一的知己。若果不是你，我可能做了天大的错事。死了自己，还害了国家。我这条老命是你救下来的，我说不上如何报答你，我亲自送帖子来，我们成为兰交弟兄。今后你我如同一人，不分彼此。想来不会推却。"我年幼的时候，在贵州也常听人有拜把兄弟之说，但从来没有做过。以后革命北伐，更没有这回事。兰交换帖，这真是"和尚拜老丈母"，初次了，而且以后也没有再做过。所以我一辈子，只有这一位兰交老兄长——马占山将军。当时我有点茫然，但以他的热忱和兴奋，我当然将红帖接了过来。这是一种喜悦同意的表情。他三步两步跑出门外，将他的大儿子喊进门来，命他向我行跪拜大礼，喊我大叔。我拼命拉着，力言国府规定最敬之礼，只是三鞠躬，总算依了我。我问起他大少爷的年龄，实际比我大了三岁。我们便是这样定交。七七事变，全面抗战军兴，中央发表马将军为东北挺进军总司令，这是委员长自己的决定，我根本没有说过一句话。马与中央的关系进入了新的阶段。

记得有一次马来问我，他说："老弟，蒋委员长这样对我好，你看我这一点不良的嗜好（马曾吸大烟），要不要戒掉？"我们既系至交，我真也有点年轻人不知利害，我说："戒了最好。"随后马将军去上海两三个礼拜，专为此事住在一个外国人开的医院里。以后我听人说，当时戒烟的方法不高明，打针之后，有一个多礼拜颇危险难过，要将人绑在床上，如同拼命一样。以马将军的年龄，我真有点自悔失言。但此后一年中，他却真是将多年的不良嗜好戒除了。我曾为之担虑，也真特别地高兴。由此可以看得出，在良好风气启示之下，可以使人发挥出无比的力量。天下事大率类此。政治风气的重要可以思过半矣。

马将军和中央的关系，以后更得力于一位杜荀若先生，杜系马将军的驻京办事处长兼前方秘书处长，现仍任"立法委员"。他"九一八"在黑龙江以现任县长追随马将军抗日，一切机要文件多出其手，是一位可以托妻寄子、共生死患难的干部。幸得他正是一位笃信三民主义，十足忠诚不贰的国民党员。我们可以想象得到：马将军的环境，不是完全的单纯。以他的声光，谁不想加以利用。他有他的亲故、他的朋友，当中免不了有人造谣离间、挑拨中伤，但中央和马将军之间有了一个我，又有了一个杜荀若，任何事件，都可以解决；任何疑虑，都可以消除。有了我，足以增加杜在马面前说话的力量。若果没有杜，我更是没有法子十分了解马的处境和心情了。杜、我二人一条心，中央和马将军的关系，一直是圆满无缺的。杜的功劳，实在不可磨灭。

抗战开始，我调任军委会第六部副部长，陈立夫任部长，另一位副部长系张厉生。我代表第六部在日军轰炸之下，到江浙最前线去视察，接着便撤退到武汉，到武汉后，我离职了。在我一生工作中，我心中有三个假定的目标：（一）因从小看军阀割据，战乱迭起，在贵州家乡更是土匪纵横，民不聊生，故我最热心于国家统一、民生安定的工作；（二）从小因家道中衰，受尽苦难求学，故最希望实现民生主义弥补社会缺陷，消灭仇恨斗争；（三）认为一个人如不能了解人生宇宙之谜，便不能充实人生的真义。这三大目标与信念，第一、二两项在工作中尚觉心安，第三项则颇觉茫然。我到武汉时又自知病患难起，遂决心放弃一切现实，在山居离俗中去静静地体会人生的真谛。当然还是获得有智慧超过于我若干倍的良师益友的启示，当时有人以为我是去做和尚，似是而实非。我有两三年在山巅古寺中隐姓埋名，倒是事实。我离开汉口之后，在湖南常宁乡下，不出三月，便一度昏死过去。经半句钟醒来时，我肥胖的四肢立即枯槁，后经三四年休养，回到重庆时，还不能完全恢复。我之去死亡一间，确系事实，而非托词。至于以后又活了二十多年，直到如今，那是特殊的因缘和修养，“随缘了旧业，莫再作新殃”。这二十多年，我真又算是空过了！

离汉之后，马将军的事，只有由杜荀若兄一人为之办理，我是无从过问了。三十一年（一九四二），日军到了滇西，为了云南龙云的问题，我回到重庆。虽然也到青年团任事，但为时甚暂，军队里的事，更没有过问。马将军的事，我更是不接头了。

据说在抗战八年期间，马的名义，始终是东北挺进军总司令兼黑龙江省政府主席。胜利到来，由于东北形势陡变，人事全非。东北三省划为九省，外加三市。马在抗战时所部的骑兵第五师、第六师，均交归中央直接统制。新的人物，忙于赴东北接收。我回重庆后，有时与杜荀若兄偶晤，始悉杜竟无事无职。“冠盖满京华，斯人独憔悴”，我亦为之黯然！

政府还都后，马将军曾来南京首都一次，下榻于国防部招待所。我曾趋访并与之谈东北情形。他豪迈之气，仍不减于往昔。他说他正为此来京，拟有所建议。在战略方面，宜有所改变。并谓他已经要杜荀若替他草拟计划书，上诸当局。他说他是东北人，了解东北的事。东北一马平原，天空地阔，河冰一结，任意驰骋。宜利用骑兵，以一营为单位，分为若干单位，一部由吉林扶余过江沿黑龙江省两肇、大赉，直捣黑龙江省城齐齐哈尔；一部由吉林阿什河过江，沿黑龙江省巴彦、木兰背袭佳木斯。到处组织人民自卫队，不攻坚城，不守据点，以游击打击游击。主力大军再由正面徐徐推进，必能有良好效果。他说时口讲指画，精神飞扬，好像他已经到了东北平原，有追奔逐北的神情。常听人说，马将军能驰快马，在马上双手打枪，百发百中，想来不是虚话。对于东北地形，我虽然不熟悉，但听起来，颇能感动。我说：“秀芳兄，我很希望你的计划能够实现。”他还说：“老弟，不到东北，不知东北之富。无东北，即无中国。”我记得我当时还很感慨地说：“东北的事，的确太重要了！我恐怕今后东北的事，要采取‘三力’政策，才有成就。”他问：“哪‘三力’？”我说：“（一）加强军力——现在中央在东北的军力，实在不够；（二）发动民力——东北现有的军队以及青年，一定要大大地鼓动他们起来，倭寇虽败，毛子凶残，必须予以驱除，才有中国的东北；（三）引用外力——强邻环视，中枢力微。以后恐怕东北，要辟为自由市场，引英美经济力量参加。在共同利害牵制之下，才能使东北永久安定。”以后马将军的计划，固然不见实行；而我的愚见，不知是何缘故，竟然胎死腹中。如今回想起来，我应该是事后诸葛亮了。南京以后，与马将军即未再谋面，只知他在故都养疴。我一九四九年在台从港报知道他因肝疾已逝于北平。我心中难过者数日。我想过去若东北战场，尚有可用他之处，黄忠虽老迈，宝刀应未老。借其声光之号召，辅以精锐之干部，必不致一事无成。回想起一代英雄，他能为众人之所不敢为。他对国家、中央政府和最高当局，矢志忠诚。我只好以此简陋的文字，聊表对于逝世良友的纪念。

原载《传记文学》第一卷第四期（一九六二年九月号）

第二编

七七事变

七七抗战与二十九军
——纪念卢沟桥事变二十七周年兼悼二十九军诸老友

刘汝明

自从去年秦绍文兄去世后，二十九军的老朋友已经没有几个人了。于兹又快到了七月七日，卢沟桥事变距今已是二十七周年。昔日的老友，一个个先我而去，回想几十年来，我们在一起当兵，一起带兵，一起折冲樽俎，一起出生入死，犹如一场幻梦。每念至此，不禁感慨系之，涕泪纵横。

二十九军是民国十九年（一九三〇）冬天成立的。这时是中原战事结束，阎、冯失败，冯玉祥先生的旧部，逃过黄河。退入山西的只有宋明轩（哲元）指挥的第四路，和我指挥的第五路，合计起来不到一万人。此外冯仰之（治安）时任军长，带过来很少的人，再加上张荩忱（自忠）时任汾阳军官学校校长，原在山西所指挥的总部直属部队，约万余人合编而成。

因为宋先生资望较高，所以推定宋任军长，我任副军长。所有部队改编为三十七、三十八两师和一个独立旅，由冯、张分任师长，那个独立旅由李金田任旅长。宋部师长赵舜臣（登禹）也编为旅长，列入三十七师，当时的参谋长是秦绍文（德纯），宋的智囊萧仙阁（振瀛）任总参议名义。

述在上诸人都是军人，只有萧仙阁是文士，他是吉林人，因为十五年（一九二六）在南口作战期间，在绥远当临河设置局局长，办理后方勤务工作，有优越的表现，为宋所赏识。从此便进入宋幕，在宋任陕西主席时，曾担任过西安市长。他的口才极好，什么事到他嘴里都可以说得天花乱坠，顽石点头。有一段时期，萧代表二十九军，经常往来南京、太原、北平，周旋于各方之间。因为他的能说会道，而又手面极大，所以和各方的政要都有好感。在二十一年（一九三二）八月间，成立军事委员会北平分会的时候，一共十八个委员，全是当时华北军长以上，省市首长等第一流人物。而萧以一个军的“清客”（那时一般人看参议、顾问之类，都是吃闲饭的）也能敬陪末座。秦绍文还是后来才加上去的。萧的活动能力由此可见一斑。因此有人说，二十九军后来的天下是萧仙阁打出来的，这话倒也颇有几分道理。

二十九军成立不久，便又增编了一个暂编第二师，我调任该师师长，副军长由秦绍文兄继任，参谋长则改由张维藩继任。

绍文是山东沂水人，军事教育受得非常完整。由陆军小学、陆军中学到陆军大学，一层未缺。他学问好，能力也好，尤其是一派儒者风度，使人激赏。他处人处世都很圆滑，人缘甚佳，因之颇得宋先生的敬重。那时萧仙阁在外边跑，绍文居中策划，他二人犹如宋的左右手，地位非常重要。有人问：秦、萧二人在二十九军，哪个比较重要？在表面上看，他二人似无分轩轾，不过我们总觉得，宋对秦始终以客卿地位看，对萧则以部属待之。所以秦是较尊，萧是较亲，直到二十五年（一九三六），萧离开天津市长职务，出国考察后，绍文才完全成了宋的“幕僚长”。

二十九军初成立，局处在晋西南，处境非常艰苦，但是我们都咬紧牙关，埋头练兵。九一八事变后，二十二年（一九三三）日军进犯热河，进窥长城。这时候宋先生已发表为察哈尔主席，刚刚到差，部队还没有全部入察，便奉到命令向长城沿线的要隘喜峰口、罗文峪出发，拒止日军深入。二十二年三月上旬在喜峰口、罗文峪与日军发生剧战，赵舜臣力战负伤，赵部团长王长海夜袭敌人，获得丰硕战果，使日军大受创伤。由是二十九军大刀队得以名扬宇内。战后委员长派俞飞鹏部长亲来慰劳，各界慰劳团也络绎不绝，宋、秦和我都获得青天白日勋章。

《塘沽协定》后，双方暂时休战。二十二年八月间，宋回任察哈尔主席，因为整编了在察省若干“抗日同盟军”留下的部队，和汤玉麟的炮兵，二十九军的力量大为增强。

宋在冯玉祥先生部众中，是资望较高的，与张之江、鹿钟麟、李鸣钟、刘郁芬，同列为五虎上将。我和他同在民元（一九一二）入伍，不久便一同升了官。民国四年（一九一五）前我们上下差不多，民国五年（一九一六）他当了十六混成旅一团一营营长，我在三营当营副（营长为李鸣钟），驻防在平津间的廊坊。冯因为在四川和蔡松坡作战时和蔡联络，为北洋政府所忌，被调为直隶边防司令，旅长换为杨桂棠。六年（一九一七）七月间张勋复辟，杨旅长去北平见张勋，全旅军官在我们营部开会，决定欢迎冯玉祥回来。当时由我和孙良诚去天津见冯，部队同时准备出发。在这一战，宋的战功卓越，首先攻入北平，从此他便崭露头角。第一次直奉战争后，冯部五个旅、十三个团，宋与张、鹿、李、刘分任旅长。我和韩、石、二孙、吉鸿昌、门致中、冯仰之等人都是团长。至于张荩忱，是学兵营长，他虽然比我大一两岁，但在当时还纯然是后起之秀。

宋是山东人，性情耿直，对于我国旧道德非常注意。二十九军的军官佐都要念四书五经，军部编译四书五经白话解说，印制成袖珍本，人手一册。又编了《八德军歌》，每日教士兵们演唱。

宋不喜欢说话，但对大问题非常坚定，能够择善固执。例如二十年（一九三一）七月，石友三在河北顺德叛乱，出兵攻击张学良，旬日之间，前锋到达高碑店，其锋甚锐。石函电交驰，又派了不少人来说宋先生，念在同为“西北同源”，能助一臂之力——派兵占据娘子关和石家庄，不必加入战斗，只要掩护石军后防，则石独力即可驱逐张学良出关。但是宋始终不为所动。一是他认为石友三反复无常，二认为国家连年内战，人民元气大伤，不应该再有内战。即使石可以成功，但必兵连祸结，老百姓将无宁日。由于宋拒绝出兵，商震才得掩袭石的后路，这次叛乱得以很快地解决。

二十二年长城战后，二十九军集结于北平通州间，冯玉祥先生在察哈尔成立“抗日同盟军”，号召武装抗日。北平当局以宋是察哈尔主席，催促我们回察接收省政，宋觉得一入察境便会和冯先生冲突，和老长官“交锋对垒”是不可思议的事，便婉转陈词，请求谅解。这时冯也派了张允荣来做说客，张向宋说了一段《三国演义》关羽在曹营的故事。张说：“关公在曹营，曹操对他三日一大宴，五日一小宴，上马献金，下马献银，美酒红袍，可是他把曹操所赠的新袍穿在里面，仍把旧袍罩在外面，你说他为什么？”

宋听了默然半晌，良久回答道：“你说的意思我懂得，我决不打先生，但是也不跟着他胡闹，今天国家需要统一，要抗日也得大家一起来，不能再有内战。”后来冯自动取消了“抗日同盟军”，宋的态度是不无影响的。

后来西安事变发生，张学良称兵犯纪，劫持统帅，蒋委员长西安蒙难，宋、韩的态度，中央最为关切。那时宋已任冀察政委会委员长，他的态度也很坚定，不受任何影响，坚持应维护蒋委员长的安全。这项经过，秦绍文兄在他的《海滢谈往》一书中说得很详细。孔庸之先生的回忆录上也有记载，我这里不再多所叙述。

宋先生的私生活很严肃，没什么嗜好，喝一点酒，但非酗酒，有时也打打牌，但绝非滥赌，更不搞女人。但是他在应该用钱的地方，手面颇大，可以说挥金如土，毫无吝色。记得二十五年秋天，日本举行秋季大演习，张荩忱应邀去参观，行前我们吃饭送他，宋和张说：“荩忱，你到了日本，住要住最大的旅馆，坐车要坐最好的汽车，不要小家子气，叫鬼子看不起。”

另有一件事就是汉奸殷汝耕的冀东自治政府，设在通州，距北平只有五十里，因为日本人给他保镖，国家对殷只能通缉，而不能讨伐。二十五年绥东战役，傅作义、汤恩伯等部，击溃了汉奸李守信、王英等匪部，收复了百灵庙。日本虽然叫闹了一阵，但也未明目张胆对李、王等如何支持。我们也就想趁势进攻通州，先把殷汝耕消灭了，造成既成事实。殷的下面有几个伪保安总队长——张庆余、张砚田、赵雷等人——宋派人联络他们，策动他们反正，这几位都秘密到北平来见过宋，宋对他们每人送钱，数字很骇人。不幸西安事变发生，这计划虽搁置未行，但后来卢沟桥事变后，七月二十八日他们都反正了，并且把殷汝耕捆送到北平。可惜就在这天，北平局势转逆，二十九军就在这天撤离北平。

在二十二年秋天至二十四年（一九三五）冬天，这两年中我们都驻防在察哈尔，部队又增编了一个一三二师，由赵舜臣任师长，暂编第二师番号也改为一四三师，仍是我任师长。冯仰之的三十七师驻张家口，张荩忱的三十八师驻宣化，兼顾独石口、沽源一带。赵师驻张北，我这一师分驻怀来、涿鹿、蔚县。

我们回察后，“抗日同盟军”所留下的很多部队，番号复杂，组织散漫，政府叫二十九军予以整理收编。特别是汤玉麟自热河撤退入察的炮兵部队，有野炮三十余门，也编入了二十九军，每个师都成立了炮兵营。这时汤已被政府撤职查办，后来还是宋代为请求，免予查办，仅仅撤职。

经过这一番整编，二十九军的人员装备大为充实，战斗力也大为增长，在当时华北部队来说，以军为单位，要说算是最强也不为过。

在这两年当中，和日本人曾发生两次冲突，一次是“东栅子事件”，一次是“张北事件”。前者是日本人吃了亏，颇有伤亡，而他们这次行动，是属于试探性质。见我有备，也就看风转舵，说是“误会”。“张北事件”后来演变成《秦土协定》，这在绍文兄的《海滏谈往》上也记得很详细。

这段时间里，委员长成立庐山军官训练团，二十九军中级以上的军官都轮流分批去受训，我是和赵舜臣一起去的。到了二十四年五六月间，天津发生了“河北事件”，日人嚣张骄狂，达于极点。委员长在庐山召见秦绍文兄，面告他要把北方的责任交给二十九军，希望忍辱负重，掩护中央的抗战准备。秦回来后，把委员长的指示密告宋先生，当时知道的只有极少的几个人。以后冀察局面，颇有些不为外界谅解，但是终宋一生，他总未曾以此为自己辩解。

“河北事件”的结果，汪精卫命令何敬之上将，与日方梅津美治郎订立《何梅协定》。国民党及中央军黄杰、关麟征两师均撤出河北。跟着，河北省主席于学忠部也被迫离开。日人鼓动若干浪人和无业游民，在平津各地游行请愿，闹什么华北自治，一时要把华北划作“防共区域”，一时又要划成“缓冲区域”。

二十四年八月，日本天津驻屯军司令换了多田骏，多田骏在天津发表了一个小册子，题为《日本对中国的基础观念》，日本人侵略我国的野心，在这本小册里暴露无遗。不久又发生了“香河事件”，北平附近的一个县城叫香河，有几个浪人率领一伙乱民，借口反对收税办法，包围了县政府。后来又有日本宪兵参加，以后这种纠纷在这段时期更是层出不穷。

先是在“张北事件”发生后，汪精卫下令免除了宋先生的察哈尔主席职务，命秦绍文代理，绍文亦未就职。到了八月底，平津日益危殆，河北主席商震已经穷于应付。河北省只有万福麟和商的两个军，兵力也很薄弱。大约八月底，中央命令，平津卫戍司令王树常（东北军），调任军事参议院副院长。宋先生继任平津卫戍司令，秦绍文真除察哈尔主席，北平政务整理委员会撤销。廿九军同时接防北平，原来驻防北平的万福麟移驻保定以北，北平以南。我们的部队立刻出发，冯仰之先向北平以东出发，我这师跟着也到了北平接替城防。到了九月底前后，宋就任北平卫戍司令。这时候日本人导演的许多流氓团体，在天津日租界所闹的“自求”“自治”运动，更变本加厉，谣言四起。平津两地的正人君子也纷纷通电宣言，对这种荒谬行动加以责斥。记得天津《大公报》曾有过一篇社论，题目好像是《对宋司令进一言》，内容是劝宋先生不可独立。其实《大公报》不明真相，二十九军这时的决策，是遵照中央的密令，小事情可以商量，但决不脱离中央。

稍后，北平市长袁良辞职，中央命宋兼代，宋谦辞，中央改令秦绍文接任北平市长，察哈尔主席由萧仙阁继任。宋先生因为在平津和日本人办交涉多是由萧经手，所以不叫萧到职，察省主席由张荩忱代理。

到了十一月底，日本人的捣乱活动达于极致。天津又有“自治请愿团”出现，有日本浪人、流氓汉奸五六百人，要求“还政于民”，向天津市政府、公安局等地方机构骚扰。殷汝耕的汉奸“冀东自治政府”，也同时成立。日本人积极策划他们的“华北五省自治”。中央为了缓和这种局势，来争取准备时间，便明令撤销军事委员会华北分会，成立冀察绥靖公署，特任宋为主任，从此华北的重责，便完全交在二十九军的身上。

日本人知道二十九军的力量，对宋于是威迫利诱，无所不用其极。外面各界对我们也不谅解，认为别人都撤走了，你们如何还能在平津存在，其非将与日本人“合作”为何？若干失意政客，认为这是他们“东山再起”的好机会，便运用各种关系来怂恿宋“自治独立”。此外更有一些无聊文人，认为国民党既然退出平津，何妨由“我们”试试。青年学生爱国心切，也不断地游行主张抗日。在这种各方纷至沓来的困扰下，宋先生心情沉重，大动肝火。天津《大公报》于十二月三日又来了一篇社论，题目是《勿自促国家之分裂》，内容仿佛是劝勉宋哲元保障国家统一，此文据说是张季鸾的手笔。宋先生一时冲动，竟下令停止《大公报》邮递，后来觉得不妥，在十二日又下令恢复。

最初宋和北平的文化教育人士，关系颇不愉快。这些读书人生性率真，而当时和他们接触人萧仙阁的政客作风，自然不为他们所喜。更加萧不能以诚恳态度相待，仍要耍弄权术，更招来他们的反感。他们都以为二十九军真要当汉奸，于是若干人（如傅斯年先生等）对我们大为攻击。这时的北平学生联合会，是由共产党领导。宋先生也犯了山东人的倔强脾气，爽性不加理睬。到后来陶希圣先生、吴鉴先生等，在廿五年所领导的新学生联合会成立，打出了“与二十九军合作抗日”口号（可能胡适之先生也如是主张），这“合作”二字，感动了宋先生，便时时和教育文化人过从。与青年学生的关系，也大为改善。知识分子与军政当局的步调，渐趋一致。

那种混沌局面，一直到廿四年年底，商震终于被迫撤走，调任河南主席。河北主席由宋兼任，并成立了“冀察政务委员会”，由宋先生任委员长。天津市长也发表了萧仙阁，张荩忱真除察哈尔主席，局面才稳定下来。

冀察政委会的成立，固然是对日本人的让步，但是冀察政委会是国府明令发表的，受行政院管辖，奉中华民国正号，悬挂青天白日满地红国旗。在若干地方对日本人虽有忍让，但不脱离中央的原则是坚持到了。在这以后，我们知道局面会更加艰苦，为了准备最后一战，也都积极准备。绍文、仙阁和日本人打交道，我们几个带兵官都埋头练兵。我们为了使士兵明白我们仍是拥护蒋委员长，服从中央，在我们的“士兵识字课本”上，第一课就是“委员长”。课文是：“委员长蒋中正，从前叫作总司令，他是总理的信徒，他是革命的先进，他统一了中国，他完成了北伐的使命。”全军士兵，皆熟读背诵，为校阅考试成绩的主要课目，使来自农间的士兵，对领袖之伟大深印不忘。

商震调到河南以后，冀察只有二十九军和万福麟军两部，赵舜臣师也自察哈尔开到河北，驻防在河北中部任丘、固安、河间一带，招兵训练。冯仰之师集中在北平的南苑、西苑，为控置的部队。我带的一师，分驻北平、大沽，担任城防。天津因为受《辛丑条约》的规定，市区由保安队防守。不过在这里声明一下，所谓天津的保安队，仍是正规部队，不过脱了灰色军衣，换上蓝色的保安队制服罢了。

这局面平静了没有好久，便发生了“朝阳门事件”。事件的经过是某一夜晚，有几个日本人要叫开城门放他们进来。守城的警察因为时间太晚不敢开城，经过一番电话请示，才开城放他们进来。哪知几个日本人因为开城迟缓，进了城不容分说，竟扭打这个警察。我所属守城的一个排长，见状不平，便上去制止。日本人掏出了手枪，这个排长没带武器，见对方有枪，便向城上跑。日本人一面追，一面开枪，城上的士兵也开枪还击，便发生了冲突。日本人不敢上城，便打电话给东交民巷找援军。一时开来很多的日本兵，我接到报告也立即派兵增援。一直相持到次日上午，才交涉解决。由双方承认误会，宋先生表示遗憾了事。

又过了不久，又发生“大沽事件”，是我属的另一个部队，和日本兵发生相互射击事件。事情虽然平息，一直到卢沟桥事变发生时，这种小冲突迄无间断。我记得的就有北宁路炸车事件、两次丰台冲突事件、天津中日警察冲突事件、张家口大境门事件等，不计其数。

到了廿五年夏天，萧仙阁在天津干不下去了，辞职出国。关于仙阁辞职，也有很多传说。当时最盛行的是说萧太接近日本人，有当汉奸的可能，被张荩忱打了两个耳光，不得不走。其次秦绍文在《海澨谈往》所记的，说萧跟将领们“拜把子”、拉关系，为宋不满。这些都与实际情形有出入，仙阁之不能不走，是他跟日本人办交涉，开的空头支票太多，不能兑现，事实上萧也不想兑现。日本人见他屡屡“失信”，便向他大施压力，要他履行“诺言”。萧弄得无法应付，宋先生觉得叫萧离开出国，可以缓冲一下。日本人“讨债”时，可以说这是萧某人答应的，宋某不能代为负责以为“挡箭牌”。至于绍文所说的萧跟将领们“拜把子”，实在不成理由，二十九军袍泽之间很多是盟兄弟，譬如说，绍文同我就曾换过帖，并不足以为奇的。

仙阁出国后，张荩忱调长天津市，由我接任察哈尔主席。我入察，张赴津，部队也跟着换防。这大约是廿五年六七月间的事，因为有了行政责任，便也得和日人打交道了。

日本人在张家口有一个领事、一个特务机关长，领事叫中根，特务机关长叫大本，是个中佐，另外还有个日本顾问叫樱井。大本人还爽快，樱井却非常奸狡。有一次开会，他放言狂论，旁若无人。我便向他说：“顾问，是顾而问之，我没问你，你不要说话。”他当时气得满脸通红，但从此不再乱说话。

绥远战事发生，傅作义、汤恩伯两部收复了百灵庙。我们也大为兴奋。日本人因为自热河补给伪军李守信部，不太便利，不如由天津用火车运到张家口，再转运张北方便，所以便把军火装箱伪装商货，由一家转运公司出面经运。先是小规模地运，后来竟大干起来，我得了情报，便下令截留。一日又运来一批，我便派人在张家口车站戒严。一面不接日本特务机关长电话，说是出门了。这批军火，一共有五百支三八式步枪，四门沈阳兵工厂的一四式野炮。这四门炮比汤玉麟的炮还新一点，射程也远一点，抗战八年，我一直带着和日本人作战。次日，大本找我交涉，我坚不承认说："我从没有扣你们的军火，你也没有告诉过我要运军火，我只是得到了下边的报告，查扣了某某转运公司的一批商货。"大本虽纠缠数日，但自知理亏，终也无可如何。

廿五年十二月十二日，发生了西安事变，委员长在西安被张学良劫持，我们颇为震动。二十九军的高级人员，齐集北平，我自然也应召前往。宋先生在这事件上表现得非常坚定，拥护蒋委员长的决心，毫不动摇。委员长自西安脱险之后，全国人民万众欢腾，日本人知道中国人已经紧密地团结在蒋委员长之下，二十九军也决不会当汉奸，于是促成了提前侵略中国的决心。

日本华北驻屯军司令在廿五年已经换为田代中将，部队也增加到一个混成旅团，旅团长河边少将。驻兵的范围已远逾《辛丑条约》规定的范围，至是更陆续增加兵力。廿五年冬天，在平津举行大演习，参加的有一万多人，以北平、丰台为假想争夺目标，规模之大前所未有。宋先生气愤之下，二十九军也举行大演习。参加的部队，有三十七师、一三二师和若干特种部队，总兵力在五万人左右，向日本表示不惜一战的决心。

日本军力继续增加，到了廿六年（一九三七）二三月间，已在三四万人左右。这些都是在关东军一、三、五、十一几个师团中抽调出来的，一律采取战时编制。中日的外交交涉，我们虽也就"华北通航""开办龙烟铁矿""沧石铁路"等做了些让步，但是日本人志不在此，乃提出了"华北明朗化"，压迫宋先生表明态度。宋先生也相反地提出，要日本人先取消殷汝耕的伪政权，以示诚意。双方的条件，南辕北辙，自然无法谈拢。于是日本人不断地增兵，不断地制造事件，以为侵略的借口。宋受不了日本人的压迫，但又怕"小不忍，足以乱大谋"，便借省亲扫墓，回山东乐陵老家，使日人暂时失去交涉的对象。行前把交涉事务交给秦绍文负责，军事交给冯仰之代理。仰之这时已兼任河北省主席，但是因为三十七师负责北平防务，所以他常在北平。二十九军的副军长虽自绍文任北平市长以后，就换了佟捷三（麟阁），可是军长的公事，多由仰之代看，所以仰之等于代理着军长。

自从二十九军接防平津，因为局面扩大，昔日西北老友来帮忙的很多，诸如石汉章（友三）自济南来，任冀北保安司令；高建侯（树勋）自江西来，任冀南保安司令；石筱珊（敬亭）自泰山来，担任总参议名义等。部队实力也急剧增加，除了我们旧有的四个师，每师辖四个旅以外，还有骑兵第三师（师长郑大章）、独立二十五旅（旅长阮玄武为方振武旧部）。还有独立四十旅、骑兵十三旅（均为“抗日同盟军”旧部，驻在察哈尔由我指挥）。另外还有个特务旅，一个军事教导团，再加上冀、察、天津的保安队，总兵力不下二十万人。二十万人兵力不可谓不大，可是要布防在两省、两市，尤其因为《辛丑条约》允许条约签字国，在山海关到北平驻兵的关系，日军已深入堂奥，所以也就备多力分。

到了五月间，日军进关部队已到三个师团左右，据北宁铁路的消息，后面还有两个师团待运。察北商都日军也有显著增加，天津海河连续发生浮尸。事后证明是日本人在海光寺兵营修筑工事，然后把雇用的工人杀之灭口。我们觉得事态严重，一面戒备，一面告诫部属镇静应付，免为借口。

果然七月七日，日军在卢沟桥附近演习，借口一个日兵失踪，进攻宛平。三十七师的吉星文团起而抗战，惊天动地的卢沟桥事变遂乃爆发。

事变发生后，绍文、仰之以宋先生不在北平，而日本人这次又来势汹汹，觉得责任太大，便叫我和荩忱到北平来商量。这时中央的指示是要“应战不求战”，我们开会的结果，是先设法拖延时间，把分散的兵力集结，各据点决不放弃。所以便叫石友三的冀北保安队接替宛平防务，抽出三十七师来集中兵力。一三二师急自河北各地向北平以南集中待命，三十八师的刘振三旅和骑兵师的张德顺旅固守廊坊，并阻断平津交通，不叫日人继续增兵。刘振三旅长在二十九军中，与吉星文都属于“少壮派”，他以一种“不讲理”的态度，不理什么《辛丑条约》，以电话威胁北宁铁路局长陈觉生（亲日派）不准再为日军开兵车，否则出了事不负任何责任。

日军仍继续进攻宛平，我们便又命三十七师的何基沣旅，利用青纱帐（高粱田）向日军袭击了一次，使日军受了不小的伤亡，对宛平的攻击，乃暂停顿。我也回到张家口，部署察省防务。大约七月中旬，宋先生赶回北平，本来中央叫他先到保定，不必和日本人直接谈判。宋这个人的短处，就是过于自信，自信得有些刚愎。他认为在这种时期，不回北平和部下在一起，是一种胆小的表现，所以仍然回到北平。

这时一三二师也在永定河以南集结完毕，宋先生命该师的石振纲旅接替北平城防。三十七师得以全部在城外集结活用，石旅的两个团长，一位姓赵，一个是舍弟汝珍。

宋先生回来后，又召我到北平，商量万一战事无可避免的作战计划。我们决定一三二师的一部守北平，其余的和三十七师进攻丰台和通州之敌。三十八师进攻天津海光寺，一四三师自南口出击，进攻昌平、密云、高丽营等地，遮断古北口到北平的通路。到了七月下旬，秦绍文和日本人的交涉，虽然舌敝唇焦，但日方不可理喻，丝毫不肯让步——坚持宋先生表明态度，一是脱离中央，一是离开北平。

这时有一部分日军，自卢沟桥徒步开来北平，要自广安门入城。舍弟汝珍的团担任城防，自然拒绝他们进来。有一个日本军官上城交涉，双方一言不合，一位张营副用刺刀把这个日本军官从城上“捅”下城去，城上城下立刻发生战斗。因为我军居高临下，日军伤亡很大，不支退去。当晚在永定门外，也发生激战。于是日本人又得了“口实”，表示决定“强硬行动”。在北平的日侨在三千人以上，也武装起来，集合在东交民巷日使馆兵营。宋先生打了个电话给我说：“子亮，你赶快回去，照计划做，八月一号行动。”这天是七月二十五日，我接了这个电话，便连忙回察。因为时间仓促，仅奉家母一人同行，其余妻子均丢在北平，搭乘平绥路的特别快车回张家口。不知消息如何走漏，火车一进沙河车站，日军便起而袭击。所幸防军阮玄武旅竭力抵抗，才能通过，到了南口我的防地，才得到安全。

我回到张家口以后，便分命所部向南口集结。到了七月二十八日，接到北平的报告，日军大举进攻三十七师。三十七师也向丰台反攻得手。廊坊的刘振三旅也向路过的兵车攻击，颇有斩获。一时士气民心极为振奋。我觉得战事提前爆发了，便命南口方面的部队准备出击。哪知当晚又接得报告，南苑陷落，佟副军长、赵师长阵亡。宋先生、秦绍文也辞职，所有冀察政务委员会委员长、冀察绥靖主任、北平市长等职务，全由张自忠代理，政委会也改组了，容纳了一批亲日分子。

晴天霹雳，使我大为困惑，荩忱决不致当汉奸，更不会出卖宋先生，可是事实如此，如何解说。一时部队也大为愤怒，把张荩忱的相片（二十九军部队都有旅长以上将领相片挂在各级本部）统统撕毁。大约二三日后，石振纲旅自北平突围到了察哈尔。我问他们，他们也莫名其妙。只知道南苑因为赵舜臣刚到，一三二师部队还没有进去，都是些军直属部队和一部分骑兵防守。日军以飞机大炮掩护着步兵猛攻，佟副军长、赵师长先后阵亡，部队溃散。宋先生离开北平后，张荩忱叫他们换军装改保安队，他们不愿意。又过了两天，召见石旅长和两个团长，见了面只说了一句话："不成了，你们赶紧走！"当晚他们就突围出来。我们对荩忱的误会，一直不解。后来在冀南作战，又见到宋先生，才知道荩忱当时完全是以"跳火坑"精神，自我牺牲。希望他在北平和日本人周旋，掩护宋先生离开，争取时间。以后仍有很多对荩忱不谅解的流言，但是看后来三十八师改编为五十九军以后，宋始终命副军长李文田代理，虚位以待荩忱回来。当时荩忱对得起国家，对得起长官，应该是绝对可信的。

平津失陷后，我进退失据，察哈尔的形势，已突出成了三面受敌之势。我向中央请示并请增援，委员长即命已集结在平地泉的十三军汤恩伯部，和另外的一个高桂滋师，兼程入察增援。汤、高两将军在八月三日先来会晤，我率领察省府各厅处长到张家口以西三十里路的孔家庄去欢迎，就在车站开了个会，研讨当时的状况，并分配防务。

首先我先把察省的态势报告说明，分析敌人犯察三条途径。一是由南口进犯怀来、涿鹿，二是由独石口进犯宣化，三是由张北直犯张家口，然后大家研究如何布防。

高桂滋因为兵力较弱，愿意担任独石口一路。我则希望任南口方面，因为这时我的部队大多在南口集结。而在民国十五年时，我曾以一师兵力独力抗拒张学良、张宗昌、吴佩孚等二十万之众，达四个月之久，地形非常熟悉。但是汤先生考虑了一下表示，他愿意守南口，因为我是省主席，应该守卫省垣。会议之后，部队分头用火车输送，八月五日，汤部已完全接替了南口防务。日酋板垣率第五师团八月七、八日就开始进攻南口，该方面立即发生激战。我们这面决定也向张北攻击，由傅作义协力我进攻。大约在十五日左右，南口陷敌，汤军在居庸关、八达岭等高地继续浴血苦战。傅部的陈长捷师和一个马姓的独立旅，转移使用于那方面，张北便变成了我独力进攻。日军死守不退，关东军自热河大举增援，日酋东条英机，时任关东军参谋长，亲率两个独立旅团、一个汽车牵引炮兵联队、一个战车联队，向我反扑，我这一面被迫变攻为守。到了八月廿五日，怀来已现敌踪，张家口亦陷重围，师长李金田受伤，旅长马玉田、团长刘田战死。部队伤亡达五六千人。廿七日，我奉令“于必要时破坏铁路桥梁和机车，向察西南转进”。当晚，我们开始突围。这次战役，何敬之上将在《八年抗战之经过》一书，和日本人战役所发表的《大东亚战史》上均有记载。

在张家口战役中，中央擢升我为第七集团军副总司令，兼察哈尔守备军团长，所部一四三师及察省保安队也扩编为一个军，番号是六十八军。说来很巧，由二十九军扩编的三个军的番号都和“七七”有关，冯仰之的三十七师改为“七七”军固不必论。张荩忱的五十九军，五、九加起来是“十四”。我的六、八加起来也是“十四”，而十四是“七七”的合数。不知是巧合，还是承办人员具有深心。

这时宋先生也就任第一集团军总司令，除我以外的二十九军其余部队，都集中到津浦路去作战，后来又增加了一个六十九军，军长是石友三，骑兵师也扩编为骑兵第三军。石后来在河北打游击，升任冀察战区总司令，兼察哈尔主席，国家对他不为不厚，可是他仍然不能克保大节，以致身败名裂，实在令人浩叹。

假如佟、赵二人不死，石是当不上军长的。佟捷三（麟阁）是河北人，在冯玉祥先生旧部中，和我、韩、石、孙等资历一样，他为人温文儒雅，性情也最平和。和我的私交笃厚，有如兄弟。大小儿生时，就是佟夫人亲自天天喂食物所养大的，所以我们两家也是通家之好。在“察哈尔抗日同盟军”时，冯先生曾命他代理察哈尔主席，二十九军回察后，宋先生留他任警务处长，后来继秦绍文为副军长。南苑之役，他骑马往来指挥，被日人机枪打断了腿，流血过多不治。

赵舜臣（登禹）是山东菏泽人，一直都是宋先生的部下，勇敢善战，曾多次负伤，因而染上了嗜好，不过打起仗来仍然非常骠悍。喜峰口之役，他又受了伤。南苑之战，舜臣持刀督战，被日军机枪打在胸部，当场殉职。

二十七年（一九三八）初春，宋先生亲自指挥我们，向平汉路侧击，一度收复邯郸、顺德，前锋且进抵内丘。日军自安阳向大名反攻，守军师长何基沣自杀未死，我们后路被截，便向鲁西转进。后来宋先生带着他们到道清路去作战，我则留在鲁西，不久宋先生因病辞职，辗转到四川绵阳去养病。廿九年（一九四〇）病逝在绵阳。说起绵阳，对宋先生是个可纪念的地方。民国四年年底，宋先生家里送他夫人常淑清女士到防地来结婚，可是部队奉命出发，婚期展延。部队一路走，家人一路追，直到民国五年在绵阳才有一段安定，宋先生和常女士便在绵阳匆匆地结了婚。抗战期中，我每逢去重庆述职，途经绵阳，在川陕公路上，都要去宋先生的墓上凭吊一回。

民国二十九年，张荩忱在湖北襄河东岸的宜城县殉国。在抗战期中，我们二十九军的这些人，以荩忱的威望最隆，死事也最烈。如果今日仍有“谥法”，荩忱被“谥”为忠武公或者忠烈公应该是毫无问题的。荩忱二十六年自北平潜行抵津，间关返回抗战阵营，即抱定以死报国的决心。二十七年回到五十九军，临沂之战，大挫强敌，以后所至有功，到他殉国时已官拜第五战区右翼兵团总司令，兼三十三集团军总司令，加陆军上将衔。殉国后灵榇运抵重庆，委员长一再亲临致祭，并颁长文悼念。文中有几句说：“……抑中正私心尤有所痛惜者，荩忱之勇敢善战，举世皆知。其智深勇沉，则犹有世人未及者，自喜峰口战事之后，卢沟桥战事之前，敌人密布平、津之间，乘间抵隙，多方以谋，我其时应敌之难，盖有千百倍于今日之抗战者。荩忱前主察政，后长津市，皆以身当樽俎折冲之交，忍痛含垢与敌周旋，众谤群疑无所摇夺，而未尝以一语自明，唯中正目知其苦衷与枉曲，乃特加爱护矜全，而犹为全国人士所不谅也。迨抗战既起，义奋超群，所向无敌，然后知其忠义之性，卓越异常，而其忍辱负重杀敌致果之概，乃大白于世。见危授命，烈士之行，古今犹多有之。至于当艰难之会，内断诸心，苟利国家，曾不以当世之是非毁誉乱其虑，此古大臣谋国之用心，非寻常之人所及知，亦非寻常之人所能任也。……”此文传至前方，二十九军旧袍泽捧读之余，无不感激泣下。

荩忱死后，冯仰之接任三十三集团军总司令，我旋接替孙仿鲁（连仲）兄为第二集团军总司令。我们虽不隶属于同一战区，但战场毗连，所以也可以说是守望相助，这局面一直维持到三十七年（一九四八）。

荩忱是山东临清人，身体很好，头脑灵敏而深沉，治军极严，他有句口头语，骂部下时一开口就是“我扒了你的皮”，所以他的外号叫“张扒皮”。不过因为他能与部下甘苦与共，因之也极为部下所爱戴。他的生活很严肃，记得他和他夫人因故失和，十余年夫妻不交一语，回家去衣食等细事，都是几个侄女打整，但是他并不以此借口在外面乱来。

抗战胜利后，萧仙阁在北平经商失败，得了脑充血，不久逝去。冯仰之调到徐州，任徐州绥署副主任，兼第三绥靖区司令官。我则调到开封任郑州绥署副主任，兼第四绥靖区司令官，东西相望，嗣后又同兼华东“剿总”副总司令。

三十七年徐蚌会战，我的部队过徐州南开蚌埠，我个人去徐州参加各兵团司令官会议，便住在仰之的家里。

仰之比我小两岁，人很乐观，言语诙谐，生活洒脱，有一种风流倜傥的潇洒气概，凡事都很民主。所以，他的两个副司令官张克侠、何基沣权力都很大，在徐蚌会战方一揭幕，便率领一部分队伍变节。仰之闻报气愤之极，我便陪他一起去“剿总”，晋谒刘经扶（峙）上将请罪。刘经公豁达大度，不愧忠厚长者，对仰之反而安慰一番，叫我陪他回来，收容部队。在这种情形下，仰之自然不能再干下去了，便辞职回南京待罪，所余部队随邱清泉兵团作战，覆灭于青龙集。

徐蚌战役，三十三集团军突围出来的残部犹有数千人，政府把他们编成一个军，叫吉星文任军长。后来撤退到福建拨归我指挥，到这时候，旧二十九军又都会合在一起了。

吉星文（字绍武），卢沟桥一战成名，国人均以民族英雄目之。他人很沉稳善战，一九四九年随我来台，受过几次训，因为他能打仗，当局派他到金门去担任“防卫副司令官”，一九五八年八二三炮战阵亡。

我、仰之、绍文在台先后退役，在中和乡找了一块地皮，打算住在一起。后来绍文因为他夫人多病，家里人口又少，住乡下太不方便，只有仰之和我搬去。我和仰之对门而居，仰之每日傍晚必站在门口，大声叫我出来聊天。每日我们种花为乐，不意一天早起，冯家的人匆匆来告诉我，仰之突然患病，已送到中心诊所，等我急忙赶到中心诊所时，他已不治去世。火化之时，蒋先生也亲临致祭。去年绍文也病故了，是病于肺癌。转眼已是“七七”的廿七周年了。这廿七年的变化动乱极大，二十九军的老朋友，一个个先我而去。走笔至此，老朋友们的英武雄姿，一一呈现在我的眼前。明轩、荩忱、捷三、舜臣、绍文、仙阁、仰之、绍武，你们的英灵未远。

原载《传记文学》第五卷第一期（一九六四年七月号）

七七卢沟桥事变经过

秦德纯

一、七七事变前日本侵略的阴谋

日本军阀于民国廿六年（一九三七）七月七日夜，借口日军在卢沟桥附近演习之一中队，在整队回防时，突被驻卢沟桥廿九军部队射击，因而走失士兵一名，指被廿九军官兵劫持进入卢沟桥城，要求率队入城检查。经我方峻拒后，至翌日拂晓前，日方调集其丰台驻军，向我卢沟桥城进犯；我方为维护领土完整及主权独立遂奋起应战，掀起中日全面战争之序幕。

此一持续八年之久的战争，表面上虽导源于一偶发事件，实质上，日人早已处心积虑，进行侵略阴谋。溯自日本明治维新后，接受西方科学文明，革新内政，发展工业，军事装备趋于现代化，国势蒸蒸日上。嗣经日俄、中日两次战争胜利，日本武人骄纵跋扈，不可一世，遂积极向外扩张。其侵略目标，一为北进占据满蒙，以阻遏苏俄之东进与南下；一为南进征服中国，以驱除欧美势力于中国及亚洲之外，完成亚洲为亚洲人之亚洲，实际上即为日本人之亚洲，借以称霸世界。但无论日本之北进或南进，均以进占满蒙及中国大陆为第一步骤。

民国廿年（一九三一）“九一八”，是日本侵略我国的行动开始，侵占我东北辽、吉、黑三省。廿一年（一九三二）进据热河省，廿二年（一九三三）春又挥兵南下，进窥我长城沿线之古北口、喜峰口、冷口各要隘。在以上各地激战近三月，经谈判于是年五月卅一日，中日双方签订所谓《塘沽协定》。此时我平津及华北察、绥、晋、冀、鲁各省已陷于岌岌可危之势。

二、蒋委员长授命忍辱负重

廿四年（一九三五）秋夏之交，作者奉蒋委员长自庐山来电嘱令前往，遵即遄赴庐山，报告华北态势，并请示机宜。当时奉蒋委员长指示：“日本是实行侵略的国家，其侵略目标，现在华北，但我国统一未久，国防准备尚未完成，未便即时与日本全面作战，因此拟将维持华北责任，交由宋明轩军长负责。务须忍辱负重，委曲求全，以便中央迅速完成国防。将来宋军长在北方维持的时间越久，即对国家之贡献愈大。只要在不妨碍国家主权领土完整大原则下，妥密应付，中央定予支持。此事仅可密告宋军长，勿向任何人道及为要。”旋即返报宋将军，慎密进行，之后与日方表面上之酬酢往还，较前增多。此时国内外人士不明真相，本爱国爱友之心情，函电纷驰，责难颇多，既不能向其说明真相，只有苦心孤诣，忍辱求全，以待事实之证明。主持其事者的精神痛苦确达极点。

经过一年余之艰苦折冲，我中央正在完成统一，充实国防，一本和平未到绝望时期，决不轻言放弃和平之旨，尽量虚与委蛇。因将北平军事委员分会撤销，何应钦将军调回南京，并将中央之黄杰、关麟征两师调离平津，另调驻察哈尔境。宋哲元将军移防平津，并任命宋将军为冀察政务委员会委员长，兼北平绥靖主任。日方又肆其挑拨离间之手段，极尽威胁利诱之能事，以分化我中央与地方之团结，希望不费一兵一卒造成华北特殊化之地位，使在形式上虽隶属中央，而实际则完全受日方之操纵指使。迭经交涉，其和平侵占之狡计迄未得逞。其不得不以武力侵占之企图，已箭在弦上，待机发动。

三、“七七”前夕华北之军政态势

在七七事变前约两年的时间内，宋哲元将军以第廿九军军长兼冀察政务委员会委员长及北平绥靖主任，所有冀察两省、平津两市之政务及驻军统归宋将军节制指挥。当时因军政关系密切，所以行政长官多由军事首长兼任，如河北省政府主席由冯师长治安兼任；察哈尔省政府主席由刘汝明师长兼任；天津市长曾一度由萧振瀛担任，后由张自忠师长兼任；北平市长由作者兼任，时作者为廿九军副军长。事变前由于日阀之蛮横压迫，无理干预，我政府以正在积极准备国防，不愿过早惹起大战，因将中央部队黄杰、关麟征两师由华北南调，防务完全交由廿九军负责，以廿九军一个军之力量分布于二省二市，又处于国防最前线，兵力颇感单薄。当时该军共有四个师，共分布情形：（1）冯治安的第卅七师分布在北平、南苑、西苑、丰台、保定一带；（2）张自忠的第卅八师分布在天津、大沽、沧县、廊坊一带；（3）刘汝明的第一四三师分布在张家口、张北县、怀来县、涿鹿县及蔚县一带；（4）赵登禹的第一三二师分布在河北省南部大名、河间一带。

四、事变前之折冲及丰台中日冲突事件

丰台密迩北平，为交通枢纽，驻有我冯师混成部队一营。日军亦基于《辛丑条约》之规定，在该处驻一大队。曾于廿五年（一九三六）秋冬

之交某日，我军因出发演习，适日军演习完毕回营，两军在马路上相遇，彼此不肯让路，致起冲突，相持竟日，双方均有伤亡。迭经交涉，终以误会了事。此后日军益趋骄横，屡向宋哲元将军提出华北特殊化之无理要求，同时依附日阀之汉奸潘毓桂、陈觉生等复为虎作伥，从中怂恿极尽威胁之能事，均经宋将军严词拒绝。但宋将军系一纯朴厚重、热诚爱国之将领，迭经繁渎，精神苦闷已达极点。曾于廿六年二月上旬一日告我曰："日本种种无理要求，皆关系我国主权领土之完整，当然不能接受。而日方复无理取闹，滋扰不休，确实使我痛苦万分。日方系以我为交涉对象，如我暂离平津，由你负责与之周旋，尚有伸缩余地，我且相信你有适当应付办法。因此我想请假数月，暂回山东乐陵原籍，为先父修墓，你意见如何？"我当即表示不同意，并说："此事绝非个人的荣辱苦乐问题，实国家安危存亡所系，中央把责任交给你，不论你是否在平，责任总在你身上，因此我决不赞成你离开北平。"当时宋将军并未坚持，因把回山东的打算暂时搁置。但到了二月廿日以后，日方交涉益繁，压迫愈甚，宋将军以心情恶劣，决定请假回籍，把交涉责任落在我身上。宋将军临行告我两事："（1）对日交涉，凡有妨害国家主权领土之完整者，一概不予接受；（2）为避免双方冲突，但亦不要谢绝。"我就在这不接受与不谢绝两种相反的原则下，忍辱负重、委曲求全地应付了四个多月。

自宋将军二月底离平之后，每日均有日方人员前来接洽，平均每天最少一次，或二次。如日本之外交官、武官、特务机关人员，是谈外交的；新闻记者、贵族院议员及退役大将等，是来采访消息或考察华北形势的。我虽感觉不胜其扰，但抱定任劳任怨之决心，据理应付，使日方无借口余地。同时日方更利用离间分化手段，将廿九军分为抗日的中央派及和日的地方派。认为我是抗日中央派的中坚分子，千方百计地攻讦诋毁、恐吓威胁，必欲去之而后快。而日方收买之汉奸，且专伺察我的言论行动及我方军事部署作为处置依据。当此内奸外敌交相煎迫之下，我只有戒慎沉着，以静制动，深恐一言不慎，一事失当，俾日人有所借口，致陷交涉之困难。当即电陈中央请示机宜，旋奉复示，大意要在不丧权不辱国大原则下，妥慎交涉，中央定予以负责支持，当即遵照此原则相与周旋。到五六月间，已达极度紧张阶段，日方使用武力侵略之企图，已成弯弓待发之势。

事变当日下午，我在市政府邀宴北平文化界负责人胡适之、梅贻琦、张怀九、傅孟真等诸先生约廿余人。经报告局势紧张情形，交换应付意见，诸先生亦均开诚布公恳切指示。夜十时许散会后，不到两小时，象征我全民抗战的七七事变于十一时四十分即在卢沟桥开始爆发。

五、七七事变的经过与我方的应付

“七七”之夜，约在十一时四十分钟，我接冀察政务委员会外交委员会主任委员魏宗瀚及负责对日交涉的林耕宇专员电话，谓据日本特务机关长松井说：“本日有日军一中队在卢沟桥附近演习。但在整队时，忽有驻卢沟桥之第廿九军部队向其射击，因而走失士兵一名，并见该士兵被迫进入宛平县城（即卢沟桥城）。日本军官要求率队进城检查。”我答：“卢沟桥是中国领土，日本军队事前未得我方同意在该地演习，已违背国际公法，妨害我国主权，走失士兵我方不能负责，日方更不得进城检查，致起误会。唯姑念两国友谊，可等天亮后，令该地军警代为寻觅，如查有日本士兵，即行送还。”

答复后，夜晚二点，外交委员会又来电话，谓日方对我答复不满，强要派队进城检查，否则日军即包围该城。我即将此经过，以电话告知冯治安师长，及驻卢沟桥之吉星文团长，要严密戒备，准备应战。同时并令吉团长，派官长侦探丰台方面敌人动态。到凌晨三时半，接吉团长电话报告：“约有日军步兵一营，附山炮四门及机关枪一连，正由丰台向卢沟桥前进。我方已将城防布置妥当。”我当即对吉指示：“保卫领土是军人天职，对外战争是我军人的荣誉，务即晓谕全团官兵，牺牲奋斗，坚守阵地，即以宛平城与卢沟桥为吾军坟墓，一尺一寸国土，不可轻易让人。”并以此处置通知冯师长。

八日拂晓约五点，日军已在宛平城之东面、东南面及东北面展开包围态势，先要求它的外交人员进城，继又要求武官进城，均经我吉团长与王冷斋专员（行政督察专员）拒绝。日方武力威胁之伎俩已穷，即开始向城内炮轰，并掩护其步兵前进。事前我曾告知吉团长，日军未射击前，我方不先射击；待他们射击而接近我最有效射距离内（三百至四百公尺），我们以“快放”“齐放”猛烈射击，因此日军伤亡颇重。

六、战争的持续与扩大

在八日对战时，卢沟桥铁桥上原驻我步兵一连防守，双方争夺铁桥，备极惨烈。曾被日军将铁桥南端占领，我军仍固守铁桥北端。彼此对峙至九日拂晓前，我方由长辛店调遣部队，协同我桥北端部队向铁桥南端日军予以夹击。是夜，细雨纷霏，敌人正疏戒备，我官兵精神抖擞，轻装持步枪、手榴弹、大刀，出敌不意，秘密接近桥南端，将该敌悉数歼灭。当其被大刀队砍杀时，他们有的卑躬屈节，跪地求饶，所谓皇军威严，已扫地无余。

经过八、九两日的战事，双方均增援部队，战事逐渐扩大。到十日上午，日本特务机关长松井大佐派员向我洽商，认为事出误会，希望停战会商。结果为：（1）双方立即停战；（2）双方各回原防；（3）双方组织视察团监视双方撤兵情形。日方并要求我以保安部队接替吉团防务。于是我们又增加保安队一团至卢沟桥城内，当时视察日方撤兵情形，仅将其第一线部队撤至预备队之位置，反责我方未撤回原防。我的答复：“所谓原防即战前原驻地点，日军原驻天津者，应回天津；原驻丰台者，应回丰台。我军原驻宛平城内，因应战移防城上，我军由城上撤至城下，即为原防。”当场日方亦无话可说。详察日方之要求停战，其目的在向其国内做虚伪宣传，说日本如何受中国军队之迫害残杀，作为调动大军侵略之口实，实为缓兵之计。

七月十六日，宋将军由鲁返平，主持大计。最初仍拟作地方事件解决，避免事态扩大。但日军大部队已陆续由东北调至天津，势极嚣张，和平解决已不可能。此时，奉中央电令：“应乘机围攻东交民巷日大使馆，以消灭其发号施令台。”几经考虑，认为东交民巷各国使馆林立，大举进攻，势将玉石俱焚。且东交民巷防御工事坚固，日军武器已较精良，战事旷日持久，恐将陷北平于紊乱，因之决定进攻丰台。

廿五日拂晓，我派步兵一旅，附炮兵一营，向丰台进攻。上午，战事极为顺利。至午刻，我已占领丰台大部，顽敌仅据守丰台东南端一隅，誓死抵抗。午后四时，日方忽由天津调来大部援军，参加反攻，以致功败垂成。

廿六日，又与日军在廊坊车站激战，双方伤亡均重。

廿八日拂晓，日军调集陆空优势兵力，约计步兵三联队、炮兵一联队、飞机卅余架，向南苑进攻。激战至下午四时，我军伤亡惨重，佟副军长麟阁、赵师长登禹均壮烈殉职；尤堪痛心的是在南苑受训的大学毕业学生，亦参加战斗，伤亡不少。

七、移防保定展开全面作战

是日下午，宋将军、张自忠师长及作者等，在铁狮子胡同进德社商讨南苑战事。忽郑大章师长（骑兵师）服装不整仓皇来报，佟副军长、赵师长阵亡，我官兵伤亡特重，他所属骑兵伤亡一半，另一半退往固安，日军大有围攻北平之势。我见郑师长态度惊惶，礼貌欠周，我说：“彩庭兄（郑号‘彩庭’），我们军人无论遇到任何艰苦情形，态度要稳重，礼貌要周到。” 郑亦欣然接受。宋将军即同我们商量尔后的行动方针，决定了两个方案：（一）留四个团防守北平，由作者负责指挥；（二）留张自忠师长率所部在平津与日人周旋，宋将军、冯师长同作者到永定河南岸布防。正在研究采取何一方案，尚未决定时，适奉蒋委员长电令，命宋将军移驻保定，坐镇指挥。宋将军遂决定将平津防务、政务交张自忠负责，而于廿八日晚九点，率同冯师长及德纯等由北平西直门经三家店至长辛店，转赴保定。到长辛店时，围攻卢沟桥之敌炮兵，集中向长辛店车站射击。我们到洋旗外面登火车赴保定。从此伟大的抗日战争，遂全面展开。

宋将军至保定后，奉中央电令，任第一集团军总司令，着将所部开赴津浦铁路北段沧县、青县一带，阻敌南下。此时平汉铁路北段保定及其以北地区涿州、良乡一带，已由孙连仲将军所部防守。宋将军即派作者同石敬亭将军赴南京报告经过。抵京后，石至监察院列席会议，有一部分委员对宋将军失守名城深致不满，应予从重惩处，空气颇为紧张。当经蒋委员长说明：宋将军在平津支持危局，任劳任怨，得保全国家领土主权之完整，使中央有二年时间准备国防，这是宋将军对国家的贡献；否则，华北在二年前已非我政府所有，一场风波始烟消云散。蒋公又令作者转达宋将军，应特别努力作战，因此次战役，并非一城一地之得失，胜负亦非短暂时间所能决定，务望坚苦支撑，历久不懈，方是制胜要诀。宋将军感激领袖之伟大宽厚，温谕优渥，益激励所部奋勇杀敌，效忠领袖，以报国家。

八、日本岂能脱卸侵略罪责

自二十四年秋迄七七事变期间，日方在华北既不能以和平手段达成特殊化之目的，乃迭以武力寻衅，迫使就范。最著者为二十五年秋丰台事件，双方军队冲突对战竟日，彼此均有伤亡，结果以误会了事，亦未能完成其要求。至二十五年西安双十二事变突发，日方在平之松井特务机关长，以幸灾乐祸之心情，告作者曰："中国由蒋委员长领导已渐成统一，我日方站在睦邻立场，同感欣慰。唯陕西张学良、杨虎城劫持蒋委员长，使之失去自由，日方深为惋惜。此后中国失却领导，势必陷于紊乱。"迨同月二十五日张学良陪侍蒋委员长返京，我国军民欢声雷动，鞭炮庆祝日夜不绝，已确证全国人心拥戴之诚。日方震骇嫉忌，认为中国在蒋委员长领导之下，迅即完成国防准备，实日本侵华之最大障碍。因此，武力占领，必须提前实施。于是"七七"战役遂即爆发。

原载《传记文学》第一卷第一期（一九六二年六月号）

我与宋哲元将军的几次交往

刘健群

世间事大至天崩地裂、国家兴亡，小到一个平凡人的生死，正如《金刚经》所说“一切有为法，如梦幻泡影，如露亦如电”。转瞬间都只是过眼烟云，一恍即逝。人类照地质学的推证，动辄十几万万年。但如今真有历史可勉强记载得出的，不过四五千年。还有什么可说的？

所以多少年来，我个人确曾身经目睹参加过若干次可歌可泣的大事。但我每次提起笔来，总是“算了罢，有什么值得说的呢？”。有时是懒，有时觉得没有意义，可能徒乱人意，徒生是非，一动不如一静，就是这样地混过了若干年。

“七七”是抗战救国的大事，首先奋起抗战的军队是二十九军。我和二十九军发生关系的经过也就是廿九军和中央发生关系的经过，太令人感动了。所以每逢一年一度的“七七”纪念，我总觉心中耿耿不安！这样的好军人、好朋友，我为什么竟对他们不写一个字呢？当初参加华北政局变化了解内幕的人，实际只是宋哲元（明轩）、秦德纯（绍文）、萧振瀛

（仙阁）三人。师长张自忠、冯治安可能稍微知道一点点，师长刘汝明、赵登禹是奉命作战的勇将，但对政治方面很少过问，一切听宋军长哲元的指导，可能是知道得更少。但“七七”抗战前几件大事，知道一切内幕经过的除宋等三人外，只有一个我。

宋明轩、萧仙阁早已逝世，现在台湾还健在的仅有一个秦绍文兄。但除了我可以写出当时的内幕经过外，即绍文兄亦未必好提笔来写。真是责无旁贷了。

当日寇进攻长城各口的时候，蒋先生是当时军事委员会的委员长。我系军委会的政训处长。委员长在石家庄召我去见，要我去北方主持政训工作。当时北方各军包括东北军、西北军、山西军、孙殿英、沈克、冯占海等，对中央都说不上关系，有些军队过去是和中央作战的。所以这个时候如何团结北方各军一致御侮，不受敌人挑拨分化，确系迫切而重大的问题。

当时有人主张在北方军队中成立政治部，我不以为然。我向委员长建议，北方各军对军中政治工作缺乏了解，疑虑多而信赖少，稍有不慎，如果首遭一部分军队的拒绝接受，中央威信与军队感情都将蒙不可补救的损害，所以我主张用最小的名义做最大的工作。委员长同意了我的看法。因此成立了一个华北宣传总队，表面上只是到北方社会上去做宣传工作，好像并不一定到军队里去似的，实际上当然不只于此。宣传总队的队员是军校政训班的学生，是由几千大学生中公开招考选拔出来的，他们不单是程度甚高，而且还是有思想、有抱负的同志。我自任总队长，其余的大队长都是军校先期同学，而且有政治素养的。后来为了与东北军设法联系，还曾经在党部东北籍同志中，借用三位为大队长。记得是马愚忱、徐箴（胜利后任辽宁主席，在太平轮遇难）、王德溥。现在来台的只有一位王德溥兄了。

我在北平时，曾向队中同志宣布，我说，人家说我们政治工作是卖膏药，现在我们来华北要卖的膏药，可分为三个时期。第一，沿街叫卖；第二，登门求售；第三，膏药贴在身上确实可以治病。后来我们宣传总队，从社会上转入军中，以后再改为军中政训处，使北方各军与中央建立起良好的关系。我预言的三个步骤，都完全按照计划实现了。其他各军的事，暂时不谈，现专谈二十九军。日本人方面对于华北宣传总队的北上，是非常敌视的。他们在各方面对中央及蒋委员长肆意污蔑，纯系虚构造谣，但又无法查究。所以华北宣传总队初到北平，处境是非常艰困的。廿九军是我们遭遇着最困难的部队，也是后来我们在工作上最为成功的部队。他们是西北军的基干。论数量虽是东北军比较多，论作战能力，大家都公认是廿九军要占第一位。军长宋哲元是山东人，下面有四位师长：张自忠、冯治安、刘汝明、赵登禹。秦绍文兄是参谋长，萧仙阁是总参议。总之，师长是四员大将。但实际参加机要兼划谋定策的以秦、萧二位为主。宋军长人最耿直，但脾气也可以说是非常地别扭。我到北平，当然要先去拜访宋军长。连去两次，均说不在。第三次，我干脆趁他驱车回家的时候，汽车跟在后面。他前脚进门，我后脚便去递片拜访，结果还是答应不在家。这一个钉子碰得不算小，使得我束手无策。我派往随廿九军到通州前线去工作的一位大队长林树恩，是一位能干的同志（四川人，现在可能在台湾，好多年不见面了）。到那边工作不久，当廿九军从通州连夜后撤的时候，宣传队就没有得到通知。这一下把林队长吓坏了，只好向我辞职，当然他一定不肯再去冒莫名其妙的危险。后来我将原派在东北军于学忠部的大队长宣介溪同志（安徽人）调去廿九军。我已经不是一个含蓄的人，但宣同志的心直口快，似乎比我更加大几倍。平素我很佩服他的热情和智慧，但对于他的率直，却是相当担心的，因为廿九军没有人肯去，只好请他去接替。他的过分爽快，也许更合乎了山东老乡宋先生的口味。以后廿九军由拒见到了解，由了解到信托，到忧患大难之际彼此信守不渝，实出人意料。谋事在人，也许成事还是在天呀！宣同志与二十九军相处之委婉曲折，非言可尽，但他对国家贡献之大，确在我敬爱的回忆中永远不忘的。

事情以后忽然地急转直下了。第一个原因，我在军队工作一时不能急剧展开的时候，便专门去各大中学讲演，专讲如何抗日救国的道理和策略。青年同学们对我似乎很欢迎。据说廿九军有几位重要人物的儿子，在学校听我讲演后回去向他们的爸爸说，刘某人不单不是流氓暴徒，而且颇有学问。他们的爸爸还曾经去听过我的讲演，觉得有许多谣言和成见是不恰当和多余的顾虑。这件事我始终不曾问过秦绍文兄，因为太小了。依我知道最主要的，使我们的关系、情谊从零度一直升到一百廿度的原因，是为了“韩参赞”的事件。韩的名字我忘记了，只知道他是廿九军一个挂名不办事的参赞。听说韩过去与宋军长同在冯玉祥的部下，感情很好。韩抽大烟，冯玉祥有一天约韩去见。冯说：“韩某某，一个军人只能扛一杆枪。你要扛长枪，便要丢短枪；要扛短枪，便要丢长枪。长短枪都要扛是很危险的，你去想想罢。”这位韩参赞听得不是苗头，大烟又戒不掉，干脆向冯玉祥表示丢掉了长枪吃大烟。韩虽然是这样的一个人，但同宋哲元的关系很好，西北军里如宋哲元、张自忠、冯治安，表面虽是长官部属，实际上是不是结义兄弟，我们弄不清楚。最低限度，他们是患难与共的好友。这个时候，冯玉祥正在张家口，高唱反蒋抗日。这位韩参赞，从石家庄、保定来北平，大约烟瘾过足了，在火车上大骂中央，指责蒋委员长。同车的宪兵和便衣侦探，当然不能放过他。刚到北平下车，便把他捉到宪兵第三团去拘禁起来。但是这一切都被廿九军办事处派去接他的人看得清清楚楚。廿九军的办事处处长刘实甫，平时和我们都不往来的，这时特来请求我，他们认为我有救出韩参赞的能力。

总算不错，宪兵第三团团长蒋孝先，确是和我相当友好的一位同志。我和他通了一个电话，问他是不是曾经捉了这样的一位姓韩的，他说，不错。这个人在车上说的话实在不好，所以逮捕他。如果我觉得有用处，可以照我的意思去办。我说，既然如此，就让我来保他回去，送交廿九军，让他们去纠正管束他罢。当天下午，约好刘处长实甫，在中央公园今雨轩见面。我到第三团去保出韩参赞，然后亲自送交予刘实甫。当时张自忠、冯治安几位都在。据说他们都有极深厚的交情。韩与刘、张诸人见面之下烟瘾大发，涕泗交流，他说：“刘先生再来迟一步，不杀我，我也活不成了。”这一下廿九军的几位重要干部，陪我一同喝茶，亲热到不再把我当作外人了。过了一两天，刘实甫特别来约我去和宋哲元见面。我们从《三国演义》谈到孔子、孟子，谈到冯玉祥，谈到廿九军对国家应负的责任，也谈到廿九军今后和中央的关系及其应有的前途。一谈大半天，我固然感觉宋哲元说话不虚伪，有诚意，宋对我亦似乎有相见恨晚的感觉。从此云开见日，一切阴霾全扫荡干净。就公说政治路线彻底同意，就私说进入如弟如兄的交谊范围。宋送了我一件玄狐皮袍，我不敢辞谢，转电委员长请示，委员长命我买书送给他。此后廿九军把宣传人员当作自己人，比其他各部队相处得更亲切。

日本人当时尚没有进占北平的计划，停止在通州，由黄郛出面交涉。到《何梅协定》签字，长城各口之战暂告一段落。日本人不容许我们留在北方，我遂被召回。当我向宋哲元辞行的时候，宋特别向我慎重表示，他说："健群兄，请你向蒋委员长保证，我宋明轩说的话，一切算数，如果有了反复，你随时可以派一个十二岁的小孩来掌我的嘴巴。就算是有朝一日，我要造反，如果是你健群兄来，我至少为你缓三天。"现在我回想宋明轩兄说话的神情，我真想不到从"七七"以后，我同他竟连见面的机缘都没有了。

尤其令人感念的，当我回到南方时，日本人在北平已经是横行霸道、无恶不作，日本宪兵公然拘留在廿九军的政训处处长宣介溪和我的秘书黄伯英两同志。黄伯英不会说话，日本宪兵逼他们供出蓝衣社的内幕，把黄伯英毒打灌水，弄得半死；对宣介溪疲劳审讯，苦不堪言。宣准备一死否定一切，因为他地位较高，除恐吓外还未遽下毒手。这时宋明轩派萧仙阁去交涉，他说："宣介溪是不是蓝衣社，我不知道，但他是我的朋友，如果你们不立刻放他出来，我不惜同你们破脸。"这时日寇方面还想利用宋哲元，才将宣放了出来，驱逐回返南方。宣同志现在台湾。宋明轩这一份够朋友讲交情的表现，我们能够忘记吗？宋明轩说的话，我一句一句地照原意向蒋委员长报告了。因为他说过，纵然造反，有我去还可以缓上三天，所以在七七事变之前，我曾经奉派两次去北平。第一次是中央获得消息，宋要成立华北自治政府，宣布独立。我当时在庐山，蒋先生召我到南京，要我劝阻宋哲元。记得当时我向北平挂一长途电话，我和宋已离开很多日子，我对他的心情，一点也不知道，这是没有把握的事情。北平来接电话的是秦绍文兄。我问："绍文兄，宋先生是不是要宣布一件大事？"秦说："是的。"我说："事要缓，等我来。"秦说："你明天就来，我到前门车站接你。"我第二天赶去了。绍文兄设法避开日本人的耳目，用汽车一直接我到宋的公馆。当晚谈论之下，才知道他们的真意所在。宋说："健群兄，你说蒋先生是不是真要打仗？北方情形，你是彻底了解的。只要蒋先生把关麟征、黄杰两师调回来，我宋明轩和他们并肩作战，决不含糊。否则靠我孤军单独抗日，能撑几日呢？为什么不让我们尽可能设法应付，为中央保全华北？"萧仙阁在一旁痛哭流涕地说："人家说我勾结日本人，是汉奸。健群兄，我若有此心，我妈七十多岁了，我算不是我父母所生的。"萧为人多主意，有担当，自以为一心替廿九军打算，大约和土肥原接洽，是他的杰作，但没有想到问题的严重性。我很了解他，决无安心出卖华北的动念。萧为人可批评之处虽多，但也还算是一条汉子。我听清楚了，真难过得很。此事已是箭在弦上，不得不发。在此情况之下，我说："宋先生，我完全明白了。你们的意见，是要以苦肉计来保全华北。你要做挨打的黄盖。你心目中的周瑜，当然是蒋先生了。可是你要明白，东北领土，早已全部丧失。蒋先生无所作为，西南方面，正高唱反蒋，以为彼不抗日。如今你在华北，又在日本人指导之下宣布独立，脱离中央。中国疆土，丧失了一半以上。试问蒋先生何以自处？下令讨伐你吗？你原是为国家一片苦心。若是置诸不闻不问，在全国交相指责之下，蒋先生还能够不垮台吗？黄盖挨打全靠周瑜，才能火烧战船，赤壁破曹。若果周瑜先行垮台，你这黄盖岂不是白挨打一顿，还落得千古骂名吗？"宋惊异地问了我一句："真的吗？"我说："西南方面，早有代表在你这里，你试问问他们，华北独立后，蒋先生是不是只在有'讨伐你''下野''被打垮'三者之中，选择一条道路。但任何一条道路，于国家于你都不利。"宋默然！他内心里同意我的见解，不以为是虚伪和夸张了。当晚休息，第二天早晨我们（宋、秦、萧、我）四人商量，如何去向土肥原说明有改名与延期的必要。由萧、秦二人往来奔走交涉，从早晨一直到下午二三时。土肥原一点不放松，毫无结果。萧、秦等均以泪洗面。我们四人相对叹气痛苦，不知如何是好。正在这大家焦头烂额的时候，忽然侍卫送上一份油印的传单，仔细一看，原来是殷汝耕就任冀东防共自治委员长的通电。我不知是哪里来的一份灵感，我说："仙阁兄，你去向土肥原说，宋哲元说话算话，反蒋独立绝不变更。但宋在北方，绝不做第二人想。现在殷汝耕就职防共自治委员长的油印都到了北平，难道叫宋哲元去尾随殷汝耕之后做应声虫吗？宋哲元连一个殷汝耕都不如吗？这不是宋某人反悔，是你土肥原太瞧不起宋某人。现在事已至此，殷汝耕叫防共自治委员会，宋某人一定要另改名称，再行宣布。"萧去，土肥原听了之后，觉得其曲在彼，乃表示可以改名，由渠去电东京请示再定。我们如释重负，大大地松了一口气。我此行的任务，算是有了结果。委员长在南京等我的回信，绍文兄说："日本人方面可能已知道南京来了人，飞机场四周，已有日本军队。我们派一营人保护内飞机场。"当天下午即送我上飞机。我飞到青岛，因气候不好，强迫降落，在青岛过夜。蒋先生急了，等不及我的回信，当天晚车派何应钦将军北上。我次晨回京，才将经过向委员长详细陈明。何将军北上后，换了一个华北政务委员会的名称，又混了一个时期。由此一行，充分证明宋明轩对国家、对蒋先生以及对朋友的交谊，都是百分之百的真诚。这些话我不说，谁可以说呢？

日寇对于华北，决不如此便放松了结。狼子野心，得寸进尺，问题继续不断地在制造发生，又出了有名的丰台事件。此时在宋身边的，好像已不是萧仙阁，而有一个名叫陈觉生的人，倒是一个不折不扣的汉奸。而宋对中央的情形，是更比以前隔膜了。有一天，大约是七月中旬，蒋先生约见我，要我和宋的驻京办事处处长戈定远先生一同飞北平，劝宋即刻到保定，不必留平津与日本人纠缠。此时谣言迭起，但我在各大学讲演时，力言宋哲元、张自忠绝对爱国，绝不是汉奸。因为我知之甚深的缘故。当时蒋先生的意思，是要宋明轩离开北平，先到保定，避开日本人的勒索和包围。宋不肯听。蒋先生先派熊斌去说宋，宋在冯玉祥部下任军长时，熊系参谋长。论资历关系，似无问题。但宋对熊之去似乎情绪欠佳，并无结果。蒋先生有点焦虑，又派高传珠去。高系宋的山东同乡，是军校教官，也是一位好同志。但宋认为高人微言轻，不足以代表蒋先生，也还是一点不得要领。因此，蒋先生才召询廿九军驻京办事处处长戈定远，详询内情。戈系浙江人，据他同我说，他向蒋先生报告宋脾气刚愎，不喜欢的人就是不喜欢。宋对中央去北方的人比较合得来的只有三个：刘健群、孔祥熙和俞飞鹏。但如果是谈政治大计，最好还是要刘健群去。因为宋对刘除情感外，还有一点佩服他的信心。刘的话，他会肯听。本来日本方面，最讨厌我去北方的。蒋先生不是真有需要，也不会要我再去。我见过蒋先生，蒋先生一再嘱咐我这件事情的重要。我当时心中坦坦，倒似颇有把握似的。

我和戈定远君于次日下午飞抵北平。局势相当紧张，环境也不如从前单纯。秦绍文兄先将我秘密招待在颐和园休息，到天黑后才派车接我入城去和宋见面。这时北平的城门已经掩门站岗，堆上沙包，有如临敌，不问而知问题的严重性了。

和宋见面时，好像只有秦绍文和张自忠两人在座。宋对我说："蒋先生要我去保定，不和日本人谈判，是不是已经准备和日本人打仗？为什么中央不派军队来？"言下对中央的准备作战是充分表示怀疑的。看宋公馆内的情形和宋的脸色，都充分表示有些凌乱和绝对的不安祥。我于是单刀直入地向宋说："蒋先生要你去保定，不是单纯地要和日本人决裂打仗，但也不是不打仗。"宋向我说："你说这话是什么意思呢？"我当时也是凭一时灵感想出了一个很巧妙的比方。我说："宋先生，你会不会打扑克？"他说："也懂一点。"我说："日本人的牌，是货真价实的三筒。中国方面，顶多是表面的一大对。现在日本出了钱，蒋先生看牌是输，不看牌也是输。唯一的办法，是来一下反烘。让日本人有若干分之一的顾虑，也许会知难而退，以求得万一的和解。这叫作'以战求和'。"宋问："万一日本人真要看牌，蒋先生怎么办呢？"我说："这时人事已尽，只好推翻桌子打架，不计较输赢，不问生死了。所以我说，不是一定要打，不是一定不打，中央的宣言‘和平未至最后关头，绝不放弃和平；牺牲未至最后关头，绝不轻言牺牲’。当时党中有人主张改‘牺牲若至最后关头，定必断然牺牲’。但中央还是采用前句，足见一字一句都用尽了心血。蒋先生要你去保定，做出不畏战的姿态，也许由中央应付还有一线的希望。若果你老在北平，做焦头烂额的应付，太软了，只有屈服，屈服的结果是必然的一战；太强硬了，便只有一战。都不是最好的办法，成事不足，败事有余。蒋先生的用意和苦心，宋先生你明白了吗？”宋很兴奋地说：“健群兄，你今天来说的，才是合乎人情的真话。他们对我说是蒋先生要我去保定，准备一战，不要我和日本人来往，所以我真是听得不耐烦。”接着，他慨然地说：“健群兄，现在话已说明，你先回去对蒋先生说，宋哲元决不会卖国。现在北平城内无兵，是一个空城，我在三天之内，尽量和日本人敷衍，一面迅调三团兵入驻北平，交张自忠负责主持，我便照中央意旨到保定去。”我此行的任务算是达成了。但宋回顾了秦绍文和张自忠一眼之后，又向我说：“健群兄，照目前情况，恐怕日本人不容许我们延宕。战事也许不可避免。我也不留你，此刻便请你们离平回去。如果幸而无事，三天之后我必到保定；若果不幸，已发生战事，请你通知孙仿鲁兄即刻过河援我，再报告蒋先生。”回想起来，真令人感慨万千。

大约是晚上八九点钟，我和戈定远离开北平，经门头沟南返。只是灰沙路，天大雨，路泥泞，泥土深及尺。记得连同护送的人，共有小车四辆，沿途倒陷。到离卢沟桥四五里地的时候，所有的车都倒陷在路旁。我和戈定远只好下来步行。戈定远是个大胖子，走了不到半里路，坐在路旁喊天喘气。恰好有一辆人力车，送一个病妇由卢沟桥回家。他上前讨好作揖，请病妇小坐路旁，让他坐到卢沟桥去后再来接她。我虽然也是胖子，但贵州胖子与浙江胖子不相同。我们贵州人，从小爬十里八里的山头，算是家常便饭的游乐，何况是平路。所以我一口气走到了卢沟桥，算不了一回事。

到卢沟桥，已是早上六七点钟，士兵们在战壕里。戈定远兄同几位将官上前来和我打招呼，好像其中吉星文在内，我记不清楚了。仰首一看，天空中有日本飞机八架，戈定远说，我们不要再停留了，赶快过河去罢。别矣！我历史上永远留名的卢沟桥。

到了保定，我去孙仿鲁兄的司令部，才知道日本飞机已轰炸卢沟桥，华北战事将一发而不可收拾。我在司令部和石家庄总部的林主任蔚文通了一个电话，请他报告委员长，宋明轩对蒋先生的意旨虽然了解，但战事已爆发，一切都成过去。请准派孙连仲部过河援宋。

这一番心血等于白费。早一个月是不是还有一线的转机呢？不敢说，也用不着再想，在以战争姿态求和平的运用上是等于毫无意义了。但宋哲元、张自忠的用心和忠诚，我是彻始彻终知道的。若果我不说不写，不能不说是在我内心有着无比的缺憾。秦绍文兄在宋幕中应付华北环境的风云诡谲，对长官、对国家、对中央，总算是用尽心机，委曲求是。我想他吃过的苦头，定不在少数。我只能在这里简单地提一笔，并谢谢他多少年来的关顾。希望他长寿康健，有机会我们一同好好地痛饮几杯，纪念一番。

附带说一句，我的人生观是："尽其力之所能，行其心之所安。"大事小事，过即不留。所以一切的时间，我早已忘记，也不想去查明。只有"七七"这一次的北行，我勉强记得起。可是时间虽模糊，事实却绝无一点不真实。这一篇文字算是我对逝世的好军人、好朋友一点聊尽其心的奉献。

原载《传记文学》第一卷第三期（一九六二年八月号）

追念宋哲元将军

宣介溪

宋明轩（哲元）将军，于民国二十九年（一九四〇）病逝四川绵阳，今天（七月四日）是整二十五周年。将军在华北一段功业，值得千古景仰，但却受到当世怀疑，他对国家最有贡献的期间，正是他最不为国人所谅解的期间。在近代中国历史上，还很难找得出类似的人、相似的事。笔者自二十二年（一九三三）六月奉派到宋将军任军长的二十九军，担任军队政治训练及与中央联络工作，至二十八年（一九三九），一直是参与机要，深知内情。适逢他逝世纪念，不禁追念这位前辈军人风范，并略记数事，贡献给本刊读者。

二十九军信仰

二十二年，宋将军已直接受中央指挥，但其原“西北军”老长官冯玉祥，忽在察哈尔组织抗日同盟军，很希望宋回到他昔日怀抱，参加抗日。有一天，冯的代表张允荣（前冯的第二集团军政治部主任，苏俄留学生）、宋及我三人，坐在察哈尔商都一乡人家关公像前谈话，张允荣指着关公像说："内穿新袍，外罩旧袍，何不忘故主之深也！"宋当时默然无语，晚上同我说："公义私谊，不可混为一谈，委员长今天已是事实上国家领袖，只有服从他，使国家在他统一领导下，才能安内攘外，才是国家之福。冯先生是我多年老长官，我终生不会负他……"

于是他亲自拟定二十九军永久信仰及决心八条，连同三张照片，十分精美地印制在三尺宽、二尺高的横幅上，于二十三年（一九三四）元旦，分发各师、旅、团、营、连、排张挂。三张相片，当中是孔子（画像），上题：大成至圣先师孔子。两旁并印有对联，上是：孝悌忠信；下是：礼义廉耻。右边是国父遗像，上题：革命导师孙总理。对联是：忠孝仁爱；信义和平。左边是委员长玉照，上题：革命领袖蒋委员长。对联是：实行新生活；恢复旧道德。"决心"大意是：实践孔子八德，遵奉国父主义，服从委员长领导，以复兴民族，富强国家等。

二十九军以后数年，在任何情况下，富贵不能动其心，威武不能变其志，实早在二十三年元旦日，就奠定了基础。

军分会一席谈

"九一八"之后，日本军阀因早有预谋，很容易地侵占了东北。至二十一年（一九三二），渐次进逼长城，威胁华北。那时候，委员长办理国家大事，通常是哪里紧要，就派他的总参谋长何敬公（应钦）到哪里，有时候则自己亲自去，留何敬公看家。这次不例外地仍由敬公北上，以国民政府军事委员会北平分会名义，统率十军，遏阻敌人攻势，十军中只第十七军徐庭瑶（辖黄杰第二师、关麟征第二十五师）是从中央带去的，其余九军都是原驻在北方各省。他们是：二十九军宋哲元；三十二军商震；

三十五军傅作义；四十军庞炳勋；五十一军于学忠；五十三军万福麟；五十七军王以哲；六十三军冯占海；六十七军何柱国。

各军历史不同，武器装备不同，所思想、所感受的也都不同，骤然杂集于平津外围狭隘地区，作战嫌其单薄，整训嫌其拥挤，加以中央对各军补充供应，不易符合实际应有的需要。所以，这时军分会所面临的困难，除大敌当前，日特和北方反动军人政客煽动、破坏、造谣以外，还有内部协调问题。

记得二十二年某日，何敬之先生在军分会怀仁堂宴请北方各军政首长，借便交换意见。到会的是北平军分会委员、各省主席、各军军长，共三桌（笔者是当日席上唯一不属于上述三种身份的客人）。席间某重要与会人致辞，对某些情形表示不满，言辞激烈，态度也很严峻，一时全座愕然。宋哲元接着起立发言，说："这许多困难情形，大家都有同感，不过，这并不是人为不臧，是国家积弱，尤其是日本侵略的结果。大半年来，部长（何先生兼军政部长）大公无私的开明作风，正在克服困难，正带给我们希望，我们为国家、为地方、为自己团体，只有服从委员长同部长领导，向日本侵略暴力打出前途来。"一席话，满堂掌声，连原发言人也非常高兴地接受，餐会及餐后商谈，都是在一片祥和气氛中进行。

何先生在北平雍容坐镇三年，军事、政治收到预期效果，在领导团结方面，更获得特殊成功，固然是委员长的伟大声威，何先生的厚德睿智，各将领的共体时艰、推诚襄助所致，但宋将军在彼时彼地，一言九鼎，所表现的灼见、魄力及谋国忠诚，也是令人永久难以忘记的。

"华北王国"

二十四年（一九三五）《何梅协定》后，宋哲元被免去察省主席职务，一时出处未定，宋为提供中央决策时参考，特邀我至武衣库公馆，密商四项办法，由我个人名义电呈中央，四项办法是：

（一）驻平或驻保绥靖主任；

（二）晋、察、绥边区“剿匪”总司令；

（三）与傅作义对调，傅主察，宋主绥；

（四）调皖主席。

我们认为宋有一适当名义留在河北，对国家当时情势较有益处，故“驻平”“驻保”列为第一项。二、三两项只是不得已时，暂放置北方第二线，以备后用。第四项是假定前三项均不可能，中央能派他到哪里呢？经过分析，二人都认为到安徽不失是一进退咸宜办法。同时我是安徽人，在无妨国家大方案前提下，能为家乡争取到一位廉能爱民的长官，自所愿为。后数日竟然有人反对，真是糊涂极了！

幸好，不久中央采纳第一项，稍后且扩大发表为冀察绥靖主任。原来这时日本步步进逼，以其在华北有特殊利益为借口，要求“华北政治特殊化”。中央本不轻弃和平、不轻言牺牲政策，在何先生不得不离开华北后，亦希望有一适当人选担任这特殊性地方艰巨任务，一方面维持国家领土完整，一方面掩护中央，从容准备。这个人选，第一，要忠贞爱国；第二，要威望、实力、才智相当；第三，还要日本方面不反对。于是宋哲元被考虑了，并决定组织冀察政务委员会，命宋哲元任委员长，划平、津、冀、察为特殊行政区域。河北、察哈尔两省主席，北平、天津两市市长，都由政委会直接管辖。该组织分设外交、财政、交通、教育等各委员会，好像中央的各部会一样，俨然是个小“王国”模样了。

日本人为什么同意宋哲元呢？因日本人欢喜的人，我国不赞成也是枉然。日本人想，宋哲元原是“西北军”，与中央有历史矛盾，中央力量全离开了，宋哲元孤立了，再加上威胁利诱和“特务”功夫，还怕他不听话？还怕他跑到哪里去？

冀察政委会宣告成立，华北亲日分子纷纷出笼，一个个沐猴而冠。海内外同胞不明内情，群相惊疑，认冀察组织，显然是继溥仪的伪“满洲国”、殷汝耕的伪冀东自治政府之后又一日本傀儡政权。同胞们愤激地说，宋哲元已叛迹昭著，将来我们抗日，首先得要抗二十九军；日本下一步侵华，二十九军将是他们的先驱。

“我相信他”

当全国同胞群情激昂，日本人幻想宋哲元已在掌握，华北已不成问题的时候，只有委员长是心情笃定的，他相信留宋哲元在华北，将来一旦有事，无异是预伏一支大军。他放心宋哲元，他相信在任何情况下，宋哲元一定还只是听国家的。

民国二十四年十月，华北正在酝酿所谓“政治特殊化”的时候，一日，秦德纯、萧振瀛二人联袂访我，解释萧之立场，说萧必能以宋之意旨为意旨，国家的利害为利害。我对萧早有了解，我相信他会如此，但当时平津表现的复杂情势，某些人似有利用日本外交发展个人政治倾向，所以我当天晚上，把这些情形一并电呈委员长，委员长复示，对宋等公忠，特表佩慰。

二十四年十一月六日，我在北平被日军便衣四十人绑架至天津，后来脱险回京。委员长召见我时，有这样一段对答：“我这次被绑架，朋友曾问我，是二十九军有人授意，还是日本人直接行动？我想二十九军最多或有下面的人走报消息，高级方面，决不希望有这事发生。”委员长立即肯定地说：“那当然，那当然。”

二十五年（一九三六）夏，原二十九军政训处秘书顾访白，奉派至北平与宋将军联络，回来时带有秦德纯信，内有“救国有心，回天乏术”之句，很多人因此对北方局势更加忧虑，但委员长还是很乐观的。

二十六年（一九三七）七月，委员长在庐山召集全国各界领袖会谈，会场上有许多人对二十九军态度表示怀疑，委员长向他们大声地说：“宋哲元是爱国的，我相信他。”

七月七日

冀察政委会成立，中央把华北大局交给宋哲元苦撑以后，日本人就不断压迫，希望达到完全控制的目的。首先要宋哲元与中央“绝缘”，跟着提出什么经济合作开发方案，又要扩大《塘沽协定》范围，又要增加冀东伪组织区域。种种损害我国权的企图和要求，宋哲元当然一条也不肯答应，经过长时期的硬逼软骗都无效时，日本军阀急了，决心要用武力“驱逐宋哲元”。

卢沟桥事变发生，有人认为还是“忍”得不够，如再拖两年，岂不有更多准备？岂不更接近世界大战日期？但日本军阀要吞并华北，是既定政策，宋哲元既已证明在阻扰吞并，日军阀既已决心要采取武力，卢沟桥事变能免，别的地方事变也不能免。况二十九军守土有责，在土地受到侵犯，自然不惜一战，他们多少年来憋着一口气，早想有一天能痛痛快快地吐出来。现在日军未经许可便在宛平县郊区演习，并借口有士兵失踪，硬要进城搜寻，他们还能再忍吗？于是二十六年七月七日，终于在卢沟桥上高举义旗，揭开抗日圣战序幕，露出中国陆军英雄本色，叫日本人看，“你把我们当什么人？”；叫同胞们看，“你们明白了吧！”。

七七事变后十日，委员长在全国各界领袖参加的庐山谈话会上说：“……冀察行政组织不容任何不合法之改变，中央政府所派地方官吏，如冀察政务委员会委员长宋哲元等，不得任人要求撤换，第二十九军现在所驻地区，不能受任何约束。……”

“八一三”全面抗战后，委员长在南京中央军校纪念周上说：“这两天南京将有一位特别客人来，他就是宋哲元，我今天要告诉大家，宋哲元不但不是有过的人，而且是对国家有大功的人，他在华北一切，都是听我的命令。”

“七七”圣火，烧去了自一八九五年以来的中华国耻，也照耀着宋哲元同二十九军光明万里，不朽千秋。

成功成仁

宋哲元所训练的二十九军，打起仗来实在叫人击节称赏，进攻时一勇向前，退却时临危不乱，守阵地时就抱“存亡与共”的决心。

民国二十二年春，喜峰口一役，王长海师长以一营兵力，创下杀敌二千余人纪录，当时报上描写：“大刀翻飞，寒光逼眼，弄得十倍于我、装备优良的敌军惊心夺魄，抱头而溃。”

全面抗战后，台儿庄之战，亦是二十九军配合友军共同造成的举国欢腾大捷。

二十七年（一九三八）春，宋哲元的第一集团军，奉令转进黄河南岸，宋待各单位、各部队均已渡河后，自己才带参谋、副官、卫士数十人，最后到达河桥北端。这时敌军离桥不过二十余里，随时有受到炮轰或地面袭击可能，但宋在桥北流连徘徊，舍不得过桥，口中说：“我们这一过去，河北就不是国家所有了！”随从人员看他迟迟不走，都很着急，最后只好由一位参谋报告：“敌人已很近，请总司令过桥。”“很近怎么样，我们总不能让敌人赶着走！”但马上又温和地说，“不要紧，你们让我再看看。”看锦绣千里，看河水东流，那种眷恋祖国山河，不忍离去的情感，令人肃然。

吉星文守卢沟桥，刘汝明守石家庄，冯治安守微山湖，都使敌人不能越雷池一步。张自忠扼守襄河，更是抗战史上一件了不起的大事。国家为纪念他的战功，改设自忠县；后方人民为尊崇他成仁报国的精神，建立张公祠。委员长在张将军灵榇运抵陪都重庆时，曾通电全国，内有“中华民族因荩忱而……，总理在天之灵因荩忱而……。”之句。

二十九军军事干部，如副军长佟麟阁，参谋长张维藩，师长张自忠、刘汝明、冯治安、赵登禹，以及各旅、团、营、连、排长，包括全体士兵，真是“不成功，就成仁”。这种训练精良、人才荟萃的部队，三十年后的今天回想起来，还叫人兴奋不已。（政训处同人今在台者有叶逸凡、胡睦臣、戴仲玉、古焕谟、袁璧赵、胡礼贤诸兄。）

读经救国

宋哲元将军，世居山东乐陵，是一个淳朴好礼的地方，其父湘及先生，设馆教学，将军幼年亲受熏陶，对研读经书最感兴趣。二十九军驻北平及张家口时，每逢星期三、六晚上，一定由汉学家、前清翰林、省府顾问梁式老讲授经书，大礼堂上高烧红烛，高级官员及驻在附近营长以上环坐听讲，宋本人亦坐在讲师右侧，手持所讲的书，在灯下专心地听读。

记得有一次，讲《论语·里仁篇》孔子说的“君子怀刑，小人怀惠”一章，大家小时候读惯的是宋儒解释，对这一章的印象是：君子常常怀念不忘刑法，有畏法之心，所以不敢做不法之事；小人只常常思念着利益，抱贪利之心，表示君子与小人的气质志趣不同如此。

这一天，梁先生以汉学家的讲法，是：刑，古通“型”，是模范的意思，君子时刻想的，是怎样在言行道德上做人模范，小人只想如何用利示惠于人。讲罢，老师拿下眼镜，向四周三十几位大学生扫视一遍，笑问：“你们都是文武领导人物，你们觉得自己是在‘以身示范’，还是在‘以惠结纳他人’？”好像每一个听讲人，都为这句话问得动容，大家都要做君子，谁愿做小人呢？

读经有无救国作用？这问题太大，但看到二十九军在革命战斗上的精神表现，读经对心理建设、人性发扬，无疑地有很大助益。

老兵不死

民国二十八年（一九三九），宋氏以军事委员会委员，在广西阳朔养病数月，七月携带夫人、男女公子全家到重庆，住南温泉，每日在花溪、虎啸、仙女洞、白鹤岭畅游阔论，不是宋氏同我二人，就是加上秦德纯我们三人。宋氏这时只腰有点痛，舌部不甚随和，其他部分健康情形甚佳，兴致亦甚高，在晋见委员长时，曾不止一次地要求到东北打游击，让日军遭遇后顾之忧。委员长认为可以研究，但希望先好好把病养息养息。宋氏遵嘱，移居到灌县（都江堰），不久复迁绵阳，不幸竟于次年在绵阳病逝。

宋将军常说，军人最好的归宿是马革裹尸，将军为病困缠，不能含笑沙场，一定很感遗憾。但将军在仅仅五十年岁月，对这个世界的贡献，已够丰富了。

委员长嘉许他：是爱国的，有大功的，正是非、转风气的。①

胡适博士说，“宋哲元是抗日的”，“是忠心耿耿的”。

政论家陶希圣先生，曾在庐山会谈上保证：“宋哲元可靠。”

前军委会总政训处处长刘健群先生说他是“好军人、好朋友”。

天津宿儒张世则，曾为文称：“宋不以儒将自居，人亦不以儒将视之，但他的不忧、不惑、不惧气概，实是儒将境界。”

史学家太原常燕生教授评说：“宋哲元秉赋忠纯，受过老式的严格军事训练，又吸收了新的革命思想，所以成为民国前期三十年过渡时代标准军人。”

宋将军逝世了，但逝世的只是肉体，将军的精神是永久不死的！

原载《传记文学》第七卷第二期（一九六五年八月号）

---

① 三十四年（一九四五）四月十七日，在重庆上清寺官邸，委员长叫笔者比较批评吴鼎昌、杨森治黔，因而说到杨在贵阳教民众早起运动，并联想到宋哲元在张家口推行八德、固执大义那种干劲。我说：“民国二十一年在汉口怡和村，我同‘湖南才子’沈曼若晋见委员长，委员长叫我‘正是非、转风气’。我看这两位倒真是在做这件事。”委员长微笑首肯。

宋哲元与特殊的二十九军

宣介溪

先说二十九军的任务

抗战前几年，宋哲元及其二十九军在北平的种种，到底是怎么一回事？宋哲元任委员长的冀察政务委员会，俨然是一个独立王国，且多汉奸列入阵营，他们也是汉奸吗？

今天在座的李云汉教授，是对二十九军有特殊研究的，他在他的近著《宋哲元与七七抗战》一书中，对以上的疑问，有最简明的回答。他回答说："这是中央政府有计划的缓兵之计。"

九一八事变、长城战争、《塘沽协定》，以及日本人单方面声称的所谓《何梅协定》之后，日本军阀对华北的进逼，是一步紧跟一步，物理学上所谓"加速度"的，今天制造一个事端，明天提出一个要求，制造再制造，要求复要求。至二十四年（一九三五）夏，竟以华北特殊化为借口，假自治之名，欲谋继“满洲国”之后，再弄一个傀儡政权，以实现其蚕食鲸吞之迷梦。这时，我们所面临的，似乎只有两条路：一是战；一是和。战，时机未熟，非到最后关头不宜轻言一战；和，让它成傀儡政权，屈辱的和更是不可思议。战既不能，和又不可，于是不得不别寻出路。

在委员长相信宋哲元，日本人企图利用宋哲元之微妙情况下，几经辗转，终于设立了日本人亦同意的一个特殊性地方政府机构——冀察政务委员会，令宋哲元在国防第一线的冀察与日本人周旋。

日本人虽曾按照预定计划千方百计地威迫利诱，欲使宋哲元真的做其傀儡，但宋终不为所动，白白浪费了他们两年多的时日。

李教授曾为这个缓兵之计的谋略成功而结论说：“他在政府、领袖充分信任下，任劳任怨地支撑着华北危局，不但未曾出卖国家、领土与主权，最后仍是奋起抗日的先锋，在民族大节与爱国情操方面，宋哲元与其二十九军全体将士，是经得起考验的。”

所以抗战前二十九军，是在华北担任一项特殊任务——保卫国土，延缓侵略，使我国总清算日本的抗日战争，在最有利的时机爆发！

二十九军的态度

宋哲元对攘外必先安内，攘外必先国家统一之认识与坚贞，是值得一提的：

（一）重整军心

民国十九年（一九三〇）中原大战后，宋哲元无形中接替了冯玉祥，统率原西北军，所谓“冯以是传之宋”，这时中央将西北军缩编为一个军、五个师，由宋哲元为军长，初名第三军，数月后更名为二十九军。因系初编，且系长期的传统大更动，一切都难适应，加以编制小、人数多，粮饷械秣补充困难，在晋南、在冀南处境都非常艰苦。最麻烦的，这时还有别有用心之流，制造谣言，什么“待遇太不平等啦！”，什么“让你自生自灭啦！”一类。宋唯服从中央，整训部队，重振军心，而不计其他。

（二）平息察变

民国二十二年（一九三三），冯玉祥于宋哲元任主席之察哈尔境内组织抗日同盟军，自任总司令，在张垣号召联络各方，声势相当浩大。他一面向中央、向委员长纠缠，一面尽全力设法图使宋哲元重归怀抱。结果，有惊无险，在宋哲元妥善调处下，冯终愿离察退隐泰山。假使于彼时彼地，宋哲元没有特殊认识，我们真难想象，以他那样富于感情不忘旧交的人，如何能跳出“道义”感情的包围。记得有一天，宋、我及前第二集团军政治部主任、苏俄留学生张允荣三人，在察省某一乡绅家厅堂叙谈，厅堂张挂有一张关公像，张指关公像说：“内穿新袍，外罩旧袍，何不忘故主之深也！”宋当时唯唯，当晚宋语我说：“公义私谊，不能混为一谈，今日只有大家服从委员长，国家才能统一。冯先生是我老长官，我终生不会负他……”

（三）不附和西南

西南李、白，早于民国二十二三年（一九三三—一九三四）就很注意联络宋，二十三年，宋老太太在北平做寿，西南曾派一架专机载送代表，北上拜寿。冀察政务委员会成立前后，信使往还更源源不绝。但这都只是礼貌上的、交谊上的，一旦谈到合伙反中央，宋则坚定地以“枪口绝不对内”为理由，断然拒绝附和。

（四）主张讨伐张、杨

西安事变发生，张学良曾迭电宋哲元请“命驾西安，共商国是”。宋亦迭电严劝，先尚比较缓和地说：“委员长系国家安危，务保护其安全。”继而严厉警告：“委员长系国家前途希望所寄，如有侵害委员长，则是全国公敌！”最后并电请中央，主张讨伐张、杨。

由以上这几段史实，可见在民国十九年至二十六年（一九三七）全面抗战，国家最需要安内的阶段，宋哲元及其二十九军的政治态度，是如何地不变，是如何一贯地忠贞统一，这远非若干其他原不属于中央的部队可比，那些部队在不得已时接受改编，遇另一情况，又多反复。

二十九军的战力

宋哲元在冯玉祥领导西北军时期，即以善战著称，自排长、连长、营长、团长、旅长，以至“五虎上将”之一，无不战胜攻取，屡建奇功。例如民国六年（一九一七）讨伐张勋之役，宋哲元营长就是首先攻入北京城的；第一次直奉战争，冯玉祥负责河南方面任务，宋团长就打了无数次有决定性的漂亮胜仗，以致其本人获升旅长，冯也当了河南督军。十三年（一九二四）任师长，十四年（一九二五）任热河都统，十六年（一九二七）任陕西主席。凡有战事，宋必获得最后胜利。十九年接替冯玉祥，二十年（一九三一）担任原西北军缩编的二十九军军长后，战力养成更是一日千里。

长城战争，何敬公统率数十万大军威镇北平时，宋之二十九军就被公认是富有强大战力的一军。赵登禹喜峰口的杀敌；刘汝明石家庄的固守；张自忠台儿庄的大捷，以及二十八、二十九年（一九三九、一九四〇）的襄河战役等，都充分表明宋哲元在委员长信任之下，所统带的二十九军实具有特殊性战力。

为什么二十九军具有这样非常的、特殊的战力呢？据李云汉教授在《宋哲元与七七抗战》一书中引述天津《大公报》，曾列举二十九军五项特征：

（1）民国以来，有历史的军队；

（2）训练有素；

（3）曾受相当政治教育；

（4）中下级军官俱以勇著；

（5）近年尤为负有声望军队之一。

李教授于引述后，特强调其中二、三两项，他认为军事技术训练与政治思想训练，乃为二十九军军魂、军德之所寄托，乃所以成为负有声望之因，李氏并追溯中央政训工作与党务活动最初带入二十九军一段历史。最后他补充说，除政治训练及党的主义外，二十九军固有的道德教育，即尊孔思想，是其精神训练第三特征，他举民国二十三年元旦宋哲元所亲拟二十九军永久信仰和决心为例。永久信仰三个人：大成至圣先师孔子、革命导师的孙总理、“革命领袖”蒋委员长。永久决心主要的则是：实践孔子八德，奉行三民主义，服从委员长领导。

所以，军事技术训练及政治的、主义的、道德的精神思想训练是二十九军成为有特殊战力的重要原因。当然，更重要的主因还是统带官宋哲元本人的种种因素。

二十九军的组合

二十九军的组合体，亦颇有突出之处。首先它的兵员就比一般的军大得多。十九年改编时，因必须尽量容纳原西北军各单位，所以一口气就编属五个师，以后在察哈尔又先后奉令收编数百个团，虽经精简再精简，一军之众仍然大得惊人。

但我现在所要说的突出，还不是编制员额较大问题，而是另外有几点，足以加强二十九军的组合，促使其团体更凝固、行动更灵活的几点。

（一）官兵一家

宋，用人唯才；各级部队长，必选爱国、爱兵、爱民，有三爱心之人，视士兵如子弟，彼此亲爱如家人，作战时讲求身先士卒，在平时亦养成身先劳作的习惯。有一次，我在宣化张自忠师部吃饭，电灯泡坏了，旁边有的是人，他全不使唤，很自然地自己站到桌上，把灯泡换好。张家口是冯治安师部所在地，我不止一次地看到他在街上提着或抱着相当大或重的东西。刘汝明士兵视之如慈母严父，更有许多传闻的佳话。他们是真正地同甘苦共患难，官兵一家，他们是真正地做到了。

（二）阶级服从

有一天，宋哲元在宣化车站接到北平军分会何委员长（何敬公）电话，宋拿到话筒，问说："部长吗？"接着一个立正，毕恭毕敬地对话到底。（这时，何兼军政部长。）

二十三年，中央政府公布一次军人任官令，任委员长蒋公为特级上将，何应钦、冯玉祥、李宗仁等八位为一级上将，宋哲元、刘湘等二十位为二级上将，陈诚等九十位为中将。公布不久，陈辞公赴平与宋有所洽谈。宋在北平武衣库私邸接待，当时只宋、陈、我三人，陈或为示范作用，对宋表示十分恭敬，每一句话必站起来讲。后来还是我说："辞修兄不必太客气，请坐下随便谈。"宋才注意到，也就诚恳地表示，请他不必拘礼。这一方面当是陈先生为国示范，一方面也是宋先生习惯于阶级服从，他们认为阶级服从，平时可使先后有序，战时或遇有临时紧急事态时，可补分层节制之不足。

（三）有令必行

二十六年七月二十八日下午，宋哲元下这样一道手谕：

> 派张自忠代理冀察政务委员会委员长、冀察绥靖主任、北平卫戍司令、北平市长，以杨震南辅之。（杨系宋之秘书长之一，保定人，日本留学生。）

因日本军这时已向二十九军提出哀的美敦书式的警告，限二十八日午夜以前撤离北平，否则次日拂晓，将以四十架重轰炸机炸北平为平地。宋既不愿文化古都遭受毁坏，又不愿轻弃北平，在无可奈何中，乃师委员长之故智，派张自忠为之苦撑一下，自己决带二十九军主力南撤，再听候委员长命令，别谋善策。

不料张看到手谕之后，坚不接受，最后宋“哼”了一声说：“我们二十九军是有令必行，你们平日口口声声说服从我，怎么在此重要关头，竟不服从呢？”张于是哭着受命。

这就是传闻“逼宫”之内幕，实则只是在二十九军传统的“有令必行”原则下，不得已，扮演另一次缓兵之计的角色而已。

二十九军的政训

二十九军的政训工作的作业方式，与其他各军师、各单位，显然亦有很大不同。在按部就班、有计划、有进度，逐日定时去做，推行方面做得并不理想，但却相当成功地完成了另外几项非政训亦是政训的任务。

（一）促进宋哲元及高级将领们更认识委员长

二十九军政训处，在宣传大队时期及政训处初期，都很难展开工作，与部队是格格不入的。我到职一个多月，还未能正式见着宋哲元，后来我给他一信，要求接见我，并希望在不受纷扰的宁静环境做一畅谈。他应允了，他带着秦德纯、赵登禹，一文一武，没有其他任何随从或卫士，我们四人在一间密室畅谈三小时。我把国家情势、委员长计划、我们政训处来的主旨、委员长要我们做的，以及我们决不会做的种种，详明报告。他也很坦诚且非常高兴地同我畅述一切，最后他叫我即将各师政训处、各团办公厅人员分别派往，并邀我本人每日上、下午与他一起吃饭，以便朝夕相见。从此以后，慢慢地，我成为他最重要的赞襄者之一，一切机密与共。刘健群处长所说“在公言听计从，在私如兄如弟”，实是宋先生与我的关系写照。

有一天，宋、我及秦德纯三人同乘一车赴郊外游。在车上，由秦问我：“蓝衣社到底是怎样的？”因外传蓝衣社是委员长核心组织，凡不是蓝衣社，想必是未以亲信相待，又当时若干情报活动，亦常被视作与蓝衣社有关，所以极引起各方关切。他们相信，这样问我，我不会不忠实回答的。诚然，无论什么国家机密，或者私人秘密，我都会尽情坦告，但事关所谓蓝衣社，实在无办法相告，所以我答：“根本没有蓝衣社，只有一个领导青年学生的组织，像何敬公、宋明公及您们这些大将，都是委员长身边最高军事干部，那个秘密的青年组织，只会支持拥戴，决不会有丝毫不良影响的。”我这一番话，虽然不是全部坦白，但只会支持拥戴是绝对的事实。（何敬公到今天也不是蓝衣社。）结果，我相信，这次回答仍有极大安抚作用。

（二）辅助委员长更了解宋哲元及其高级干部

二十二年九月，我曾对二十九军及华北其他各军或独立师做过一次分析报告，用学生用的英文笔记簿写成两本，专送呈阅。十月二十二日奉到委员长传令嘉奖，文曰：“××××，措置有方。”（前四字记不清楚，事关委员长手批，不敢随便猜忆。）

二十四年十一月，我被日军绑架，脱险返京，晋见委员长时，委员长问我：“你这次被绑，你觉得是日本人直接行动呢，还是二十九军授意？”我答：“是日本人直接行动，最多或有与下面少数有关系人走漏消息，高级方面，决不希望有此事发生。”委员长连说：“那当然，那当然。”

委员长对宋自始至终十分信任，但当我的秘书顾访白二十五年（一九三六）某日由北平回京，谈到秦德纯告诉他，潘毓桂他们每天全部包围着宋，吃也一起，玩也一起，秦根本不容易看到宋。我不能不报告说，不管人家怎样包围他，怎样哄骗他，甚至已把他骗得迷迷糊糊，一旦叫他签字，叫他实际行动，他就会惊醒。我深知他对国家、对委员长的虔诚，包围他做反国家、反委员长的事，一定会白费心机的。最后，我为委员长日理万机，不要为此稍有不必要的分心起见，我站起来说："我现在以军政训处长的身份，向最高军事统帅做负责报告：二十九军绝对可靠，宋哲元绝对可靠，如有问题，我愿以全家生命做担保。"

当时有好友孙慕迦兄在座（委员长派往美国读书，曾任军校政治教官、侍从室人事分配组组长，现在旧金山）。在离开委员长办公室后，他责备我说："宋哲元自己都没有把握，你为什么把话说得那样死？"其实我这时在法令上已不是二十九军政训处长，政训处已于二十四年十二月底结束，但我的心目中还是负有这个责任，委员长亦一直把这个责任委托我。

（三）随时注意二十九军上下彼此更团结亲爱

例如，有一天，宋哲元在察省府责骂秦德纯，态度、言辞都非常严厉，我到了，他还责骂不止。晚上在省府临时剧场看平剧，有一十四岁女孩，演《杀四门》，非常精彩。我们第一排布置得很舒适，并有茶点、香烟、汽水等侍应，若在平时，秦必也在座，今天他竟未来，我请宋派副官去催请。秦到时，我说："宋先生不断地在张望你，这样好看的戏，好像没有你，他就看得不快乐！"于是两人和好如初。当然，没有我，也会和好如初，不过我们总是随时随地这样地注意。

一三二师政训处李主任（李茂永，曾任北平《华北日报》社长）有一次书面报告，对赵登禹师长私人生活批评不佳，不知宋将军怎么也知道了，同我说要撤换赵师长。我说："那怎么可以？赵之忠勇，赵之善战，这种将才到哪里找？个人生活能改进更好，纵一时不能改进，亦无伤大雅。"一面，我嘱李主任再多报告一点好的来，以便我拿给宋看。

有一次，我随宋到张北去，在张北南门外一小土坡上瞭望，这时刚在喜峰口立大功、刚升团长的王长海向宋将军报告，拟试放手榴弹给我们看。不料士兵们站在城墙上，向城下放得离我们太近了，简直有炸伤我们的可能。宋将军身为大将，总不能跑，只拼命地用手向城墙上指挥，高声叫他们向西边移动，但他们听不见也看不到，还是对着我们扔。有一位参谋向我说："宣处长，你朝这边站站。"但我未动，宋不动，我也只好不动。事后进城，见到王长海很惶恐，我倒觉得这位军官纯真可爱，在愉快气氛中，宋将军对王长海说："罚你两头猪，犒赏那些士兵。"于是皆大欢喜。

（四）使日本人相信宋哲元

二十四年夏秋以后，当日本人高唱华北特殊化，积极谋求华北自治，设立傀儡政权，多方寻求傀儡人选时，宋哲元只不过是日本人心中想利用的四五个人之一。宋此时态度鲜明，一再对外宣称，绝不为日人利用；在对部队训话时，并发誓：我若如何如何，就不是姓宋的子孙！我则坚决地劝他不可如此，"即日起，应力保灰色"。

有一次，张家口日本领事馆来了一个叫池田的日本人，约我到大境门外玩，并谈了很久，我就放了许多不满二十九军的空气。池田同我虽只晤面数次，但两人好像老朋友似的，因为我希望日本人能不太反对宋哲元留在华北，所以只有在这一点上，我说了一些谎。我同土肥原遇着时，我也有意无意地造成一种印象，"宋同我们政训处不对劲"。

二十四年十一月，我被日军绑架，自分必死，我要尽最后之力，所以当日本人想离间我同二十九军，说是二十九军牒文叫他们捕我的，我就乘机自己离间自己。我大骂宋哲元，我指责他是只知有派系，只知有自己，只知升官发财，不知有国家的人。日本人也问我许多中央在华北活动情形，我在二十九军政训及党务情形，我都有问必答，我的目的——尽全力设法加深反映中央与宋之间的裂痕。

以上关于二十九军政训工作的举例，大多是我个人亲历部分，军处及各师团政训同人也都同时协同行动，不胜枚举。（二十九军政训同人现在台北的，有“空军中将”叶逸凡、“福建省政府主席”戴仲玉、台北工商巨子袁壁赵、“金门第八军副军长”胡礼贤、“中央政策会秘书”古焕谟诸兄。）

以上我所讲的，是特殊的二十九军，分特殊的任务、不变的态度、强大的战力、坚固而灵活的组合、不平常的政训，共五部分。

原载《传记文学》第三十一卷第一期（一九七七年七月号）

宋哲元将军的遗憾

宣介溪

我前面的讲话，因占的时间很多，怕影响大家发言，所以适可而止。但是，关于宋将军自七七抗战以后，一直到他逝世为止的一段，我现在仍想简单地就我所知加以补充。

莫名其妙

二十六年（一九三七）八月十三日，委员长手谕："派明轩兄负津浦责任，刘峙负平汉责任，宣介溪为政训处长。"

这时，我适奉命往安徽视察，不在南京，不知刘健群兄是怎样帮我向上面接洽的，拟改派顾访白去。顾系我最好朋友，又是原任二十九军政训处秘书，虽然他曾专程赶到安徽请我决定，我焉有不赞成之理，乃嘱先回办理手续。当我数日后返京，他已往宋将军泊头总部，商呈政训组织事务去了。（泊头是津浦线上一军事重镇，离河北省的河间不远。）

八月下旬，我与宋氏在南京晤面，仍一如往昔，天天在一起。宋曾说：“你怎不去呢？还是希望你去。”但宋将军深知顾与我关系，我亦不觉得，顾去、我去有什么不同，所以也就一说算了。

没有接到

二十八年（一九三九）夏，宋将军带着夫人、男女公子，由广西阳朔到重庆，我同秦德纯、李显堂三人（李系张自忠的三十三集团军驻重庆办事处处长）赴海棠溪南数十里，离南温泉不远处之公路上迎候。三人等着等着，天黑了，以为当天不会来了，于是我们同往事先为宋将军准备的南泉旅馆小憩，想不到，数分钟后，门帘一掀，宋将军赫然而入！

大家相见，非常开心，寒暄之下，觉得他养病数月，显已痊愈很多，只是说话时，舌头略有不随和，同时他告诉我，腰部有时稍感微痛而已。

要到东北打游击

在重庆晋见委员长时，委员长对他关爱非常，很细心地问他日常生活及疗养情形。他向委员长要求到东北打游击，他说他要打日本人后方，将来由他们的后方收复平津，帮助委员长夹攻他们。委员长对他的壮志、构想表示嘉许，但嘱他先静心养病，俟再康复些，一定给他重要任务。

委员长并主张到灌县，或青城、峨眉，那里的风景气候，尤其空气新鲜，都最适合他养病。

宋将军遵嘱先到灌县，但不久又迁往其夫人故乡之绵阳，次年竟病逝于绵阳，享年仅五十五岁，痛哉！

可化闲气于无形

我是事后才有先见之明，二十六年委员长手谕，令我前往协助，当然有他老人家的远见，我们竟莫名其妙地造成错误。当时，刘健群兄似很赞成顾去，我则觉得，愿做政训工作，只比我好，不比我坏，尤其在大部队集合讲演时，他简直漂亮极了！所以，我也赞成。

但，初非始料所及的，顾与宋将军私人间默契，不能如我。在二十六年下半年及二十七年（一九三八）时期，宋将军遇有调不转之事，常会烦躁，或生闷气。譬如有一种无稽谣传，说某新进官员高唱要将大集团化成小集团，国家军队决不能交予没有受过正式军事学校教育的人带，都会令他不高兴一阵子。他的利害得失之心非常淡，尤其当个人利害与国家利害并列时，他是只知有国，不知有己；他对委员长的爱戴情操是无与伦比的圣洁，是一百分之一百的纯忠、纯诚，加上真感情。我深深了解他，如我在旁，随时为之沟通宽慰，必能化一切闲气于无形。

原载《传记文学》第三十一卷第一期（一九七七年七月号）

从廿九军的起源说到宋明轩先生的为人

刘振三

冯玉祥的“五虎将”

我是刘振三。宋先生在华北政委会时，我跟随他在张自忠将军那一师里当旅长，驻在北平之南廊坊。以前我以排长底缺就跟着宋先生在旅参谋处服务。据我认识宋先生这个人，他是宽宏大度，挥金如土，这是他的本性。在为人上，他是崇信八德，提倡旧道德，处事接物，他都本着八德去做。至于训练部队，他对《曾胡治兵语录》的精华，研究透彻。“重乡气，去官气”，使部下人人学好，个个成才，如父兄之待子弟一般，这是他本着《曾胡治兵语录》的精华来训练部队，把部队训练得像铁桶一般。他以前在西北军中，是“五虎上将”。在民国十一年（一九二二）冬天，冯玉祥（焕章）先生由河南督军被调任为陆军检阅使，移驻南苑。当时北洋陆军编制，以师为战略单位，直辖步兵两个旅，每旅辖步兵两个团。此外尚有炮兵、骑兵各一团，工、辎、机枪各一营。冯检阅使（检阅使署参谋长为石敬亭）所统率之部队，除自兼第十一师师长，直辖两旅，为廿一旅，旅长刘郁芬；廿二旅，旅长鹿钟麟；及炮兵团长孙连仲、骑兵团长韩复榘。另有三个混成旅，即第七混成旅，旅长张之江；第八混成旅，旅长李鸣钟；及第廿五混成旅，旅长宋哲元。（旅长阶级虽同为少将，但混成旅编制较大，地位亦高于步兵旅，因其可以独立作战。）这五个旅长也就是以后西北军的“五虎将”。到了十四年（一九二五）春天，冯焕章先生调西北边防督办，驻张家口，部队大为发展，有十二个师，数十万人，因此这支部队被称为西北军。

西北军的“诸葛亮”与“赵子龙”

宋先生之成为五虎上将，因为他做事任劳任怨，脚踏实地。打仗时，攻则为先锋，退则为殿后。石敬亭（筱珊）先生为西北军的总参谋长，与宋先生相处最好，因为他下达的命令，宋先生从来没有争执，没有要求，真所谓不争功、不攘利、不推诿、不怕难。这也是宋先生的本性，下给他任何命令，他绝对在千难万难的情况下，总要达成任务，所以他跟石敬亭先生因此感情最融洽。当时石先生做军中的总参谋长，犹如蜀汉的诸葛亮，而这五虎将与蜀汉的五虎将比起来，宋先生可比拟赵子龙，不争名、不夺利，任劳任怨。这是他在西北军的地位。

中原大战后西北军残局

民国十九年（一九三〇）中原大战之后，西北军战败。残余的部队有成排的、成连的、成营成团的，纷纷渡过黄河，进入晋南，人数很多，有好几万人。其中力量比较大、比较完整的有刘汝明（子亮）将军，就是今天主讲人刘汝珍将军的令兄；另一支是张自忠将军的三十八师，我即隶属于三十八师。我以前为冯先生当卫队旅旅长，抗战初期，我在三十八师当旅长（后任一八〇师师长，张自忠将军殉国后，我接任五十九军军长）。

到了晋南之后，西北军的残局如何收拾呢？这个内容外边或许还不知道。西北军瓦解后，我那时因为受伤，就住到北平的医院疗治。北方军事善后问题，中央决定将晋军及西北军改编为边防军，由张汉卿（学良）先生负责改编，并归其节制。晋南西北军残余部队的这个烂摊子，就由张汉卿张少帅来收拾。他那时在北平，就把张自忠找了去（斯时孙良诚亦见过张），预备把晋南所有西北军的残局交给张自忠来收拾。他接了口头命令回来（未肯定接受），时石敬亭先生也在北平，他们感情很好，张就找石先生商量，我那时已出院，也在座（只我们三人）。石敬亭先生就对张将军说："这个烂摊子，荩忱（张将军字荩忱）你弄不了。因为第一，刘子亮他的力量大，他的资格比你老，还有一个孙良诚（该人有雄心，意欲负责收拾该残局）的部队。这个烂摊子你收拾不了。"因为刘子亮将军在十六旅当营长时，张自忠将军只当排长，冯治安将军当连长，孙良诚那时亦当营长。石先生最为知人，他对张将军说："你明天再去见张学良，要他把宋明轩找来负责西北军这个烂摊子，我看只有宋明轩才堪胜任，别人负不起这么重大的责任。你带得了刘子亮吗？你带得了孙良诚吗？"张将军说："我恐怕带不了。"

由第三军到二十九军

第二天，张将军叫我到天津给宋先生送信，报告石、张决定的情形并请他回来。得到宋先生同意，于是张将军就去见张学良，说："这个摊子我收拾不了，我资历不够。还是请宋哲元将军回来。"张学良同意了，张自忠将军又亲去请宋就驾，于是请宋先生先到北平来。但是部队虽多，已经散乱，群龙无首，流落晋南，无粮无饷，十分艰苦（晋方在各地设支应站供应粮秣），该怎么收拾呢？张学良拨给宋将军一部整编费二十万现款，要他将西北军的残部整编为第三军，暂驻在晋南各县。怎么整编呢？刘汝明将军的力量大，其次是张自忠将军，还有一个赵登禹（原任师长），及孙良诚一部军队。至于冯治安将军（已被任中央军委会参议），那时已没有部队，住在天津，但是宋先生叫他回来，回到晋南。宋先生着手整编第三军，辖两个师（以后又改为第廿九军），由宋先生任军长，刘汝明将军为副军长，张维藩任参谋长，第三十七师师长冯治安，三十八师师长张自忠，赵登禹则编为三十七师第一旅旅长，另设两军官团。经过这番整编，把那些官多兵少的西北军残部收容一起。若不是宋先生宽宏大度、正直无私，西北军的袍泽对他有信仰，这一次整编不会这么顺利，这一个烂摊子不一定收拾得了。这也是陆军第二十九军的开始。军部设在运城。

喜峰口之役坚定全国抗战信心

到了二十二年（一九三三），二十九军在喜峰口浴血抗战。虽然这一战没有把日本人打出中国国土去，但是经过这一战，民心士气却因此激发起来，使国人了解，我们虽然仅凭血肉之躯，但精神上有旺盛的士气和敌忾同仇之心，也能战胜日本现代化精良的武器，精神也能战胜物质，民心士气大振，亦因此坚定长期抗战之信心。当喜峰口作战之时，多少平津的大学生给我们在后方修路运输，抢救伤亡，女生则当看护，都是受这次战役所感动的。

喜峰口抗敌后，几经变迁又到冀察政委会时代。喜峰口之役最后并不是我们打败了，而是中央有命令，黄杰、关麟征两师由古北口撤退，北平已受威胁。军政部何敬之部长派员到了密云县，和日方西园师团长（第六或七记忆不清）谈条件，以后方有所谓《何梅协定》之事。

廿九军扩编与平津苦撑

从喜峰口撤下来之后，二十九军又再扩编。在喜峰口之战，旅长赵登禹冲锋陷阵，受伤不退，作战有功，乃单独成立一个一百三十二师，以赵为师长。于是二十九军就有了四个师（三十七师冯治安、三十八师张自忠、第二师刘汝明、一百三十二师赵登禹），每个师有五个旅。这些部队哪里来的呢？有热河汤玉麟的残部，察哈尔蒙军的游击队，甚至连土匪刘桂堂部夏子明旅也接受改编。这若不是宋先生精神的感召及他的豁达有容、挥金如土，这些人甚至连土匪怎肯都愿意跟着他呢！

其后就是二十九军在平津苦撑的这一段。平津是藏龙卧虎之地，北京政府的各派各系如安福系、直系、奉系、旧政府军政元老，各种各样的人都有。宋先生对他们每人都礼遇有加，敬老尊贤更是他的长处，例如他对安福系的元老段祺瑞，逢年过节均有表示；又如直系元老吴佩孚（子玉）将军，那时住在北平，原先我们也打过仗，宋先生对他却极为尊敬；又如政学系的李根源，亦礼遇不衰。文人如晚清末科状元刘春霖，宋先生也礼遇之，我见过刘春霖用毛笔宣纸写的一封信，答谢宋先生的馈赠并对宋先生表示敬意，我将此信交予宋大小姐保存，不知现在还在否？我对宋先生过去的资料文件也很注意，收集了一些，不过经过抗战这些年，播迁无定，都遗失了，现在只能光凭脑筋的记忆来说说。

为宣处长被捕事不惜一战

今天在座的宣处长介溪先生，是中央派驻二十九军的政训处长。在二十四年（一九三五）十一月九日，宣先生被日本的宪兵队抓走，这个事件几乎引发一场大战。宋先生一听说宣先生被日本人抓走之后，大为震怒，拍了桌子说："限他时间给我放出来！不放出人来，我先搜他的特务机关，再把平津所有的日本人都给抓起来！"叫秦绍文（德纯）将军去跟日本人交涉，这样日本人才把宣先生给放回来。宣先生今天在这儿，他受的苦不少。那时我的旅部设在廊坊，位于北平与天津之间的北宁路上，左边则是平津的公路，而我驻在中间。在宣先生被捕时，宋先生派人给我一个任务，必要时先破坏铁路及公路，阻止日军增援。那时北宁铁路的局长是陈觉生，此人是田中义一的外甥，为什么用他来出长北宁铁路呢？这是当时局势的人事运用，想利用当时一班汉奸和亲日派，先维持住一个局面。天津市长是三十八师师长张自忠将军兼任，因当时天津的局面首当其冲，所以要他在那里应付，当时张自忠将军被目为"亲日派"。要刘子亮将军对付北方来的压迫，把他搁在察哈尔的张家口。赵登禹和冯治安的两师则驻在平郊，维持北平的治安，将来万一打起来，这是主力部队。宣先生被日本人抓去，后来秦绍文去和日本人办交涉，那时因为日本人准备没有成熟，他们的军队入关还没有集结，当时宋先生态度坚决，不惜一战，日本人怕了，不敢惹是生非，扩大事件，只好把宣先生放了。

主持冀察时对日本的应付

另外，宋先生主持察哈尔省政时，日本人也来生事。察哈尔有一个龙烟铁矿，是察南宣化县一带之龙关、烟筒山、辛窑、锡富山四处铁矿之总称。此一铁矿之蕴藏量，据估计不亚于汉阳、大冶铁矿，因此日人垂涎欲滴。早在民国七年（一九一八），北京政府即设立龙烟铁矿公司，以陆宗舆为督办，计划开采。但次年五四运动发生，陆宗舆去职，开采计划因此停顿。日本本国缺乏资源，要求来开这个铁矿，宋先生说："我负的是地方的行政和维护治安的责任，这一类国际交涉的责任不是我所负的，你去跟中央交涉。"日本人一看，知道宋先生不会跟他们合作，这种无理的要求也一时不再提出。

第二个是沧石铁路，日本人要求建这条铁路并改为津石铁路，连接天津与石家庄，这样一来，津浦路和北宁路连接起来，这在战略上是很有计划的——因日军可利用海运由津直达华北心脏地区。宋先生也不肯答应，要日本人径与中央交涉。凡是这一类重要的事体，宋先生都不答应日本人的要求，日本人也感觉到宋先生不好对付，开始转变政策。

决不当汉奸、卖国贼

在华北当时的环境之下，日本人挑拨，谣诼四起，流言处处。而二十九军的将领，大多是行伍出身，其中也有留学生，可分为三部分：一是留俄的，如今天在座的刘汝珍将军；我则是留德的；还有一部分则是留日的。这三部分也就是日本所指的“少壮派”。但是宋先生他对干部讲话都是有分寸的，他常常找我们这些留学生讲讲大局的情形，教我们不要激动，要我们安心训练部队，等候中央决心抗日的命令。我们多忍耐一个时期，国家多准备一份力量。“国家没有决心、没有命令到达，你们不要听信谣言，你们要相信我宋某，决不背叛国家，不出卖民族。你们好好去做。”他这几句话把他的心迹都表明了。我们不能算有专学，但比起行伍出身的人来，我们还明了一些利害轻重，大家都死心塌地地拥护他，知道他决不会当汉奸，当卖国贼。这也是他伟大的地方。

蒋委员长挽之为“古今完人”

此外，宋先生的伟大处，是能与士兵共甘苦，换言之，就是与士兵一个样子，虽对人挥金如土，但他自奉俭约，对部下很爱护，例如刚才说的宣先生被日本人抓去之后，他为之不惜一战。这些都表露他的伟大之处。

民国二十九年（一九四〇）四月五日，宋先生病故四川绵阳，蒋委员长亲颁“古今完人”四字给他，我认为宋明轩将军对这四个字真是当之无愧。据我们所知道的他的言谈行止和本性，委员长这四个字可谓知人，也是定评。这四个字刻在绵阳宋先生的墓碑上。

以上说的宋先生的几件事，都是事实，绝没有渲染。

原载《传记文学》第三十一卷第一期（一九七七年七月号）

关于陈觉生及七七抗战的序幕

刘振三

当年在华北的一些小汉奸，就是陈觉生、张玉衡等，由萧仙阁（振瀛）牵线，他们都是走日本路线的。以后宋先生叫萧仙阁离开，因为萧仙阁在日本人面前吹得太厉害，应允得太多，到时候没办法兑现，日本人找到宋先生那里去，使宋先生穷于应付，没办法只有请他离开了。那时在冀察政委会中办外交的还有一个陈中孚，广东人，也是走日本路线的半汉奸之流，他跟陈觉生可能有点关系。陈觉生说是东北人，也有说是广东人（见李云汉书），究竟是哪里人就不知道了。至于北宁路怎么请他来当局长呢？九一八事变东北沦陷之后，北宁路成了争执的一个重点，日本人非要“九点十八分”到北平不可，真是可恶！我驻在廊坊，陈觉生把持的特快车过站不停，我就挂电话给陈觉生，说我的队伍一部分驻廊坊，一部分驻南苑，我请陈觉生把列车在廊坊停一停。我把日人有意屈辱中国的“九点十八分”破坏了，叫他停两分钟，九点二十分才到北平。到了中日双方快要打起来之时，日本人计划大量向华北输运兵员武器，利用海运运到海光寺兵营，再往北平运送。我在廊坊不许它通过，我就问陈觉生，它的兵车、运输车能通过北宁路吗？陈提出《辛丑条约》的依据，应该准许人家运兵。我就反问陈觉生："东北三省日本人是根据什么条约给占领了？我守土有责，我不许它通过廊坊！它如果强行通过，我一定要打。"所以北平打起来以前，日本人在北宁路没有运送过一兵一将。这是日人怕我先打起来，而且事先宋先生给我一个任务，必要时先把铁路和公路破坏了，阻止日本人增援。

北宁铁路借着陈觉生利用他跟日本人的关系，维持了一段安宁。再有张自忠将军，他做天津市长。天津是一个突出的都市，日本且有驻屯军，将来一作战，天津是保不住的，非放弃不可，于是选人出任市长，以便应付，维持一个局面。二十九军的"亲日派"和"抗日派"的称号也是这么出来的。叫张自忠将军到天津对付日本人，希望暂时维持局面，不要出事，因为中央正式抗日的作战命令还没有到（中央是否决心对日作战当时尚使人怀疑），必须稳住局面，暂时维持和平，不要出事。于是有种种谣言，说张自忠将军是亲日的，冯治安将军是抗日的，那也是宋先生政治手段的运用，好应付日本人。用陈觉生也是环境所逼。当宣先生被日本人抓走了之后，宋先生大怒，要秦绍文去交涉，没有效，秦绍文不敢回去复命，因为宋先生不惜一战，而且都已准备好了，要是没有结果，就会打起来。秦绍文没有办法，又去找陈觉生，陈是走日本路线的，对日人剖析利害，宣先生才被放出来，大家才平安无事。

抗日战争的开始，大家都知道是吉星文守卢沟桥打起来的，实际上打硬仗的是今天在座的刘汝珍军长及本人所发动的。吉星文由营长升为团长，带了一团人驻守宛平城。宛平城是一部分用石头做的城。他奉命临行前，宋将军说："吉星文，那个宛平城即是你的坟墓，你去守那个城去。"他带一团人驻进宛平城，而城外有三个旅共六个团包围着日军植田旅团（即在卢沟桥挑战者），他在城里稳如泰山。

卢沟桥的战火是怎么打起来的呢？日本人那个旅团长叫植田，他带了一联队人夜间在卢沟桥演习，这也是根据《辛丑条约》准许外国人在夜间演习。日本人存心肇事，借口有一个士兵失踪，要进宛平县城去搜查。吉星文的队伍不让进城，那时军队里的官兵之气愤，到了被日本人压迫得忍无可忍的程度，那个植田旅团长教吉星文的部下击毙了。日本的军队有一个习惯，它的将领骑着马带着队伍走在前头，植田一上来叫嚷叫嚷，要强过卢沟桥，就被站岗的卫兵给击毙。卢沟桥的事变就是这么开始。真正的大战序幕却是在廊坊我那儿先开始，接着就是刘汝珍军长血战广安门。日军侵华军集结完成，即以装甲车开始运兵，我在廊坊一打，迎击他们的装甲车而焚毁之，大战的序幕才揭开。廊坊打起来后，刘汝珍军长带了一团人，宋先生叫他支援我，走到团河，又被调回北平。北平情况已紧急，在广安门把日本的樱井顾问在城墙上用刺刀刺下去，真正的北平大战于是开始。此后日空军大举轰炸南苑，佟麟阁、赵登禹相继阵亡，战争才愈演愈烈。

原载《传记文学》第三十一卷第一期（一九七七年七月号）

我与宋将军的一段工作经验及其报国的决心

张子扬

一、宋哲元将军参加党部工作

民国二十二年（一九三三）华北长城战役后，陆军第二十九军由于在喜峰口有卓越的表现，中央即委派军长宋哲元将军担任察哈尔省政府主席，察省党部亦随之改组，当时是采用常务委员制，省党部有常务委员三人，由宋哲元、秦德纯及本人担任。宋、秦二人因军务政务繁忙，只出席党部会议，决定重要事项，党部的事便多半由我负责。

初起我和他们都不相识，我接到中央派我任务后，真有点踌躇，深恐相处不好，贻误大局。有些朋友都劝不要去，我还是鼓起勇气，先找宋谈谈。宋的智囊人物有秦德纯和萧振瀛，萧亦是党部委员，我先和他们晤谈。宋、秦、萧都表示得很好，并且要我多负责任。我和他们同车由北平到张家口。面对着许多棘手问题，宋早已下令察省各县市党部停止活动。县市党部既然停止活动，那省党部等于虚设，且当时口北蒙旗一带，日本特务已在积极煽动蒙旗独立，就是察南各县，年来饱受兵燹，有些党内同志，时感报国有心，苦乏党的领导。许多同志找我，要求恢复县市党部活动，可是在我来前不久，宋才下令停止活动，如马上恢复，恐不易得宋同意。迫不得已，想了个迂回办法，我拟了一个计划，先调训各县党部干部，训练半年，再派往各县市恢复工作。计划写好后，和宋商谈，首先说明本党全国各省党部的组织都有县市党部，如唯独察哈尔省只有省党部，没有县党部，与本党组织未尽符合，而日本特务在各县市积极活动，图我日亟，我党应组训民众，加强抗日力量。将各县市干部调训半年，必能担负起此种任务。他看过计划后，表示很好，我即请他批可。他说："好，我就写一'妥'字好了。"二十三年（一九三四）春，我即筹备党务干部训练班，并请宋担任主任，我担任副主任。开训时，宋亲来对学员训话。以后凡关于各种集会，都请我参加，党政相处融洽。凡事只要事先和他商谈，都很爽快地允许。

二十三年冬季，各县市党部均先后成立，恢复工作，蒙旗方面亦派忠实、能干、吃苦的同志去工作。

二十四年（一九三五）春，华北局势日紧，日人势力已侵入冀东，察省北部多伦早入日伪军之手，嘉卜寺的德王已受到日本特务的包围，察省党部开始布置应付此非常的局势——游击干部的训练、蒙旗敌伪组织的打入、秘密电台的建设——本想轰轰烈烈和敌人大干一场。到二十四年夏季，华北日本驻屯军种种无理要求，有所谓《何梅协定》。北平军分会委员长何应钦先生以改组回到南京，华北各省区党部撤退。这时宋哲元、秦德纯、萧振瀛多在平津，很少回察省。记得局势到风风雨雨的时候，我去北平想看看他们，商谈对策，大感困难，只知萧振瀛在日本人之间大肆活跃。不久，冀察政委会成立，由宋哲元将军担任委员长。我在参加第五次全国代表大会后，就由中央派往英国研究各国政治制度，结束了二年来察省党部工作，任务改由别人负责，在沉痛中离开了自己的岗位。

二、宋哲元将军杀敌报国

宋哲元将军于二十六年（一九三七）七月廿八日夜晚仓促离平赴保，事先未及向中央请示，消息传到南京，政府与社会均感突然。蒋委员长于廿九日晚接见记者。

记者问：“宋委员长突然离平，致失重镇，未悉中央对其责任问题，如何处置？”

蒋委员长答：“在军事上说，宋早应到保定，不宜驻在平津，余自始即如此主张。余身为全国军事最高长官，兼任行政责任，所有平津军事失败问题，不与宋事，愿由余一人负之……”（《中央日报》，民廿六、七、卅）

蒋委员长基于全国军事政治情势及对宋哲元将军的信赖与爱护，做了以上谈话。宋于八月十四日发表告官兵书，勉励两点：

（一）我们为中华民国之军人，应尽护国卫民之责任，要始终贯彻我们的精神，奋斗到底。本军现一切整理就绪，仍本一贯精神，照样积极动作；（二）凡我官兵，应知我国家，已到了生死存亡最后关头，我不杀敌人，敌必杀我，大家应一致振作起来，本不屈不挠精神，做再接再厉之奋斗，前仆后继，死而后已。（南京《中央日报》，民廿六、八、十五）

宋八月廿一日到南京，廿二日曾发表书面谈话：

哲元此次来京，系向中央及蒋委员长报告请示一切。现在二十九军在前方，各部队均已布置完毕，阵线坚固，驻冀、驻察各部分由冯主席治安、刘主席汝明率领，正在与敌对战中，均抱同仇敌忾之心。现在国家已到最后关头，我不杀敌，敌必杀我，刻下全国军民一德一心，在中央蒋委员长领导之下，抱必死之决心，必得最后胜利。（南

京《中央日报》，民廿六、八、廿三）

宋哲元将军带着满怀的信心与希望，回到河北前线的指挥岗位，由保定而沧县，而德县，而新乡，一直挺身在第一线上，杀敌报国，再接再厉。直到廿七年（一九三八）宿疾复发，始请解除兵职，专任军事委员会委员，追随政府入川。

原载《传记文学》第三十一卷第一期（一九七七年七月号）

印象深刻的三件事

叶逸凡

我于民国二十二年（一九三三）七月一日，奉令随同宣介溪先生前往张家口宋哲元（明轩）将军所属的第廿九军工作，迄廿五年（一九三六）一月撤出时止，共计历时两年六个月。我们到廿九军的中心任务，就是加强官兵忠爱国家的精神，以拥护中央，服从领袖，保卫华北，为对日抗战做准备。宣先生和宋军长哲元及副军长秦德纯、总参议萧振瀛等相处极为融洽，经常在北平、张家口两地密切接触，随时传达中央旨意，反映该军情况，对国家的贡献极大。据我个人的了解，宋哲元将军公忠体国，严正廉明，对中央及领袖真诚拥护，平时以“忠”“义”二字训勉部属，忠是“对国家尽大忠”，效法岳飞的“尽忠报国”；义是“对同袍讲义气”，效法关羽的“义薄云天”。特在他的办公室，立有关、岳二人的巨幅画像，时时瞻仰。我在廿九军那一段期间，有三件事印象很深，现犹常常忆起：

一、特务团长吉星文和我私交很好。有一天，蒋坚忍先生从杭州中央航校寄我《日本帝国主义侵略中国史》数册。我转送吉星文一册，他在当晚看后，气呼呼地前来告我道："日本鬼子太欺侮咱们了。军长（指宋）常训勉咱们等机会和鬼子拼命，咱一定要首先做到！"果然，以后的七七抗战圣火是由他点燃起来。

二、廿四年（一九三五）春，北平军分会政训处处长曾扩情将军到张家口视察。宋军长召集全军团长以上军官请曾训话，曾以"国家长城"四字勉励，并亲书史可法的"生有自来文信国，死而后已武乡侯"一联赠宋。宋当时感动泪下，向曾说："曾先生的金言，我宋哲元一定做到，将来看事实好了。"

三、廿四年冬天的一个早晨，宣介溪先生突被日本特务人员捕送天津日本宪兵司令部，宋军长闻讯后勃然大怒，将秦德纯、萧振瀛找来，拍着桌子说："我要你们立刻去和日本人交涉，限他们在二十四小时内将宣处长安全地放出来，如果到时不放，我就捉他们，反正大家乱干就行了。"秦、萧奉命前去交涉，果然日方依限将宣先生送出。这是宣夫人在宋家亲见的情形，出到门口告诉我的。

自那次事件以后，廿九军全体官兵都知道日本人是欺软怕硬，并不可怕，所以后来抗战之中，该军各部队在各战场上英勇杀敌，牺牲很大。廿九军副军长佟麟阁及一三二师师长赵登禹二人，首先在北平南苑之役双双殉国，为对日抗战首先牺牲的将领。枣宜会战，张自忠将军慷慨成仁，轰动全世界。宋将军及其领导的这支部队官兵都是中华民族的好男儿，确实做到了"国家长城"。他们在历史上自有其不朽的地位，使我这个亲身见到的人，感到莫大的光荣和幸运！

原载《传记文学》第三十一卷第一期（一九七七年七月号）

平津学界与廿九军

陶希圣

今天因为时间的关系，我只能够简单地说几件事，而且有些我已在《潮流与点滴》（传记文学社出版）一书中有所叙述，在此也不必重复，不过这几件事在我看起来很重要，也不妨再提一下。

北平学界反对冀察自治

那个时期北方的国立大学，以北大、清华、师大的地位最高。当时《独立评论》在平津是一份很重要的刊物。《独立评论》每个月有一次聚餐，地点是在骑河楼的清华同学会，参加者不限于《独立评论》撰稿的人，每次大概一桌人或两桌人。这个会在大学里头相当重要，当时也很发生一些影响。以前的许多事情不必细说，许多我也不知道，是事后真相才剖析出来。当时中央派驻北方维持大局的人，如黄膺白先生挡了一阵，何敬之先生挡了一阵，最后是宋明轩先生才由平津卫戍司令，到冀察政务委员会委员长出面。在这中间，华北当局与南京中央的内在关系是很秘密的，我们当时都不知其详。我们知道的是，在日本人的压迫之下，北方的省市党部都撤退了，关（麟征）、黄（杰）两师的部队退到保定以南，中央的机关都从平津撤出。冀察政务委员会策划的时候，宋明轩在怀仁堂邀集北平各界，包括国立大学的当道，说明他宣布冀察自治的苦衷。当时傅孟真（斯年）先生首先站起来，慷慨陈词，坚决反对冀察自治的主张。接着胡适之先生发言，同申反对之意。这个谈话会没有结论就散了。胡、傅两先生回到北京大学，北大教授同人就在景山东街马神庙理学院一间小讲堂里集会，我们都去了。胡、傅两位报告怀仁堂开会的情形。（那时反对冀察自治不只这一次，不过这次是宋委员长在怀仁堂亲自约请，比较突出。）那一晚我们在北大开会的结果，主张北京大学不搬走一部图书，不移动一架仪器，只要在北平一天，就当作二十年来努力。如果日本人打进来了，同人们南下，无论什么地方，只需搭一座茅棚，一样讲学。这样子下定决心，北京大学留在北平不动。

“一二·九”是学生自发的运动

民国二十四年（一九三五）十二月九日，以北大学生为首，各大学学生为反对冀察自治而列队游行。这就是“一二·九事件”。

“一二·九”的游行是北京大学的学生和其他北平大学的学生发起的，教授也有人参加，是自动的，不是有计划的，人数也不多。到后来的“一二·一六”才是新学联搞起来的，他们假借北平大学的法商学院为中心集会，以对抗北京大学。他们主张罢课，北大学生在三院大礼堂开大会，我站在后排，文学院院长胡适之上台说话。胡先生一上台，左派的学生就开始搓地板，表示反对，胡先生就指着他们说：“你们有话，就公开地站起来讲。为什么这个样子？下流！下流！下流！”多数学生大鼓掌，把那些预备闹事的学生的气焰给压了下去。结果大会决定不罢课，长期地、坚决地留在这个地方讲学。由于北大不罢课，北平的大学也就没有罢课。

廿九军搜查北大、清华

这个时候，二十九军已经有部队出来搜查北大三院（译学馆，当时是学生宿舍），另有部队去搜查中国大学和清华大学。清华大学的校园很大，二十九军的官兵进入清华园之后，一个学生也看不到，学生都躲到体育馆廊沿的阁楼上，官兵找他们不到。但是，在体育馆里有好多一格一格的小房间（更衣室），每间里头有一条链子，一扯，水就哗啦哗啦地下来。士兵们大惊小怪，这是什么？学生听见了，大笑，士兵们就把他们抓下来。这是当时的一段趣事。而且二十九军官兵是坐卡车到清华的，士兵下来抓学生，结果卡车的引擎都给学生破坏了，士兵们只好走路回去。这个时候，学界人士反对冀察自治与华北特殊化的气氛是很浓的。

冯玉祥及廿九军的朋友听我演讲

我跟西北军的一班朋友素常熟悉。一个人长于什么或喜欢做什么事情，往往就在那事情上出毛病。我那时常到处演讲，颇受欢迎，我也有兴趣演讲。前一年，即民国二十三年（一九三四）夏天，寄居泰山“读书”的冯焕章请我去演讲。我上泰山为他讲了四次，住了一个礼拜。我跟陈希文住在一座小庙，叫作五贤祠，我跟他同游山顶，又进泰安城游岱庙。我回到北平之后，冯焕章带口信给西北军的朋友，要他们听陶某人的演讲，我在北大的讲堂上就有西北军的朋友来旁听。并且他们每月有一次聚餐，都约我参加，并做演讲。这是二十三年下半年的事。日军搞冀察自治运动的时候，聚餐会忽然停顿了，这班朋友都不见了，忽一日他们回来，北平的局面已经变了——冀察政务委员会已经成立，秦绍文（德纯）先生做了北平市长，陈希文先生做了北平市警察局长，邓仲芝（哲熙）先生做了高等法院院长。而当时反对冀察自治的空气很浓，哪里还能再跟二十九军这班朋友见面呢？但是我想，这个严重而微妙的局面之下，将来我或许有可以努力的地方，我就写了一封很简单的信给秦市长向他道贺。

协调国立大学与廿九军的关系

直到这次“一二·九”及“一二·一六”学生游行之后，二十九军搜查北大、清华和中国大学，有三个教授和三十个左右的学生被捕。我听到这个消息，立即写信给北大校长蒋梦麟先生，我说国立大学和二十九军的关系一定要合作来维持北方的局面，现在双方对抗的情形不能这样子下去，我建议蒋校长出面去看宋委员长。梦麟先生回信给我说：“在这个风头上，我不能够去接触。”我又到米粮库胡同去看胡适之先生。我说：“适之先生，现在这个情形很紧急，我们国立大学在这里是代表中央，我们跟二十九军的关系一定要和解。如果你认为可以做的话，我去！”他问说：“你怎么能去呢？”我说：“二十九军这班朋友，我都很熟悉。不过现在如果我去的话，若没有先得到你们的谅解，我贸然出头跟他们接触，冒天下之大不韪，我也吃不消。”胡先生说：“你当然可以去呀！但是你有什么把握呢？”我说：“我有把握。宋明轩是北方农村出身的，也是行伍起来的，北方农村的人看到一个翰林或举人，都认为很了不起。我们国立大学的教授跟学生，在他们眼中看来，都是举人跟翰林之流，是尊重的。这跟我们国民革命军不同，国民革命军都是能文能武，对知识分子看得没有什么道理，二十九军则不然，他们对于学界的人是尊重的。今天学界反对他们，他们说：‘我们是汉奸！你们是爱国的！我宰了你！’这个情形就很严重了。今天我们国立大学如果以礼貌去跟他们见面，立刻就和解了。如果国立大学能跟二十九军合作的话，则今天的这个局面还可以维持；如果互相对抗的话，就不可收拾。”适之同意我去。

向秦德纯市长提出三个条件

我立即进北平市政府见秦绍文市长。我小时候念《战国策》和《左传》，在这个地方现在用得着。他一见我就说：“你现在来看我，一定是有事？”我说：“我是为宋明轩先生而来。”他说：“你有什么意见？”我说：“我建议三条：第一条，停止搜查大学，停止拘捕教员和学生。第二条，被捕的学生由校长保释，校长能够保学生，他就可以管学生，如果不通过校长就抓学生，则校长他不能保障学生，他就不能管学生，所以一定要让校长来保。第三条，教授们如果另外有证据证明他是共产党的话，可以通知校长，并把资料给他，到学年终了时不予续聘。”秦绍文就说：“今天晚上到我家里来吃饭好不好？”我说：“我不见你了！我现在冒天下之大不韪，进入市政府，我还上你府上再谈！现在就是这三条，如果能够做得到的话，我们再见面。”他说：“我马上去报告宋先生。”

与廿九军重归于好

第二天，各大学的搜查停止，被捕的学生就由各校校长保出去，被捕的教授也被释放了。过了两天，清华大学同学会聚餐，在座者有北大、清华两校校长及两大学的几位院长和教授。我提出国立大学同人与二十九军将领见面之议，大家都表同意。

我找北平市参议会议长唐嗣尧先生，由我们两人共同具名邀请双方重要的人士在廊房头条撷英馆会餐。（当时他们说这两个具名的人“唐嗣尧”和“陶希圣”刚好是一副对子。）二十九军的高级官员都来了，大家吃吃饭，敬敬酒，也不谈什么就散会了。一星期之后，二十九军方面由秦市长出面，约请大家在中南海会餐。以后大概每一个月，双方互请一次客。国立大学与二十九军之间的谅解和友谊也就建立起来了。这是一件事。

《独立评论》的停刊与复刊

另一件事是《独立评论》的停刊和复刊。《独立评论》是胡适先生创办的，也是他主编的。二十五年（一九三六）冬，胡先生到美国去参加太平洋学会的年会，刊物交予清华大学教授张奚若来编。在《独立评论》二二九号，张奚若发表了一篇《冀察不应以特殊自居》的评论，指责冀察当局“一切设施都朝着独立或半独立的方向走”，希望“冀察当局能认错，能改悔”，更希望中央“立即明令取消分裂国家行政完整的冀察政务委员会”。这话一来，宋委员长就下令警察局长陈希文封《独立评论》。陈希文派了两个警察到独立评论社，前后门各站一人，这一期的刊物不能发行。独立评论社打电报给胡适之先生。胡先生正从美国回来，刚刚抵达上海，一接到电报立刻赶到北平。

第二天，我去米粮库看胡先生。我们谈到《独立评论》停刊之事。我问他：“胡先生，你愿意复刊吗？”他说：“当然是复刊的好。”我说：“如愿意复刊，我立即办这件事，三个钟头就把它办好。”他笑说：“你还是这一套！请你走一趟。”那时已是下午五点钟，我到绒线胡同高等法院看邓仲芝（哲熙）院长。仲芝见面即问：“你这个时候来找我，一定有事！”我说：“有事才找你。”他说：“是不是《独立评论》的事？”我说：“是呀，正为此事而来。”我告诉仲芝说：“《独立评论》每期销一万二三千份，平津一带不过三千份，其余一万份都销南方。今天《独立评论》封了，南方那一万份，假定一份有五个人看，南方就有五万人看不到《独立评论》，那北方出了什么事，宋哲元干的什么事，他们对宋先生和二十九军的批评是可以想见的。”仲芝先生问我胡先生回来没有，我说胡先生已经回来了。他说：“这样好了，请胡先生写一封信给宋委员长，只说他出国之后，《独立评论》因为彼此少联络，有了一点隔膜，致生误会。现在他回来了，多了一点联系，以后就不致有误会发生了。就写这么一封信。这封信到了宋先生那里，就由宋先生请胡先生吃饭，席上也不必再谈这件事。一面把警察撤退，也不必说复刊，就继续出版好了。”

次日清晨，我到胡宅回话，说明这个办法。胡先生问说：“信里头要不要道歉呀？”我说：“不必道歉。”他说：“就说一句也不要紧！”他那一封信是怎么写的，我不知道。后来就由宋先生请胡先生吃饭。《独立评论》也就这样继续出版，直到七七事变为止。这又是一件事。

秦德纯希望中央不要听信小报告

二十五年六月，丰台事件发生，日军以小部队进据丰台，日军的坦克车进北平市横行，北方局面很不好。二十六年（一九三七）七月七日，秦绍文市长请客，被邀请者是中央政治委员会发出请柬约请到牯岭参加茶话会的几个人，有蒋梦麟和胡适之，我也在被邀之列。此外还有几位客人，其中有一个宋某（华北大学教授）和罗隆基（努生）。席设中南海一座大厅，连门带窗都是玻璃，那原是乾隆皇帝的书房。饭后，主人与客人走出大厅，在一个很广阔的平台就座吃茶。那时是七月七日的晚上，月光初放。我们问秦市长：“我们就要到牯岭去，你有什么口信要我们带去？”当时在丰台事件发生之后，日本的压力重大，宋委员长回山东乐陵故里暂避。他说：“现在丰台已经被日本占了，日军又侵入长辛店演习，情势危急，我们也没有别的话说，只有一句话：希望中央不要听信小报告，二十九军和宋委员长是可靠的，是爱国的、抗日的。”

罗隆基异想天开

宋某发言，提出华北特殊化的问题，指出其有此必要。罗隆基接着说："现在冀察已经是特殊区域了，而国民党既已撤退，何不让我们各党各派来玩一玩，活动活动呢？"适之指着他说："努生，你这是什么话！我不是国民党，但是你要知道，训政时期的约法，政权是由国民党掌握的。现在如果是我们提一个要求，要日本人把天皇撤退，日本人做何感想？现在日本人压迫中国，要国民党的党部退出冀察，这种事情还能够忍受吗？为什么他们要国民党撤退？就是因为国民党反日。你们要来活动，那你们是不是反日呢？如果你们也是反日的，他一样要你撤退；如果你们不是反日的，那你们是什么？"罗隆基没有话说。

我就说："努生啊，你说国民党党部撤退了，国民党党员并没有撤退呢！国民党的党员撤退不了的。现在你说你们来干，那我们跟你们是什么关系呢？是跟你们斗呢，还是跟你们和？今天我就是国民党党员，你怎么样？"他也没有话说。大家又谈了一些别的事体，到了十点钟就散会了。

由北平到牯岭

我乘车回到大乘巷一号的寓所。小孩子都已睡了，我与内人坐在炕上说话，谈下学年休假之事。我说日本对我不断地侵略压迫，平津局面怕维持不了，我看九月间必将爆发战争。我今年下半年休假，我想暑假里先搬家到武昌，我到西南去考察。北京大学有一个办法，教授教满六年，就有一年休假，如果出国则有旅费，考察则拿半薪。我在北大刚教满六年，轮到休假，想到西南考察。正说话之间，听到远处有隆隆的炮声，日本已经动手了，还没有等到九月，中日的战争就起来了。

八日清晨，我上街去，到前门外的东车站和西车站看一看，街上沉寂，没有行人，两座车站都很冷清。平汉与平津两路火车都不通。此后数日，都是由我内人去跑，因为她没有人认得，而认得我的人很多。内人的意思是无论如何先把我送出北平，家中的事再做打算。两天之后，内人探得环城铁路小火车可通丰台，由丰台上北宁路车到天津。我就是这样出北平，然后由津南下到南京。几位被邀往牯岭的先生都是这个走法。

我们过了浦口到南京，中央各部负责的人一个都找不到，因为牯岭茶话会，我们这一批是客人，中央的长官们是陪客，都上牯岭去了。就在外交部找到一个司长，打听消息，知道委员长决心抗战。在路上，我们几个人就商量，是不是可以打一个电报给宋先生，告诉他蒋委员长有抗战的决心。有些人不愿意，有两三人则赞同，我们这两三人就在南京打了一个电报到北方给冀察当局，然后离京直上牯岭。

委员长宣布抗战到底的决心

我们到了牯岭，一进会场，立刻被大家包围，几乎被抬了起来，因为我们是平津来客，而卢沟桥事变是发生在北平近郊。大家都要问平津的情况，我们这批客人便受到热烈的欢迎，也就是茶话会的主客了。委员长莅会讲话，宣布抗战到底的决心。委员长讲的话，后来发表时有字句的修改，口头上讲的有些后来没有发表，因为时局变动得太快了。委员长有这样几句话："现在我已经命令宋哲元从他的家乡回北平（后来宋先生从乐陵到天津，在偕行社与日人谈判后回北平），我现在要告知日本人，除非不打，战端一开，一定是抗战到底，决不中途妥协，中途妥协就是灭亡！"这是一段话。

"什么叫《何梅协定》？我把它撕了！"

还有一段话："什么叫《何梅协定》？我把它撕了！我已经命令关、黄两师进驻保定。"

散会后，我们都到胡适之先生的房里，我们都住在牯岭九十四号，即仙岩饭店，有事就在他房里集合。大家议论究竟是打呢还是谈呢，有人说是打，也有人说是谈。胡先生说："这回恐怕是要打，你没听见委员长说的两句话，一是：'什么叫《何梅协定》？我把它撕了！'另外一句是：'我已经命令关、黄两师进驻保定。'那还不是打吗？"为什么我们都怀疑是打还是和呢？因为委员长已叫宋明轩回北平去，好像是要谈。而我们家里都在北平，学校也在北平，在牯岭开完会之后究竟回不回得去？所以大家议论纷纷。最后大家问张伯苓。我们一行，张伯苓的年龄最高，他一直不发一言，静听大家说话，然后说道："这个事还是在委员长的心里头。"

委员长给我的命令

是日下午，陈布雷先生来找我，说委员长要我单独谈话。他陪我晋见委员长。我们这些平津来的大学教授，在茶话会上是客人，但是委员长单独召见我一个人，那就不是客人了。布雷先生说："你现在不是客人了，是党员见党的领袖。"果然，委员长接见时严肃地说："你在北平工作做得很好，你现在回去，指挥他们。"我感觉有点奇怪，就问："委员长教我指挥哪一个？我们党里有四个团体，彼此不相隶属，我指挥哪一个？"委员长说："我叫他们听你的话。"这时我不能再说话了，我辞了出来。我对布雷先生说："我惶恐得很。我能够干什么呢？"他说："这是命令。委员长叫他们听你的话，你就去。"我心想也好，能回北平再说。

廿九军是可靠的、爱国的

第二天是分组谈话。我在会上说了一句："二十九军是可靠的，是抗日的。"会后，有一位中央委员问我："你可以保证二十九军一定可靠？"我说："蒋委员长现在是在牯岭，牯岭现在是全国的军事政治中心，这里说二十九军可靠，它就可靠；这里说二十九军不可靠，它就不可靠。"这天下午，委员长邀集平津来宾会谈，很客气地招呼大家坐下。委员长高声说道："二十九军可靠，二十九军是爱国的，我信任宋哲元。"委员长大声地说他信任二十九军，也就安定了二十九军的军心。

因为北方军事情势紧急，委员长未能等候茶话会开完，就提前下山回南京去了。我们因为回不了北平，也都到了南京。

胡适建议不可攻击张自忠

在南京，八月初，委员长请客，被约请的有张伯苓、蒋梦麟、胡适之、梅贻琦和我五个人，蒋夫人亦在座。胡先生讲话比较多一点，他首先问空军的情形，那时蒋夫人是航空委员会秘书长，空军是由她在领导。蒋夫人说："飞机的数目不多，士气很高。"张伯苓就问委员长，这个仗怎么打法？委员长说："我要以战略打战略。敌人的战略是要不战而屈，我要它战而不屈；敌人要速战速决，我要它战而不决。"后来胡先生建议："蒋先生要注意一件事：二十九军撤退，宋明轩派张自忠代理冀察政务委员会委员长及北平市长。张自忠为北平城市与日本人签订协定。在国际法上，一个大都市被敌军侵入的时候，市长为了保持人民生命财产，与敌军订立临时条款，以免城市遭到重大的破坏和牺牲，这件事在国际法与惯例上，不认为是反叛，是合法的。上海跟南京一带的报纸不应该批评张自忠。"委员长说："好，我立刻告知他们，不可攻击张自忠。"所以，京沪一带的报纸，对张自忠和日方签字，一律没有批评。我看《英烈千秋》

的影片，说张自忠因此遭到许多人的谩骂是不确实的。因为委员长已经命令报纸不可攻击张自忠，南方的报纸对他并没有批评攻击。这也是很重要的一件事。

“受宠若惊，受辱若惊。”

我大概能讲的就是这几件事。现在我想再说几句话。

老子说：“受宠若惊，受辱若惊。”一支部队如果过分地被人家抬和捧，有时候是会出毛病的。十九路军在一·二八淞沪抗战，当时中央军的第五军和十九路军并肩作战，但是当时上海的人单捧十九路军。一·二八战争时我也在上海，我曾参加十教授呼吁国人团结御侮的宣言（后来还有一次十教授中国本位文化宣言，我也在内）。当时一般的宣传上就只捧十九路军。十九路军被捧之后，领导人士以为自己名誉好，终于搞了一回“闽变”，这就是因为受宠太过，出了毛病。

但是，一支部队如果是忍辱负重的话，那就不同了。二十九军是忍辱负重的，二十九军是国家忠实、坚强、勇敢的部队。当时蒋委员长为要保全张自忠将军的名誉，命令京沪各地的报纸不准批评张自忠，张自忠将军竟以一死报国了。

原载《传记文学》第三十一卷第一期（一九七七年七月号）

记忆犹新的宋哲元的一段谈话

楼兆元

廿二年（一九三三）夏，何应钦上将奉蒋委员长命令兼代军委会北平分会委员长，原任军委会华北宣传总队长刘健群旋调该分会政训处处长，当时我与张佛千兄同在该处任职。何将军为彻底了解华北部队自长城抗日战役后之实际情况，翌年决定成立“华北五省军队检阅委员会”。

当时我因负责华北军事调查工作，而被派往担任检阅委员，随同主持平绥路检阅工作之富占魁中将出发。行前，刘健群先生面告平绥路有几支部队要特别注意，其中之一就是驻于独石口的孙殿英部、蔚县的冯占海部、归绥的傅作义部。是年冬，我曾随同刘健群，代表何敬公持款鼓勉孙部接受中央命令，此事因与今日座谈会研讨问题关系不大，故毋庸赘言，且那时孙部亦未列入检阅对象。

我问刘健群先生，驻在张家口一带的宋哲元部如何？他说：“我对宋明轩其人有深刻的认识，宋部不但战斗力强，且士气高昂，在长城抗日喜峰口一役，有辉煌战绩，尤对中央更是赤诚服从，忠贞不贰。”

宋哲元调停察哈尔冯玉祥取消抗日同盟军名义，声言绝对服从中央命令，态度严正。刘健群先生对宋哲元特加赞誉，同时将蒋委员长慰勉宋的一份电报抄件示我，内容是赞许宋对察事处理允当，其中有“独具苦心，擘画周详，实堪佩慰”等语，委员长对宋鼓勉有加。因此刘健群先生行前特别指示我，在检阅宋部时要以鼓励重于责难。同时又说，这次平绥路部队较为复杂，而主持检阅工作之富占魁，过去与西北军有歧见，且私生活亦较不正常，要我特加注意。

出发前，富占魁照例召集检阅委员开会，特别宣布，对廿九军要多加注意各兵种的基本训练，尤其对思想教育要以士兵做对象，要不厌其详地抽问。我不但与宋哲元从未见过面，且因自己太年轻，当时也没有领悟富的真意。后来同去的魏廷鹤委员告诉我，富是别具用心要我们从严考查，这恰与刘健群先生的指示不同。

我们到了平绥路廿九军的防地——张垣、怀来、宣化等防地。当时该军的政训处处长宣介溪兄，本中央指示以苦干实干的精神坚定工作，未及半载，与宋及其重要干部如秦德纯、冯治安、张自忠、刘汝明和萧振瀛等人，成为莫逆之交，一反过去前任格格不入之环境。

记得我们检阅该军卅七师、卅八师、一三二师时，虽然政训工作编组不久，可是在我们直接与士兵问答中所提出的问题，如“你服从什么主义？”“你最信仰什么人？”“什么是三民主义？”“为什么要当兵？”等等，差不多没有一个士兵不是挺着胸膛直着嗓子，很快而且很正确地喊出答案来，毫不逊于中央军。

检阅完毕后，宋哲元特别邀请我们一同餐叙。一同餐叙的，除了负责检阅政训工作的魏廷鹤、左治生、钟焕臻（在台）及我外，秦德纯、萧振瀛、宣介溪（在台）、叶逸凡（在台）也都参加了。宋在席间表示：“我过去是冯老总（玉祥）的部下，但是我是中国军人，军人以服从为天职，我认为服从政府和蒋委员长的命令，始能使中国统一，国家富强。”他又说：“我回察哈尔遵照中央命令，所以有一些人认为我对不起冯先生，我也不加辩白。虽然我是老粗，但是我总不能为了个人而不要国家。”

宋的这段话，简短而爽快，至今虽已相距四十多年，仍犹如昨日，历历如绘，深印在脑海中，永不磨灭。

十六年来，刘绍唐先生主编《传记文学》，披荆斩棘，历尽艰困，始终坚强奋斗，对社会贡献良多。我有幸参加这次座谈会，特别引述宋哲元先生当年的话，也可以说是对《传记文学》作为庆赞的意思。

原载《传记文学》第三十一卷第一期（一九七七年七月号）

同甘共苦就是团结一致的真精神
——二十六年四月召集冀察政委会及所属各委员会职员讲话

宋哲元

吾人平日办事，看来很容易，说来也容易，但实行去做，却又难又易。因为如果努力去做，虽是难事，也很容易成功。譬如现在各地提倡训练民众，但在训练民众以前，须要先考察自己，是否曾受过训练。训练二字，看来是很容易，其实并不容易，即如令某人举起左臂，此人也许有时错举右臂。又如一般大学生，在未毕业以前，以为一切学问皆能，万事皆易，及至毕业后，投身于社会，便觉得无一事不难，无一事能做，这都是未经训练的缘故。俗语说："看事容易做事难。"又说："世上无难事，只怕有心人。"以我们知识而论，总比一员兵强得多。然则我们受训应当如何呢？要紧在乎人的精神能够振作，如做到凡事都有精神，则国家即可强盛。受训并不是一定要上前线去作战，其实作战也不是专恃枪炮，在乎人人能用其才，为国家努力。我们既为国家服务，务须要自己先训练自己，从小处、浅处、近处着手，然后推及大处、高处、远处。譬如现在集合的各职员，服装长短不一，以后集合时，应设法令其一致，整齐划一。今年夏天先从整齐职员服装着手，现已拟定一种帽子，形如钢盔，通草所做，颜色或灰或黄，尚未决定。职员服装，将来也想定为一律。从前本人在省府训练职员，结果均能受领导者指挥，秩序井然，无论何时集合，均能行动如意。本会为冀察最高行政机关，各职员应以身作则，为各机关表率，所以训练先由本会职员整齐做起，然后推及其他机关。本会各委员会，都要从事训练，期以三个月，在此期内，随时集合训话。各委员会亦随时召集训练，使人人均有整齐习惯，以为民众之模范，以期有利于国家。

各委员会组织以来，已经半年之久，因初组织之时，各会无一律之规定，故至今尚未集合训练。现在改组竣事，各委员会主席及各委员，应当与各职员时常见面，互相认识，然后才能合作，共同甘苦。又现在各委员会组织业已完备，所有职员均已足用，无须另行延揽，只应就原有之职员加以训练，加以整理，大家共同甘苦，一致努力，为国家服务。同甘共苦这四个字，就是团结一致的真精神。从来随本人共事多年之人，本人从不抛弃。非有大错误，决不使之去职，但本人亦不愿干涉他人自由，如果不愿与本人合作，另有他就，本人亦不勉强挽留。又犯法的人，本人不能加以庇护，因为法律是国家制定裁制大众的，人人均应当遵守。即本人至亲好友，一旦犯法，本人也不能庇护。又凡人做事有错，便应承认自己错误，即行改正，万不可护短。中国人通病，就是护短，我们如果要救国，应当先从朋友互相纠正过失做起，切勿互相客气，以免误事，并免误国。我们身为公务员，为国家服务，每月领受国家俸禄，我们必须要同心协力，来尽我们的责任。我们不只与普通人不同，也与顾问参议不同，他们都是曾经为国家出过力，有相当的经验，有相当的名望，是请来做我们的师友，来指导我们，给我们帮忙的。我们要如何才能尽自己的责任呢？我们做事，第一要听他人的指导，听他人的劝勉，能指导劝勉自己的人，才是自己的真正好朋友。这样的好朋友，才能与你同甘共苦。再我们做事，要以国家为前提，以民众为前提，切勿以个人为前提，就是做事有错，受了长官的申斥，只要虚心认错，以后注意改正，长官必能原谅。朋友来指出我们的错误时，也要自己详细考察，是自己的错误呢，即速改正；不是自己的错误呢，也不过是朋友的见识不到，他的热心还是可感的。我们做事，譬如行路，路有平坦处，也有高低坎坷不平处，只能走平路，而不能走坎坷不平的路，就是自己学问不足，便应随时求学，以补其不足。又如钢铁，愈炼愈精，人也是如此，愈求学问，知识愈多。俗话说："不受苦中苦，难为人上人。"这句话虽是俗言，却有至理，我们应当记着。

原载《传记文学》第三十一卷第一期（一九七七年七月号）

第三编

淞沪会战

中国对日总体战略及若干重要会战

吴相湘

近八十五年来，中国和日本不幸有两次战争。这两次战争发生的原因、进行的经过、最后的结果以及它们对于亚洲和世界全局产生的影响都完全不同。但古今中外战争史上一项主要原则，不仅没有因此需要修正改变，并且又一次获得证明，这就是任何战争的最后结果决定于哪一方面的错误比较少，它就是胜利者。

从中国古代孙子到现代欧美大将的军事名著，都认识兵者国之大事，必须戒慎。因为国际间的战争是各个国家力量总体的斗争，有关国家必须使用所有一切力量以争取胜利。一国的最高当局在战端开启以前，就应根据最高国策，结合各种力量成为一套有协调的行动，并指向一个总目标。这就是总体战略，政治、经济、外交、军事各方面都要相互密切配合协调。当战争行动开始以后，如果发现原来的计划错误，尤必须根据总体战略最高原则迅速加以调整改变。因此，这一国家在战争中是胜利或失败，它的总体战略是否正确是决定的因素。至于军事战略只是分类战略中的一种形式而已，根据环境的不同，可以扮演主角，也可以扮演配角。如果一个国家没有总体战略，或在总体战略上发生错误，即使获得战场上战术、战斗的优势，最后仍难以避免失败的噩运。

七十几年以前，梁启超评论第一次中日（甲午）战争时指陈：这只是李鸿章和日本作战，绝大多数的中国人没有参与这一战争，是中国所以失败的主因。十年前，日本藤原彰教授对于梁氏这一论点加以引申：当时日本已演进为近代国家，中国还在封建君主统治之下，没有国家军队，只有李鸿章个人的淮军。这位日本教授在这同一篇论文中又指陈，日本陆军在发动第二次中日战争（一九三七—一九四五）之初就犯了严重的错误：面对两大敌国（中、俄），始终没有全盘政策。秦郁彦撰《日中战争》更坦白指出：日本陆军在第二次中日战争中，最初是战争指导混乱、动摇、不彻底，政略与战略更不相配合；后来竟是“无为”“无策”！战争第一年使用七十万军队在中国大陆，却没有能在徐州会战包围歼灭中国军主力，只有夸耀“战术的胜利”。伊藤正德并且愤激地指责日本军人在卢沟桥点燃战火是“亡国战争的开端”！日本军阀在深陷中国泥沼四年、十九万人战死、九十五万人伤病之后竟又发动对英、美的攻击。这样“无谋的战争”，实在是历史上最大的冒险，是军国主义下的日本军人支配政治的恶果。

一、中华民族意识的高涨

中国、日本在这两次战争中的胜败，完全系于是否有总体战略或者这一总体战略是否正确，事实是如此显明。但更值得指出的是：日本既自称是近代国家，在第二次中日战争中竟没有全盘政策，即总体战略，最大原因实在第一次中日战争以后被胜利冲昏了头脑，对中国更加轻侮，只知利用中国传统的弱点加紧侵略，根本没有平心、虚心去注意认识了解中国进步的大方向。

一八九四年，孙逸仙先生倡导国民革命；一八九八年，康有为推动百日维新，都是中国人在第一次中日战争以后奋发图强的救国运动。辛亥革命的成功，更是中华民族觉醒的标示。不幸，日本竟提出若干特殊权利的要求作为承认中华民国的交换条件。一九一五年，又利用第一次世界大战向中国提出二十一条要求。这对于中国人又是一大刺激。一九一八年五月，日本胁迫中国北京政府签订《共同防敌（苏俄）军事协定》，引起北京学生的反对。一年以后，五四运动发生，各地商人、工人也群起响应支持。一九二八年，国民革命军北伐，日本出兵山东。中国人的民族意识更加增涨，而日本人却讥讽中国人“只有五分钟的爱国热度”！一九三二年，日本代表在国际联合会更公开宣称：中国只是一地理名词，不是有组织的国家。

一九三四年，胡适博士曾经几次在他主编的《独立评论》上发表文章，反复说明，中华民国成立二十三年来，固然有许多不能尽满人意的现象，其中也有许多真正有价值的大进步：（一）帝制的推翻；（二）教育的革新；（三）家庭的变化；（四）社会风俗的改革；（五）政治组织的新试验；（六）新法典的颁行；（七）妇女的解放。这些进步大部分都是受了辛亥革命以来革命潮流的解放作用的恩惠。胡适并且强调：“我们可以毫不迟疑地说，这二三十年中的领袖人才，正因为生活在一个新世界的新潮流里，他们的人格往往比旧时代的人物更伟大！思想更透辟，知识更丰富，气象更开阔，行为更豪放，人格更崇高。试将孙逸仙来比曾国藩，我们就可以明白这两个世界的代表人物的不同了。”

当胡适说明这些进步的事实与意义时，蒋百里将军也指陈一八九四年（甲午年）以来中国社会受环境的影响所发生的重大变化，即知识与武力的结合：（一）知识分子投身为军人；（二）军人入学取得知识；（三）社会中知识分子与当政分子的合作。中国政治与军队都因此变化而进步。

其时，日本对华北侵略行动正步步加紧，蒋百里根据他对中国历史及现代总体战争观念和总动员的实际等的综合研究心得，提示“生活条件与战斗条件一致”的原则，郑重指出实行这一原则首赖国民之道德力与自发自动的纪律，其次即政府与社会的组织力。

蒋百里又指陈："为求世界和平，一民族的生存不应被剥夺，否则那一民族为求生存，自然会结成一个生活与战斗一致的总体来争生存，结果是大家都受害。"这不只是提出中国国防建设的基本原则，也是很诚恳且坦白地对日本进忠告：要注意认识中国！

胡适以为许多人不注意认识这些进步及变化的事实，完全是缺乏历史的眼光，也就是不了解时间会带来改变和进步。一九三六年二月十五日，日本华裔贵族院议员辜显荣在台北与日本松井石根大将会晤时，也提示这一要点。辜强调，中国情势已经大有变化，日本必须认识蒋介石委员长的地位，与蒋氏切实提携合作，东亚大局才可保全——但没有引起松井的重视（一九三七年八月，中日全面战争开始时，松井担任上海战场日军司令官）。

正如上述藤原彰所指出：日本陆军教育的传统养成的军人都是怪僻的心胸狭窄，囿于自己个人观点，对很多事物都茫然无知。而日本所谓"中国通"在轻侮中国的空气下，绝少研究中国历史文化的优美，大多注意蒙古、满洲统治中国的史实，其目的在吸取蒙古、女真如何利用汉人做统治工具的经验。这些"中国通"的食古不化与在中国各地活动的日本间谍摭拾流言的情报，同样对二十世纪三十年代中国的演进大方向以及中国人的真正心理，都缺乏认识。这正是孙子所谓"不知彼而知己，一胜一负；不知彼，不知己，每战必殆"。

自一八九八年以后，成千上万的中国青年赴日本留学或游历。孙逸仙、蒋介石、梁启超、戴季陶、蒋百里、王芃生等且都曾久居日本，注意研究日本。一九三二年至一九三三年，中国军队在上海及长城线抵抗日军的战斗，是第一次中日（甲午）战争以后中国考验自己力量的首次机会，对于知己知彼大有助益。

一九三四年夏，蒋介石委员长在庐山军官训练团演讲，强调说明民族战争取胜的要诀：（一）立于主动地位；（二）必求指挥统一；（三）精神胜过物质；（四）要预想将来战况，破除中西新旧的偏见，研究最进步的战术以制胜克敌；（五）平时全国有一个相当的整个准备，利用所有的物资、人力来抵抗侵略。

这是蒋委员长对日总体战略指导原则的最初透露。一九三五年春夏，蒋委员长在四川、云南、贵州、陕西各省详细视察以后，实行这些原则的具体步骤和若干计划也逐渐形成。当时策订对日战争指导方针："我以维护国家领土主权之独立完整，争取民族之生存自由，建立富强康乐之新中国为目的，一面呼吁和平，期求集体安全；一面整备国防，充实军备，至和平绝望时举全国力量从事持久消耗战，争取最后胜利。"

基于上述指导方针，各种计划即开始积极进行，预计一九三八年年底完成下列各项工作：（一）内政：绥靖地方，安抚边疆。（二）外交：中日问题提请国际联合会调处，争取与国，建立国际集体安全关系，确保世界和平。（三）财政经济：改革币制，实施法币政策，力求粮食自给自足。（四）教育：推行新生活运动，展开国民军事训练，以提高国民传统道德，培育国民作战精神，发展国民经济建设，以奠立长期作战之基础。（五）军事：甲、全国各战略要点，构筑永久国防工事；乙、完成若干铁路干线及西北、西南、东南各省公路线及通信网；丙、发展军需工业设备，调查储蓄军需原料；丁、统一陆海空军训练，整编部队，充实战备；戊、确立兵役制度；已、实施庐山、峨眉山训练，促进精神团结。

这些工作都是中国对日总体战略——"举全国力量从事持久消耗战，争取最后胜利"的基础，而中国有宽广纵深、山川错综的国土与众多的人力，是能以实施这一战略的大前提。众所周知的"以空间换取时间"即这一战略的通俗说明，在军事学上说，这是向国内退军。

西历纪元前二六四〇年，黄帝应用向国内退军的战略，以劣势兵力击败蚩尤，是这一战略的最早范例。《孙子兵法》对于这种战略也有论列。西历第四世纪，常璩撰《华阳国志》卷七《刘后主志》记载，三国时代最有胆识的蜀国大将在西历二五八年创议，二六三年实行这种向国内退军战略，以抵抗魏国的优势兵力，更为这一诱敌深入、以退为进战略做了比较具体说明。但在常璩以后撰著《三国志》的陈寿不能认识姜维“听任敌人入平地”以诱敌深入的战略精义，竟在“听任”一句上加了一个“不”字（《三国志·蜀书十四》），以致意义完全相反。宋司马光著《资治通鉴》（卷九十九《魏纪九》）根据《华阳国志》的记载，姜维原来见解的真义确定。胡三省为《资治通鉴》做注释，在“听敌入平”四字下注明“谓纵敌入平地也”，可说意义更见明白。但司马光和胡三省都认为“姜维自弃险要，以开狡焉启疆之心，书此为亡蜀张本”。清乾隆朝编撰《通鉴辑览》于此更加强调：“外户不守而却屯以引敌，且欲俟其退而搏之；真开门揖盗之见。”一九三七年，湖北刊刻卢弼编《三国志集解》更综合这些论点而加以强调引申。

这说明一千七百余年以来，中国传统读书人对于这种向国内退军的战略不只是不认识了解，还有很多严厉的谴责。然而，当第二次中日战争发生，中国军民都愿意在蒋委员长领导下坚决实行向国内退军，从事持久消耗敌人的战略，经过八年悠长艰苦的岁月，以极大牺牲，终于获得最后胜利。这一原因安在？实在值得加以研讨。

二、向国内退军战略的酝酿

自一九〇一年孙逸仙先生在日本注意南非战争，对于布耳人不断用游击战以打击英国军队，特感重要，即取作中国革命党武装起义的借镜。留日学习陆军学生研读西方兵学及战史的兴趣也日渐浓厚。若干人更综合中西兵学战史经验，提出中国国防的建议。

一九一九年，梁启超等将蔡锷辑录的《曾胡治兵语录》刊印，蔡锷赞扬曾国藩、胡林翼对攻守的卓越见解（攻者为客，守者为主人，可以逸待劳），“虽以近世战术之日新月异，而大旨不外乎此”。蔡锷并且在是书结论中根据布耳人及一八一二年拿破仑攻俄失败诸战史经验，郑重指陈：“鄙意我国数年之内，若与他邦以兵戎相见，与其为孤注一掷之举，不如据险以守，节节为防，以全（我）军而劳敌师为主，俟其深入无继乃一举歼除之。”这是“以空间换取时间”对日战略最早公开发表。

蔡锷的同学蒋百里在日本、德国学习陆军回国以后，一九一三年著《孙子新释》，引用西方兵学名著及战史做注释，企盼中国军人认识“西方兵学的精义原则，亦即中国所固有，无所用其疑骇，更无所用其赧愧”。这就是说：中国军人对中国传统兵学应有信心，更应该平心虚衷去研读西方兵学战史。一九二二年，蒋百里又撰文指出：面对我邻近富于侵略性国家的制胜唯一方法，“即是事事与之相反：彼利速战，我恃之以久，使其疲弊；彼之武力中心在第一线，我侪则置之第二线，使其一时有力无处用”。从此以至一九三七年中日战争爆发，蒋百里对国民政府的多次建议，都是再三说明“拖”的战略能以拖垮日本。

蔡锷、蒋百里的论著中都提到普鲁士人克劳塞维茨的名著《战争论》，尤以蒋百里的著述更常常引据这一名著的精义——这一名著迄今仍在西方兵学界具最高地位。二十世纪初，日本陆军士官学校刊印日文译本，不公开发行，但中国留学生都设法觅得这一日译本来阅读。蒋介石委员长自述：获得这书以后，曾用红笔圈点用心读过几遍，是最喜爱读物之一。一九一五年，是书中文译本在中国出版。

中国军人对于《战争论》一书特具兴趣，不只是以其为最具影响力的西洋近代兵学名著，实因其中若干重要观念与中国兵学颇多不谋而合。

如本文第一节指陈：自中华民国成立，尤其北伐完成以后，中国民族意识、爱国情操增涨。沈阳事变发生，日本更不断侵略，高级知识分子再三强调呼吁全国同胞“准备最大牺牲以争取国家民族的独立自由”，更鼓舞国人奋发图强抵抗日本侵略的决心。

一九三二年八月，五四运动主将傅斯年教授撰文刊载《独立评论》，倡导积极抵抗日本侵略：“中国在开战之初，不能打胜日本，却可以长久支持，支持愈久，对我们越有利。”“中国人之力量在三四亿农民的潜力，而不在大城市的统治者及领袖。中国的命运在死里求生，不在贪生而就死。历史告诉我们：中华不是一个可以灭亡的民族。事实告诉我们：日本不是一个能成大器的国家。”这是中国高级知识分子最早和最有力提倡长期抗日的主张。

一九三三年四月，日本宣布退出国际联合会，胡适博士因撰文刊载《独立评论》，大声疾呼“我们要准备更大更惨的牺牲！同时我们要保存信心，才经得起大牺牲！”“全世界道德的贬议是在我们敌人的头上，我们最后的胜利是丝毫无可疑的”。

当日本积极进行“华北特殊化”阴谋时，一九三五年六月二十七日，胡适博士写信给南京教育部长王世杰，力言中国非下绝大牺牲决心不可：

> 我们试平心估计这个绝大牺牲的限度，总得先下决心做三年或四年的混战、苦战、失地、毁灭。
>
> 我们必须准备：（一）沿海口岸与长江下游的全部被毁灭，那就是要敌人海军的大动员。（二）华北的奋斗，以至河北省、山东省、察哈尔省、绥远省、山西省、河南省的沦亡、被侵占毁坏，那就是要敌人陆军的大动员。（三）长江的被封锁、财政的总崩溃、天津上海的被侵占毁坏……
>
> ……我们必须要准备三四年的苦战。我们必须咬定牙根，认定在这三年之中，我们不能期望他国加入战争，我们只能期望在我们打得稀烂而敌人也打得疲于奔命的时候，才可以有国际的参加与援助。

胡适博士在这信中希望王世杰“必须使政府与军事领袖深信此长期苦斗为必不可避免的复兴条件”。胡适并且认为蒋委员长只有“等我们预备好了再打的算盘，似乎还没有不顾一切破釜沉舟的决心”。因此，胡适博士在致王世杰这一长信中又反复强调：

> 我们若要作战，必须决心放弃准备好了再打的根本错误心理。我们必须决心打三年的败仗，必须不惜牺牲最精最好的军队去打头阵，必须不惜牺牲，一切工商业中心做战场，一切文化中心做鲁汶大学。

但必须步步战，必须虽步步败而步步战，必须虽处处败而处处战。此外别无作战之法。

是年七月十一日，王世杰复信胡适：戴季陶、孙科、居正等都同意胡的主张，“前途动向自仍视蒋先生决心如何”——事实上，蒋委员长早在一九三二年十一月即已决定对日大计：“强国之国防重边疆，取攻势；弱国之国防重核心，取守势”“战时以努力经营长江流域，掌握陇海铁路为第一要旨”。后来四川、贵州诸省也在中央军掌握，国内局势日渐稳定。蒋委员长对未来抗日战争再做深长考虑后决定：“对日应以长江以南与平汉铁路以西地区为主要阵线，以洛阳、襄樊、荆宜、常德为最后阵线；而以四川、贵州、陕西三省为核心，甘肃、云南为后方。”这就是本文第一节指陈“举全国力量从事持久消耗战”最高战略方针的由来。

胡适博士的信件、蒋委员长的计划，在当时都是不公开的最高机密。但是年七月二十一日，天津《大公报》刊载丁文江教授的论文却公开疾呼：“华北是我们的乌克兰，湖南、四川、江西是我们的乌拉尔，云南、贵州是我们的堪察加……大家准备到堪察加去！”

丁文江这一悲壮的呼声，充分表现出高级知识分子不惜任何牺牲代价向国内退军的坚决主张。丁文江是国际知名的地质学家，他的足迹遍及中国大部分土地。他的丰富学识与亲身经验极受国人敬佩。他发表这一坚定主张后，胡适、傅斯年诸名教授也参加讨论，并且很快地形成舆论。这和蒋委员长的秘密计划不谋而合。后来中共毛泽东发表《论持久战》也指出：“抗日战争是整个处于内线作战的地位的，但是主力军和游击队的关系，则是主力军在内线，游击队在外线……战略上内线作战的正规军是后退的，……外线作战的游击队则将广泛地向着敌人后方大踏步前进。”

政府和国民的意见协调，是取得胜利的第一要件。

中国具备防卫的自然有利条件，自东徂西横跨经度逾六十度，自北至南包括寒冷、温和、炎热三地带。内地及西部充满河川、山岭、沙漠，严寒与酷热交替更迭。地形与气候将和过去时代一样结合起来对抗侵略中国的人们。这样的结合加上中国国民坚定决心及强大力量，世界上还没有一种武器可以有效制服的。

三、四川天府是抗战司令塔

自古论中国形势都以四川省比喻人的首脑，湖北省荆州、襄阳为人的胸部，江苏、浙江为下肢。这是由于中国地形西北高耸，东南低平，势成倾斜，河川也因此自西倾向东流。四川省居中国西部，山河雄壮奇伟，气候温和畅适，物产富饶丰盛，都是其他各省所罕见。又有伟大悠久的水利工程，得以减少水旱灾荒。全省人口达五千余万，约占中国总人口数八分之一。民性勤劳优秀，文化根基特别深厚。所谓“天府之国”，确是名不虚传。

就军事上说，四川实在具备长期抵御侵略者的各种条件。西历二六三年，姜维应用向内地退军战略没有成功，是蜀国政治腐败所致。而南宋余玠充分利用四川峻拔山险建筑坚城十余座，并使居民生活条件与战斗条件一致，以抵抗曾经横扫欧洲的蒙古骑兵。余玠的后继者因此获得成功。英勇善战的蒙哥汗遂致困死于四川境内（西历一二五九年）。

这是四川天时、地利、人和三位一体发出的非常光辉，符合近代地缘政治学及克劳塞维茨理论。

余玠与他的后继者在四川的战守，延长了南宋国命二十年。只以南宋朝廷早已播迁海隅，蒙古攻蜀不克，就自湖北利用居高临下形势席卷东南。南宋因此覆亡。因此，对于中国国防地理最有研究的明人顾祖禹手著《读史方舆纪要》，即很叹惜南宋未能退守四川、云南、贵州，以为复兴基地。明末形势比较南宋晚年好，可惜四川遭张献忠扰乱。但顾祖禹对于残破的四川仍极力主张整顿，杜绝敌人的利用，做恢复的张本。不幸，南明当局未能见及此要点，终不免于败灭。

四川的治乱关系全中国的治乱，在中国历史上的教训太多。一九一一年，四川绅士地主反抗清朝廷宣布的铁道国有政策，是辛亥大革命的导火线，为中华民国建立的前奏。一九三四年秋冬，中央军很自然地进入四川。四川从此由“乱”转向“治”，这一天府之国就开始迈向担任中国对日持久抗战核心基地的重大任务。

一九三五年春夏，蒋委员长在四川、云南、贵州、陕西各省实地详细视察以后，是年七月决定了上述“四川、黔、陕为核心，甘、滇为后方”的基本大计。八月十一日，蒋委员长在峨眉训练团对川、滇、黔三省各级干部演讲，郑重指陈：“我敢说：我们本部十八省哪怕失了十五省，只要川、滇、黔三省能够巩固无恙，一定可以战胜任何强敌，恢复一切失地，复兴国家，完成革命。”

蒋委员长将他个人的信心公开说出来，企望建立川、黔、滇三省以及全国国民的“共信”。

一九三五年春夏，蒋委员长驻节成都，时常和四川各界领袖人士开诚商讨改革政治、整顿军队、转移风气、开辟交通、统一币制等办法。首先决定在三年之内要完成四川至陕西、四川至贵州、四川至湖南、四川至云南四条公路干线。当筑路工程开拓之初，少数四川人士表示不满，以为修筑这些经越崇山峻岭的公路好像建筑万里长城一样，不知道要牺牲多少人命和物资。但经过详细说明以后，人民都踊跃应征做工。没有开山筑路机械，只是用双手和简单工具，竟在不到两年时间，提前完成了这些艰巨工程，打破了“蜀道难”的古旧观念。同时，四川军政人员在“拥护中央，统一四川”口号下，取消了防区制，统一了财政及币制，还推动了开发工业矿产的工作。

裁减、改编四川军队的工作比较复杂，没有能以预期的进度推动，甚至还不免有一些阻力。一九三七年六月二十八日，蒋委员长重庆行营公布《川康军事整理委员会组织大纲》以及这一委员会委员名单。是年七月六日，军政部长何应钦自南京飞到重庆主持这一委员会开幕式。七月八日，何应钦报告“卢沟桥事变发生，对日全面抗战已势难避免”。从此，会议进行非常顺利，最后决定四川、西康各军限于八月十日以前整理改编完成。八月十三日，上海战争发生，中国对日全面抗战展开。四川、西康军队的改编工作加速进行。九月一日，四川军队分别自东、南、北三线循公路步行出发参战，先头部队赶上了上海及太原会战，从此源源不断地向前方增援。徐州会战、武汉会战、长沙会战诸重要战场都有川康健儿英勇的奋斗，几名高级指挥官且固守阵地而殉职。

一九三七年十一月，国民政府宣布自南京迁移重庆办公。从此，这物产丰饶、人口众多、公路畅通、蜀道不难的天府之国就成为中国长期抗日战争的司令塔。

中国抗日战争八年，四川提供了充足的人力，担任建筑公路、飞机场及应征兵役参加战斗；同时，农民仍勤劳耕种，供应军糈民食的需要。在这八年中，若干小纠纷是不免的，但大体说来，日本军的炮火已迅速促成四川省军队、政治、社会各方面的改革。民族大义压制了个人私欲。这种迅速而重大的改变，是惯于轻侮中国人的日本军阀无法想象的。甚至一九三八年冬季以后，日本人及汪精卫对四川军人的种种煽惑也完全失败。

四川省既成为对日抗战的中坚区域，以西北各省为左翼，西南诸省为右翼，其中甘肃、云南两省居国际交通的孔道，在军事上尤有利害关系。自古以来，甘肃与四川连合，则四川安全；甘肃与四川分离，四川即危险。四川与云南的分合与安危关系也是如此。一九四〇年七月，对日抗战三周年纪念日，浙江大学张其昀教授曾撰文指陈：

> 我们设想卢沟桥事变以后，日本不汲汲攻我首都，而集其精锐力量先发动对我西北或西南的攻势，恐我后方根据地的建设，必将大感困难。此于我国当为何等不利！
>
> 在物质方面，日本固远胜我，而其最感缺乏者实为高瞻远瞩的统帅。我们又想到日人研究中国历史，和西方汉学家一样只注意局部考据，而于中国历史重大的脉络和条理，就未见得有通贯的认识。
>
> 日本既不能真正认识中国，当然亦无法征服中国。经过这次严重

关头，已经可以确认证明。

同年九月，第十八集团军在华北日军后方展开较大规模游击战以后，其总指挥朱德指陈：这是为牵制日军进攻我大西北后方及进攻西南的企图而发动的，也就是错乱妨碍日军对西安、重庆、昆明进攻的计划。

这说明当时的中国人不分党派以及地域观念，对于蒋委员长努力经营西南、西北大后方，进行对日持久消耗战略的拥护。

四、诱使日军作战正面由南下转变成西上

自一九三二年五月，淞沪战争结束，中国、日本在这一国际都市再度兵戎相见的可能性始终存在，并且随时可以爆发。一九三六年九月，中国外交部长张群与日本驻华大使川樾茂在南京谈判时，成都、汉口、北海各地又不断发生中日冲突事件。日本海军更表现超强硬态度，要求确立对中国“膺惩”的国家决心，促进对中国作战诸准备。是年九月二十五日，日本海陆军决定如果战争发生：（一）海陆军协同占领河北、山东；（二）海陆军协同确保上海地方；（三）航空机对中国兵力及要点施行轰炸；（四）封锁中国海岸。

如日本同盟社上海支社社长松本重治所指出：当时情势几乎有使中日战争一触即发。后来事态缓和，是蒋介石破例与川樾茂会晤。也就是说，中日战争因中国当局的忍耐而延迟了十个多月的时间才发生。

中国政府面对日本人在上海行动，自然采取对策。一九三五年冬，蒋委员长密令张治中准备上海、南京地区抵抗阵地工事，期于战争无法避免时，我即以优势兵力出敌不意，将上海日军全部消灭而占领其重要据点，使日军增援失所凭借。一九三六年夏，特举行干部参谋旅行，并构筑吴淞及上海各要点围攻工事，例如京沪铁路闸北车站大厦就是按军事需要而设计建筑。同时又调整京沪铁路军事技术，建设后方必要的公路，改良长江

江防交通通信，组织训练民众的战时知识等。

一九三七年七月十一日，即卢沟桥事变以后四天，日本内阁决定派遣关东军、朝鲜军及国内师团向华北增兵。同日，日本参谋本部也制订在华中作战的陆海军行动计划，以消灭中国空军为主要目标。十六日，日本驻上海舰队司令向东京建议：开战之初即使用全部空军力量消灭中国空军，同时攻取上海、南京，以制中国于死。二十八日，当日军攻击北平时，也下令撤退长江上中游日本侨民，并命海军“保护日本在华中权益”。八月八日，日本下达兵力部署命令。

中国政府面对日本言行，因于八月六日举行国防会议，各省军政长官包括四川刘湘、云南龙云、广西白崇禧等都出席参加。蒋委员长在这一重要会议席上宣布：基于既定“举全国力量从事持久消耗战，争取最后胜利”的国防方针，策定守势作战时期作战指导原则——国军一部集中华北持久抵抗，特注意山西之天然堡垒；国军主力集中华东，攻击上海之敌，力保吴淞上海要地，巩固首都；另以最少限兵力守备华南各港。

中国在持久消耗战略指导下，一方面必须阻止日军攻势，消耗日军战力；一方面又须保持本军之主力，迁延决战时机，俾得与日军长久相持。中国军因武器装备均居劣势，尤须避免与日军在华北平原决战。

就纯军事战略观点言，日本拥有便利的海洋交通，机动灵活，且容易发挥陆海空三军联合威力。中国既缺乏这些条件，不若利用长江流域湖沼山岳地带比较得计。

一千余年来，北方部族曾经多次自华北南下侵略长江汉水流域。今若不幸历史重演，日军利用其快速部队沿平汉铁路直趋汉口，并出洛阳堵塞潼关，则中国势将被东西纵断为二，长江下游军队民众及物资设备都无法西运。西北、西南大后方建立工作也徒劳无用，持久抵抗战略自然也不能实现。故中国军必须诱使日军主力使用于华东而不在华北。

上海不仅是中国经济金融中心，也是国际大都市。当日本轻易进占北平、天津以后，中国军如再不在这一要地强韧作战，国际人士尤其中国国民都会失望灰心甚至愤怒，中国政府也将难以获得国民的拥护与支持，故中国军队在上海的牺牲是非常必要的。

一九三七年八月九日晚上，上海发生日兵强入虹桥飞机场被阻杀事件。中日双方都极紧张。十一日深夜，张治中奉命立即率领驻扎京沪铁路沿线的中国军精锐第八十七师及第八十八师向上海市推进。八月十三日，上海战争揭幕，中国陆军、空军自始即采取攻势，中国军精锐又陆续自各地赶到参战。这些事实获得许多效果：（一）中国军的强韧战力，激发了全国国民全国抗战的热衷决心。（二）四川、广西、云南、湖南、广东各省地方军人看到中央军勇敢牺牲，也消除了保存实力的旧观念，争先赶来上海参加民族圣战，这是中国现代真正统一一致对外的空前表现。（三）是年十月十二日，罗斯福总统在白宫接见胡适博士，希望中国坚持作战，定可获得世界公论的同情。重光葵也指出：日本登陆吴淞的部队，苦战之中加上苦战，无从前进，受到重大的损失，粘住在上海。因为这是以国际都市为中心不宣而战的陆海空军的战斗，所以事故百出，以致世界各国更加对日本引起恶感。（四）上海、南京地区军需及民用工厂机器及熟练技工和重要物资，都在战火中抢运往汉口转西安或重庆，这对于持久抗战发生极大贡献。

更加重要的是：日本自国内先后派遣五个师团在上海作战，陷于苦战后，又将华北平汉铁路线作战的日军两个师团及一支队南调上海作战。正如日本防卫厅编印战史所指陈：（是年）十月初，参谋本部将主作战自华北转移上海方面。

华北日军的南调，中国军因获得确保山西天然堡垒的余裕时间。

山西省四面环山，省境都是山岳地带，地处高原，是华北屋脊，乃一非常重要的战略要点。盖自山西东进可以控制河北省，南下足以逐鹿中原。尤以自北平、天津不守后，山西省在战略态势上能使河北省境的日军感受中国军对它侧背的严重威胁。

中国军初以汤恩伯部两个军在察哈尔南部山地牵制北平、天津日军行动。八月八日起，中国军在长城线居庸关、南口一带与日军做激烈的阵地争夺战十八天。不幸张家口失守，汤恩伯部侧背遭受威胁，只得循山路向山西境内撤退。日军也转锋指向山西北境长城线。

山西属中国第二战区司令长官阎锡山指挥，早在战争发生以前即在娘子关、平型关、雁门关、偏关内长城线构筑国防工事，封锁诸关隘。九月二十二日拂晓，日军逐渐接近内长城线。阎锡山命令傅作义赶往平型关前线指挥，当即策订作战指导：一个师仍固守原阵地，两个师向正面前进的日军攻击。第八路军第一一五师林彪部担任敌后各地的攻击。二十五日晨，各军按计划开始攻击。中国空军也飞来支援战斗。是午，林彪部在攻击前进中将平型关至灵丘间日军交通截断。日军增加兵力继续前进，中国军各部配合在空军支援下勇敢攻击。二十七日，中国军自阵亡日军少佐遗体搜获作战命令，知日军目的在突破平型关，威胁雁门关后方。中日两军均增加兵力，双方激战五日，因另一路日军行动突出，阎锡山下令缩短防线，平型关不守。

十月一日，蒋委员长决心转用平汉铁路沿线军队四个半师驰援山西。十二日到达忻口前线，对自山西北部南下日军进行攻击，拒止了日军行动。同月二十四日，自四川步行北上的部队到达山西，立即参加娘子关战场，没有能发挥阻击力量，日军因此迫近太原，忻口守军不得不撤退。十一月八日，太原不守，适与中国军自上海同时撤退。

日军原计：山西将不战而屈服，即可实行“华北特殊化”。不料事实完全相反。并且自太原不守，阎锡山率部退守山西南部山地。从此以至战争结束，阎锡山始终率部在山西境内与日军周旋，日军也没有能渡越黄河进攻陕西。

孙子曰：“善战者，致人而不致于人。”中国军诱使日军改变主攻方向，将主力自华北南调上海，就是实行了立于主动的最高原则。而日本陆军既在华北肇事，其海军必将在上海挑衅，更早在中国当局洞鉴之中，故中国上述这一原则能以如愿实行，正是孙子所说“能使敌人自至者，利之也；能使敌人不得至者，害之也”。

日军在杭州湾登陆，迫使中国军不得不自上海撤退，蒋曾自承是在这地区“作战战略”的疏忽，并没有影响整个抗日战局。因为中国军早经决定“向国内退军”的总体战略，在上海战场三个月的激战得有上述一些收获，可说牺牲有代价了。

克劳塞维茨指陈：统一计划与集中兵力是作战指导的最高主要原则。日本军在华北及上海的行动，完全违反了这一原则。尤以中国军坚强的抵抗，以致日军“速战速决”“不战而使中国屈服”的想法完全落空。

五、以空间换取时间

中国军自上海撤退，直至南京。

一九三七年十二月中旬，南京不守。蒋委员长为争取防卫武汉备战时间，确立作战指导方针：（一）调集精锐，控制武汉及豫皖边区，迅速整理补充。（二）由华北及长江南岸抽出有力一部，加强鲁中及淮南兵力，巩固徐州，诱致日军主力于津浦铁路方面，以迟滞日军上溯长江西进武汉；同时力保黄河北岸豫北晋南诸要地，妨害日军南渡黄河，直冲武汉；并广泛发动游击战，牵制消耗日军。

津浦铁路南段河川纵横，北段为山岳重叠，战场辽阔，战斗性质复杂，而华北、华中日军互不相统属，没有最高统一指挥官。这正是中国军可以充分利用的日军弱点。

一九三八年二月，津浦路南段日军开始行动，中国军情况最初不利，援军到达前线后反攻，终将日军击退，迫使其退回淮河南岸，形成对峙。显示日军没有积极企图，中国军即抽调兵力转用于津浦北段，这是造成台儿庄大捷的因素之一。

四月七日，日本大本营自东京电令华北、华中日军南北夹击徐州。中国军顾虑华中、华北日军会合后长驱武汉，中国军主力有被各个击破之虞，因毅然决心抽调武汉防军一部投入战略之凸角——徐州，扩张战果，并控制精锐兵团于河南省归德、兰封一带，巩固以徐州为中心的第五战区后方，且以分散日军的注意力。

日军面对中国军精锐集中这一地区，企图自皖北豫北迂回包围徐州。但中国军以化整为零的机动退却战术，分别以小部队自日军包围圈间隙脱离战线，即汤恩伯部所属德国制造重炮队也完整到达安全地区。这说明中国军在本国境内熟习地理环境，随时随地可得粮食补给，而日军武器装备多而重，在敌国境内行动很不灵便。五月十九日，日军进占徐州，包围歼灭中国军的企图却全成泡影。

五月三十一日，中国军再向平汉铁路以西撤退，避免与日军在豫东平原决战。六月七日，中国军掘毁黄河堤防，黄河水泛滥，日军人员、马匹、武器装备都被水淹。黄河从此改道，日军因此一时无法沿平汉铁路南下，武汉北面威胁乃告解除。武汉且多获得五月余的备战时间。

自上海、南京不守，武汉即成为中国政治经济中心。当地的兵工厂、纺织厂等正日夜赶工拆卸机器，向四川、陕西撤退。自宜昌用木船运输这些机器物资西上重庆，自更需要时间。

日军使用陆军十三个师团进攻武汉，海空军又充分协同动作。一九三八年六月初，安徽合肥方面日军，由大别山南北进出，向大别山北迂回。这时日军主力使用在长江北岸。七月二十六日，日军攻占九江，中国军队在长江南岸坚强反击，予日军甚大打击；日军乃逐次增加兵力于长江南岸，遂形成日军在长江南北岸并头西进形势。

日军始终轻视中国军战力，对中国军部署的判断多不正确，只因掌握空中优势，才得在复杂地形及炎热夏季中缓慢推进。

早在武汉外围战初期，蒋委员长即指示武汉卫戍总司令陈诚：“日军企图消灭中国军主力，结束战局。中国军必须力求战而不决。”陈诚因此只使用全部兵力的百分之六十进行这一次消耗战，保留百分之四十兵力做今后持久战的基础。陈诚估计日军在攻占武汉以后，需要较长时间来考虑以后的计划，中国军将有恢复实力的机会及余裕时间。陈诚原计八月底自武汉撤退，嗣因日军犹豫不进，就将撤退时间表延缓至九月底，后来又延至双十节，最后决定在十月二十日开始撤退。

自南京不守起计算，武汉保卫战获得了十个月零十二天的时间。如从徐州撤退起算，是争取到了五个月零六天的时间。最重要的是，蒋委员长诱使日军主攻方向由“自北南下”改变成“自东西上”的战略终于成功。中国从此再不必忧虑有被日军东西纵断为两部分的危险，一切可按一九三五年七月的计划了。

一九三八年十一月二十五日，即武汉撤退后一月，蒋委员长在第一次南岳军事会议上指出：中国一切不如日本，“如果不是在时间和空间上做整个的久远打算，确立一种正确战略来妥善运用，就不能予敌人以层层的打击”。“反之，如果我们在去年卢沟桥事件发生，敌人占我平津的时候，我们不依照这种一贯的战略，运用妥善的方法来打击敌人，攻破它的狡谋，消耗它的力量；而拿我们全部军队使用在平津一带，与敌人争一日之短长，那我们主力或早就被敌人消灭，中华民国也许早就有灭亡的危险！但是到今天，我们和敌人打了十七个月，不但全国军队仍能继续抵抗，使敌人愈陷愈深，不能自拔，而且我们抗战精神愈益坚强，抗战必胜的自信心，也不知道提高了几多倍。”

孙子曰：“善战者，立于不败之地，而不失敌之败也。”中国军队和国民忍受惨重牺牲，终于获得了这一战略优势。而日军攻占广州、武汉以后，却已达到战略顶点、军事攻势终末点，也就是应用武力迫使中国屈服以解决战争的企图并没有能如愿以偿，只得自承陷于长期泥沼战！

原载《传记文学》第五十一卷第一期（一九八七年七月号）

八一三淞沪战役回忆

张发奎

淞沪战争的征候，到了八月九日才开始发现。当时敌人的兵舰集中于黄浦江和长江的江面，并运到陆战队万余人在上海登陆，随即令武装士兵闯入我虹桥机场滋生事端；同时，更要求我方撤退驻沪的保安队。这一要求，经我方严词拒绝，敌方遂于十三日正式揭开了淞沪大战的序幕。

在这次战役的前夜，最高统帅部适时下达了淞沪方面军队的战斗序列：张治中将军担任指挥左翼的部队，我担任右翼军总司令；另以李松山、阮肇昌、刘尚志各师，张銮基的独立旅及炮兵第二旅第二团编为第八集团军。集团军的总司令也由我兼任。同时，刘建绪将军的第十集团军，亦奉令加入右翼军的序列。

我奉命后，即令张銮基旅推进浦东，接替李松山师的防务；令李师移动于上海方面，策应左翼军作战；并令刘尚志推进至松江附近，以为集团军的预备队；刘建绪集团军则由衢州附近向杭州推进，为右翼军的第二线兵团。

十三日，敌我在上海的警戒部队发生战斗，我左翼军按照原定计划，即开始攻击行动。经过数日的战斗，因为没有摧毁坚固防卫工事的火器，同时又缺乏街市战的熟练经验，我左翼军的部队虽曾一度进出于汇山码头，但终不能摧破敌人的整个防卫组织。

我所指挥的右翼军方面的情况，是比较沉寂的。因为在南市方面，隔离着一个租界地区，浦东方面又隔离着一条黄浦江，所以就没有成为作战的重点。但左翼方面却不同了，战况是紧张的，因此，我必须用各种方法给予策应和支援。我除将阮肇昌师增援左翼军外，也不断地以炮兵在浦东的洋泾附近袭击敌人的侧背，来策应左翼军方面的作战。

我浦东方面的炮兵对敌人的袭击，也确曾发挥过相当的威力。因此，在当时就被一般人过誉为“神炮”。它不断打击敌人的“出云”旗舰，轰击虹口的日军司令部，使敌人不断地感受着威胁。敌人为谋消除这威胁，曾采取了种种的侦察手段，不间断地出动飞机，企图搜寻我炮兵的阵地，毁灭我炮兵的力量。但他们始终无法找到我们炮兵阵地，更无法制止我炮兵每天黄昏和夜间的袭击。

炮兵阵地的位置，是在浦东洋泾附近。为尽量发挥威力及避免敌方空军的威胁计，当时就在对岸设了一个秘密的观测所，利用海底电线的通信，协助我们指挥炮兵的射击和修正弹着的偏差；同时，炮兵的活动时间，常在黄昏和夜间。白昼，我们就把各阵地巧妙地伪装起来，或将各炮移动藏匿于沟渠和竹林的深处。因此，在这战役的全部经过中，敌人始终没有发觉我们阵地的位置。我对这几门炮，当时是非常爱护，不但常常亲自去指挥射击，并且在这次会战终了的最困难的时期，也还用尽了方法，把它们全部安全地移转到后方去。

我们的炮兵阵地也曾有过一次几乎全被敌机摧毁的教训。当时有几位新闻记者到战地访问，他们要求去看一看“神炮”的雄姿，经过炮兵营长的许可，同到竹林隐秘的炮兵阵地里，并在那里拍摄了一些照片。次晨，他们将访问战地的详情披露于报上，并且连炮兵阵地的照片也一并刊登了出来。当天早上，我在《时事新报》上看见了这详尽的报道，即认为这是一个不应泄露的军事消息，并且认为这消息于我们的炮兵阵地将会发生不可测的后果，因此便立即命令该营长迅速变换各炮隐秘的位置。到中午，果不出所料，敌方便出动了空军，把所有洋泾附近的竹林都炸光了，致令附近的居民也无辜遭受很惨重的损失；但侥幸的，各炮依然无恙。事后，那位炮兵营长即被撤差，那负责的新闻记者也受了处分。这事，对战地新闻不慎的报道是一个教训，同时也说明了一个军事指挥官对细微的事，也须时时刻刻做密切的注意。

所谓“神炮”，说来也许一般人不会相信，我们所有的，只是六门“博福斯”山炮而已。假如能够有较多的炮量和较大口径的炮种，我深信对这次会战将有更大的帮助，因此，我最初便建议统帅部，主张由乍浦附近海岸赶筑一条可以运输重炮兵的临时公路，直达浦东，效法海岸游动炮兵的使用方法，调集一部重炮兵使用于浦东方面，但统帅部却没有采纳这个建议。

到八月二十二日，战事即开始转入更猛烈的阶段。敌军增援部队第三师团、第十一师团，以及第一师团、第八师团之各一旅团当天即在宝山狮子林登陆，并即向我左翼军方面之宝山、罗店、浏河线进攻；同时，对我右翼军方面之川沙及浦东各地，也采取积极的行动。我方亦同样以京沪、沪杭两铁道输送增援部队，投入左翼军方面。双方均以猛烈火力做阵地的战斗，情况特别紧张。是以，我方对原来预期以攻击的作战手段指导会战的计划，不得不加以修正，而转入以纯粹防御战的阶段了。

那时，最高统帅部坚决地企图确保这个远东最大的都市，便尽量挹注兵力于淞沪方面。京沪、沪杭两铁路的军车，遂日夜不间断地奔驰，把一师一师的部队送来，加入填补火线，其情况好像一九一六年法军为挽救凡尔登要塞的危急，从巴黎运送增援部队的状况相似。但敌人的装备和战术及战斗力各方面，俱达到了相当的高度，他们的空军力量更占了绝对的优势，他们大量的野战炮兵配合着海军的长射程炮也发挥了很大的火力；而我方仅有临时构筑的野战工事，一切器械也比不上敌人，战斗的不利，是可以想象的。为着企图避免这过巨的牺牲和改变这不利的状况，我常常竭尽智虑去搜求战斗的真相，推断未来的状况，及研究歼灭敌人的策略。我不断地考虑：如果没有可以改变这不利的形势的策略，如果以大量的战斗力投入这方面的决战，而没有胜利可操的把握，则我们纯粹的防御计划，应否考虑加以修正？经过了二旬的战斗，我的结论是：在我军的现存条件下，欲把敌人歼灭，或遏止他们的攻势，确实是非常困难的。

这时，我和张治中将军即建议于最高统帅部，主张对上海作战使用兵力的最高点，应做一个精密的数字计算，并建议如果超过这个限度仍不能压制当面的敌人时，则我们的战略应转变为持久消耗战，须先以十个师的兵力预先占领苏嘉、吴福线之既设阵地，以为第二抵抗线；此十个师的兵力除非在扩张战果方面，不得为其他状况而使用。我们二人并明白表示，愿自接受敌人攻击之日起，负责固守此既设阵地三个月时间的责任。

但最高统帅部不赞同这建议，它的意见认为上海是必争之地，应不惜一切牺牲来确保这个地区。又因当时敌人的增援部队尚未全部到达，战况亦有时稍为沉寂，于是，有些将领便为此种情况所眩惑，以为敌人的攻势已至顶点。就是冯玉祥将军，亦有“淞沪方面的战况已经稳定了”的判断。

可是，到九月中旬以后，情况已有了变化。敌人大量增援，我们发现其第一、第三、第六、第八、第十一、第十六、一〇二、一〇六、一〇七、一一四、一一六等师团的番号，估计其兵力约在二十余万，炮三百余门，战车二百余辆，飞机二百余架，其在淞沪与我决战的决心，也益加明显了。

此时，我方的部署亦有所变更，原左翼方面改划成两个分区，以薛岳将军担任左翼，朱绍良将军担任中央，与我右翼相连系。左翼方面自九月上旬以来，战况已逐渐不利，阵地亦逐渐后移，虽后援部队逐次加入，亦仅能维持“寸土必争”的状况。

我右翼方面的战况，尚没有任何变化。敌人虽迭次企图排除我浦东对其侧背的威胁，但在我将领严密戒备之下，敌人几十次的登陆行动都没有成功。不过，我常常顾虑敌人如在左翼军正面突破企图不能成功时，他们可能采取侧面的迂回行动，因此，我右侧的金山方面是一个最可注意的地区。当时我有一个直觉灵感和历史的回忆，就是戚继光于闽浙荡寇时代，日人曾经在金山登陆而扰乱浙境，如果敌人以历史做依据，这段历史实有重演的可能。同时，在战术上的判断，那里也是一个理想的登陆地点。那里海岸有四十英尺以上的水位深度，又有利于登陆运动的沙滩及可作为滩头阵地的据点。

为了这个侧面顾虑，我曾亲自实地侦察那里的地形，并在那里配置了一连炮兵和一营步兵，再三叮嘱他们对海面做特别戒备。同时，我又命令他们编组了一队渔船，远出海面从事广远的搜索。为欲彻底明了实地的情况，我亦常亲自或令幕僚至沿海地带和浦东方面巡视警戒部队和火线的战况，并把全线的防御组织严密起来。整个右翼方面，虽无特别紧张的情况，但我必须在缜密戒备方面努力，使统帅部可以集中全力于左翼和中央方面的作战，免去了对右翼方面的忧虑。

整个十月的作战重点，始终保持在左翼军方面，十月下旬，敌人以全力攻击我左翼军阵地，决战的时期已经到来了。战地悲惨的景况，亦一幕一幕地呈露在我眼前。我们的增援部队继续地向前进发，他们由后方输送到战地后，没有一刻的停留和准备，就加入了火线。敌人的炮弹好像雨点一样散落在我们的阵地。我们的炮兵在数量与火力上都无法与敌对抗，只有英勇战士们以血肉筑了长城，来抗拒敌人犀利的火器。制空权也完全掌握在敌人手里，敌人的飞机一天到晚翱翔在战地的上空。我们的部队没有立体作战的经验，仅凭着血气之勇，不知讲求疏散与伪装，更招致许多无谓的损害。我们部队的行动白昼大受限制，一切部署的调整和兵力的转用都在夜晚，这更使指挥与时间上蒙受很大的影响。战地是一片平野，不能徒涉的川渠纵横交错，这对于联络与地形的熟识，均感到不少的困难。在这种种不利的条件下，各级指挥官当时都深深地感到指导一个防御组织不健全的大兵团作战，确是一件不容易的事；而下级干部和士兵们，到这时候才认识了现代战斗的形式，才明白仅靠精神而忽略物质科学的战斗，已是落伍的思想了。

在战况的高度紧张中，最令人感动而安慰的是人民对作战的协助。他们不仅帮助军队的运输和救护，他们更自动地献出了他们仅有的粮食；一切好的东西，他们都送给军队使用。学生们自动地加入了战地宣传和通信的工作；妇女们自动地看护我们的伤兵；慰劳队的歌声，鼓舞了战士们的热血；工作队的情绪，消灭了战士们的疲劳。在大军作战最感困难的后勤工作，人民都帮助我们解决了。军队为国家而流血，人民亦贡献他们的一切给军队，这是民族战争的特质。

十月卅日，左翼方面的战况已达到极度的不利。突击我大场阵地的敌军已在周家宅、姚家宅两处强渡苏州河，上海市区的我军便感受到侧背的重大威胁。以当时的情况判断，敌人似有从大场以西向左右席卷的行动。朱绍良将军这时忽奉命调任甘肃省主席，所遗中央兵团的任务，最高统帅部即命令我去接任，并将右翼方面的指挥责任，交给第十集团军总司令刘建绪将军接替。这时刘集团军的部队方从杭州向前推进，我一面担忧沿海地带的侧面和刘集团军能否确实接防，一面又感于上海方面的紧张战况，将如何去挽救这危殆的局面。我此时陷入了无限的焦虑，以沉重的决心，担当这残破而没有把握挽救的局面，这在我生命史中是最痛楚的记忆。

十一月二日，我的指挥部由南桥移至龙华西侧的北干山，这是极接近火线的位置。当我到达那里时，情况已变化了，第一线的部队已陷于紊乱状态；同时，渡河的敌人予我们侧面的威胁，也正在日益扩大中。但第一线已经没有可以抽调的部队，后援的兵团又迟迟未能到达，我除了竭尽一切的努力来调整这个紊乱的形势外，我开始发生了悲观的心情。

十一月五日，一件数月来日夜焦虑的事终于发生了。敌人的第六、第八两个师团当日就在金公亭、金山嘴等地同时登陆了。我力量薄弱的警戒部队很迅速地被驱逐了，刘集团军以行动迟缓，未能实施夹击的行动，让敌人一直向松江前进；我吴克仁军集结尚未完成，仓促应战，又遭受各个击破的命运。

九日，松江被陷，我军腹背受敌，失败的战果已是注定了。

从整个战略上着眼，敌人强渡苏州河以后，退却已是无可疑义而不能再迟延的事。这虽需要最高统帅部做很困难的决定，须当机立断地即下决心，但指导大军作战者，其最困难的条件也就在此。当时，前敌总指挥陈诚将军来到我的指挥部，他亦同意我的意见，可是，最高统帅部却仍迟迟未决，等到情况已到了最危急之际，才于九日下达退却命令。但这时机已不适切了，当我接到命令时，部队已陷于极度紊乱状态，各级司令部亦已很困难掌握其部队了，因而演成了最后一幕原可避免而终不能避免的大悲剧！

原载《传记文学》第三十一卷第三期（一九七七年九月号）

抗日初期国军守浦东的回忆
——并记我所知道的张发奎将军

王公玙

在国民革命军北伐时期，国人几无不震于张发奎将军的威名。他的部队（第四军）号称“铁军”，是“所向无敌”的代名词。因之，其迭次战绩，往往因为受人崇拜而辗转加以渲染，竟近于夸张而致带有一些传奇性。这些说法，不必举例；目前六十岁以上的人，大都该有一些印象。总之，他在一般人的心目中，很像《三国演义》上的“常山赵子龙”。

记得民国十八年（一九二九）春夏之交，蒋公统率大军进驻徐州，指挥二次北伐。时本人任徐西的丰县县长，略知当时敌我双方军事情形。时我方中路是一、四、九三个军，第一军为刘经扶（峙）将军，第九军为顾墨三（祝同）将军，第四军即张将军，都系我革命军最精锐部队；由徐州向鲁南推进。我左路亦配属三个军，为贺耀祖之四十军、张克瑶之三十三军及夏斗寅之二十六军，齐头由丰县向鱼台猛攻。（右路似为陈调元等部，向山东郯城等处出发做呼应。）至敌方军阀方面，直鲁联军（即张宗昌、褚玉璞等部）当我中路一、四、九等军，采守势；孙传芳部屯于鱼台一带，当我左路贺耀祖等军，采攻势。揣测当时战略，我方采中央突破，直下济宁；敌方企图以孙逆部越过丰县，迂回至九里山占领徐州。后来还是我们中央突破成功，先行攻下济宁，敌军完全覆灭。这些都是闲话，不必多所叙述。我要谈到的是：贺、张、夏等军在鱼台城外与孙传芳部鏖战时，贺部的教导师师长龚宪不幸阵亡；孙部乘势猛攻，并以骑兵包抄，致我方各军，悉行后撤。张克瑶的三十三军的大部，则穿过丰县城南退，成一发不可收拾之势。当在丰县北门，架设重机枪，期遏阻后撤；可是机枪竟被退却的士兵踏翻，毫无效果。时孙逆的骑兵，复跟踪而至，分向城东西做钳形的包围；我和贺、张两军长都还在城内的指挥部，觉到情势异常危急。在这当儿，张军长突派了几个军官，骑着马并扬着“铁军到”的旗子，向城南后退的兵丛中奔驰，并高喊道：“张发奎来了！”这倒生了一些效果，把后退的人潮稳住，并分在城的东南和西南两面做掩护的战斗。在我赶到南门外看到这似幻实真的一幕以后，觉到“铁军”和“张发奎”简直是不可思议的魔力，成为具有振奋性的神奇符咒，因而给我另一个更加深刻的印象。

到民国二十五年（一九三六），江苏省府划定围绕上海市的九个县份为第三行政督察区，并派我任专员兼保安司令。到二十六年（一九三七）秋，日本军阀谋我日亟，七七事变之后，接着上海市撤侨，山雨欲来，随时都可开衅。我方为应变起见，自然预做部署。中枢已内定王敬久、孙元良和宋希濂三个师应付上海市闸北、虹口一带的日军蠢动，并以王敬久（又平）负责指挥。因王系我的老友，约我陪同他秘密到虹口以及宝山一带预先勘察地形。他在这时曾秘密透露给我，知道如果日军挑衅，浦东方面（即川沙、南汇、奉贤、金山等县及松江县一部分）可能由张发奎将军负责。我因浦东各县都属于第三区，而张将军又是给我印象很深的人物，于公于私，都有向他请教的必要。所以，在我打听到他的上海市秘密地址之后，便先行前往拜谒。

初见到这位闻名已久的铁军将领，是不甚魁梧的身材，但显得特别结实。不白嫩却颇红润的面容，配上短短的非威廉式的小胡子，透出果而有力的韵味。说话坚决而爽朗，态度严肃且真挚，因情感丰富，故反应殊为敏捷……这就是我个人对于这位“常山赵子龙”的粗略素描。那时我也曾想到：假如这位将军能再点缀上一点“幽默感”，似乎更完美一些。然而，这只是我个人一点偏见。

我调到苏省第三区任职的时候，中日关系已极形紧张，可以说是危疑震撼之秋；而环绕上海市这一区域的行政，在省府和我个人也都感到职责较重。因而一切措施注意到应付非常之变；内中对于普遍训练国民兵（壮丁），灌输其民族意识及自卫技能，尤为重点。经过一年多的积极组训，约有二十万的壮丁接受军事管理。在我见了这位铁军将领之后，便率直地请他到各县分别检阅我们的国民兵，借以鼓舞士气民心。他当即爽快地答应，不过表明：他是以来宾身份参加的，并须秘密，切忌发布新闻。

记得我第一次拜见他时，为着表示礼貌，曾穿上一身整齐的军装。可是在辞别时，他特别地指示道：“现在汉奸和敌间需要注意。军装最好不穿，领章等更不可佩戴！”他的机警和细心，也令我多了一个认识。从那时以后，我便和他天天各着一身中山装到各县检阅国民兵；这样子大约有半个月。有时候，只有黄炎培（任之）和江恒源（问渔）两氏跟去凑热闹。因为江先生是我的老师，而黄是浦东的籍贯。

环绕上海市的九个县份，不但田地肥沃和民殊殷富，且逼近工商中心的上海市，物质方面购置补充较易。而民众智识水准亦较高，民族意识一经唤醒，更形高涨。所以国民兵的训练集合，均见踊跃顺利；而服装之整齐，及其他配备之充实，我觉得也较为满意。例如水壶、饭袋、背包、钢盔以及军用皮鞋等，甚而如救护队所用之铜盔和防毒用具，都可向上海市各工厂分别订制，补充迅速而便利。加以各单位和各县间有好胜媲美的竞争情绪，因而在形式上来看一看集合的国民兵，除去没有武器外，尚有很不错的“军容”，够得上一看。那时我心里曾有一个计划，打算把各县的国民兵挑选出十二万至十五万人，步伐和服装均再求其严整，围绕着各租界和上海市，以四路纵队，唱着高歌步行一遭，表示出中华民心不可侮，并唤醒上海市民的爱国精神。实在说来，因为希特勒曾有过率领徒手群众在法国马其诺防线前列队示威的举动，我不自揣，确想效颦。有一次，我把这个久蓄于心的意见提出，希望张将军特别指示，并把预备集合地点和行经路线略加陈述。当时在座的江和黄二位击节称赏，并劝我立即准备并提早实行。可是张将军却严正地加以反对，他说："这种计划，目的是什么？是否为着示'威'？你所训练的国民兵，在行军几十里之后，有什么'威'可以表现的？且想象一下！实在说来，我来检阅几天，操场上即便一个'立正'，都未见做得确实，合乎要求；从行列的侧面看去，很少挺出胸腔，只是一些公子哥儿穿着整齐的服装，比画着一些军人的动作；希望他们在列队行军之余，还有'威'可示，宁非笑谈！假如说要亮一亮他们的装备，不如到南京路上去观赏琳琅美丽的橱窗，有什么好看的？假如这么做，并非示'威'，却是示'弱'！"

这盆冷水，当头浇下，初听似觉不很受用，但冷静一想，确属独到之见，乃深谋远虑的金石良言。假如我竟鲁莽地这么做，把我们的壮丁，在青浦境的飞机场集合，列队齐步到了上海市的闸北一带；行军几十里下来，是否还能余勇可贾，有威足畏呢？如队伍不成行，精神亦委顿，有的呻吟，有的昏倒，凌乱的行列里，还要预备些救护车和担架队，似溃兵，似流水，名为示威，实堪贻笑。真是画虎不成，求荣反辱了！当时除把这个欠周密的计划彻底取消，并悟出"物有本末，事有终始，知所先后"的明训确有至理，认为一桩事不该看片面、图急功，而张将军的当头棒喝，何异醍醐灌顶！

不过张将军提出他的异议之后，又沉吟了片刻，继续说道："这种训练，还是有意义和另有运用价值的，可是不能这样用法！"

那次的会谈，也就这样结束。

在我和张将军那次检阅各县的国民兵之后，不到两个星期，日本军阀便在上海市的闸北燃起"八一三"的侵略战火，我们不能不起而应战了。第二天接到奉贤县的电话，知道张将军已到南桥（奉贤县治所在地）组织总司令部，而我同时也接到电令兼任总部的政务处长，并饬即报到。因而我由松江赶往奉贤，算是报到，也就便请训。总司令部是设在南桥镇外一处民房里，记得参谋长是短小精悍的朱晖日先生（好像他也曾做过第四军军长）。在我晋见张将军时，他先拿出两份用“向华兄”开头的简短电报给我看，并说：“凭这个任职，也凭这个组织总司令部，委员长用这样的称呼，实在客气，不过更显得亲切，比官文书用‘张总司令’要亲切得多！”我把奉令兼任总部政务处长的名义也报告了他，并请训示一切。他当即指出以下两桩事，要我彻底执行：

第一，封锁黄浦江及沿海各个渡口和港口，无总部的核准，绝对不许通行。凡黄浦江的各项船只，必须均靠右岸（即东岸或南岸）。电报、电话、无线电等，慎择干部，严密查察管制。

第二，发动所有民众力量，在浦东方面，构筑纵深的各种工事，如盖沟、壕沟及机枪掩体等。开工愈快愈好，参加人员愈多愈好。

指示以后，并说：“这样你所训练的国民兵，都用得上去了。相信一定会做得完善而贯彻！”我想起他以前说过“另有运用价值”，大概那时，他已胸有成竹。

过了几天，我在松江公署里接到他的电话，说是有个独立旅即将开到，旅长系张銮基，因问我张旅是什么来历。我当时告诉他我也素不相识，只知系褚玉璞遗留下部队整编的，是否属实，亦不得而知。他再三吩咐，要我先去见张旅长，说明他很平易近人，并不是莽张飞，并希望张旅长多到总司令部接触，期能相互了解云云。他为什么疑心别人认为他是很“凶”很“蛮”的人呢？不可知！我总觉到他热情洋溢，胸襟坦荡，摸清或深知他脾气的人，真会觉到他是“平易近人”！

又过三两天，他又来了电话，说是有个阮肇昌师即将开到，仍然问我阮师种种情形。我只能就我的一知半解报告给他，说阮是云南人，系陈雪轩（调元）先生的旧部……他也要我先和阮师长见面，把他的为人间接代为告知。

他本是革命军的名宿，对于我方将领的情形，竟隔阂如是，有些出我的意表。大概他出国一段期间，对于国军的状况，不免生疏了吧！

据我所知，开到浦东的国军只有这两部分。又张将军告诉我，另外有个炮兵团，将几门炮的炮位放在黄浦的东岸，掩护得很好，每天瞄准敌舰放几炮，倒可以振奋上海市民的民心，显得不很寂寞。他很可惜仅是七生的五口径的小炮，不能给敌舰以重大的创伤。

到闸北激战四五十天以后，综合各方情势做一判断，知敌人未能进犯浦东的原因，有以下几种：

一、敌在闸北与我军鏖战，呈胶着状态；为求该处主战场胜利计，未遑在他处另辟战场。

二、敌方认为我方部队战斗力之强弱，殊不固定；视指挥将领为何人方可判断（见敌方情报）。因震于张将军的威名，致未敢轻有行动。

三、以浦东封锁严密，敌人无法得知虚实，未敢贸然盲目蠢动。

四、大举征集壮丁，构筑工事；部署大军即将进入阵地姿态。敌尤惊怯，放弃挑衅企图。

综合以上四种原因，在我个人根据种种事实来判断，还是以三、四两因较为重要。兹将所知所见，再列举例证于下。在沪战期间，汉奸及敌方间谍，多于夜间以信号枪发照明弹，做陆空联络，指示目标。黄浦江西岸各县，入夜即时见照明弹升空，而被炸亦形惨重（尤以松江县城内外为甚）。浦东各县夜间即无此现象，因之轰炸极少。张将军的总司令部设于南桥镇外公路侧颇为显眼之处，于沪战期间，迄未移动，但始终未闻遭受轰炸或扫射；这些自然归功于封锁严密，并是敌方对浦东无法渗入的明证。又白天飞浦东的侦察机颇多，无论高飞或低翔，看到有几十万民众在那儿构筑工事的伟大场面，宁不令敌寇惊疑，莫测高深！上海市曾盛传浦东在张将军指挥下有六十万雄师，和这些“疑兵”自亦不无关系。另外且再叙述一段有趣的故事，来帮助大家了解那时的实情。

在沪战方酣时，郭沫若、田寿昌（汉）等和几位记者，由上海市访问张将军，我请求是否接见。因张和郭、田等系旧识，且以他们带慰问之意，未便峻拒，乃准其由米市渡过黄浦江到达南桥。唯切嘱我和总司令部其他高级职员不要和他们接谈。凡涉及军事，由他一个人发言。在宾主寒暄之后，张将军有一段严肃而恳挚的致辞，也可算是出人意表的妙论。大意是说："各位关怀本人防守的力量，极为感谢。事关军事机密，本来不该泄露一点，不过各位系我相知的老友，并且为着神圣抗战，我想一定了解关系重要，会代我保守秘密的。外间纷传浦东有六十万大军，是不确的；实数确是四十五万多人！不过千万不能无意中向任何人泄露，借防敌人侦知实情……"最后仍重托访问者确保秘密。这种虚虚实实的玄机妙招，令我内心不禁喝彩，并想道："他的本家张子房才有这一手，不料他已学来！"不几天，我到上海市协会（是杜月笙氏倡导的协助抗战的组织）遇见黄任之，他向我密语道："张向华守浦东，确有四十五万人，你知道吧？他真了不起，鬼子惹不起他！"我心里觉到好笑，大概张将军已料定有这类情形；并联想到当年的"铁军"成名，一定不仅全恃决胜于疆场之上。

在张将军防守浦东相近三个月的时间内，这个防区虽然包围着半面的上海市，可是各线平静，毫无战事。敌人只在闸北一带一再增兵狂攻，却不敢有进窥浦东的企图，虚实困惑了敌人，岂是偶然？威名固可慑敌，而谋略尤著功绩。若仅以"骁勇"来称许张将军，岂非低加估量？

到了十一月初的一个夜里，我在松江接到张将军的电话，约我在夜间下一点到松江新东门外的竹林内候着他。届时他和朱晖日先生坐着小汽车驰来。他说沪西战事颇紧（那时闸北的战场已移至沪西，由陈辞修先生指挥，驻青浦县的北干山），浦东的部队，已悉行奉调驰援，他正赶往沪西；并说代他的职务是黄琪翔将军，假如日内到，当驻松江指挥。并特别郑重地提到：接防的刘建绪部由浙江赶不到，浦东的整个防务，要全由我的保安部队负责。并切嘱特别注意金山卫这个港口，因为敌舰可在该处登陆之故。大致说了这几点，便匆匆握手告别。我和他在上海战场上一段偶然的关系，便这么告一段落。

自他这么走后，我抱着头坐到幽暗的竹林的地上，知道浦东一定完了。因我那时的保安队，只有两个总队（同于"团"的编制）。已经有一个总队分散做保护境内京沪及沪杭两路上的桥梁，以及黄浦江上的渡口；

手中仅有一个总队，能派得上什么用场？尤其我是一个无名小卒，也该称为庸碌书生，无勇无谋，怎么能担当起这样艰巨任务？不过终于想到张将军那种坚强的意志和无畏的精神，又令我蹶然而起，连夜尽我之所能，加以部署。

自张将军调走后，浦东几乎成了真空，三四日后，敌便于浦东之南端金山卫登陆（似为十一月五日夜，先建滩头阵地，次晨来战船三十余艘方大举登陆）。这是后话，和张将军防守浦东的片段已属无关，所以不必再加叙述。

不过就我所知，还有张将军的言行生活，值得一谈的，不妨再行浪费笔墨予以补充。因为从这些零星的描画中，也可烘托出他的部分真正轮廓。

由以前所述，在张将军没就总司令职以前，我已和他为着检阅国民兵相处了一段时间。及抗战开始，在成立总司令部以后，我是以地方官身份，为谋军政配合，兼任他的政务处长的。所以虽似部属，实近客卿。他驭下较严，不怒而威；平时似苦于无人倾谈，不无有枯寂之感。因而抓到了权充客卿的我，填补上这个空缺。虽然我的公署是在松江，有我的事务需要处理，但一有向总司令部请示时，总会被张将军留下来，凭着杯酒，不拘形迹地无所不谈。这些谈话，也有的还值得回忆。

有一次，我问以前他所训练的第四军，为什么团结得那么坚固，打不散，而行军时指定了宿营地点，任其自动集合，不怕开小差？他笑起来，只是说："太简单，太容易，只要带兵的长官不爱钱便够了！"他说起第四军的经济是绝对公开的。无论什么节余，都做公积金，也便是全体官兵公共的财产。为时愈久，则公积愈多。官兵的生死，其本人或家属都有其应享的权利。官长既对士兵推诚相爱，士兵自乐于效死。何况士兵又不肯放弃他们的财产？有这样的向心力，所以不必顾虑团结不坚，或防止他们脱离行伍。他最后还加了一个结论，说是："文官固应不爱钱，却也应不怕死；武官固应不怕死，却更应不爱钱！"把岳武穆的名言又深一层地道出，令我深深感动。

有一次酒酣耳热之余，我又问起第四军当年作战情形，他以漯河铁桥一战（大致我没有记错）向我提出。说起民国十六年（一九二七）革命军北进到了河南，时张学良的东北军据守漯河北岸，他的部队沿着铁路进至南岸，隔河对峙；中间只有铁桥相通，而铁桥北口，为密布重机枪阵地，意在诱我军进攻，歼于桥上。当时为着“攻坚”起见，即从桥上冲锋。因以“连”为单位，下令由桥上挺身北进，未及中途，已悉行被歼。乃另令一个连，仍行前冲，未至北岸，又均倒下。但仍再接再厉，令第三个连，依然踏越尸身猛进。敌军经这三次人浪的冲击，惊心动魄，支持不了，竟仓皇丢了武器北溃，一泻千里，到了黄河北岸，方得勉强收容起来。他述说了这段往事之后，曾加了按语，约略说是：疆场上决胜，以摧毁敌人战斗意志为先。九里山前的四面楚歌，和漯河桥上的三次冲锋，方式虽不相同，却都是依据当前的情势加以灵活地运用，自然收到相当效果。像漯河桥一役，牺牲了不到三个连，几未费一弹，已收获如此，岂是一味残酷？我听到这段往事，我倒认为他也得了黄石公的天书，并不仅是“一身都是胆”的赵子龙！

可是他在畅谈之后，却又感慨地说道：“假如现在仍把第四军交给我，我再也不能指挥他们做漯河桥那样的战役了！”我问他那是为何，他因而继续讲下去：“我因政治上的小问题，必须离开第四军，你该会知道的（事实上我一点不知，他这么说，我不便说我不知，更不便追问是什么小问题。也许因有未得中枢信任之处）。离开军职，当然想出国‘考察’，可是分文莫名，如何动得了身？后来干部会商，要我在四军公积金里提了十万元，这样才得成行。须知干部同意，纯属徇情；我竟收受，总是内咎神明，也算喝了兵血！心里有了这种歉然之情，纵然部队能予我以原谅，我也无从原谅自己！我的精神已非圣洁，如何能忍心再命令他们效死！”他是信奉良知主义，具有近于儒家“自反”和“正心”的素质，丝毫不会自谋私利，或文过饰非，因而我更进一步了解他的纯挚和本色。

另有一次闲谈中，问他到国外“考察”一番，有什么新的观感。他对于这个问题，深感兴趣，因又神色飞舞，大开话匣。其所谈要点略为：在他出国之前，相信武力万能，认为练出十个八个或更多的第四军，必能统一全国并进而与列强争雄。但自到了法国参观了马其诺防线以后，观念即开始转变，方知国力不是武力，而是智力和经济力。而智力和经济力，则都源于政治。没有良好的政治，什么力量都没有，哪里会有武力！这真是精确不磨之论。而周游列国一次，他在认识上的收获不是异常丰硕吗？只凭穷兵黩武，不知政治修明，实属本末倒置；力终枯竭，何能久恃！

那时江苏省的主席是陈果夫先生。在谈话中知张和陈向不相识，自然毫无来往，这也是我想不到的事。因此，关于浦东方面军和政的配合，张总部便不和江苏省府商洽，不论巨细，完全落到我的身上。有一次在沪战紧急时，苏浙边境要赶筑一条军用道路，这路需要办征收土地手续，并酌发征工津贴；所需技术人员及拨发经费，自须省府负责。张将军却偏不向苏省府电洽（奉我们最高统帅部命令，要转洽苏、浙两省府赶办的），还是招我去，面嘱由我把江苏的一段负责完成，认为这段路是在我的行政辖区以内。事关军用，我也只好接受。不过张在我辞行时，又郑重地向我说道："这条路的需要很迫切，筑成愈快愈好。不过我很知道，浙江段一定会比江苏段做得快，毫无疑问，因为浙江的黄主席（那时还是未附逆的黄绍竑）表示很认真的原因！"在我离开总司令部回到松江后，认为军用既急，何能延误？但浙江段一定会比江苏段做得快，是根据什么说的？因而一面报告省府，一面运用国民兵的组织，紧急征工，无条件地劝令民众贡献出供给军用道路的土地，以完全义务的劳动来赶筑，夜间挑灯工作，亦不稍停（因浦东一带，无敌机盲目轰炸，夜间挑灯工作，尤无敌机来扰的顾虑）。经三昼夜，除桥梁外，土基完全筑成。时省府所派技术人员及拨发经费刚到，而浙江尚无动工迹象。在我向张将军报告的时候，好像以事实证明他所预测的完全错误。他却表现出难得见的笑容，连声道："我知道你会做得快的，还是吃杯酒吧！"我才知道，他是用了"激将法"，我那时年轻气盛，就该这样刺激；可惜我很呆笨，事前并没能领悟到这一点。

那时浦东的安谧，真是令人难于置信，除去听到沪西和沪北战场上炮声及敌机轰炸黄浦江西岸各县的炸弹声以外，几不认为有战事发生。其初还尝见有侦察机不断侦察，后来即便侦察机也少发现。每到晚间，我们的飞机投弹轰炸黄浦江里的敌舰，和敌舰上所发高射炮构成的火网，倒令浦东民众像是看到绚烂无比的焰火。有一次，余井塘先生（那时他任苏省民政厅长）冒着敌机的轰炸，间道到了松江，慰问我们，并实地了解沪郊情形。得了张将军的许可，我陪同他参观浦东阵地，他也认为敌军接近浦东，并无战事，殊感意外。在看了所构筑密密层层的工事以后，见大多是空的，更不知目的何在。我悄悄地向他报告，说这是古代虚张声势“增灶”却敌的办法，关键即在封锁严密。很有些像《三国演义》上张翼德当阳桥头布下疑兵的情形。当时余先生也称许道：“想不到这位将军富于谋略！”因互约特别保密。

张将军的日常生活，衣着饮食极为随便，除去吃点酒以外，无任何嗜好；假如说有，那就是骑马、打猎和打网球等运动了。至于吃酒，量不大而很豪，三五杯即尽兴；但也不是经常要吃，有客有友，不妨小饮。那时我忝居“半客卿”的地位，也就高攀得上做他军中枯寂时的酒友。相对衔杯，很可欣赏他的豪情说论，不拘形迹。因他在那时的总司令部里，一得闲工夫，便拿着网球拍子或是猎枪之类，向外随便地跑，有时他的随从也和他失却联系，不知去向。高级幕僚们总觉到他的安全重要，并且在非常时期，更应为国珍重。可是这种忠告，无从邀他采纳；都知他个性颇强，相应不理。因而托我在杯酒倾谈时，要他行止慎重，借防万一。有一次，我把这个意见提出，还没有说了，他抢着说：“一定是他们托你来说的，且让我谈我的道理！”他很兴奋地阐述他的看法，大意是说：自他一当军人，便把死生置之度外。在他自下级军官起，在枪林弹雨中大都身先士卒，可是不但活着，且不曾负伤，即便子弹擦破皮也没有过，那些会为安全着想的军人又怎么样？即便认为这种偶然或侥幸的事例不足为凭，怕敌人或汉奸打黑枪，这更是杞人忧天；被人注目的总司令部都没被炸过，怎会有人行刺？尤其我着便衣，出外无定时、无定处，便有行刺的人，怎么好预备下手？假如有警戒和部署，那就等于告知他们了！最要紧的，还是注意严密封锁，令敌人无耳无目，才算抓住要领。在枝节的地方着眼，自无是处云云。从这种论点来批评他，能不认为他因为有“识”才表现出有“胆”吗？他的个性虽强，但不是无理性的武断。

又上面我曾说过，张将军奉令离开浦东防地，在松江新东门外的竹林里，深夜和我话别的时候，曾说到代总司令是黄琪翔氏。因而我把有关黄氏这一段也附带略叙一下。

在那军事急迫期间，这位代总司令在什么位置来指挥呢？我无从了解，更不便查问。到了金山卫已有敌人大批登陆（我们歼灭敌人，拿到他们的符号，证明是近卫师团），防守该处的只有我的保安队一大队（等于一个营），当在炮火轰炸下即被消灭；敌因向松江城挺进。金山卫距松江城只有六七十华里，本是行军一日途程；只因那一地带，港汊纷歧，且隔黄浦江，以致敌人进行迟滞。我因情势紧急，曾电话向东战场统帅陈公辞修（时位置仍在青浦的北干山）请示；蒙谕知沉着应付，并谓已派川军郭军长汝栋驰援。在郭军将到之前，有一位先生带着两个随从，到松江城内来看我；时松江城内炸得不成样子，除守城的保安队外，居民已逃避一空。我意识到这位贵宾必有使命，果然，这位就是我们的“代总司令”！

一见这位从未拜晤过的黄将军，仪表不由令我惊奇。他真是生得面如傅粉，唇若涂朱，身材魁梧，气宇轩昂；尤其丰润而笔挺的鼻子下面，像贴上淑女两撇秀眉的小胡子，更显得英俊潇洒。一身毛呢的中山装，非常整洁平匀，穿了烂军装的我站到他的面前，不禁自惭形秽！心里在当时忽然暗想道：假如那位张将军是“常山赵子龙”，这位将军应该是“温侯吕奉先”！（因我看过一次粤剧，把吕温侯扮得十分俊俏，因有此想法。）

随即郭军开到了，郭军长下了“活杆”（四川的山轿）和我见了面，他不但瘦小，虽然也带两撇胡子，可是比起我们的代总司令，自然相形见绌。他的全军由北战场下来，都编交马福祥旅。我问马旅长全部有多少人，他说约当于一连，只有一百十余人。我们虽然初次见面，因在共生死之际，很易亲密。我也告知他：城内仅有保安队两个大队。这时代总司令即严令我们布防扼守。部队虽然不多，但以高级将领亲自指挥，也就精神振奋，毫不畏惧。郭军长此时念念有词，谛听之下，知再三讽诵“临难毋苟免”一语借以自警；这也令我和马旅长益坚宁死于壮烈杀敌的信念。到了第二天，敌距松江县城只十余华里，正搭浮桥拟渡黄浦，情势益见急迫。代总司令当面给我一个手令，着我并转郭军长汝栋及吴军长克仁，要我们三人死守松江三日，掩护退却，违即军法从事。我当时请示吴军长何在，他凛然地说道：“自然吴军长会到的。我要你们遵令达成任务，否则杀头！”我未敢多问，深知守土有职，何况当此抗拒异族入侵的圣战？军令森严，自属当然。在那天夜里，吴军果由北门开到，唯敌已进攻南门。至如何我们死守三日，如何突围，如何在突围后吴军长死于敌人便衣队，这些是后话也是闲话，不必多提，以致攀扯太远。我要说的，便是把这位代张将军职务的将军在这种情势下的表现约略叙来，借和张将军有个比较。

在代总司令给我严令的时候，看到他拔出钢笔在一张道林纸上所写的字迹，确实娟秀异常，得未曾有。尤其签名的美观，令人印象颇深。虽在敌机狂炸之下，还能引得我有鉴赏艺术的心情。心里想，这位将军一定深有文学的修养，说不定是位高度的美术家，可惜被他武将的大名所掩！那个手令我在传示吴、郭两军长之后，曾由我珍重保存；可惜在突围时不幸遗失了，迄今犹以为憾！

另外还要一提的，敌人自沪战起后，以种种原因，对于松江县城炸得特惨。金山卫登陆后，敌机监视尤严；夜间不断以照明弹投下，令人日夜不能举火。城内炸翻了过来，都是大坑小坑，满布倒下的电线。除去防守的部队外，民众已悉逃走。记得我们吃的极感困难，马旅长送我一大瓶的绵阳大曲，挂到胸前，借解饥渴，令我万分感激（后来我去重庆，特到遂宁面谢这位马前旅长，即为赠酒之故）。这种情形，代总司令岂能不知？不过无论如何，不会让他受不到茶饭供应的。可是他在那种情形之下，还要每餐一鸡；他的随从向我索取，因为我兼地方官，已有此义务，何况又是被指挥的部属。在我说明困难之后，仍然未获特准。据说代总司令平时必须每餐以一鸡蒸汁供给营养，在此军事纷忙，自益不能废止。我因而想到：怪不得代总司令面如冠玉，白嫩而红润，精神益形奕奕，原是鸡汁有此功效；益令我多一新知。想到那时派一城防上精干的分队长，竟能远到乡间，弄来（系“捉”系“检”系“买”，抑系“偷”，已无暇过问）几只不易得的珍禽，还未辱命，真属不易。

可是在午餐后（那时下过手令，吴军尚无开到消息），正布置防务时，突然勤务报告，说是代总司令不知去向；这一惊自非小可！（代总司令即在我的公署内办公。）假如有什么意外，怎么负得起这样重责！好在又得北门守卒的报告，说有一位高级官长，上了一只小船向后方泗泾那个方向而去，询明那特殊英俊的仪表后，才放下了心。

前总司令的张将军，临别在竹林里向我指示机宜，那一幕的壮别，和代总司令神龙见首不见尾式的悄然离去，都令我深刻难忘。至张的“斗酒”和黄的“只鸡”，都很高雅，类于轻裘缓带的儒将风流，不过给我们的印象却迥然不同。因连带提及，借明各有其作风。

写到这里，屈指计算，此时距张将军防守浦东的片段，已逾三十五个年头了，往事模糊，已近淡忘。且本人所有笔记等都于兵燹中丧失，月日及人名，复多记忆不清。而我和他原是时势所迫，幸得萍踪偶聚，只百余日相处，观察自殊肤浅。尤其别后，迄无晤教机缘。纵三十七年（一九四八）开第一次国大代表会议时曾同出席，但各以事，未得接谈。以此种种之原因，实不敢妄诩相知，漫做批评。唯彼近于日本政客又行背信忘义、倒行逆施之际，亟至台湾，借示敌忾同仇之意，深深令人感动。所以就我所忆及的情形，对于这位具有威名的将军，略示纪念和景仰之忱。

记得他守浦东时，年届四十，但一切动作却似青年。例如他外出，除一袭短装外，手中惯拿球拍、马鞭或手杖之类。横持着马鞭，却不一定要骑马；若拿着手杖，不多见拖在地上或拄在手中，也是像拿马鞭一个姿态。总之，他的虎虎有生气，显得极为自然。那时他的总司令部所在地的奉贤县长，是于锡来兄（现任“立法委员”）。我俩都感觉到这位将军是“力”和“热”的结晶，温而厉，威而不猛，尤其富于青春可爱的气息；而在军政配合上，也就因精诚无间，做得极为圆满。他是长我七岁，屈指计算，已近大耋之年，是否还保留一些当年神态，自无从臆测；而此番来台，未得一睹丰采，尤深以为憾。并不禁要吟出辛稼轩的词句道：“凭谁问，廉颇老矣，尚能饭否？”美人名将，终见白头，往事追维，为之三叹！

原载《传记文学》第二十二卷第二期（一九七三年二月号）

八一三淞沪会战回忆

张柏亭

（一）枕戈待旦

四十五年前的事了，日本军阀自“九一八”侵占我东北以来，得寸进尺，贪得无厌，到民国二十六年（一九三七）七七卢沟桥事变，我们实在已经忍无可忍，真正到了“和平绝望，牺牲最后”的关头了。于是蒋委员长毅然决然振臂而起，领导全国军民，展开抗日圣战，并为争取主动，造成有利战略形势，于八月十三日先机进军上海，点燃近代史上有名的“淞沪战役”。

上海为我国经济中心，亦为首都门户，在倭敌侵略的蓝图中，固早有强袭上海，扼制长江口，以威胁我南京首都的企图。我统帅部知彼知己，在京沪地区亦早做必要的作战整备。国军精锐的八十七师、八十八师、三十六师、教导总队为领袖亲训部队，聘有德国顾问协助训练，驻戍于京沪线各要点，孝陵卫、无锡、苏州、常熟一带；沪杭路上则以嘉兴为中心，亦驻有第五十七师阮肇昌部。

早于华北情势紧张后，统帅部就已经用“军校野营办事处”名义，在苏州狮子林设置指挥部，经常召集各部队长及幕僚，研讨策划对淞沪方面作战整备的一切事宜。各部队官兵斗志昂扬，士气振奋，枕戈待旦，准备随时出动杀敌。

（二）地形侦察

民国二十一年（一九三二）“一·二八”抗日战役之后，中日《淞沪停战协定》规定，国军在京沪线的驻戍位置，不能超越昆山（安亭至浒浦口线）以东地区，其后上海警备司令部虽以维持治安为理由，成立一个保安总团（吉章简将军为总团长），辖有二个团，相当于一个步兵旅的兵力，但其装备训练不足，没有多大作战能力。由于局势日益恶化，驻节苏州而实际负责策划战备的副长官顾祝同将军（长官由蒋公自兼）为争取先机，命驻守无锡之八十八师（师长孙元良将军）以一个团——吴求剑将军率领的五二三团，化装为保安队分批潜往上海，利用地方关系掩护，接替防务，在闸北宝山路、龙华、徐家汇、虹桥、北新泾、真如一带，秘密构筑必要工事。上海的杜月笙先生，利用其地方关系，配合国军预定的作战计划，在闸北一带要点租赁民房，在室内密建钢筋水泥掩体，平时不落痕迹，使用时打开枪口。

同时，野营办事处分批集合各部队营长以上干部，前往上海侦察地形，认识尔后的攻击目标。我是第二批，参加八十七师旅长刘安祺将军率领的那一组，主要侦察范围为闸北地区宝山路、八字桥、江湾路一带，特别对北四川路底、天通庵附近日本海军陆战队司令部四周，详密反复侦察，和我同行的有炮兵营营长王洁中校与谢晋元中校等人。我早年曾在江湾路法科大学读书，住在横浜桥附近余庆坊的亭子间里，每天挟了书包往返好几次，真可说是熟门熟路。谢晋元中校则于北伐时期龙潭作战后，担任廿一师连长时，驻防闸北甚久，也是识途老马。其余的同行人员，则都光头西装，行动有点土里土气，多少引起了日军怀疑，在公园靶子场附近，发现一批流氓型的大汉，在我们后面指手画脚，跟踪而来。幸而我们发觉得早，我带着转几个弯，在北四川路朋友家躲避风头，不然的话可能会发生麻烦，以致构成纠纷。

（三）孙将军当机立断

伟大的日子终于来到了，我们在八月十一日接到命令，向上海出动，由铁道输送真如集结待命，真如离上海北车站约有十余公里，市郊一片旷野。师长孙元良将军随第一列车先行，在真如得到的情况是：原驻上海及由武汉撤沪的日海军陆战队五六千人，并动员居留上海的日侨在乡军人共约万余人，也已经在虹口区集结完毕，仓促开始行动；另有敌舰二十余艘组成的船团，掩护运输舰五艘，正向上海急驶。

孙元良将军是"一·二八"抗日名将，以庙行一战成名，他熟谙淞沪地区形势。上海南瞰黄浦北枕吴淞，阻江而濒海，地形由杨树浦西向倾斜而下，从闸北东向建筑物亦愈益坚固高耸。在此情况之下，如果遵照上级命令在真如待命，则前方作战要点尽将委于敌手，先机尽失，尔后要采取攻势，则成为攻坚、仰攻；若要采取防御，则真如附近一片平原，无险可扼。于是，孙将军当机立断，决心指挥先头到达的二六二旅，以疾风迅雷之势，向闸北地区推进，占领北火车站—宝山路—八字桥—江湾路之线。这一英明的决断，对其后整个淞沪战局的发展，可说具有决定性的影响，万一稍有迟疑逡巡，则好机转眼即逝，闸北轴心阵地，将无法形成，而其后淞沪战场的形势，要完全改观了。

（四）淞沪战役的引火点——八字桥

八字桥是淞沪战役的引火点，民国二十一年“一·二八”沪战的战火，从八字桥燃起；最为巧合的，五年后“八一三”战役的战火，仍然由八字桥燃起。

八字桥因两次沪战而闻名于世，事实上所谓“桥”，只是宝山路与日海军司令部间街巷大水沟上架设的通道而已。这个地点在作战上极为重要，敌得之，可揳入我阵地，阻断我南北联系，使我有骨鲠在喉之感；我得之，进则可作为攻击之据点，守则构成全阵地体系之核心。是以八字桥在闸北地区，成为敌我必争的要点。

我二六二旅在旅长彭巩英将军指挥之下，推进至北火车站附近后，以五二四团在右，五二三团在左，迅速展开占领阵地，利用杜月笙先生构筑的家屋内工事，打开枪口清扫射界，构成坚固的街市战阵地。这时敌军也正由虹口地区，沿吴淞路、北四川路行动中。我五二三团团长吴求剑将军，曾参加“一·二八”战役，熟知上海地形，率领易瑾少校之第一营向八字桥搜索前进，先头进抵八字桥西方时，敌人的前哨部队也正好到达。双方针锋相对，立即发生冲突，由易瑾营射出了淞沪抗日战役的第一枪，时为八月十三日午后三时稍过。敌我都没有占领八字桥，八字桥通过战役全期，成为中间地带，激烈的战斗在八字桥周边进行。

（五）攻击敌海军司令部

敌军以虹口区为根据地，背靠黄浦江，其阵地以汇山码头为起点，沿吴淞路、北四川路，以迄江湾路虹口公园对过的日海军陆战队司令部，形同一条长蛇，以海军司令部为首，而以汇山码头为尾。我军在作战部署上，亦以打击其指挥中枢的海军司令部为优先目标。

我二六四旅于十三日下午到达，为争取先机，决心不待敌海上增援部队来到，于翌日（十四日）展开攻击。由二六四旅为主攻部队，超越二六二旅，集中力量攻击敌海军司令部，黄梅兴旅长为国军中有名的勇将。

十四日拂晓开始行动，勇敢的黄梅兴将军率五二七团、五二八团，超越二六二旅向江湾路推进；二六二旅则以北车站为中心，在右翼方面向当面之敌牵制拘束。孙元良师长为掌握战场状况，在第一线设定两个指挥联络哨，由副师长冯圣法将军为右联络哨，位置于北站大楼；笔者为左联络哨，位置于水电厂屋顶。水电厂在闸北水电路，距离敌海军司令部只有二公里左右，在昨日（十三日）的战斗中，已被机枪弹与迫击炮弹破坏得千疮百孔。从屋顶展望，江湾路一带尽在眼底，可以清楚地看见敌军在虹口公园周边、持志大学、六三公园一带活动。我攻击部队由爱国女校方面，自左翼旋回压迫敌军，逐次前进，敌军节节后退，利用特制的钢板防盾沿江湾路顽抗。晌午时分，我英勇的攻击部队前仆后继，已经接近敌海军司令部附近，敌兵遗尸遍地，一部分退入其司令部，其余狼狈沿北四川路南窜，后据外国记者报道，有遁入公共租界避难企图，租界内的英军及万国商团等曾在苏州河岸严密戒备。正在此紧要关头，不幸黄梅兴将军立于阵头指挥，在爱国女校附近被敌迫击炮弹击中，当场壮烈殉国；同时成仁的，尚有旅部参谋主任邓洸中校，及通信排官兵三十余人。时为下午三时许。

黄梅兴将军为淞沪战役中，我高级将领阵亡的第一人。由于黄将军的阵亡，指挥顿失重心，攻击不得不告中止。第八十八师于沪战开始后，扩编为第七十二军。当晚，第二师钟松独立旅到达战场，归入军序列，在观音堂司令部匆匆与钟旅长及邓钟梅副旅长见面后，不稍停留立即增援第一线，接替二六四旅防务。这一天的战斗中，我二六四旅伤亡黄梅兴将军以下千余人，仅五二七团即有连长七人阵亡，战况之惨烈，可以想见！

（六）突击“出云”舰

作战开始后，黄浦江内敌舰云集，多达二十余艘，以密集舰炮射击，协同其地面兵力战斗。我彭孟缉上校指挥的炮兵第十团，虽亦在彭浦一带放列，但火力不足与敌舰炮抗衡。

世人咸知谢晋元将军为一员勇将，以率领八百壮士在四行仓库奋守而名闻中外，殊不知谢将军智谋深远，更是一位具有高度修养的参谋人才。沪战初期，他原任二六二旅参谋主任，和笔者保持业务上紧密联系。

江南初秋，气候仍然燠热，俗称为“秋老虎”。八月下旬某晚，我不能入睡，正倚窗遥望战场夜景，敌我曳光弹交互射击，有如流星；正好我空军临空夜袭，敌阵地高射机枪开始射击，火花喷放胜似庆典焰火，十分壮观。

我正在出神，背后有人招呼，是谢晋元中校来访。

——中民兄还没休息!

——有点事来商讨。……浦江内敌舰云集，舰炮射击构成我们莫大困扰，必须有个应付方法。

——中民兄有好主意吗?

——今天和王兆槐兄研究，停靠在汇山码头的“出云”舰为敌方旗舰，为其指挥中心，敌酋长谷川清就驻在上面，擒贼先擒王，打蛇先打首，我们先把“出云”舰摧毁，定能获致重大效果。

我深以为然，于是谈到摧毁“出云”舰的技术问题，谢同志有其具体的构想，并谓如果决定进行，王兆槐同志可以为我们协力。兆槐兄时为淞沪警备司令部稽查处长，我也深知其果断干练。于是立将谢同志的建议转报军长，认为可行，并即指派谢晋元同志策划进行。

数日后，谢同志在王兆槐兄的协力下，经过周密计划，完成了一切准备。当时黄浦江尚未封锁，民船可以通行，准备了一艘快速的小火轮，携带特种爆炸物，由南市十六铺附近出发，预期驶近“出云”舰三四百公尺处施放。可惜实施时，执行人员有欠沉着，未达预定距离过早发射，以致未能击中目标，仅炸毁汇山码头一部分设备，我三名技术人员则遭敌火射击，不及逃离现场，做了殉国的无名英雄。

当时汇山码头发生大火，报章腾载，大快人心，谢同志的计划虽未能达成，但已震骇敌军，获致精神效果。其后敌酋不敢再在该舰驻节，而黄浦江内敌舰，也远向杨树浦以东江面移动，舰炮射击一时陷于沉寂。今王兆槐兄同在台湾，当犹能忆及一二也。

（七）伟大的铁拳计划——刘宏深少校殉国

“铁拳计划”是由德国顾问设计，而由笔者完成参谋作业。

抗战前中德邦交友好，第一次大战期间，德国的最后一任参谋总长塞克特（Hans von Seeckt，一八六六—一九三六）上将，受聘为我国军事总顾问，率顾问数十人，来我国协助军事建设，在各教育机关及京畿附近部队，如教导总队、八十七师、八十八师、三十六师等单位，指导教育训练，一切动作完全采取德式。

战争爆发后，因受政治影响（德、意、日结为轴心），塞克特被召返国。行前向我领袖辞行时，表示愿留下少数德国顾问，作为在我国服务的最后效力。领袖接受其好意，派一位德国顾问来到八十八师，日久忘其名。淞沪战役发生后，军长命我与该顾问共同策划，准备依德国闪电战的方式，发动一次突击作战。

当时德军正在欧洲战场采行闪电战术，德顾问就当时上海战场形势，认为日军阵地由汇山码头经吴淞路、北四川路，以迄江湾路，蜿蜒有如一条长蛇，宜在其腰部选择一个要点，集中威猛火力发动突击，将其拦腰斩断，首尾不能相顾，而后直向其心脏部进出，则敌抵抗组织自然归于瓦解。

研究结果，我们选定虬江路为突击点，遵从德顾问意见，选拔精壮勇敢的战士五百人为突击队，携带轻便锐利的近战武器，以优秀营长刘宏深少校为指挥官；同时集中全师炮火，由炮兵营长王洁中校指挥，在附近放列担任掩护；另在突击位置配置多数自动火器，直接支援。预定拂晓开始行动，先以炮火猛烈轰击目标地区，再由自动火器支援发起突击。该计划定名为“铁拳计划”。由于突击地区在二六二旅阵地正面，一切细部参谋作业指定由谢晋元中校负责完成，并由其指导实施。

当夜完成一切部署，翌日按照计划行动，炮兵于拂晓密集射击，虬江路敌阵地附近一片火海，烈焰冲天，所有工事与建筑物尽行摧毁。紧接着，刘宏深少校身先士卒，率领突击队适时冲进，毙伤敌兵无算，横尸街巷。不幸刘宏深同志深入敌阵，亦中弹阵亡，虽已予敌重创，终告功败垂成，未能达到预期目的。

刘少校军校五期卒业，湖南醴陵人，品学俱优，青年有为，殉国时年仅二十八岁，新婚甫三月，缅怀英烈，惆怅无已！

（八）闸北轴心阵地

淞沪战场我军战斗序列，最初区分为左右两翼，黄浦江以东的浦东地区为右翼军，中隔市区（南市及英法租界），自苏州河以北为左翼军；右翼军司令官张发奎将军，左翼军司令官初为张治中，后由朱绍良将军接替。左右两翼军的作战负担并不平衡，实际上左翼方面是主战场，右翼方面只是沿黄浦江岸警戒监视而已。

左翼军的初期区分，以八十七师、八十八师、三十六师为基干分为中、左、右三地区，同时八十七师升格扩编为七十一军，八十八师为七十二军，三十六师为七十三军。以八十八师为主体的七十二军，位置于左翼，紧靠苏州河北岸，至江湾路之间为作战地域。

战役初期，我军居于主动地位，采取攻势行动，对虹口地区之敌，构成包围态势。自从“八一三”由五二三团易瑾营，在八字桥射出第一枪后，十四日攻击敌海军司令部；同在那一天，我空军在杭州上空，击灭来犯的敌木更津航空队。十五、十六日，续由我八十七师、三十六师，由江湾路敌阵北翼，向其侧背迂回攻击，敌军退至汇山码头附近，依据坚固建筑物顽抗，纵火阻止我前进。因我军缺乏攻坚武器，未能克奏全功。这是我军攻势的最盛时期。

到八月二十二日，敌酋松井石根率第三、第二十一师团，及第十六、第十三师团各一部，在吴淞附近登陆，向蕴藻浜、吴淞镇、狮子林一带推进；同时我增援部队也陆续到达战场，战区渐形扩大。于是原来的对敌包围态势，渐渐改变为敌我东西对峙的局面；更由于敌我增援部队的源源到达，战线不断向北翼延伸，直达扬子江岸。

我军改取战略持久的方针后，闸北地区的八十八师成为全战线旋回的轴心，依托苏州河岸，努力加强工事，构成街市战纵深阵地。并由工兵营营长蔡仁杰少校主持，集合志愿服务的土木技术工人，组成工程队，设计一种分解式的钢筋水泥掩体，先在后方做好，然后利用夜暗车运第一线，在各要点装置接合，使闸北阵地很快构成钢铁般的金城汤池。蔡仁杰少校不眠不休，厥功最伟。（其后蔡同志任张灵甫将军之副军长，逝于鲁南孟良崮，永念斯人！）

在八月下旬，敌人曾多次攻击我闸北阵地，均遭我守军击退，迭予重创，敌在广播中公然称八十八师为“闸北可恨之敌”！

自此，敌在闸北正面，直到我军转进为止，不敢再做任何蠢动，转移目标于我左翼方面，对我江湾以北的友军阵地加强压迫，战线逐次后移至江湾—顾家宅—刘行—罗店之线；至十月下旬，更后移至小顾宅—大场—嘉定—走马塘—新泾桥—康家桥之线。但我闸北阵地，始终保持轴心地位，屹立不动，也没有换过防，从“八一三”直到十月二十六日向沪西转移，血战两月又半，敌军未能越雷池一步。

十月二十五日，大场第十八师友军阵地被敌突破，我左侧背受到威胁，才奉命转移到沪西阵地。敌军吃足了八十八师的苦头，在我离开闸北后的第二天，还不敢放胆前进，唯恐我尚有伏击部队，便纵火焚烧，大火从北火车站一直烧到恒通路、恒丰桥一带，蔓延数里一片火海，真是可恨又可耻！

（九）指挥位置的秘匿

沪战开始后，全上海各界市民充分表现了爱国热忱，无论男女老幼都与前线战士一条心，大家同仇敌忾，打成一片。地方人士杜月笙先生等组织“抗敌后援会”，青年学生与工人组成“抗日救国青年团”，号召“有钱出钱，有力出力”，供应车辆、食物、日用品，以至各种作业工具，协力后方工作。很多青年志愿从军，直接上第一线参加战斗。军民打成一片，民心士气高涨到了极度，实开我国“总体作战”之先河。

但上海五方杂处，居民良莠不齐，不免有极少数的地痞流氓，受日本人收买利用，混杂在都市的各个角落，做通风报信的工作。战事突发时，闸北地区仍是热闹的市街，这些小汉奸混杂活动，捣乱治安，刺探军情，我们送公事的传令兵常遭暗算失踪，或被抢走公文，真是防不胜防。

中山大道原为“一·二八”沪战后依军事的着眼而修筑，由沪西贯穿到北火车站，成为闸北战场的大动脉。作战初期，我们选定中山大道三十一号桥附近的观音堂，作为司令部位置，一时成为记者群与热心地方人士探访慰劳的目标。机警的孙元良将军立即有所预感，当十四日黄昏和钟松旅长见面后，迅即离开侦察新位置，决定第二天移往苏州河边的福新面粉厂。正好在我们离开期内，敌舰炮对准观音堂射击，中殿佛像打得粉碎，我的床铺炸得无影无踪，残壁上插了好几枚不发弹，不禁捏一把汗。

其后，我们司令部像捉迷藏式地移动，敌炮总是如影随形，最后移到苏州河畔的四行仓库，但对外始终仍以观音堂为联络位置。为了战场后方安全，不得不劝导闸北居民迁往安全地带，市民们毫无怨言，扶老携幼越过苏州河，避入公共租界。

四行仓库是金城、盐业、中南、大陆四个银行的堆栈，位于苏州河北岸北西藏路西侧，门前沿河是光复路，左前方即为新垃圾桥。苏州河是一条上海通往后方的内河动脉，一般物资经由苏州河运往内地，同时内地的土产与农作物，也经由苏州河运到上海；河幅虽有百余公尺，但河床甚浅，水道淤塞，污乱不堪，涨潮时舟楫通行无阻，退潮时只剩狭隘的泥浆水道，船行要用竹篙撑持。直到闸北放弃，我们司令部位置再没有移动，最后作为最后阵地，授命八百壮士奋守，写下历史最光荣的一页。

（十）淞沪战场的最后阵地

平心检讨淞沪作战，敌我双方都犯了逐次使用兵力的毛病。我们虽是在自己的国土内作战，但内地交通梗阻，后方部队赴战，欲速不达；敌方海上运输便捷，动员准备良好，但抱轻敌观念，最初高唱速战速决，以为三个月就可以制服中国，等到不得已时派兵增援，再增援，总不肯彻底投入兵力，而期极力节约力量，备为应付其他方面之用。

白卯口登陆的敌第三师团，向我左侧背拊击，于十月二十五日突破我大场阵地后，统帅部决心调整态势。二十六日早晨，顾祝同副长官（委员长自兼长官）电话征询孙师长意见，有意把八十八师留置在闸北地区，分散据守村落据点，并相机展开游击。孙师长就战场实际状况，具陈所见，认为徒做无谓牺牲，难收实际效果，但如上级已做决定，自当奋力以赴，克尽革命军人天职。因在电话中不能详述，派我去面报种切。

当时大场方面友军的情况，尚在继续恶化，失去了联络的溃兵与伤兵，纷纷由小南翔方面退下来，秩序非常混乱。敌机不断在上空盘旋，发现目标立即低飞射击，我沿中山大道乘车前进，遭受多次袭击，走走停停，沿途一片凄凉景况。在沪西中山大道五十一号桥附近下车，循小河边西行，约三里处走过一座小桥，在竹林中茅屋内找到了副长官。副长官正在观看壁上张挂的地图，我敬了个礼。

我：报告副长官，我是八十八师参谋长，孙师长派我来当面请示。

顾将军点点头，招手要我近前，先叫我就图上指告闸北战场目前一般状况，以及各部队配备情形。我顺便报告了来时沿途所见，建议指挥所应该立即移动位置。遂即谈到正题。

顾：大场情况变化后，闸北阵地侧背完全暴露，必须调整态势。但国际联盟十一月初要在日内瓦开会，会中接受我国控诉，将讨论如何制止日军侵略行为，所以，委员长有意要贵师继续留在闸北作战，把一连一排一班分散，守备市区坚固建筑物及郊区大小村落，寸土必争，要敌人付出血的代价；并相机游击，尽量争取时间，唤起友邦同情。

我：统帅的决定，当然绝对服从，不过就任务遂行的效果，有些意见孙师长要我来面报。

顾：你尽管说！

我：闸北除市街外，市郊一片平坦，毫无隐蔽，地形上不具备游击战的条件。至于分守据点，事实上也有困难。因为本师已经先后补充了六次，目前老兵只有十分之二三，这情形正如一杯茶，初沏时味道很浓，经过六次冲开水，冲一次淡一次，越冲越淡；新兵未经过战阵，有些新兵甚至连枪都未放过，目前全靠干部和几成老兵，在阵地上支撑，对新兵且战且训，渐渐在实战中锻炼其战技。在各级干部层层节制的掌握，以及老战士带头之下，尚可保持战斗体系，一旦分散配置，则维系力顿告消失，期望发挥各自为战的效果，恐怕难之又难。

副长官沉默了一会儿，点点头。

顾：那么，你们准备怎样来实践委员长的意旨呢？

我：部下的想法，委员长训示的是政略目的，是要强调日本军阀的侵略行为。上海是一个国际都市，中外视听所集，要在国联开会时，把淞沪战场的现实景况带到会场去。既然如此，似乎不必要硬性地规定兵力，也不必要拘泥何种方式，尽可授权担当部队，斟酌战场实际状况，来做适切的措置。

顾：你具体地说说看，究宜采取何种方式？留置多少兵力？

我：依部下看，留置闸北守备最后阵地的部队，兵力多是牺牲，兵力少也是牺牲；同时，守多数据点是守，择要守一二个据点也是守，意义完全相同。最好授权部队，以达成此项目的为主，自行适当处理。

顾：孙师长电话中也曾提到这些，但没有说明究竟留置多少兵力，和守备何种据点。

我：部下认为选拔一支精锐部队，至多一团左右兵力，来固守一二个据点，也就够了。

顾：时间已经不多了，你赶快回去告诉孙师长，就照这样办，今晚要部署完毕，一切我会报告委员长。

顾将军为领袖的得力助手，从容大度，指挥若定，面带笑容和我握了手，我敬个礼离开指挥所，仍循原路驱车回闸北。但情形更为混乱了，中山路苏州河桥附近，已被前方退回来的辎重车辆阻塞，一位八十七师的排长认识我，他左臂负伤，右手抱着一支轻机枪，走上来向我不断摇手，告诉我前面已经无法通行，××部队顶不住了，敌军正由数辆战车前导，向我追蹑而来。

时机十分紧迫，我急于要返部报告请示结果，不得已只好绕道漕河泾，穿过租界到苏州河畔，雇舢板回到四行仓库，时间已快下午五时三十分了。

孙师长正在室内来回踱步，这是他一贯的习惯，每逢有事时踱步沉思，等到有决定时立即坐下来写手令，或招必要人员有所交代。他不待我开口，就先告诉我，顾将军已有电话指示，以一团兵力留守闸北最后阵地。决定就以四行仓库为固守据点，但经斟酌实际情形，一团兵力未免失之过多，在给养、卫生、休憩诸方面，反而会感觉不便。因此，孙将军以达成上级意图为目的，权宜变更为一个加强营，以第五二四团第一营为基干，配属必要特种部队，由中校团附谢晋元、少校团附上官志标、少校营长杨瑞符率领，担当此艰巨任务。

（十一）八百壮士临危受命

谢晋元团附以下官兵八百人，临危受命，决心死守此最后阵地，为淞沪战场留一片干净土。他们豪气干云，誓言要流尽最后一滴血，射完最后一粒子弹，与四行仓库共存亡，其后世称“八百壮士”，成为历史壮烈事迹，业已由“中影”公司摄成战争巨片，以资表彰。

按当时军队编制，团不设副团长，有中、少校团附各一人，中校团附即相当于副团长。五二四团团长为韩宪元上校，广东文昌人，军校三期卒业，战功卓著，后于南京防卫战时，在雨花台壮烈殉国。原中校团附黄永淮，勇敢善战，于巡视第一线时负伤入院，故以旅部参谋主任谢晋元中校调任。黄永淮后于中原会战守备新郑时，担任副师长，城陷负伤昏迷，在车运途中苏醒，奋起抢夺日押车士兵刺刀，刺伤日兵多人后被杀。其事湮没不传，在此顺笔一提。

谢晋元团附为广东蕉岭人，黄埔军校四期毕业，时年三十三岁，体格魁伟英俊，为人诚挚刚直，沉默寡言，有守有为；上官志标团附，福建上杭人，在中学时代受革命思潮熏陶，投笔从戎，从基层工作干起，军校军训班毕业，平实朴质，勇敢善战，连长任内多次负伤不退，时年二十九岁；营长杨瑞符少校，黄埔军校六期毕业，天津人，时年三十岁，性格豪放，坦率热情，为师内有名勇将，每战身先士卒，负伤多次。第一连长陶杏春、第二连长邓英、第三连长唐棣、机枪连长雷雄，以及各排长，都是优秀的青年军官。

八百位豪气干云的壮士，于十月二十六日午夜完成掩护任务后，迅即进入四行仓库，就原有四周防御工事，整理加强，并在四行内部着手部署，构筑强固工事，连夜完成初步作业，尔后逐次加强。有关四行战斗经过，上官志标团附手记之《四行仓库坚守记》叙述详确，这里不多赘述。

（十二）撤离四行经纬

“八百壮士”奋守四行仓库，惊天动地，气壮山河，不但振起全国民心，更因为上海是国际都市，在沪外邦人士均身历目睹，透过外国记者们的报道，一时轰动全世界。

友邦人士对“八百壮士”，一致寄予无限的崇敬与同情，各国使节团曾透过外交关系，正式提出照会，要求我政府基于人道立场，下令孤军撤离；同时很多外籍妇女代表，也向蒋夫人做同样的要求。

其时，八十八师转移到沪西后，在苏州河南岸，据守丰田纱厂—北新泾—周家桥之线，继续与敌军隔河对战；我奉派在法租界某地，负责与孤军联络。八百壮士连日苦战，但精神愈奋，斗志弥坚，打到第四天亦即十月卅一日，统帅部认为已达预定目的，应各方之请命，令孤军撤离。

四行仓库四周东、北、西三面环敌，唯一可以撤离的路线，只有越苏州河通过租界，到沪西归队。但是要在战斗进行中，如何脱敌？以及如何通过租界？一连串细节，都需商榷。

当时，市长吴铁城先生因有新职务已去南京，由秘书长俞鸿钧代行，同时俞先生还兼上海外交特派员职务。我先去找俞先生，又去找警备司令杨虎将军。我与杨为士官先后同学，一向相熟，杨意公共租界外国驻军由英军司令斯马莱特（Gen. Smoolet）统一指挥，四行对河的驻守也由英军担任，此事须先与斯马莱特交换意见，相约在下午二时到杨私邸会谈。

法租界环龙路杨寓，是一座豪华的幽静花园洋房。

参加会谈的，有斯马莱特将军、俞鸿钧先生、冯圣法副师长与我，杨的英文秘书孙履平担任传译，都准时到达，先由杨为各人介绍。斯马莱特是一位中等身材的中年人，具有英国人特征，留着小胡子，潇洒中带点幽默，模样儿极似前美军顾问团团长蔡斯将军。他与冯副师长及我握手后，说了句生硬的上海话：“八十八师呱呱叫，顶好！”

话题由杨打开：“最高统帅已有命令，接纳友邦人士善意，命令四行孤军立即撤退，但其如何行动，涉及租界关系，特须得到英军的合作协助，特请各位来商谈一切。”

俞先生插一句：“斯马莱特将军知道此事吗？”

斯马莱特点点头，望着冯副师长与我，微笑说：“我的部队与贵师官兵，数月来隔河相望，我们已经是好朋友，四行守军撤离时，我当全力支持负责掩护，但不知你们要我怎么做？”

我说：“目前日军正在四行周边向我孤军围攻，撤离的唯一路线，只有越过苏州河经由租界到沪西归队，首先要通过贵军警戒线，行动程序必须密切协定；再则，日军在国庆路方向，设有机枪阵地并有探照灯，封锁着四行后门的北西藏路，行动时须得贵军掩护，方能顺利通过；还有，通过租界时，须有相当交通工具，应请准备提供！”

冯副师长又强调：“孤军撤离决不是战败退却，或者逃跑遁走，而是应友邦人士的请求奉命撤离，此点须请斯马莱特将军特别了解！”

斯马莱特站起来，走到杨身边拍拍肩膀：“你们放心！杨司令是我多年的好朋友，你们信不过我，应该相信杨司令。”

于是，又商谈了些撤离的程序，以及有关细节，诸如彼此的联络方法，对日军机枪阵地及探照灯的制压等问题。杨又叮嘱俞鸿钧，有关外交事项的一切，由他负起完全责任，俞表示可顺利解决。

我回到法租界某地的联络位置后，先挂电话报告孙师长，说明协调会谈的详细经过。到黄昏九时许——约定时间，和仓库内的谢晋元团附通电话，告诉他来了命令，准备今晚撤离。谢同志似乎极感惊异，也非常激动，声言：“全体壮士早已立下遗嘱，相誓与四行最后阵地共存亡，但求死得有意义！但求死得其所！请参谋长报告师长，转请委员长成全我们！”

我与冯副师长轮番开导，谢团附与上官团附及杨营长也交替接话，态度十分坚决，在电话中隐约可以体味到激动得“声泪俱下”的情状。

最后，我以坚定的语气告诉谢团附：“你们成仁取义的决心，固然十分钦佩，但这是最高统帅的命令，我是命令的传达者，军人应以服从为天职，打日本鬼子的机会非此一时，今后可能还有比奋守四行仓库更重要的使命待你们去担当！如果你们违抗命令，那你们的勇敢与牺牲，成为匹夫之勇而无意义了！”

谢晋元团附终于顾全大体，接受命令，于是我将和英军协定的事项告诉他，今晚午夜后开始行动，由英军制压鬼子探照灯与机关枪，探照灯击毁后迅速冲过北西藏路，由新垃圾桥进入租界，车运沪西归队。

一切都照预定进行，斯马莱特将军亲自在新垃圾桥旁指挥。午夜，当日军探照灯照耀如同白昼时，英军由桥头碉堡中，使用小钢炮连续猛射，一举将其击毁，但其机关枪实施标定射击，孤军冲过北西藏路时，仍有多人受伤，杨瑞符营长左腿也被击中。

（十三）八百壮士羁留孤军营

我在三十一日晚间，传达撤离命令后，当夜回到沪西，向孙师长报告处理经过，翌日凌晨率一部分事务人员，到漕河泾法租界边界附近，准备孤军到达后，为他们处理一切问题。

想不到，事情发生了变化，八百壮士通过新垃圾桥后，租界当局要收缴武器，车运胶州路羁留。全体孤军情绪激昂，声言武器为军人第二生命，不能离手，他们宁愿重返四行仓库，继续固守到底，僵持了数小时，情形极为紧张。我在漕河泾久待孤军不至，心知发生了麻烦，驱车赶到新垃圾桥，看见那种情形，劝阻谢晋元同志暂时忍耐，其中必有原因。同时租界在场人员，也力言这是租界的规定，只是替孤军代为保管武器，当点明数量出具收据，绝非缴械可比，情势才告平息，遂即登车送往预定地点。

我立即去找杨虎司令，杨打电话给斯马莱特责其背信，才知道不是英军作梗，而是日方向工部局提出了严重抗议，威胁租界当局，如果准许孤军通过，则日军也将开进租界，追击孤军，使租界当局不得不苟且应付。

我又赶去找俞鸿钧先生，那时年轻气浮，一见面就气冲冲地问他：

“昨天协议时，俞先生也在场，说好有关外交事项由你负责，你办的什么外交？”

俞先生态度谦冲，丝毫没有见怪：“这是临时发生的情况，我已报告政府，即循外交途径交涉，请转告贵师长暂时要忍耐，不可节外生枝！”

为了租界当局轻诺食言，受日方威胁羁留我八百壮士，政府确曾责成上海特派员公署，提出严重抗议，但租界当局慑于日方蛮横，不敢释放孤军归队；但另一方面，日方要求引渡孤军，工部局同样也予拒绝。就这样，八百壮士羁留在孤军营，经过了四年多岁月。他们在谢晋元将军领导下，自强不息，虽然解除了有形武装，但却加强了精神武装；不亢不卑，不屈不挠，虽然离开了现实战场，但却建立了心理战场。孤军营在上海成为孤岛的孤岛，成为敌后的精神堡垒，成为沦陷区同胞心目中希望的灯塔。无数可歌可泣的故事，可从谢晋元将军的日记中看到。

就在孤军撤离四行仓库的这一天，蒋委员长怀念英烈，明令八百壮士各晋一级。谢晋元团附真除上校团长，颁授青天白日勋章；上官志标晋升为中校团附；机枪连雷雄连长递升为营长；原营长杨瑞符少校，撤离时负伤住院，已直接归队另有任用。八百壮士感激之余，益自奋励。

其后，谢晋元团长不幸于三十年（一九四一）四月二十四日遇害后，中枢悼念忠烈，明令追赠为陆军少将。蒋委员长通电全国官兵效法忠贞，一代完人，永垂青史！

（十四）奉命西撤守卫首都

八十八师于十月二十六日转移沪西后，由后方赶到的税警团孙立人部加入序列，在丰田纱厂—北新泾—周家桥之线，沿苏州河南岸占领阵地，继续与敌军奋战，隔河相持。沪西市郊一片旷野，既没有地形可利用，也没有建筑物可依托，唯一的障碍只有苏州河，但河幅仅约百公尺，愈西向愈狭窄，到周家桥附近只有三四十公尺，障碍程度有限，而且工事构筑时间甚短，作战极为艰苦。白昼敌机不断盘旋，地面活动困难，所幸官兵用命隔河战斗，仍能阻敌渡犯。

支持到十一月十二日，已经达成掩护友军转进的任务；同时敌第十军于十一月五日在杭州湾登陆，已推进到松江附近，侧背感受威胁。于是奉命向西转进，旋又奉命急驶南京，参加首都防卫战。

淞沪战役自八月十三日，我八十八师五二三团易瑾营在八字桥放出第一枪，其后增援部队陆续到达战场，国军精锐尽出，总兵力达八十五个师，战线向北延伸，直抵扬子江岸。八十八师闸北阵地成为全战线轴心，始终屹立不动，未使敌军越雷池一步，血战三月，复奉命以八百壮士奋守四行最后阵地，壮烈事迹震惊全世界；转移沪西阵地后，又激战兼旬阻敌前进，掩护我各部友军转进；西进途中，又在青阳港扼守铁公路桥三日，迟滞敌军追蹑。可谓有始有终，尽了捍卫国家的任务，柏亭身与其役，实感无限荣幸！唯事隔四十五载，已记忆不全，仓促书此，聊以志念！

原载《传记文学》第四十一卷第二期（一九八二年八月号）

“八一三”忆往

曾虚白

民国二十六年（一九三七）的“八一三”是我从客观论政的民间报人，转变成主观从政的公务人员整个一生的重要分水岭；同时也是我民国二十一年（一九三二）“一·二八”第一次淞沪战争时创办《大晚报》起，在新闻敏感的岗位上备受日本军阀蹂躏我国体、屠杀我同胞、任意侵凌、百般侮辱的刺激，义愤填膺难求宣泄，卒得跃进政府抗战阵营，杀敌报国，一吐胸头积忿的一生重要里程碑。

我当时在上海办的《大晚报》，是在炮火中催生、战争中茁壮的一份传播媒体。不幸它出生以后的五年中，各种通道传来的资讯，都充满着敌军压境、国脉垂绝的报道，使我掌握了这份有影响力的媒体，仍无法发挥它保国卫民应有的战斗功能，深感愧恨。直到二十六年六月蒋委员长召集庐山会议，跟着在七月中旬发表了卢沟桥事变的重要宣言，这才拨开了满天阴霾，把政府五六年来忍辱负重培养国力做这最后决战准备的苦心大白于世。

政府决心抗战态度的明朗化，有决定我生活转变的影响力。因为民国二十二年（一九三三），黄郛受任主持华北政务过沪北上时，曾与我恳谈，详析政府先安内再攘外的国策，保证政府至适当阶段，必断然抗日。那时候我也曾向黄郛先生保证说：“真有一天政府发动抗日战争，我决心放弃手创的新闻事业，学着你跳火坑的榜样，参加政府抗日工作。”实际，我这决心，不光是对黄郛先生说的，是我勒令自己必须遵守的行为趋归。

那时候，董显光兄虽还主持英文《大陆报》笔政，实已兼任军事委员会驻沪办事处主任，负责检查外国记者的电讯，已一再劝我参加他的工作，我漫应之。直到这时候，我才向他表示愿断然投身政府抗战阵营，不做任何顾虑。

消息一天坏一天，跟着七月三十日天津沦陷之后，八月二日北平也给敌军占领了，于是八月十三日，日军竟在上海由江湾闸北进犯市区，展开了全面战争。

显光兄到南京带回来的政情，知道中央政治委员会决设国防最高会议，为全国最高国防机构，下设六部。其第五部负责宣传，部长已内定由陈公博任之；设负责国内宣传之副部长一人，定由谷正纲任之；设负责国际宣传之副部长一人，即定由显光兄任之。我则内定长国际宣传处，秉承显光兄的督导推动国际宣传业务。

工作岗位既经确定，我们就不等任命就职等仪式的认定，立刻在战场所在地上海展开我们的工作。我们以为做好国际宣传工作应从根做起。上海是外国人集中居住的国际大都市，要国际间了解我抗战立场，自应从说服在上海的外国人着手。

我们生长在上海，知道上海内幕比谁都清楚。看透控制公共租界和法租界的那些外国人，大半都是势利鬼。他们看到日军压境而来，虽不会立刻冲进租界，都认定妥协顺风倒是识时务的俊杰。因此，我们要找不怕强顽说几句公道话的外国人，就变成凤毛麟角了。那时候，上海最畅销的西文报是《字林西报》，虽由英人投资，实际是公共租界工部局（权类市政府）的机关报。它的态度审慎，但遇必要时也会帮日人讲话。另一份西文报是《上海泰晤士报》，虽由英国人出面做发行人，实际由日本人投资做后台老板，因此，言论报道不避爽爽快快为日本宣传之嫌。

这两份重要西文报纸取这样袒日的态度，影响上海外国人对我偏见的形成是非常可怕的。幸在当时，在沪西人仍有若干主持正义者做同情我抗日之呼吁。这中间值得特别提出表示我们感铭者计有二人。一位是上海《大美晚报》的主持人高尔德（Randall Gould），一位是《密勒氏评论报》（周刊）的主持人鲍维尔（J. B. Powell）。这两人即在上海租界安全无保障时期，仍不避艰险，大言炎炎做反日论调。日方危言恫吓，二人出入携手枪自卫，不为动。尤以鲍维尔最为日方攻击目标，曾以报纸裹炸弹掷向鲍氏，幸未中。珍珠港事变后，日军入租界，鲍氏被捕入狱，不胜日方虐待患风湿症，跛双腿。战后出狱，终身残疾。这些外国友人的支持，固值得我们感铭肺腑，但面对上述逆势潮流的冲击，他们的努力仍无补于披靡的全局。

那时候，我们在上海办事处的人员，除显光兄与我外，只有董寿朋、魏景蒙和一位女同事朱书清，一位澳大利亚老记者泼兰脱（Pratt）做顾问，一共六个人。原来我们的工作只限于检查外电，六个人尚能应付，现在一下子要把全部国际宣传重任一肩挑起来，真不知如何着手了。

我们计划，只能先从自己能力加强功效的部分着手，简言之：（一）编印简介国情的小册子；（二）编发申述国情的函件，选寄世界各国有影响力的传播媒体与意见领导人物；（三）编撰英文广播稿，约请社会知名人士分别做国际广播。

深幸日军压境的刺激，引发租界内国人的爱国情绪，自发自动的救国活动一时风发云涌，云会景从，掀动了整个上海社会。此中有一个高级知识分子组成的“抗敌委员会”，经我们与其主持人几次联系的结果，变成了我们外围组织，紧密配合，扩大了出乎我们意料的宣传效果。

这个“抗敌委员会”的中心人物，计有麦伦书院校长夏晋麟、沪江大学校长刘湛恩、立法委员兼英文《天下》月刊主编温源宁，另外还有一位英国《曼彻斯特卫报》的驻华记者田伯烈（H. J. Timperley）。这几位都是那时候在上海数一数二的思想领导者。结果，抗战转变长期，除刘湛恩外，一一都吸收成我们国际宣传阵营中的重要干部。至刘湛恩之不能参加，并非无缘，而是他先我们成仁殉难了。他是我们中最活跃的一个人，其言辞的锋利与做事的落实深受日人注意。有一天，他在一个候车站等候上公共汽车，不料人堆里一个人向他开枪袭击，中要害不治死亡。凶手显然是日人的主使。刘湛恩就做了抗战期中我们知识分子成仁殉国难的第一位烈士！

抗战宣传资讯来源，当然最主要的是前线后方作战实情的报道。要记者把这实情传播给世界知道，一定得让他们自己亲自接触到第一手资讯的来源，因此前线指挥官与后方地方长官经常举行记者招待会，变成当时当地国际宣传最主要的任务了。可惜那时候，举行记者会的重要还未得一般军政长官的了解。特别是前线指挥作战的军事长官，军事紧张，每一个人的全副精神一天到晚都放在考虑与指挥作战上面还嫌不够，哪有心情来跟新闻记者闲聊呢？这是一个不容易打开的难关，可是也是我们主持国际宣传者必须要说服他们接受我们合作的重要任务。因此，显光兄和我决定冒着敌方炮火飞机追击的危险，亲自驱车到前线，分访各线司令长官，要求他们定期接见外国记者。当时指挥中路的是朱绍良，指挥右翼的是陈诚，指挥后方掩护的是顾祝同，经我们分别解释后，皆一致表示合作，愿拨其无法旁骛的宝贵时间与记者详谈，打开中国新闻史上宣传业务的新页。此中尤以陈诚将军表示了最热诚的接受。就我个人说，也在此时跟辞修先生订了交，来台后在改造党务期间，蒙他凡我有所建议与贡献，都不断做有效的支持。

使我们感到更欣慰的，那时后方地方长官，刚遇到我圣约翰大学老同学俞鸿钧兄做着上海市长。鸿钧兄不独说一口流利的英国话，招待外国记者不需要翻译，并且自己做过新闻记者，深切知道招待记者的重要，更透彻了解怎样运用可得最丰富宣传的技巧与收获。因此，他一经我们提议，立刻规定每星期举行记者招待会一次，由他亲自主持。他的确言出必行，一直到上海沦陷，他自己退出上海为止，每星期定期举行记者招待会，没有脱过一次，对国际宣传做了极有分量的贡献。

从八月十三日沪战爆发到十月廿八日我离开上海，短短两个半月，我们能在上海布置下相当有效的国际宣传基础，并非偶然，因为这是蒋委员长夫人宋美龄女士冒着敌方炮火的危险，两次由京来沪，亲自策划督导才能争取到的收获。蒋夫人是一位博学多才的政治家，对于如何利用外国传播媒体以争取抗战中国家有利的条件，尤能匠心独运，不时提出惊人的指示，实施而生意外的奇迹！她又经张学良的介绍，得英国苏格兰人记者端纳（W. H. Donald）做她的顾问，来沪时每由他伴侍同行。端纳在辛亥革命时期，参加过革命军打下南京城，做了国父的幕友；袁世凯失败后，他到东北成了张学良的顾问。因此，经张学良的推荐，受蒋委员长的赏识，端纳成了委员长的顾问，经常随侍夫人贡献他的意见。我们在上海的宣传布置，以及此后在抗战期中全部国际间运用宣传的策划与联系，他的协助也是值得记录下来的。

十月二十六日，日军攻陷大场，上海已无险可守。军事当局决定，以苏州河为最后防线，令谢晋元率团固守河上闸北的四行仓库，以掩护国军的全线后撤。我们看这情形，决定我们也应追随国军，转进后方，发展我们更艰巨的宣传任务。但，国军虽退，上海租界尚在中立国家控制中，我们仍有继续我国际宣传业务的地盘，故上海办事处仍应保持并继续其工作。显光兄决定即日赴南京就他第五部副部长之职，并与我约定一经洽妥，即将电话告我，由我约齐参加我们工作的几个干部，雇车赶到南京。

二十八日晨接显光兄南京电话，嘱我当晚雇云飞汽车行汽车约同可能约齐的干部，连夜赶到南京。这时候，敌军已打到闸北，经常走的京沪国道已不能走，必得绕道走京杭线。预计天一黑六七时就动身，赶一天夜路，明日黎明可到南京。我当即电话约了可任总务的陈耀柱、任英文写作的邝耀堃与日文写作的崔万秋，六时到我家集中出发。一切洽妥后，立即赶往耀仲弟家叩别老母。深感这突然告别的意外，不得不给她老人家不能忍受的冲击。她看着多少亲戚朋友把上海认作寄托身家性命的避风港，她的儿子身在这避风港内却要跳出去投身战争旋涡里，这不是太不合常情的傻事吗？慈母温情，娓娓道来，如抚怀婴；我不得不以逆势好转立可返侍膝下慰之。孰料这次道别之后，她老人家不能待我胜利还家就去世了，这一次竟成了我母子最后生死的永诀！返家，妻馥贞为我收拾好了行李，带着子女等我话别。我抚着馥贞的手背，眼看着子女们说道："馥贞，这一别，家庭重担要交给你一人独力去挑了！我跟着政府走，可能留在南京，可能搬到武汉，也可能走到遥远的西康。这一场血战，可能三年五年结束，也可能十年八年还打不出一个结果来。有机会安定下来，我一定设法接你跟孩子们到后方去。可是，战争是流动的，我们只能抱着最美丽的希望，做接受最苛刻考验的准备。我相信你，有这份勇气和能力，接受这个考验。"

抱着这种沉重的心情，我与陈、邝、崔三人一等天黑，立刻坐着云飞出租汽车登程。起初，闸北的炮火声，有时夹着头顶上敌机的飞行声，不断的刺激使我们神经稳定不下来。两三小时之后，这些声音没有了，我们逐渐把整个担子委托给司机去挑，一个个在车内沉沉入睡了。

我正睡得甜蜜时，突觉车子一个大震撼，睁眼看，只在左侧车窗外的朦胧晓色中看到一只车轮飞一般地滚过去，车子突做右转时已插在公路右侧的两棵大树中间，一动也不能动了。

再定神仔细琢磨才了解，当车子飞速疾行时，左边一只前轮脱轴飞了出去，司机急把方向盘向右转，竟把车子不等倒下去就不偏不倚正好插在两株大树中间，安安稳稳地没有造成全车打滚的惨祸！这真是死里逃生、不寒而栗的奇迹！或者命运之神在对我们做此后生活示范的警告吧！

出事地点在龙潭，离南京还有好几十公里。时天正下着蒙蒙雨，我们带着沉重的行李淋着雨，拦恳过路卡车带我们到南京，真给我们上了参加国难磨炼忍耐性的第一课。到南京，显光兄听了我报告后，骇告我说，蒋夫人由端纳陪同前天也由沪返京，半途遭车祸受伤，还留在上海医院治疗。这启示，显见炮火中驱车京沪间，是杀敌战斗的部分作业，不测应作意料可测计。我们追随领导者步武有此记录，应引自豪。

一到南京，第一件要做的事当然由显光兄引介晋谒领袖蒋委员长。蒋公当日下午立即约见于他中山陵军校校长的官邸内。召见不在办公室而在私邸，或者因显光兄与他师生之谊表示的殊遇。见面时，这位领袖的一般脸形已看过传播媒介照片的转载，熟稔如亲友，但他那一对炯炯有磁性引力的大眼睛，给人印象之深，却不是照片上领会得到的特殊禀赋。我了解，他跟我握手时，凝神注视是军人习惯的礼貌。可是，经他这闪电般双眼注视之后，像我这样心胸坦荡的人，立刻会感到如受正义的熏陶，益增我努力追随的奋发。但，我也可以想象到那些心怀叵测的奸宄，经他双目注视后，一定立刻会如坐针毡，不寒而栗！

坐定，显光兄简略报告我断然来京的从政经过，他老人家嘉慰之后，立即仔细盘询我的家庭状况与离沪前如何布置安顿，言简而赅，生活细节都一一顾到。话虽不多，其倾心关注至情之流露，真如尊亲之对子弟，使我十余分钟的聆训如获甘霖，永镌心版。此后我追随蒋公，接触频繁，特别在国民党改造时期差不多每天有见面的机会，可是那一天第一次见面给我印象之深盖过了一切。他给我“威”与“慈”的双重感应，没齿难忘！

晋谒领袖聆取指示后，我们准备了解现况，立刻展开工作。不料，第一步了解我们工作大本营的第五部竟是一个有名无实的空架子。当然，这个军事逆转、仓促成立的新机构不会有什么规模，应该是意料中的事。可是，受命负责的部长陈公博留在上海至今未来就职，却是怪事。据显光兄告诉我，前一天中央政治会议的主席汪精卫找他去谈话，竟说国事前途险阻重重，像显光兄这样毫无政治经验的人投身抗战旋涡中，未免有些得不偿失。言外之意，直截了当，不欢迎他这个人做第五部副部长。我们早就风闻，汪精卫领导的一部分中央要员，不讳言自己是“低调俱乐部”的会员，公然高估日本军阀的淫威，妄断抗日是盲目自杀，绝不会有什么前途。陈公博是汪的左右手，这次做了第五部部长，显有找机会渗透他们“低调”的阴谋。了解了这一套政治幕后的情况之后，显光兄与我推断，蒋公派他做第五部副部长的动机，虽未明言，却有钳制低调阴谋渗透到这重要宣传机构里去的政治任务。

事实的发展，没有几天立刻证实了我们推断的正确。陈公博不准备来京主持第五部，却经中央核准派他带了部长衔，以特使身份到意大利去名义上视察，实际与墨索里尼法西斯政权进行联系工作。这是汪精卫坚持通过的任命案，其意义显与抗日原则南辕北辙、背道而驰。我们听到我们的顶头上司竟做出这种违背国策的越轨行为，并且还得政府支持堂而皇之地胡作非为，真义愤填膺切齿抗战阵营竟有内奸之潜伏！正在此时，显光兄忽接陈公博上海电话，说他已快函寄来亲签字据，嘱显光兄凭据立即汇沪美金十五万元，备他带到意大利做紧急机要用途。问他什么机要用途，他只说，用途由他负责，显光兄不必多管。显光兄问我该怎么办，我即电话驻沪办事处，嘱密查陈公博要此巨款的用途。谁知道，不用查，陈的动机遍传上海小报，已成一条轰动一时的社会新闻。原来，陈公博要此巨款是向上海一个巨商谈妥收买他的姨太太带到罗马送给意大利外相齐亚诺（Ciano）做外室的。齐亚诺几年前是意大利的驻沪总领事，跟陈公博酒肉征逐搅得很熟。陈知道齐亚诺当时玩得最惬意的一个交际花已嫁给上海某巨商做姨太太了。因此，陈公博辗转托了许多人商诸此公，请他愿收巨款出让爱宠以成全政府媚外美人计的运用。显光兄得上海办事处据实电话密告后，断然退还陈公博寄来的那张手书字据，据理复告，主计处拒绝接受这种不说明用途巨款支付的单据，碍难遵命照汇。陈事后并无任何反应，足见其自知理亏，不得不默认失败，然其饮恨求他日报复之情可悬想得之。我庆贺显光兄，这是他参加国难阵营立下第一次保国卫民的大功，不负领袖无条件信任的知遇之恩！

南京虽已眼看就要沦陷了，我们仍不愿浪费时间，要立刻展开我们应该担负的工作。但，巡视所谓第五部，在郊外富贵山里为政府机关掘的一个足容万人的巨大防空洞，虽也划出一部分给我们做办公之用，里面几十个人用的办公桌椅以及照明设备都应有尽有，可是没有一个人在里面办公。仔细调查，所谓第五部人员，实际都是由党政各机关原来有职人员调用的。在这危急时期，有的仍在原机关上班，有的早疏散后方去了。因此，我们到处找人，到处扑个空。

这时候，跟着南京的危急，外国记者蜂拥而来争取这国都失守、中国存亡大转变的报道。如何在协助中端正他们报道的内容，是我们做国际宣传当务之急。不巧那时候，天天下着雨，兵荒马乱，交通工具异常缺乏。外国记者跑新闻，找不到难能可贵的人力车，就得提起双腿踏着泥泞走路。我们如能忍着同样的辛劳，代他们找寻他们可以信任的资讯，是他们求之不得的援手。显光兄与我就在这个考虑下，决定我们留京一天，就应该为外国记者做这样的服务一天，即发我们的“新闻资讯供应稿”备他们采用。写新闻的人，知道外国记者采用标准的不容易找，勉强征集第五部旧人与上海带来的新人努力应付，竟能在我们离京之前印发这种“供应稿”二十期，影响外国记者的发稿内容，收我抗战宣传的实际效果。

战讯一天紧一天。上海在十一月十二日沦陷了。敌军进展甚速，南京的失守迫在眉睫，我们应该怎么做，始终还找不出一个头绪来，抓着这一个有名无实的第五部，湿手涂满了干面粉，困扰难堪。直到十一月十五日中央宣布把党政军机构再做一次大规模的调整，才把我们国际宣传的工作岗位，确确实实定下型来，一直到抗战结束，没有改变过。

抗战时期的国际宣传处，是具有党部机构的外形，实际其经费的核定与支拨和其人事的选拔任用，都是透过军事委员会由委员长直接督导支配的。在名义上，国际宣传处是国民党中央宣传部属下四处中的一处，实际这个处的经费与编制是军事委员会第五部取消后全部经费与编制的移用，仍直接由军事委员会督导支配。董显光名义上是宣传部的副部长，实际上他是由蒋委员长亲自督导专任，主管国际宣传的一位长官，并不受任何宣传部长的指导。因此，在抗战八年之中，换了十位宣传部长，董显光这位副部长没有动过。

我们工作岗位确定之后，怎样着手组织只能留待撤退到后方安全地带再考虑了。因为我们在十一月十五日奉到撤销第五部命令的同时，也受命国宣处新机构应立刻启程到武汉去展开工作。换言之，我们一方面要结束旧的第五部，一方面立刻要带起新的国宣处，因即决定由选定的国宣处职员连夜整理应带的文件器材，明晨一早全部渡江登津浦铁路车转赴武汉，只剩显光兄与我留京，应付沦陷前宣传上的一切紧急措施。

送走同人后，我们的工作简化集中一件事，那就是协助领袖周告世界，吾撤守国都越战越强的战斗意志。领袖已令政府全体部会首长，包括国防部长何应钦、宣传部长邵力子十一月十八日乘长兴轮离京赴汉，独留下我们，协助他做撤守时的最后宣传。就在十九日当天，苏州沦陷。《纽约时报》记者德丁（Tillman Durdin）是显光兄《大陆报》旧部，也是一位美国名记者，他闻讯要求蒋委员长发表宣言。领袖应之，即以撤守后我继续抗战之坚强斗志拟稿予之。在我国势危急时期，《纽约时报》及时做此报道，实予我民心士气精神上有力之支持。旋政府决定任唐生智负责保卫首都防务的司令长官做最后自卫抵抗后，蒋委员长偕夫人在十一月二十五日以茶会招待在南京的所有外国记者。刚巧这天外电传来说，《九国公约》国家已决定无限期延缓制止日本侵略案之实施。外国记者到齐，委员长正要发言时，日本轰炸机忽盘旋天际，竟在附近落弹。委员长既不走避，亦不动声色，等待敌机去后，立即开始宣读他南京撤退前震撼世界的宣言。

我手边没有这篇宣言的原文，但其鼓励全国军民继续抗战的大意永远保留在我们的记忆中，不会磨灭的。他告诉全世界，暴力无法压倒我们。我们会在瓦砾堆里再造我们的新国家，复兴我们的新民族，与天同寿。敌人打南京，我们守南京；即令敌人打四川，我们还要守四川。侵略不停，抵抗不止。中国不会屈服，中国不会毁灭，只需有寸土尺地敌人抢不到的自由国土，就能树立我国民政府领导抗战的权威。这一篇掷地有声的宣言书，足与英相丘吉尔伦敦受威胁的文告媲美千古！

招待外国记者发表撤守文告，是我们留京应做的最后一次任务。嗣后即奉命于翌日夜六时赴下关，登委员长侍从室准备好在那里的一只小轮，启程赴汉。显光兄与我准时登轮，轮上同行的有侍从室主任陈布雷、秘书陈方与中央通讯社社长萧同兹。这三人都是在执行业务时天天见面的熟人，可是这一天在这种情况中见面，大家只能默默相对了。江水滔滔，载着我们这几个不甘屈服的斗士，逆流西上，耳鼓里还震荡着委员长“中国不会屈服，中国不会毁灭”的号召，推送我们走上争取最后胜利的战斗旅程！

回首当年，撤离南京时同舟五人中的四位，都成了墓木已拱的先贤，只剩下我这个万劫余生，在这里学着老伶工李龟年击筑吹箫，漫唱天宝当年遗事，真有些不尽沧桑之感了！

原载《传记文学》第三十八卷第一期（一九八一年一月号）

第四编

台儿庄战役

第二集团军台儿庄战役实录

侯象麟

一、自序

抗战初期，日本军阀鉴于西安事变之际，全国一致拥戴蒋介石之热烈空前，畏我充分准备之后，难以遂其“二十四小时亡华”之迷梦，乃挟其陆海空军优势兵力倾巢来犯。我以消耗战略御之，逐步抵抗之后，转进有利地带。当时国际短视之徒，佥以强弱悬殊不能持续抵抗为虑。

洎乎台儿庄会战大捷之后，歼灭日阀精锐无算，不但对内振兴士气，对外震惊全球，抑且阻遏日军攻势，孕育最后胜利之契机，中外军事专家喻为战史奇迹，实则此皆最高统帅指挥若定，战略正确，以及各级将士前仆后继，拼洒热血有以致之，非偶然也。

是役，主守台儿庄者为孙公仿鲁（连仲）军团，余亦躬与其役，“国军历史文物馆”嘱编《台儿庄会战实录》，以供战史采择。孙公顾念勋烈，从而敦促之，乃黾勉缕述当年实况以应，唯历时既久，资料搜集不易，兹仅根据当时阵中日记及旧日袍泽所述摭拾成书，陈漏之处难免，尚祈阅者不吝指正，则幸甚矣。

二、战前概述

二十七年（一九三八）三月上中旬间，我于临沂战捷后，而临城、滕县告陷，敌一部进至台儿庄，企图强越运河，为我第五十二军（关麟征部）所击阻。一部陷峄县，与我第八十五军（王仲廉部）胶着于齐庄、枣庄间。临沂方面，敌续有增援。

我第五战区以“徐州为敌所必争，津浦南段之敌，与我夹淮河对峙，以待机蠢动。北段之敌，日显增强。为确保徐州计，建议抽调大军来徐，转移攻势”。白副参谋总长崇禧亦以汤恩伯军团与敌相持于阵地为非计，亦必增兵出击，以制机先。经最高统帅裁可，乃命第二集团军调徐。（按：第二集团军总司令孙连仲，下辖两个军，第四十二军军长冯安邦、第三十军军长田镇南。）

时本（第二）集团军于信阳，已奉命调洛，行进在途，第廿七师、第卅师、独四十四旅正向巩洛集中，第卅一师时归武汉工程处指挥，经始武胜关工事，于归还建制后，方于许昌下车中，即令转向徐州进发，时十九日黄昏也。该（卅一）师夜抵徐，奉战区命，向车辐山集结，归汤军团指挥。

三、第卅一师之行动

廿日晨，师长池峰城会晤汤总司令于台儿庄南站，汤亲授军团作战方略：以“军团乘我张（自忠）、庞（炳勋）两军与敌周旋于临沂时，李

（明扬）狙击兵团进迫邹、滕间，我第八十五军正近迫齐、枣。军团为诱致峄、枣之敌于台儿庄，以贵师向峄县进攻。军团主力经兰陵镇、向城，迂回峄北，待敌南下，军团旋转而歼灭之”。即命“接替第五十二军台儿庄防务，掩护军团北进，追军团越向城后，贵师即开始行动”。是晚，军团渡河完毕。

廿一日，师搜索连（骑兵）及别动队（便衣）开始向敌活动，以侦察一般情况，敌甚沉寂，无所得。晚令第九二旅（欠一八四团）附一八一团（欠一营）明（廿二日）拂晓驱逐北洛、泥沟之敌，向九山、獐山进攻，相机占领。第一八四团位置于台儿庄，一八二团位置于北站，即设施各该地工事。一八一团第三营位置于土城，整理台儿庄两岸进出路。时师第九一旅旅长虚悬也。

廿二日，我一八三团驱逐北洛、泥沟之敌，向九山、獐山行威力搜索，獐山一部为我夺取，九山诸点无一下者，晚引次泥沟。是日我伤亡五十余，夜给乜旅长子彬作战指导：“以一部封锁山隘两侧敌据点，以主力直捣峄县。”

廿三日拂晓前，各部到达攻击准备位置，我别动队潜入城郊。五时许，我一八一团右翼队向九山，左翼队向獐山攻击前进，乜旅长率一八三团乘机突进，七时迫南关，不得入。九时许，敌以一部出击，旅引退泥沟，敌未跟进。日暮后，旅攻击再兴，敌坚壁以待，复引还。本日我伤亡逾百。谍知峄城敌有增援，晚令一八一团第三营归建，以加强乜旅兵力。

廿四日晨大雾，敌我遭遇于途，我退守泥沟，做有力之狙击，敌径趋北洛。时发现敌步、骑、炮联合约三千余人，师骑兵被压迫于红瓦屋屯以东。午间北洛失守，梁营长敬贤力战身殉，我九二旅队与敌相持于南洛、刘家湖间彻夜。是日我伤亡官兵二百余人。连日来，师与汤军团电信不通，乃转询长官部，始知“汤军团于傅山口与敌激战中，枣庄、齐庄我八十五军亦危急”。旋奉命“师归战区直接指挥，并严令死守台儿庄，不准越河”。师判断：“敌今夜若不退，明日将南犯矣。”乃为回守台儿庄计，变更部署：令一八三团以一部保持现状，主力集结于北站，一八四团、一八二团任务同前，一八一团位置于土城为师预备队，也旅长遂还于土城。

廿五日晨，敌机多架临空，滥肆轰炸。旋敌开始猛攻南洛，我经两次增援抵抗之，午间南洛终不守，我两连兵力全部牺牲。旋刘家湖亦陷敌，敌遂直迫台儿庄，其炮兵于刘家湖放列，若无忌惮者。我高营长鸿立气愤，亲率其第九连赤臂挥刀，猛扑刘家湖，矢夺其炮。时麦秀盈尺，循畦跃进，出敌不意，刀映日光，闪青霜之紫电，顿寒敌胆，均弃炮而逃，我曳炮反驰。敌旋反扑，机枪密火，我死伤殊众，炮复为敌有，仅予敌以损害而已。午后，敌增至五千余，在步炮协同攻击下，阮上诸村尽失。一八四团凭城固守，在敌机炮轰击下，城中已成火海，敌终由北门突破，窜入三百余。我团长王震督部力堵北门，阻止窜入之敌于城隍庙内，庙、院落皆刍草也，卒火歼之，始知敌为矶谷廉介师团之濑谷旅团也。王团长负创于胸及臂，六时战况渐沉寂，师派康副师长法如主守城事，王团长赴徐疗伤。是日我伤亡官兵七百余人。始作内城壕，派杨明智营、工兵营入城，归副师长指挥，加紧工事。

战报上闻，本夕白副总长自徐来，登车站大楼，见台儿庄外诸村落，火光烛天，枪声零落，首询敌情判断，答以“敌以一部牵制汤兵团，主力进攻台儿庄”。白公首肯之，云：是需炮兵者。又料敌战车必将至，乃电话李长官宗仁，请即派炮八团来，又电话开封程长官，请拨调战防炮速来，程勉允之。白复语池师长曰：“国家仅有此炮二连，一尚在机校，一始调汴，希重视之。”又曰：“台儿庄乃徐州屏障，今此要点，已非汤军团之旋转轴，乃战区之旋转轴也，期能三日守，俾战区获得时间余裕，敌可就歼也。”珍重而去。

廿六日，敌续有增加。九时顷，敌陆空协同，大举进犯，重点仍指向台儿庄，城中烟火弥空，北门再被突破，时城内壕犹未深筑也，敌再窜入城隍庙而立足焉。庙昨已火矣，今不克火制，遂成敌据点。康副师长裹伤督战，我步工兵猛扑不能下，北门亦难以堵塞，敌陆续窜入，向东大街蚕食，城始为敌我所共有。从此而内外受兵，半城而血战矣。时我守兵塞街巷，抛瓦罐，掷家具，折栋倾墙以堵击。在敌机炮轰击下，死伤累累，城内始步步荆棘，卒遏制敌之进展，而敌亦自毙于轰击者甚众。适南风北向，感天助我也，敌气为夺。六时顷，攻势始衰，东城亦大部陷入敌手。

当台儿庄激战时，北站之攻守战亦甚激烈，乃制止我之策应，以分散我兵力者。我一八二团坚强固守之。乜旅长以一八三团向刘家湖出击，以缓台儿庄之压迫，但为敌阻。王郁彬团长负伤督战，其营长张静波负伤下，擅自脱离战场，及土城，乜旅长手毙之。师乃昭告官兵："负伤无命而下者杀，师与此共存亡也。"是日我伤亡逾千。夜调整部署：一八四团附杨营、师工兵营（欠一连）、师迫击炮连，任台儿庄（西关不含）之守备。一八一团欠杨营，位置于西关，归乜旅长指挥。一八二团附工兵一连任北站之守备。一八三团位置于土城，为师预备队。夜，乜氏入城视察，勉官兵建功，并语王曰："今城街之守，已属战斗问题，我士气旺盛，足以当之。君须注意绝火之法，街房屋顶可尽去也，免资敌燃烧，以重我累，则障碍物材不可胜用也，木屑竹头杂置之。向不忍于民者，今民已尽，任君放手为之。制敌之法，亦唯火攻，可多备棉油弹，着火弯弓以射之。城中油商花行有余裕矣。巷战我有力武器，唯手榴弹与迫击炮弹，及大刀耳，皆敌之所畏，希善用之。至通衢地下，可穴中填瓦罐，以防敌之坑道进攻，声音响则易备，君须饬部力为之。"王曰："敬闻命。"

夜，王以禹功魁、汝心铭、古文照、秦应岐四个营，各配属工兵小组、迫击炮二门行全面总攻。我重迫炮先削减东城之碉楼，仅五十余发，似皆毁之。各营开始清道出击，敌亦顽强抵抗。我官兵若扣关仰击然，前仆后继，而难斩关进展。营长汝心铭死之。感于步机枪，无以神其武耳。盖敌我坚工，彼此均难获逞，均置之死地而后生者。仅削弱敌碉损害。战功以禹功魁为最，亦仅突破东北面三栋院落，令擢升一八四团团长。彼此皆可称为苦战者。

是日午，战区以先肃清台儿庄城内敌人之属望，调重迫炮营来，乃归王旅长指挥，预于今晚施行全面巷战之攻击。黄昏，田军长镇南派上校师附王冠五代理一八四团团长，王去而康副师长赴汉疗伤。

台儿庄者，乃鲁南一商镇，居户二千余，城久失修；南滨运河，东远村落，北郭乃阮上诸村，极荫蔽，西有关厢，密接河岸，向以船渡通南北，距北站约四华里，南站约五华里，昔为漕运停泊所，为鲁东、鲁南入苏之要道，拟议高（密）徐铁道线上之要地，以连系津浦、陇海、胶济线者。商肆昔繁盛，号称“小南京”，自胶济、津浦线成，漕运废，市始衰弱；城内东南街市鳞栉，西北则疏旷。镇有碉楼九，今为敌据者四，我有五，敌置小炮于其上以瞰我，我无物可利用矣。昨今之战，居民不逃者，今亦伤亡出走无一矣，然益加重师之伤患处理。

今午后，我炮八团来，野、重炮各一营，黄昏测地完成而试射，我士气益激奋。夜战防炮自汴至，为法产二五式四门，系汽车牵引，命位置于北站，归韩团长世俊指挥。

廿七日晨，有敌联合兵种一联队，自峄南下。敌机自南北来，迭肆轰炸我前后方。午顷，敌展开猛烈攻势，台儿庄内外交迫，我力拒之。敌我炮战亦然，但我炮兵时以“节约弹药”为请，致未能做猛烈射击，终被敌优势炮兵所制压，但今敌炮多落于城中西北角我之守区，罕及第一线，以敌我相距过近也。我一八四团乃获从容与敌周旋，予敌重大打击，终不使越雷池一步。北站方面，敌对我深沟高垒亦无法进攻。十三时顷，发现敌战车九辆，越刘家湖径趋台儿庄西北城角，向城垣轰击，尘烟飞扬，瞬间成雾。我官兵隐伏以待，韩团长迅令战防炮出动，一举而击中其五，幸逃者四。敌战车烟火熊熊，我阵地官兵欢声雷动，城上伏兵皆起，跃下而夺车，欲卸夺其炮。时刘家湖、阮上之敌，亦举目骇视，竟不发一弹，似为我欢声所震眩，竟达五分钟之久，实战场上绝无仅有之奇景也，从此敌战车不敢迫近台儿庄矣。本日敌逐次攻击，均未得逞，我官兵自姜副团长常泰以下，死伤五百余人。而台儿庄再经弹巢成焦土矣。城内之敌增至千余，我工事益固。南站今成废墟，师指挥所位置于站南铁桥下而穴处。时师独立战斗已一周矣。

是晚，我总司令孙仿公率所部抵徐，电话池师长慰问状况，并示以“已令独四十四旅归该师指挥。我卅师、廿七师均抵徐，四十四旅明日（廿八日）拂晓可到达，余皆跟进”。师官兵闻我大军到达，士气振奋。旋四十四旅先遣参谋来，师即令该旅位置于顿庄闸，着师搜索连再向北活动。

四、第二集团军会议之经过

一周来，本集团军（欠卅一师）自洛转徐，于廿七日始达，受命“卅一师归建，附一一〇师，以协同汤军团将敌捕捉于台儿庄而歼灭之”。时枣庄方面，我八十五军陈大庆师甚得手。而临沂方面，敌有向沂河右岸转移之势。据战区通报，高徐公路敌续有南下。本集团军必迅速扫灭当面之敌，尔后方可行动自如。乃在徐做如下之腹案：“仍以卅一师任台儿庄之固守，廿七师位置于东西赵村，卅师、一一〇师于顿庄闸、侯新闸，将进出敌之右侧背。第四十二军由禹王城渡河，进出敌之左侧背，行钳形攻势。”乃电令在利国驿之第一一〇师交替防务后，向侯新闸集结。总部即位置于韩家堡。

廿八日十一时顷，敌约一大队，借集中炮火之掩护，向台儿庄西北城角突进。城垣上有文昌阁，城之制高点也，已摧毁于近日敌炮火，今再经炮击已成废墟，卒被敌强登，但不得下，下而毙于我内壕者几满坑，终被深阻。经我一再反攻，亦不易上。西门遂为敌火控制。台儿庄已处于危急时矣，令一八一团（欠一营）由西关沿外城堤阻击续登之敌。该部官兵有跃进于前毁敌之战车上，借为轻机枪掩体，诚天造地设也。乃获内外封锁，毙敌甚众。城墙上残敌不足百余，我行两端阻绝，待晚再策驱除。局势乃稳定。

是日，我第卅师甫下车，即以先头部队进出顿庄闸，支援台儿庄之保卫战。黄昏，该部越铁道东攻，无视于敌战车之冲击，而南北洛之敌，则固守不能下，我炮兵难予支援，然亦有功于台儿庄西北城角之策应战。晚，该师于顿庄闸集结完毕，独四十四旅向禹王城归建。今日我城内外伤亡官兵二百余。夜为规复文昌阁计，王代团长冠五简特务连壮士七十二人为突击队，勉为黄花岗七十二烈士者，适青年节日前夕也。集中迫炮火掩护，叠土囊以捣文昌阁之残敌。十一时顷，卒攻克而尽歼之，并俘其伤者四名，幸逃者亦毙于我外兵封锁，可云其片甲不返者。乃悉为矶谷师团之濑谷旅团赤柴之部，而我七十二壮士者，成烈士十四人云。捷闻，擢升王冠五为九一旅旅长，仍兼一八四团团长，以待建功者。

廿九日晨，总部召集军师旅长、炮兵团长会议。孙公晓以统帅属望余等努力立功，不仅以固守台儿庄为荣，且必完成围歼任务以上报。判断当面之敌似在待援中，我以钳形攻势当可聚歼之。卅一师仍须独自为战，不须请援，即将战防炮二门拨属廿七师。炮八团归总部指挥，做机动使用。廿七师为右翼师，须勇敢向刘家湖突进；卅师为左翼师，力行南北洛之攻略，待第一一〇师进入田军长掌握后，须向泥沟深入，遮断敌后交通。明日（卅日）拂晓须东西相应，向敌反攻，四十四旅位置禹王城，对沂河右岸警戒。时我廿七师（黄宗颜旅）于昨（廿八日）夜渡过运河，全部到达东西赵村，师长黄樵松以七九旅位置右自台儿庄沿运河至禹王城之线，以八十旅旅长侯象麟率该旅附炮兵一营、战防炮两门、工兵一连，当夜向敌人左后侧之燕子井、石佛寺、雷草疙瘩之线挺进，乘夜构筑简易工事，以稳扎猛打战术，完成向刘家湖攻击准备。

卅日晨，我廿七师第八十旅以果敢之行动，旋出敌左侧背，直捣刘家湖，出敌不意，以炽盛之步炮火力，集中于敌炮兵阵地，形成一点歼灭战。敌轻重大炮八十余门，陷入我火网之内，难予转移，而死伤枕藉。刘家湖之敌向我反扑，阮上之敌遂呼啸来援，与我发生激烈之白刃战，彼此皆腹背受敌。我为争夺此炮兵阵地，亦死伤甚众。十时顷，敌增援部队约一联队之众，附战车十二辆，自峄踵至，向我展开冲击，我乃转据雷草疙瘩之线拼死抵抗。侯象麟旅长在炮火笼罩下，指挥战防炮出动，连续击中敌战车八辆，其四幸逃。敌步兵失去掩护，亦动摇后退。我官兵奋勇追击，而敌炮兵万弹齐发，以行遮断阻止，我战防炮不幸被敌炮发现，该连长及屡建奇功之良炮二门，在敌炮火集中射击下，人炮俱殉矣。午顷，敌我均调整部署，双方炮战开始，我以劣势游击炮兵群，不定时向敌集中射击。当晚击毁刘家湖之汽油、弹药等库，黑烟冲天，爆声隆隆，前线官兵抚膺叫快。

本日我卅师方面，自晨至午，向南洛进攻，呼应廿七师之拂晓攻击。被敌顽抗，亦无进展，而损伤甚微。我廿七师伤亡连长以下官兵一百七十余人，敌有倍于我。判断当面增援之敌，似应城中困苦之求，而竟投入于侯旅奇袭之战。敌亦将先击破我外线压迫，以遂台儿庄之夺取。

综合情报：枣、峄之敌南移，汤军团必可挥兵南下。但据战区所知：临沂方面，敌正转战南下中。乃令各部严阵以待。晚，战区令修复运河铁桥，已令交通兵团在赵墩待命。

卅一日晨，敌机临空，到处投弹。九时顷，逸出刘家湖之敌五百余，借战车十余辆，向我燕子井攻击。我守兵一连，凭工应战，力却来犯之敌，而牺牲阵地火攻中者几尽，迄未动摇。侯旅长今派兵一营驰援，勖以班排突进，迫敌近战，因而反复肉搏，双方死伤甚众。敌战车虽狼奔豕突，迄未阻止我内外夹击，有跃仆于车上者，而混战于燕子井四周，敌气为夺。迄午顷，敌始败退。我伤亡连长以下二百余，敌始惊我之英勇。

是日夜，城内之敌忽蠢动，始以火焰器企破西大街之防线。火焰器初出现于战场者，我官兵始亦惊惶。但敌难超越我障碍物，我官兵一一以手榴弹毙之。时爆炸声密如新年之爆竹，敌死伤满街巷。旋北大街亦告警，敌有窜入王旅部者，电话忽中断。乜旅长急入城，至则敌已横尸北街上五十人矣。王旅长时在禹团部，镇静各部之拒守。敌终感天堑难飞，而饮痛雷池难越矣。战声由间歇之浓密，而渐归于沉寂。拂晓见暴尸于赤赭间者百十余。纷红骇绿之台儿庄，遂震栗所谓“大和魂”之胆。秦应岐营长呼其收尸，予停战。今掳获文件，乃知为围攻临沂之坂本旅团也。

四月一日，午前十时顷，敌大举向北站进攻，昨日（卅一日）我修桥之举，似为敌机所发现。敌为先发制人计，炮火甚猛烈。北站之战，前未有如斯之猛者。我后方被敌炮火遮断，及以铁桥折修为阻，增援困难。韩团长沉着应战。敌虽楔式进攻，但被我消灭于阵前者甚众。一八一团戴团长炳南由西关向北站出击，于狭窄地区，遭敌截击。我士气百倍，击攘而前，卒达北站。第卅师吴明林团亦由顿庄闸向北站夹击，韩团长乘机出击相呼应。敌终败退，北站迄无恙。盖我背水列阵，将士誓不灭虏不生还者，而敌实犯逐次使用兵力之过失，虽余勇可贾，终乃强弩之末耳。是日我卅一师伤亡官兵三百余，晚以吴明林团归卅一师指挥，位置于土城。乜旅长以一八三团位于西关，戴炳南团于北站待命。

当北站之战时，我廿七师第七十九旅之杜团向邵庄之敌攻击，以行牵制，八十旅则原地与敌对峙中。因汤军团以爱曲告急，陈大庆师击破敌之骑兵联队后，仍于傅山口苦战中，关军长又回军北向。判断当面之敌，仍图勉力挣扎以待援者。今我第一一〇师已于侯新闸集结完毕。

二日八时顷，发现高徐公路上敌之联合兵种约两千余，附战车十六辆，在敌炮兵掩护下，分数队向我雷草疙瘩阵地猛攻。守军一五九团第二营王景山营坚守阵地，予敌痛击，激战至午，被敌战车包围。敌以火焰喷射器向我阵地四面火攻，掩护步兵逼近我阵地，情势殊险恶，侯旅长即命该团刘冠英营驰援。该营长为避免敌之优势炮火损害，乃率全营官兵施以白刃战，双方短兵相接，反复冲杀，登战车掷手榴弹者有之，向战车浇汽油者有之。在混战状态之下，使敌炮失去作用，敌战车被毁者四，而我官兵被敌战车碾死者七十余名。自午至暮，我以寡敌众，奋战不挠，卒击走之。我固守阵地之王景山营长身中数弹，竟壮烈成仁，两营官兵伤亡者五百余人，卒保本军守无不固之令誉。

本日黄昏间，有敌机一架自南来，盘旋我上空数匝，降落于北洛间。令我炮兵击毁之，寡效。韩团有吴春秋班长者，晚率兵数人，潜进而火焚之，殊堪奖赏，令擢升排长。

近日来，战区仍主先歼灭城内之敌，俾作战行动之自如。乃令廿七师以步兵一团，自台儿庄东南突入，王旅协力夹击之，于今晚十时开始。九时半，王旅开始正面攻击，我轻重迫炮弹如雨下，似予敌杀伤颇大，以吸引敌之兵力。我廿七师一五八团先头营，乘机攀登东城，营长程希贤率兵先上，初甚顺利，未及半，即被敌阻止，营主力不得登，团营乃为攻城战矣。入城之部队，而蒙重大之损伤，终被拘束于街巷，逐次而覆没，是举遂无功。迄子夜，东城无巷战声，王旅乃停止攻击。近日来，敌抽调各方兵力，日有增加，判断敌有向我反包围企图，亦必先以击破我二七师为目标。乃令侯旅预为纵深配置。三日午顷，敌约一纵队，向我石佛寺左后方迂回，同时刘家湖之敌约一联队，向我燕子井攻击。时侯旅长为抑制敌向禹王城进展，以主力由石佛寺出击，各部均于现位置展开激战，石佛寺乃成焦点。敌战车十二辆团团包围，借炮兵掩护，节节向我压迫。我刘冠英营以一部留置雷草疙瘩，向旅部增援。时我官兵均与敌做近迫战，而被敌战车碾死无反顾，敌大炮约六十余门，但予我损害并不大。黄师长命向运河北岸转移，时在敌之前后夹击下，势不可能，亦无此必要，营连排长等均受伤不退，终挫其凶锋。形势万分危急之时，适有汤军团郑洞国师之联络参谋来，余告以当面敌情，盼其转达，请“即时派兵一部，于敌侧背施以威胁，或遥以炮兵声援”。迄午后，我阵地均无恙。日暮间，忽闻敌后有炮声，迂回我左翼之敌即回窜，正面之敌亦遁入刘家湖。该旅血战终朝，伤亡近千，予敌以重大打击。余有感同舟风雨，郑洞国友谊深厚矣。

是日午，总部开军师幕僚长会议。卅一师报告：“守则有余，攻则不足，因城中巷战，彼此坚工，难与困兽斗，我之不能剪此顽敌，犹敌之不能驱除我也。”廿七师以“敌之攻击重点转移，我似应以站得稳，打得狠，希总部把得准”。孙公晓以“敌实寡弱，已处于苦战之境地，果能切断其后方交通，敌不难于歼灭”。乃嘱卅军应即以卅师、一一〇师攻取泥沟，挺进红瓦屋为目的，以确实遮断其补给与联络。晚令吴明林团归建，戴炳南团位置于土城。

四日，敌攻势再兴，重点指向禹王城。晨七时，敌骑兵约一联队向大东庄做试探攻击，遭我一五七团之伏击，死伤百余，遗尸逃窜。九时，敌约一旅团，炮约四十门，进占我右翼禹王城高地，瞰制我运河全线阵地，以优势炮火，掩护其步工兵，企图强渡运河。我官兵以必死决心，坚守阵地，以机动部队截击数次强渡之敌，均予击退，并消灭其大半。十一时顷，我第六十军卢汉部之两个师到达增援，当以一师兵力进攻禹王城。该师虽法式装备，但训练不足，且乏战斗经验，密集而暴露，乃蒙敌炮火重大之损失，死伤过半，即撤回整理，殊为可惜。我四十四旅以两个连接应之。当时孙公气愤，连颁二道手令，晓谕全军：一、今是我们创造光荣之良机，也是生死最后之关头，不死于阵前，即死于国法。本总司令将以成仁之决心，与台儿庄阵地共存亡，亦必执行连坐法，以肃军纪。死为光荣而死，生为光荣而生，希我官兵共此努力。二、训令本集团军：慎保本军守无不固之精神，发挥娘子关歼灭敌七十七联队之伟绩，今只有前进，绝无后退之途，过河者死，誓以破釜沉舟之决心，深信必操必胜之信念。午后，我一五七团选奋勇队二百名，携带炸药、手榴弹、大刀等轻便武器，袭禹城高地之敌炮兵阵地，卒炸毁敌炮十数门，并利用此丘陵地带，疏散隐伏，出没于敌后，迄敌败退，晚始返回。我仅受伤士兵二名，该奋勇队曾蒙嘉奖。

本日田军长亲督卅师指向南北洛，一一〇师（欠一旅）指向泥沟，做楔式攻击。自晨至午，终因装备不足以破敌，迄鲜战果，但敌未敢予以反击。入晚，两师均于敌前彻夜准备明日再举。夜分，奉战区指示："临城、枣庄之敌，向峄南移，临沂保卫战再起，嘱军团保持士气，以勿攻坚为宜。"乃令田军长停止攻击，一一〇师仍控置于侯新闸，卅师以袁有德团留于现位置，主力保持于顿庄闸。

五日，敌我皆无为，各部均努力整理工事。敌炮兵竟日轰击我野战阵地。午顷，田军长偕张金照师长来台儿庄视察，途中炮弹着落于左右，笑语张师长曰："若被击中，乃中头奖也。"既入城，巡视后，慰问状况，王旅长曰："没有什么。"乜旅长曰："部队皆凋零，忠勇咸效死。"田公曰："敌今无能为也，彼已逸失战机矣。向以一部监视君等，渡河而南，孰与阻者？余以台儿庄之危机，在外不在内。彼如撤出，则此弹丸之地，以机炮之威力，早齑粉矣。彼矜于皇军威武，乃陷于进退维谷之境，实彼之庸碌，而天夺其魄也。前者有建议以'卅师与君换防者'，总座即否决之，以'惯战之兵，久战之地，虽一兵一卒也可守，以他部增援则犹可，以他部易守，是弃地弃兵也'。余深服其军事名言，致迟君等休息耳。君等大名垂宇宙矣。"皆大笑乐。是日，运河铁桥成，我装甲车一列驶出北站，向敌游动炮击，经敌炮还击而返，乃若示威然。

六日十时顷，敌似倾其炮火威力，向我廿七师总攻。弹多坠落运河水际，飞溅林间。我阵地皆隐藏丘林中。敌战车受阻于地限，仅停列于我阵前，敌兵借为掩体，惮不敢进。我亦制止官兵出击，而沉着应战，敌终无施其技，相持午顷而退去，乃益春江水暖耶。

当晚阵地传来汤总司令上统帅电称："本军团今（六日）十二时，若到不了台儿庄，恩伯愿受军法处分。"佳音传来，我官兵欢跃如狂，均枕戈以待，预做追击之准备。入夜以来，敌炮仍断续向我射击。夜分，刘家湖忽大火，继而阮上有爆炸声，城中残敌犹与我保持接触，旋即寂然，敌已逐次退却矣。各地残敌均乘车逃遁。

七日一时余，孙公电话命令："以廿七师为右翼追击队，沿高徐公路向北追击；卅师为左翼追击队，沿铁道向峄县追击；以卅一师清扫战场，于红瓦屋屯集结。"

各部均轻装踊跃前趋：廿七师曾受到敌骑之逐次抵抗，拂晓而达兰陵镇南；卅师到达泥沟，即受到九山、獐山之敌阻止；卅一师于清扫战场时，发现敌于刘桥已毁战车三十辆，刘家湖前后有八辆，残缺重炮七十余门，炮弹壳则堆积如山丘，已废卡车九十余辆均在刘家湖，而较完整遗弃于途者五十七辆，红瓦屋屯有待毙之马五百五十余匹，各地军品之烬余者甚多，南洛敌机残骸一架，与各地之神社甚多。战场上待运之死尸七百余具，而台儿庄内储存于宏大当铺中之军品犹完矣。

捷闻，全国欢腾，亿兆鼓舞，首开二期抗战胜利之先声。美、英、俄、德、法等国均争传新闻报道，誉为有名之一战云。诗人王陆一曾有诗赞之：

铁券河山战鼓殷，临沂春服万朱颜。
公仇十世无情报，狂虏千营一夕熠。
皇汉大风芒砀际，元戎神武指掌间。
台儿庄畔明明月，起为中兴照故关。

原载《传记文学》第三十二卷第四期（一九七八年四月号）

台儿庄之战

黎东方

一、献词

今年四月六日，是台儿庄大捷的四十周年纪念。

为了追怀当年踊跃赴义、壮烈牺牲的阵亡将士，与训练了他们、指挥了他们的最高统帅，当时的军事委员会委员长蒋公介石，为了向何应钦将军与孙连仲将军以次、今日依然健在于台澎金马港澳、数以百计的英勇将士，表达我四十年以来的钦敬，我写出这一篇《台儿庄之战》来告诉未满四十岁的一代，与将来无数代的儿女，要他们永远记得“台儿庄”这三个字。

何将军与孙将军是军界前辈。国家对他们崇德报功，上天赐给他们福寿康宁。何将军在当时是参谋总长，辅助蒋公，运筹帷幄，决胜千里。孙将军在当时是第二集团军总司令兼第二军团军团长。坚守那台儿庄弹丸之地的部队，是孙将军属下的三十军三十一师（师长是池峰城）。

另一位硕德耆年的孙将军，是第二十二集团军代理总司令兼四十一军军长孙震。孙震将军是辛亥革命的先进，于“七七”以后首先率领部队“出川抗日”，屡屡在最危险的阵地上苦撑。作为台儿庄前奏之一的滕县守城之役，便是孙将军的爱将、四十一军一二二师师长王铭章烈士所指挥的。

当年纵横驰骋于台儿庄之北广大的原野与山区之间的两位少年英雄，汤恩伯第二十军团的两位军长，王仲廉将军与关麟征将军，今日一在台北，一在香港。他们是黄埔军校的第一期同学。他们参加了东征、北伐、抗战，无役不与，立了极多的战功，然而这台儿庄之役却是他们一生事业之中最得意的一页，也是最能流芳百世的一页。

在台儿庄一役之中，比任何部队都劳苦、都焦心的，是幕后的参谋人员。他们昼夜不停地研究敌情，搜集谍报，拟订作战计划，分颁作战命令，与每一部队保持联络，并且还要协调若干人事上的可能发生的问题。作为这些可佩的参谋人员之模范的，是第二集团军参谋长王化宇将军与第二十军团参谋长万建藩将军。他们两位均在台北，身体均十分健康。（万将军把他随身携带了很多年的“第三方面军抗战纪实”交给了我保存，谨附此志谢。）

苏轼在一首词里说：“江山如画，一时多少豪杰。”我对抗战八年的中国，具有同感。两位孙将军、两位军长与两位参谋长以外，另有若干位总司令、军团长、师长、旅长、团长、营长、连长，以及排长、班长、士兵，军阶虽有高低，而爱国心之坚强，人格之崇高，完全一样，其中极大多数是无名英雄。他们慷慨捐躯，都无非是行其心之所安而已。

将来的历史学家一定会把当时的三位师长马法五、刘振三与张雪中，两位旅长侯象麟与石觉，大书特书。这五位将军都做了绝对对得起列祖列宗的事。马将军在庞炳勋第三军团，刘将军在张自忠五十九军，张将军在王仲廉八十五军，侯将军在冯安邦四十二军二十七师，石将军在八十五军第四师，都是最坚强的将领，都屡屡建立了以少胜多的奇功。

此外，还有许多现今隐居在台澎金马港澳的志士，都曾经在台儿庄庄内、庄外出了不少的力。

我这一节献词是献给他们全体，也献给已经离开了我们而进入永恒的蒋公介石，与汤恩伯、田镇南、陈大庆、舒荣、戴安澜五位将军，以及所有阵亡了或病故了的将士；同时，也献给生死不明的池峰城将军。

二、战场

鲁南，山东南部，是古今有名的战场。

它北有黄河，南有横贯安徽、江苏的陇海铁路与淮河，中有汶河，西有大运河、东平湖、微山湖，东有潍水、沂水。山在它（鲁南）的东部、北部与东北部，平原在它的西部与西南部。铁路有津浦线与临枣支线、台枣支线（枣赵铁路），公路有台潍公路、高徐公路等。这些铁路与公路使得它在结构上也形成了一个整体。

台儿庄在它南面的尖端，与江苏省接壤。

台儿庄属于峄县，是一个相当大的寨子。东西长一千二百公尺，南北长四百公尺到一千公尺。从西北到东南的距离，是一千四百公尺。

它有一道庄墙。这庄墙虽没有普通的城墙高，却相当坚固。庄墙有六个门：东门、西门、南门、北门、西北门、东南门。庄墙以内，有十二条街，九个大碉楼，七十多个小碉楼，三千四百多户人家。庄墙以外，也有若干人家。

庄的南门外，是大运河。在这大运河乘船，向东转南可以到淮阴、扬州，进入长江；向西转北可以到济宁、东平、东阿，进入黄河。

在它的西边四华里，是枣赵铁路的北站。在它的西南边六华里，是南站。南站在大运河的南岸。由北站向北，经峄县县城，可以到枣赵铁路的起点枣庄。枣庄也是一个很大的寨子，为中兴煤矿公司的所在地。枣庄有铁路向西，与津浦铁路线上的临城站相连接，叫作临枣支线，临城北边的大站是滕县，南边的大站是徐州（铜山）。徐州是津浦铁路与陇海铁路的交叉点。

由徐州向东，在陇海铁路线上有一个小站，叫作赵墩。这个赵墩，便是枣赵铁路的南边终点。

台儿庄不仅有近在眼前的大运河与相距很近的枣赵铁路及津浦铁路，而且有公路，向东北，经临沂县、沂水县，直达胶济铁路线上的潍县。这一条公路，是台潍公路。

它在平时有经济上的重要性，在战时有战略上的重要性。

三、前奏

台儿庄之战的前奏，是我方在鲁南战场上所遂行的“防御攻势”。

所谓“防御攻势”，是以守为目的之攻，也就是“以攻为守”。

当时，平津与上海、南京都已沦陷，日军分由南京与天津两个地点，向津浦铁路线上的我军进攻，企图贯穿安徽、山东两省，“打通津浦铁路”。

我方在安徽守淮河北岸，在山东守黄河南岸。

不料，毫无心肝的山东省政府主席兼第三集团军总司令韩复榘，竟然不战而弃济南，坐视敌人渡过黄河，而且把部队移转到山东西南部的角落，不留一兵一卒在济南与徐州之间的津浦铁路线上。

当时，敌人很快便占领了济南、泰安、大汶口。看情形，他们在旦夕之间便可以取得徐州，打通津浦路，沿陇海铁路西取开封、郑州，再沿平汉铁路向南，威胁汉口、武昌。

蒋公以断然的措施，挽救了当时的危机。他下令逮捕了韩复榘，交付军事法庭审判。（不久，军事法庭判处韩以死刑。）

蒋公激励韩的旧部，下令以孙桐萱代理第三集团军总司令，使得这第三集团军的三个军（孙桐萱十二军、曹福林五十五军、谷良民五十六军）其后勇于对日军作战，不亚于其他部队。

蒋公而且很迅速地调来庞炳勋第三军团与孙震第二十二集团军。

庞炳勋是西北军的老将，久经战阵。可惜他此时仅有一个师：以马法五为师长的三十九师。三十九师属于庞自兼的第四十军。

孙震是川军将领之中最有革命历史的一位。他是第二十二集团军代理总司令（总司令是邓锡侯，留在四川）。孙兼任第四十一军军长；另一军，四十五军，军长是陈鼎勋。这两军，共有六个师，其中两个师留在四川，带出来的仅有四个师。

这四个孙震的师，替蒋公分了忧。他们缺乏新式装备而富有旧式的忠心与义气。他们受命于危难之际，而独力支撑大厦，在津浦铁路线上与敌人对峙，从一月七日到三月十七日，竟有两个多月之久！

蒋公在民国二十七年（一九三八）二月中旬命令第五战区司令长官李宗仁，转令孙桐萱、庞炳勋、孙震，对日军分三路进攻，实施攻势防御：令孙桐萱攻济宁与汶上，庞炳勋攻蒙阴与泗水，孙震攻邹县。这三位将军和他们的部队，都很勇敢地执行了命令。

他们在五个县份同时对日军猛攻硬打，使得日军十分惊讶。当时，日方的大本营由于透过德国驻华大使陶德曼向我国骗和失败，正想一面设法打通津浦铁路，一面集中兵力，溯长江而上，攻取我国国民政府的新所在地武汉。日方的大本营，见到孙桐萱、庞炳勋、孙震三支军队攻势如此猛烈，便决定调兵到鲁南打一个大仗，暂时放开西攻武汉的打算。他们不知道，这样刚好中了蒋公的计。蒋公所希望的，正是能有在武汉重新整训、重新部署的充裕时间，以准备“第二期”的抗战。

孙桐萱在济宁、汶上，从二月十二日打到二十五日，退到巨野县一带。庞炳勋在蒙阴接到临沂吃紧的消息，奉命转往临沂，抵御由青岛登陆的日军板垣（征四郎）第五师团。孙震打到邹县以后，退守滕县之北的界河，一直守到三月中旬，日军矶谷（廉介）第十师团大举南犯。

三月十五日，日军一万多名攻下界河；十六日，冲到滕县。这一万多名日军，在火力上相当于好几万的我军，而且又有飞机作为支援。

四、序战

李宗仁电请蒋公抽调在河南商丘的汤恩伯第二十军团的八十五军，前来援助滕县的守军。蒋公立即照办。汤恩伯一面遵令吩咐八十五军乘陇海铁路火车到临城，赶往滕县；一面电请蒋公：为了避免兵力的“分割使用”，准予把第二十军团留在安徽亳州的五十二军与十三军的一一〇师，都调往鲁南，共同作战。蒋公照准。

八十五军首先到达临城的是张雪中八十九师的一个旅：八十九师二六七旅。旅长是舒荣。到达的那一天是三月十六日，滕县的攻防战正在惨烈进行，却已有三四千名日军越过滕县，进抵官桥，在官桥挡住了舒荣这一旅。

舒荣旅对这三四千名日军搏斗，一直斗到十七日的晚上，才丢掉了官桥，退守临城。可惜，在这时候前后，滕县的守军已经于激战了三天两夜以后，不再能够支持。

滕县城内的守军，以四十一军一二二师的七个连为主，加上地方上的警察以及从界河溃退下来的四十五军残部，一共只有三千人左右。指挥官是一二二师师长王铭章将军。王将军从十五日守到十七日，城破；他率领部队巷战，中弹，自杀。他的部队不因指挥官之自杀而停止作战，继续拼到晚上七点多钟，阵亡了参谋长以下一千七八百人，伤了三百多人，剩下的七百人左右才依依不舍地向伤兵告别，突围而去。留下来的伤兵，不愿意活着当日军的俘虏，他们集体自杀，用刺刀互刺，用手榴弹互炸。

继二六七旅之后而在十七日赶到临城的是二六五旅的五三〇团。他们在临城便和越过官桥的日军遭遇，打了一阵，日军退走。不久，二六五旅的另一团，五二九团，也到达了临城。再其后，八十五军其余各部与五十二军都先后到达。

汤恩伯没有与他的部队一同来，而直接先去了徐州见李宗仁，转往台儿庄，在台儿庄西南的利国驿设军团司令部。（其后，这司令部常随部队移动。）他颁下命令，叫关麟征五十二军在台儿庄及台儿庄之西的韩庄一带布防，叫王仲廉八十五军占领峄县及其外围。其后，第二集团军的三十军三十一师奉调前来，暂时划归汤恩伯统一指挥；汤自己的十三军张轸一一〇师也来到了。汤命令三十一师接防台儿庄，一一〇师接防韩庄一带，抽出五十二军，叫它开往台儿庄之北，打峄县。

峄县及其外围，原已由八十五军的第四师占领，与来自滕县的日军缠斗了三天。王仲廉把留在临城的八十九师调来峄县的外围去支援第四师。十九日，日军夺去了峄县，也捡去了临城。

汤恩伯命令五十二军往兰陵，转而向西，去努力夺回峄县。汤也命令八十五军，改攻枣庄。

五十二军攻不下峄县。八十五军在二十五日攻进了枣庄，占了水塔及四个碉楼之中的三个，但守它不住。枣庄又被日军夺了去。

汤恩伯内心里本不希望这两个军拿下峄县与枣庄。他只是希望这两军留在峄县与枣庄的外围，对日军保持接触，等到有一天日军大举南下，便在日军的后边紧追。

汤恩伯也已经在二十日的早晨命令了三十一师师长池峰城，叫他带一部分兵力离开台儿庄向北，佯攻峄县，引日军生气，倾巢南下，追他追到台儿庄。池峰城很忠实地执行了汤恩伯的命令，在二十二日带了一八三团打到峄县东边的九山、泥沟西边的獐山，又在二十三日带了一八三团与一八一团不仅打九山、獐山，又打峄县南门外的南关。

日军果然动了火，在二十四日对池峰城认真计较起来，一举而冲到泥沟，占了北洛。

次日（二十五日），日军三百余名攻进了台儿庄的北门。

序战结束，阵地战开始。

五、阵地战

在叙述台儿庄及其近县的阵地战以前，另一处的阵地战必须先行叙述。这另一处，是临沂。

临沂本是沈鸿烈带领海军陆战队所守。沈原为海军舰队司令兼青岛市市长，于韩复榘被“法办”了以后，继任山东省政府主席兼山东保安总司令。他奉令焚毁日本人在青岛的财产，放弃青岛，退守内地各县。他守过莒县一带，也守了临沂。日军大举来攻临沂，蒋公派庞炳勋来帮他防守。庞只有一个马法五师，因此蒋公在不久又加派了张自忠一个军去。张自忠五十九军有两个师，这两个师共有五个旅，分为十一个团，兵力远非沈鸿烈的或庞炳勋的所能比拟。

张自忠到临沂，从三月十三日打到三月十八日，六天六夜，与马法五师对日军夹击，用小战斗群把日军分割成若干节，死打硬拼，大刀短枪齐下，击败了日军的长野旅团，一直追到临沂东北的汤头镇。其后，日军在三月二十九日又调来了酒井旅团四千多人，仍被张自忠军与马法五师打败。

在台儿庄的一方面，庄内、庄外的阵地战是从三月二十五日打到四月六日，前后有十三天。这十三天的经过，侯象麟将军在他的《实录》里面描写得很详细。简单说来，日军在二十五日有三百多人冲进北门，当天被我军赶到庄内的城隍庙，全部烧死。第二天冲进来的，也被赶到城隍庙，我军却烧他们不死。因为，城隍庙可以烧的东西，如板壁、大梁、柱子，在二十五日都已经烧光。此后，城隍庙反而成为日军在庄内的巷战根据地。

日军一天一天地、不断地拥进了庄内，后来渐渐占领东边的一半，又扩充到整个庄子的四分之三。然而，庄内的我军——三十一师九十二旅一八四团，并不灰心丧气，始终愈战愈奋，坚守到最后的胜利的一日。他们对日军逐街逐巷而战，逐屋而战。日军以其优势的火力、充分的给养，越来越占上风；我军却越打越有信心，相信汤军团及其他援军很快便要到来。最可佩的莫如他们之中的七十二位壮士了。这七十二位壮士，于代理团长王冠五的号召之下，在阳历三月二十九日的拂晓，追踵辛亥年阴历三月二十九日的七十二位先烈，一鼓作气，奋勇仰攻，夺回了足以俯瞰全庄的文昌阁；文昌阁内的日本兵，有四名被俘虏，其余的完全歼灭。七十二位壮士之中，五十八位生还，十四位成仁。

这十三天与十二夜，是台儿庄有史以来的最紧张的十三天十二夜。不仅有巷战在进行，而且有颇具规模的突击、冲锋与火焰战。庄外，我军有一八二团固守北站，一八一团固守西关，又有一八三团留在台儿庄之南的土城，做预备队。

不久，孙连仲第二集团军的其他两个师与一个旅，孙将军本人及其直属部队，都先后来到。三十一师“归建”（划回它原所隶属的第三十军，而不再由汤恩伯指挥）。这其他两个师，是三十军的另一师，亦即第三十师，与冯安邦四十二军的第二十七师（师长是黄樵松，两个旅长之一是侯象麟）。这个旅，是四十四旅，旅长是吴鹏举。

这两个师与一个旅留在庄外，做庄内守军的声援。它们也常常进攻日军在庄北的几个据点，如刘家湖、石佛寺、雷草疙瘩等。它们之中，以侯象麟旅为最活跃。

副参谋总长白崇禧，在三月二十五日的晚上到过台儿庄。他替守军向徐州的第五战区司令长官部要来了炮兵第八团，也向在开封的第一战区司令长官部借来了几尊战车防御炮。

蒋公于两天以后，三月二十七日，也亲自来到台儿庄视察。萧自诚先生知道这件事最详细，他将要写一篇专文，登载在《传记文学》。

三月二十七日这一天，日军对台儿庄的进攻最猛烈，所扩展的庄内占领区比起前两天来也最大。

四月一日，日军的注意力集中在北站。一八二团有点儿招架不住。池峰城命令一八一团从西关开到北站，去增援。三十师师长张金照也派了一个团，吴明林团，从顿庄闸来救。于是，北站化险为夷。当天晚上，三十一师九十二旅旅长乜子彬，奉池峰城之命，把一八三团调驻西关，让一八一旅留在北站，以加强一八二团的守御实力。

四月三日，汤军团会同周岩的七十五军，在台儿庄东北与正东很远之处，分三路由东向西，对日军大举反攻。

反攻到四月六日，日军溃退。台儿庄守军的坚忍，没有白费。

六、运动战

台儿庄之战的精彩之处，是阵地战与运动战获得了巧妙的配合。

实施这运动战的，是汤恩伯。

汤恩伯的最初计划是集中第二十军团的全部兵力，在临城以北抱犊崮一带——敌人的后方——牵制敌人，叫他们不敢南攻徐州。第五战区司令长官部不同意他如此做，他就只得在临城与峄县同敌人缠斗了三天。到了三月二十日的清晨，他与三十一师师长池峰城在台儿庄南站见了面，就决定由池峰城一面在台儿庄坚守，一面分兵北来，佯攻峄县，诱峄县一带的日军南下，然后他就命令在峄县外围的八十五军与五十二军，在日军之后尾追，追到台儿庄外围，会同池峰城师与张轸一一〇师，予以夹击。

这个计划，施行得不太顺利。日军的确是被池峰城的一八三与一八一两个团诱出了台儿庄，王仲廉八十五军与关麟征五十二军，却分别在枣庄与峄县被“反缠”得一时脱不了身。

再其后，八十五军与五十二军终于摆脱了敌人的纠缠，争回了主动。汤命令五十二军在三月二十九日的夜晚南下，向台儿庄东北的沙江凹攻击前进，追矶谷师团的兵；同时，他命令八十五军留在平山、傅山、石城岗、女峰山，对峄县的敌人佯攻，以掩护五十二军的左右两侧背。

三月三十日，五十二军进抵兰陵镇西南，展开于官庄、兰屯之线，不再需要八十五军掩护；八十五军于是就占领了水湖、王庄、甘露寺一带。两军同时对进犯台儿庄之敌的后方大举痛击；到了夜晚，推进到甘露沟、腰里徐、柿树园之线。

三月三十一日，五十二军克复了马庄、大庄、张楼、贾家埠、小集、兰成店、三佛楼，进展到官庄至兰成店之线；八十五军克复了马山、九山，进攻双山，距离峄县的东郊不远。

突然，向城方面发生变化。日军板垣第五师团又有一批援兵，在青岛登陆，他们不热心于加强对临沂的攻击，而冲来了向城。汤恩伯放在向城的十三军独立骑兵团抵挡不住，向他求救。他赶紧命令八十五军分出八十九师去迎敌。八十九师在向城之东的玉楼与梧桐村等地点打了几个小胜仗，却在邵家庄至向城之线，与敌人胶着住了。

当天下午三点半钟，汤恩伯根据蒋公的秘密指示，做了一个重大的决定。第二十军团的处境十分危险，陷入敌军的两条战线之间：东边是向城至邵家庄之线，南边是官庄至兰成店之线。两线相距只有三十公里。敌人倘从相对的方向来一夹，便可能把本军团夹成数段。汤决定“以迅雷不及掩耳”的速度，转移全部兵力，“化内线为外线”，放开大路，让向城方面之敌达到其与第十师团部队相会合于台儿庄之目的，然后我方便一举而把所有的敌人包围于台儿庄及其近邻，与孙集团军协同予以歼灭。

于是在四月一日的零时零分，五十二军秘密脱离腰里徐、柿树园一带的战场，“向右回旋约二十公里”，在拂晓之时到达了洪山县之东的鲁坊。八十五军第四师占领爱曲与狄湖一带，掩护五十二军的回旋行动。八十九师穿过作字沟与邵家庄之间敌人的侧背，到了南桥与凤落之间。

这两个军遵照汤恩伯的命令，于到达指定地点以后，一致于上午七时向北攻击作字沟、凤落、邵家庄一带之敌，及接近爱曲、狄湖之敌。这些敌人，由于做梦也未曾想到我军会如此，就像秋风之前的落叶，被吹散得还不了手，而向城方面的大批敌人却以为大路既开，机会难得，一窝蜂地向着台儿庄的方向推进，在四月二日进入了我方所设下的新包围圈。

从四月二日到三日，汤军团不分昼夜地把作字沟、凤凰山、洪山、前烟头、小洪山、西房前、爱曲、秋湖、小王庄、凤落、小锅里各个大小据点的所有敌人都歼灭得干干净净。

四月四日，汤军团对台儿庄及其附近的敌军开始总反攻，兵分三路：

第五十二军，由洪山镇之西及兰陵镇之南出发，克复了甘露寺至杨楼、陶墩之线。

第八十五军，由小良壁出发，会同中央炮兵第七团与第四团，克复了大顾珊，不幸伤亡了五二九团的多数官兵，团长罗芳珪阵亡。

第七十五军，从大良壁出发，进抵耿庄至东范墩之线，与敌相持。

四月五日，五十二军克复了洪湾、大庄；八十五军在大顾珊被日军反扑，八十九师五二九团又阵亡了不少官兵与营长叶支荣，张雪中师长派五三〇团增援，争回了上风。

四月六日，五十二军克复了马庄、冯家湖；八十五军扫荡谭庄、郁庄；七十五军克复了火石埠、辛庄、东庄。

下午四点，台儿庄外围日军阵线动摇，开始崩溃。五点，汤恩伯第二十军团与孙连仲第二集团军会师，对庄内、庄外的日军内外夹攻。

四月七日，日军全部后撤，我军分途追击。

七、追击

四月七日正午，第五战区司令长官部颁下追击命令：

汤军以一部肃清战场，以主力由台枣支路（不含以东地区），沿夏庄、马山、九山、潭山以南地区，向峄县追击前进。孙军指挥张轸师，由台枣支路（含）向峄县追击前进。

曹福林军应于峄县以北地区，截击敌人，勿使窜逃。

敌如退据峄县城，孙、汤两军各以一部监视之，主力尾敌穷追。

孙震军应由新闸子渡运河，追击韩庄方面之敌。

李仙洲师应继续经由作城，向东扫荡临沂以西之残敌，向临沂前进，到达该地后，归张军长自忠指挥。（李仙洲是张自忠二十七军团的九十二军军长兼二十一师师长）

汤恩伯接到命令以后，转颁王仲廉八十五军、关麟征五十二军，以及此时归他指挥的周岩七十五军、吴良琛第十三师、王禄丰一四七旅[①]：

王军迅即向岔路口扫荡，挺进到达后，即向北旋转，沿台枣支路（不含以东地区），向马山、双山追击前进。

关军应以一部消灭甘露寺、杨楼一带残敌，主力即由甘露寺、底阁，向四流井、马山、石门庄追击前进，并相机追出峄县东北地区，截击北窜之敌。

周军负责解决台庄、彊石沟至大良壁之线以南地区残敌，并清扫战场，尔后即集结常沟、沙江凹、小良壁、河南头一带，为总预备队。

吴师应以一旅在向城、青山、傅山、石城岗一带占领阵地，对临沂方面警戒，主力控置于作字沟附近。

王旅仍控置于小良壁、四户镇一带。

关、王两军作战地境为低石桥—柿树园—出头林—高庄—土山之线，线上属王军。

各地兵马对狼奔豕突的日军追击，杀了不少，一直追到峄县与税郭附近。李宗仁在四月十五日发下了撤税郭之围、停止追击的命令，结束了轰轰烈烈的台儿庄之战。

八、结语

全国军民在四月七日听到台儿庄大捷的消息，无不欢欣鼓舞。它是“七七”以来名副其实的大捷，也是第一次大捷。敌人被毙伤的人数，始终没有确实的报道，虽未必如当时的传闻有几万人之多，却也不会少于日本人自己所承认的一万一千九百八十二人。这一次的大捷，加强了我们民族的信心，鼓舞了我们的士气。

蒋公十分欣慰，颁电给全体出力的将士，予以嘉勉与奖赏。对于功劳

① 原文如此，似不确。

最大的几个将领——孙连仲、汤恩伯、王仲廉、关麟征、池峰城，蒋公都颁发了青天白日勋章。

在四十年以后的今天，我们若干曾经在民国二十七年（一九三八）四月七日争着买报纸的号外与抢购爆竹的老朋友回忆起来，仍然感觉到能与第二集团军、第二十军团，以及其他在鲁南对日军作战的各部队的忠勇将士，同为中国人，是一份荣耀。由于有这些将士，我们便毫无愧怍与羞怯。我们也因此而以百分之百的乐观心情，各自勉力于本位的工作，接应了那迟早必然到来的对日抗战的胜利。

原载《传记文学》第三十二卷第四期（一九七八年四月号）

台儿庄战役的回忆

王仲廉

台儿庄战役，为整个鲁南战场敌我形势优劣转变之枢纽，台儿庄胜利之花，亦即是鲁南战役之果。此胜利之果，不仅击溃日寇主力矶谷廉介的第十师团，亦甲午（一八九四）中国对日抗战后之第一次大胜利，洗雪中国历史上耻辱，并且鼓舞了全国民心士气，也坚定了抗战必胜的信心。吾人坚持抱定此种信心，则今后必有无数的台儿庄胜利的出现。此次胜利，得之并非偶然，乃是我参加此次会战的全体将士冒险犯难、流血牺牲所换来的！余今日回忆当时情景，犹感热血沸腾，怒发冲冠！

余所统率之第八十五军，辖有第四、第八十九两个师，隶属汤恩伯将军之第二十军团。当时该军团为大本营之战略机动兵团，以担任情势紧急方面之作战为主。此次鲁南战役，我军团由台枣以东地区，攻击敌之侧背，任务颇为重大，因之，达成亦极为不易。以顽强凌厉之日寇第十师团为对手，其战斗之惨烈，牺牲之重大，可想而知。

八十五军于民国二十七年（一九三八）三月上旬，虽尚留在河南之归德与安徽之亳县，从事于整训补充，实际上，已担任津浦南北两段我抗日大军之总预备队任务，无时不在枕戈待旦准备出动中。

当时我友军第二集团军孙连仲将军所部，正向台儿庄输送中。在津浦路临枣支线以北之敌后者，有孙桐萱、曹福林二将军所部。在津浦路正面，有第二十二集团军，其中王铭章一个师，曾在滕县做城存与存、城亡与亡的抵抗。在临沂地区对抗敌板垣第五师团之包围行动的，有张自忠、庞炳勋两将军所部。

三月十四日午，余奉汤军团长转颁下因滕县告急，令本军（八十五军）驰援，限于三月十六日向滕县以南之临城地区集中完毕。

此时敌人在津浦路南北同时对我大举进攻，以重兵迅速从南北夹击，会师徐州，企图一举歼灭我鲁南、徐州附近地区之部队，同时打通南北交通之干线。当时我在津浦路北段，本可凭黄河天堑，以阻遏来犯之敌，不意在黄河南岸的韩复榘部队，竟不战而放弃济南、泰安，几陷津浦战局于不堪收拾的局面。幸经我友军第廿二集团军之奋战，阻遏强敌于两下店。敌南犯之势，稍现迟滞。

当津浦南北正面吃紧之际，敌复以一部进出临沂，企图间道绕袭徐州东北，以合围我津浦、陇海两路交点之徐州，而瓦解我津浦路作战的神经中枢。我庞炳勋、张自忠两将军予以重创，于是敌向徐州进犯的阴谋，再度遭受顿挫。

敌既于津浦北正面的两下店受阻，复被创于东外翼的临沂，不得已而转其锋锐，进攻济宁，一则声东击西，一则企图西犯归德，再行由西向东，以抄袭徐州。敌寇虽狡计百出，四窜犯扰，但又为我孙桐萱、曹福林两将军之部队所击溃。于是敌感于我抵抗坚强，遂陆续增加兵力，又急犯两下店，同时沿津浦铁路两侧南进，仍企图达成其进犯徐州之目的。战局如此演变至三月初旬，在津浦路北正面之敌进逼益猛，邹县遂陷，滕县告急。

韩复榘一再擅自撤退，放弃要地大汶口。于是，敌人迅速深入，于二十七年二三月间窜过曲阜与邹县。我第二十二集团军孙震代总司令所辖王铭章将军的全师，在滕县不惜牺牲，做壮烈抵抗。敌人受顿挫后，改变战略，加强北线兵力，实行由北而南的两翼包围。除了在津浦正面以第十师团为基干主力外，又以强有力的板垣第五师团从青岛登陆，取道诸城、沂水，直趋临沂，以拊我右侧背，企图包围歼灭我鲁南及徐州以东地区之部队。然后以钳形攻势打通津浦线，再行内侵。

三月十五日上午八时，汤军团长电令本军着即由归德（商丘）乘车开往临城集中，相机策应二十二集团军作战。

十一时，汤军团长奉到第五战区李长官九时电报，令八十五军第四师，以先头之一部，开往滕县附近。

本军遵令，先令第四师于当晚乘火车向临城输送，余率第八十九师，次第乘车跟进。

又奉军团长汤公由亳州打来电话，获悉军团长即将乘汽车经萧永公路前往徐州，并嘱余由归德乘火车赶赴徐州会晤。晚间余抵徐州，谒汤公于中国银行楼上，时汤公抵徐不久，尚未用晚饭。当时所得情况如下：

一、津浦北正面敌万余人，其主力围攻滕县，其一部已迂回至滕县东南之南沙河附近，与我第四师先头接触中。

二、我守滕县之友军二十二集团军，虽尚有残部四五营困守滕县，牵制敌寇的若干兵力，但滕县城以外的各阵地，都已被敌突破，其被敌各个击破之部队，我方未及收容。

三、沿铁路正面南下之敌三四千人，其先头已到达滕县以南之南沙河，向临城急进，与我第四师在党山、西王庄发生战斗。另有敌主力五六千人，似在滕县以东桑村附近，有窥枣庄，以袭击我侧背之企图。

根据以上情况判断，我军所期望在滕、邹间与敌决战的计划，必须变更，因为我第八十九师尚未集中完毕。余当时决心：令第八十九师先头部队之二六七旅舒荣旅长所部占领官桥，扼守铁路正面，掩护主力迅速集中，以求在临城附近与敌决战。

当晚与军团长汤公共进晚餐，席间军团长谓余曰：“本日道经贵萧县之王寨，离府上（王庄）只有数里，向村民询问府上状况，据云只有茅屋数间，薄田数十亩。你为何未置一点家产呢？”余笑无以对。汤公继曰：“足以证明你真正是为革命而不顾家的人。”晚餐后，余即赶赴车站，北上临城，指挥作战。

三月十六日，我八十九师舒荣所部之二六七旅，与敌苦战于铁道正面之官庄与南沙河之间。另一路敌五六千人，与我第四师陈大庆将军所部，恶战于虎山、龙山、党山、三山、落凤山一带，形成争夺拉锯的错杂局面。该师之左方，亦有敌军，为第四师第十旅倪祖耀部以全力击退。

三月十七日上午，军部及直属部队到达临城卸车，将至宿营地临城东北之河北村附近之际，敌步骑兵五千余人，炮约三十门，战车数十辆，重点指向官桥，蜂拥进犯。我二六七旅五三三团第三营长侯克，身先士卒，浴血死守官桥，壮烈殉国。激战迄晚，官桥失陷。正激战时，我八十九师之二六五旅，正由铁道逐次输送至临城下车。该旅五三〇团尚未集结，仓促抵抗。在激战中，该团第二营营长严以重，冲锋阵亡。苦战至下午六时后，该旅之五二九团陆续赶到，抢援前线，我军始得控制临城。

当时，余正往前方侦察地形，据报敌主力再度进犯我官桥守军，余随即在临城东北之匡山头上设指挥所，一面指挥八十九师作战，一面与第四师联络，同时电报军团长汤公。

三月十八日，本军八十九师张雪中将军全部到达战场，士气益振。军团长为适应战况，于十七日晚，将第四师移向峄县附近，集结备战。余率八十九师，奋力阻遏敌人前进，以待友军之充分准备。本日在山田、固堆、亘临城之线，仍全日对敌苦战。敌虽迭次猛攻，但均被击退，我阵地屹然不动。唯当时敌之飞机及炮火轰击过于猛烈，在此往还冲杀之下，我五三〇团第一营营长宋志文，于午后五时，又于临城东北约五公里东西柏曲之拉锯战中负伤。日渐入暮，敌亦遭受重大伤亡，遂再成对峙之局。

汤公派第四师副师长王毓文将军于十八日中午来本军匡山头指挥所，传达甲、乙两案命令，嘱选一实施。余与八十九师师长张雪中将军，及军部参谋处长吕公良将军，决定遵照甲案实施。余并将甲案之命令转电第四师，命本军张参谋长公达，陪同王副师长返军团部及第四师师部复命。

是晚，余率第八十九师向目的地转进集中。次日（十九日）晨，拂晓到达佛山、石狮子山、和尚寺附近，突闻峄县方向炮声激烈，即令电台与第四师联络，并问及该师情况。据报，峄县城郊附近与敌战斗正酣，该师遵令占领艾山、九山、马山、上山等地区，并问军部及八十九师的位置。余疑第四师与敌胶着，不能脱离战场，闻此情形，极为诧异，即令电务员将发出第四师电稿拿来一看，始知所发第四师电令是乙案，并不是余所批发之甲案电令，而甲案电令尚在张参谋长衣袋中。张知道闯了大祸，立即拿出手枪自戕。余迅即予以制止，并谓自杀于事无补。在此情况下，只有将错就错，决心改为实施乙案。立传令军部及八十九师，即刻出发，向峄县东之傅山前进，与第四师会合，以挽救当时一重大之危机。是日天气晴和，敌机四架轮番侦炸，幸我八十九师行军队形疏散，伪装得宜，未为敌机发觉。午后四时许，到达目的地。余即往马山第四师之指挥所，与第四师师长陈大庆将军会晤，研讨今后行动，始悉守峄县之第十二旅第二十三团团长陈纯一将军，已在峄县殉职。县城虽陷敌手，我第四师仍在城郊激战中。

三月二十一日，台枣支路方面，峄县城外之土山、双山、马山、九山等重要据点，仍在我军之手；又有傅山、石城岗、青山，可资为纵深根据。

本军奉汤公命，迅速与敌脱离，秘密进出于峄县、枣庄东北约二十公里之神山、响水泉一带，准备反攻枣峄之任务。遂于二十三日晚，移至台儿庄以北，及傅山口一带山地，以一部对临城、滕县方面警戒，主力于二十四日拂晓前，攻击枣庄附近之敌，并确实占领之。侯友军（第五十二军）关麟征将军所部攻略峄县后，再以有力之一部，挺进于龙山、虎山，牵制滕县之敌，掩护我五十二军进出凤凰山、黑山、青山头之线，使其便于攻击临城。是时，本军（第八十五军）主力向谷山、东集、马头地区集结，为我军团（二十军团）预备队。

本军第四师陈大庆将军所部，于本日（廿四日）十六时，已进入科拉岗、云谷山一带，准备攻略枣庄。第八十九师张雪中将军所部，到达青凫山、井庄一带，占领阵地，掩护第四师之攻击。

三月二十五日，敌寇企图由枣峄急犯台儿庄，我方则控制枣峄东北山地，反攻枣峄。当时，本军第四师陈大庆将军所部，对枣庄攻击甚猛，该师第十旅倪祖耀将军所部尤为勇敢，以卓山、马山、黄山为根据，从东、西、北三面包围枣庄。自昨日（二十四日）午后，经六小时夜战，战至今日（廿五日）上午八时，该旅十九团终于攻克中兴煤矿公司之水塔，并协同该旅第二十团，攻克东、西、北三面之三座碉楼。残存于敌手者，仅南面一个碉楼而已。

三月二十六日，我友军第二集团军司令部，已到达台儿庄附近。今日之战斗，均为小接触。

三月二十七日，敌以战车二十余辆、步兵三四千人，在其飞机掩护下，猛烈反攻枣庄，与我第四师混战。

本军奉命分攻枣庄，并钻袭临城，以减轻台儿庄友军之负担，并借以测知敌主力所在。如果敌已集攻台儿庄，则以全力南下，直捣敌后，与孙集团紧密协同，消灭进犯台儿庄之敌。

我军团长汤公，于今日（二十七日）二十一时令五十二军即晚以主力由傅山、青山一带南下。本军奉命以侧背攻击的方式，一方面拊枣峄一带的敌背，另一方面担任掩护五十二军的攻击行动。是晚，本军在黑夜中冒雨向指定方向进发。

三月二十八日至二十九日，本军占领平山、傅山、石城岗、女峰山一带高地，一面对临沂方面搜索警戒，一面向峄县佯攻，以掩护我五十二军之两侧背。

三月三十日，本军（八十五军）一个师（第四师）展开于水湖、王庄、甘露寺一带，与五十二军同时向台儿庄之敌后总攻。三月三十一日午后二时，本军第八十九师大部，已越过了峄县东北的马山、九山，正向双山进展，迫近峄县东部。

又本军位置于女峰山、平山、傅山、石城岗一带主力，自本日晨，应十三军独立骑兵团的通报请求，派八十九师张雪中将军的部队出击，迄午后二时许，击溃了窜到向城东郊之敌寇七百人。旋又直扑向城以东之玉楼、梧桐村一带，将各该队近千敌人击退。唯节节进展至邵家庄以后，即遭遇该地两千余顽敌强烈抵抗，汤军团长调本军第四师前往支援。

四月一日，本军第四师先占领爱曲、秋湖，拒止向台儿庄分进之敌，并掩护我第五十二军自由安全地向右旋回。余率第八十九师乘夜穿越作字沟、邵家庄间敌人的侧背，向南桥、凤落之间集结。当时汤公要求各部于四月一日七时以前，分别展开对凤落、作字沟攻击态势，急速向北攻击，与第四师协同击破作字沟、凤落、邵家庄一带之敌后，再旋转面对西南攻击，以与在台儿庄友军孙集团，夹击当面之敌而歼灭之，以争取台儿庄会战的最后胜利。此一攻势发动之后，我军以破竹之势，击溃凤落、作字沟，及接近爱曲、秋湖一带的敌人，并于四日将其残部与矶谷师团一起席卷于我方的新包围圈内。敌已陷于由主动转为被动，处于不利。

四月三日，我军团各部完成爱曲与兰陵间的扫荡战，也肃清了向城与秋湖之间的残敌。

四月四日，总攻开始，本军遇顽敌，血战于大顾珊。自今日起，我军团长急调昨日赶到战场之七十五军周岩将军所部第十三师，至南桥、鲁坊，向北警戒，并搜索敌板垣第五师团续由临沂到来之后续部队，而将军团部的五十二军、第八十五军、第七十五军（欠一三九师），以由右至左之顺序，全力向台枣支路开始总攻。

本军附炮七团张广原所部，在大良壁、小良壁之线，向朱滩、大顾珊地区守该地敌人进攻。张雪中将军在大顾珊亲自督战。五二九团团长罗芳珪上校及中校团附李右于均不幸阵亡。大顾珊终被我军克复。

四月五日，敌复倾全力，由鸾墩、郁庄、谭庄三方面反扑，战斗之烈，前所未有。我五二九团第三营营长叶支荣重伤，该营士兵伤亡及三分之二。张雪中将军急派五三〇团增援抢救，我争回上风，并在大顾珊以南，向谭庄实行中央突破。友军第七十五军第六师，在大良壁、马甸地区所发动攻势，受敌炮封锁，与敌对峙于耿庄与东范墩间。在大顾珊的争夺战中，炮兵第七团团长张广原功不在小。黄家楼、三河口间有敌炮兵部队五百余人，炮十二门，进出贺庄，以包围我八十九师之侧背，炮七团之第四连与第八连即在陈家瓦房、耿庄间阵地对该敌做歼灭性的射击。这不仅有裨于台儿庄会战的胜利，且造成世界战史上劣势炮兵消灭优势炮兵之空前奇迹。

当时有过于谨慎之人员向余建议：军部略向后移，使第一线得到纵深配备。余坚决反对，理由是：在此敌我胜利未分之一刻，唯有继续猛攻，不能容许任何单位后移，以影响军心士气。

四月六日，台儿庄歼灭战之全面胜利揭晓！

本军之八十九师五三〇团，一面扫荡大顾珊间残余之敌，一面向郁庄当面之敌猛攻。该团第二营营长童亚及第三营营长黄鼎，均壮烈牺牲于此次争夺战中。张雪中将军对该团增援，终将敌人击溃。

时我友军（关、周两军）亦均与本军并肩作战，向当面之敌攻击，获有进展。午后，敌我战斗正酣之际，余为鼓励士气，并切实明了战地实况，便于尔后处置，遂亲往第一线督战。午后三时许，抵达八十九师第二六七旅谭庄旅指挥所，与旅长舒荣将军登碉楼，用望远镜向台儿庄北之张楼、潘坠、刘家湖方面搜索，发觉敌人三三五五，断续向南洛、北洛疏散移动。当时与舒旅长研判，敌在我不断猛攻痛击之下，似有退却模样，当立即用电话通知炮七团团长张广原上校，将所部四、八两连炮兵，向后移之敌猛烈轰击。余并亲自在碉楼观察，我炮弹着点，击中敌之疏散部队。敌遂散开隐蔽，既而又退。我五三四团在我炮火掩护之下分向敌攻击。敌后卫强烈抵抗，其余在我炮火压制之下向北溃退。此时余判明敌人退却无疑，即用电话报告军团长汤公，凶残无比之顽敌，已开始总崩溃。余除令炮七团集中炮火猛轰外，并令八十九师二六七旅舒荣将军所部，向掩护退却之顽敌乘机猛攻。

总计我方战果，共歼敌三万余人。我方各部队以无数头颅与鲜血换来台儿庄会战胜利之花，呈献于蒋委员长及全国军民之前，并纠正国际上谓中国军队不能与日本军队争胜之错误舆论。其时余看手上之表，为下午四点正。所以我时常对友人讲："台儿庄胜利之花，开在四月六日午后四点。"我八十五军何幸得与各友军，在我民族史上留下为维护国家生存而抗战的光荣一页！

追击为在作战过程中之最重要阶段。唯追击始能歼灭敌人，收获战胜之成果。余发觉敌人开始崩溃之时，立即令本军第一线第八十九师跟踪追击，使敌无喘息余地，予以歼灭。嗣因该师伤亡惨重，奉上峰命改由第四师做有计划地跟踪敌主力，做强烈的追击战。

四月七日下午二时，汤公令本军迅即向岔路口扫荡挺进，到达后，即向北旋转，沿台枣支路（不含以东地区）向马山、双山、潭山追击前进，以低石桥—柿树园—出头林—高庄—土山之线，上属为本军与五十二军分别作战之界线，线上属本军。

汤公又对本军以电话指示，第八十九师伤亡过大，改由第四师（军预备队）追击。

余遵照命令以第四师陈大庆将军率所部为追击部队，由现地即时出发，向岔路口扫荡后，即向北旋转，沿台枣支路（不含以东地区）经马山、双山、潭山追击前进，并与右翼关军切实取联系。余率第八十九师在指定第四师行军路线后跟进。

四月七日、八日、九日，本军与第五十二军并肩前进，进克红瓦屯、米店一带，正向官庄、苏家埠之敌攻击中。我右翼关军亦进占泗流井，并克马山、土山，向九山攻击前进。唯以正面孙集团方面之先头部队，尚在泥沟。而獐山、乱沟、天柱山亦尚在敌手。该处敌之炮火，对我左侧背猛烈射击，进展颇感困难。兼以双山、潭山之敌，用火力交叉反击，妨害本军攻击甚大。

余即与两翼友军，设法围攻该敌，旋获我炮兵协助，于四月十日午刻，将官庄、苏家埠完全攻下。但獐山、天柱山之敌，依然居高临下，阻住孙集团正面进攻。

汤公令增加九十二军于五十二军右翼以迅使包围敌之左翼。

十二日午时，克复北大窖，税郭在望。黄昏时，桃园陷敌。

十三日至十四日，我友军（五十二军与九十二军）续攻当面之敌。敌我在税郭、王家屯间均有增援，双方皆发挥高度火力，激战竟日，未获进展。

十五日，第五战区司令长官部令二十军团撤去税郭之围。于是，追击作战结束。

此次鲁南之战，为抗战初期战绩辉煌而极关重要之一役，不但符合长期抗战、消耗敌人、迟滞敌人之旨趣，抑且发挥鼓舞民心士气，坚定必胜信念之影响。举世瞩目，海内欢腾。最高统帅蒋委员长对全体将士备极关怀，慰勉有加。兹恭录蒋委员长庚（四月八日）侍秘鄂电我军团长汤恩伯将军并转全军将士：

> 台儿庄胜利，寇敌就歼，军心丕振，为吾最后胜利之开始。我将士奋勇牺牲，致此战役堪为民族史上留下光荣一页，批阅捷报，殊深感慰。唯有再接再厉，勿以初步胜利而骄矜，务当倍矢勤劳，益加惕厉，努力继续追击，克竟全功。

原载《传记文学》第三十二卷第四期（一九七八年四月号）

台儿庄大捷忆往

萧自诚

四十年以前的今天（四月六日），我国民革命军抵抗日本侵略的圣战，在山东与江苏两省交界处台儿庄的大捷，是日寇陷我南京迫和失败以后，我们坚持抗战到底的精神和决心的表现，也是我国长期抗日战争打到日本无条件投降，最后胜利的序幕和先着。蒋公曾说："中国持久抗战，其最后决胜之中心，不但不在南京，抑且不在各大都市，而实寄于全国之乡村与广大强固之民心。"台儿庄的大捷，正是他这一个战略战术严密实施收获的效果。台儿庄只是鲁、苏边界一个乡镇，它位于黄河及黄河故道入海区域之内，蒋公手订防卫武汉所用的"磁性战术"，就是选定这个地区，部署我军对敌的包围网，而以沿津浦铁路与徐州为中心，以遏阻并进而粉碎日军分路南下进侵我武汉之企图。他所创的这种"磁性战术"，就是"制敌"而"不制于敌"，"先为不可胜以待敌之可胜"，且以游击战诱敌深入，然后集结精锐部队聚而歼之的一贯主动积极的战术。而且更是在"天时""地利""人和"三个优越条件之下，来遂行这种战术，其克敌制胜的效果，自然格外宏大，而所以在二十七年（一九三八）二三月间，当我游击队在陇海铁路与津浦铁路沿线向敌人佯攻佯退，诱致日军先后进入我预先部署完密的包围网内，当其抵达台儿庄之时，我军精锐从四面八方合围进攻，完全切断它的后援与后退之路，乃能以快速、协同一致之猛烈攻击而歼灭之。

上面所说天时、地利、人和三个优越条件，当时完全掌握在我军之手。以言人和，这种“磁性战术”的实施，首须于选将调兵、分派任务，做精密审慎之安排，而“运用之妙存乎一心”。蒋公对于这一点早已胸有成竹，知人善任，鼓励有方，协调配合，悉切机宜。当四月六日的前夕，在郑州行辕召集高级将领面授机宜之时，详询各将领意愿与急则相需、危则相救、声东击西、密切呼应之道，大家都已深切领会，矢志遵行。事前对于抗命弃守、保存兵力之韩复榘，则于其擅自退却途中捕获归案，绳之以法，以示革命军纪律之森严，违则当斩。在此恩威并济、号令严明的统御指挥之下，全军万众一心做同生死共患难、同荣辱共艰危之奋战。在大敌当前，人人都有“我死则国生，我生则国死”视死如归之精神与决心。绝非如日寇之肆行侵略，师出无名，其官兵几乎人人都佩有“千人针”的腹带，祈求佛佑免死，甚至误认“洛阳”为“落阳”，唯恐“日头”（太阳）下落而不敢进战。此乃提示侵略者原本心虚胆怯，徒然逞强侵略屠戮，发泄其残酷野蛮之兽性，而一旦遭遇正义之师，唯求不死幸运而已。

讲到地利，则江淮河岳无限险阻，遍布内陆广阔辽远之战场，我炎黄华胄，生于斯长于斯，世世相守，代代相习，我军据守，于势，则以逸待劳；于战，则攻守进退自如，是则在我领土之内，无处不可以设防固守，无处不可以杀敌致果。尤其是黄河、淮水，与长江大川，更是天堑之险。敌人狂妄无知，竟敢以蕞尔小邦而妄图吞灭大国，徒然自取灭亡！

讲到天时，则天意存焉。当三月下旬，蒋公驻节郑州指挥战阵，会研战局，已将台儿庄磁网包围之部署完成，且据报寇酋土肥原贤二可能会陷身围网之中，最好能乘机活捉以治其罪。又鉴于这一战役之重要性，其胜败攸关武汉之防卫，攸关第二期全面抗战之得失，故决定于总攻击之日，要亲赴台儿庄前线督战，三月二十三日晚即嘱令准备火车，循平汉铁路转陇海铁路前往。我们随从侍卫同人，都以领袖此行之安全为虑，因敌机经常飞越我铁路沿线上空，从事侦察、射击轰炸，火车所经之处之极难于防范，可想而知。是夜参与研商聆训各高级将领也均力陈委员长以一身系国家民族之安危，阵前行动，千祈慎重。然领袖之意已决，一如去秋淞沪百日战争，即曾移节苏州指挥，且不时出发沪宁铁路与沪杭甬铁路沿线之昆山、松江前方阵地督战视察，对负责将领面授机宜。有时深夜出入前线，白昼敌机临空亦不之顾，而只求前方英勇将士如何能克敌致果，减少伤亡。淞沪之战，敌人一再增援，死伤惨重，而我军将士之牺牲，尤为壮烈。以往领袖每天早晨静坐祷告，习以为常，自此则每天早晚祷告，高声朗念祷告词，每次约半小时，为阵亡将士英灵归入天堂而祈祷，为前线英勇将士之冲锋陷阵而祈求庇佑。就此往事而言，这次亲赴前方督师，实属常事。我们侍从同事，只有贯彻领袖意旨，尽心竭力，善尽职守。三月二十四日晨起察看天气，阴时多云，阳光偶尔透过云层，普照大地，心中不胜警惕忡忡之感。是日上午八时稍过，领袖登上专车，自郑州出发，虽然行动绝对机密，非外间所知，但同行者无不惴惴于怀，不断探视沿途上空情况。不料起程不久，忽然朔风大作，吹起了黄河之沙，飘满天空。顷刻之间，风势增强，呼啸长空，黄沙蔽日，天空一片昏暗，地面更有咫尺莫辨之感。车行减速，但已无敌机扰乱安全之虞，想到台儿庄前方，当亦可免敌机之活动。因当天车行愈东，风沙愈甚，极利于我军已缩小之包围网，全力猛攻，而瓮中之敌，想要突阵逃窜，更为困难。这真是天助神助，畀予我军如此良好天时气候，也是领袖蒋公大智、大仁、大勇威德之所感，使我军能克奏肤功于此一有名之战役。

是日下午四时，专车经过徐州，转津浦路北上，约一小时安抵台儿庄邻近之车站，此时战地将领多人已在车站恭候，见到蒋公，面谒致敬，欢迎之热忱，精神之兴奋，非笔墨所能形容。尤其是今天得风沙掩护为助，元戎安全莅止，敌机不敢肆虐，前线战斗亦乘机发挥了战果，贯彻了磁网包围歼灭顽敌之战役目标，达成元戎殷切之期望，鼓舞前方后方军民的士气与人心。此际车站戒备森严，密迩前阵，出车东望，但见东北方上空，火光照红了半边天，大炮轰击声、机枪扫射声、手榴弹爆炸声、步机枪射击声，交织而成猛烈雄壮之攻击战阵，有时枪声之近，如在身旁。我们回到装甲车厢，与战地指挥官参谋晤谈，始悉日敌之第十师团与增援之第五师团已为我汤恩伯将军指挥的第二十军团与孙连仲将军所率领的第二集团军紧密包围，正在聚歼捉捕之中，完成了抗战以来有名之胜利大捷！我们所坐这一列专车，长达十余车厢，前方不断护送回来的伤患官兵就在这列车厢中分别由战地医务人员予以治疗敷药包扎，安置在车厢中养息。他们所受各种伤痛，一经医官护士手术止血止痛，立刻恢复平静，忘却了痛苦，深以为国牺牲为荣！记得淞沪战争时，蒋公明令对于阵地壮烈成仁的将士忠骸，务必尽力救回，不容许敌人任何侮辱；对于受伤官兵，更要尽力扶救，送回后方设站治疗，轻者伤愈仍回前方作战。这些革命军爱护袍泽、荣赏存问、无微不至的光荣传统，今天我们在台儿庄之役亲眼看到，真是十分感动，钦佩不已。这种台儿庄大捷之精神，乃我军抗战最后必胜之保证，为吾人永远纪念而不能忘也。

原载《传记文学》第三十二卷第四期（一九七八年四月号）

张自忠、李宗仁与台儿庄大捷

郭学虞

编者先生：

近读贵刊（一八四期）张自忠将军专号中宣介溪先生提到张将军嗜爱平剧，并介绍以李宗仁及张自忠为主角的改良平剧《台儿庄大捷》一剧的大要。读了以后甚感兴趣，此种改良平剧原为抗战时期所谓“旧瓶装新酒”的一种宣传形式与民间艺术，故对其内容与真实性并未加注意。不意近日偶然读到李宗仁生前所写的回忆录，其中所记有关台儿庄之战，及如何调动庞炳勋及张自忠部打败日本最有战力之板垣、矶谷两师团，而造成国军空前大捷等情形，与宣介溪所介绍之改良平剧，若合符节。因此，对此一段史实，兴趣大增，兹特抄录宣文（字数不多）及李文，倘能一并予以重刊，对照阅读，相信所有读者必会与我有同样兴趣也。

如所周知，《李宗仁回忆录》系二十世纪五十年代应美国哥伦比亚大学之请而写的（与贵刊所载《蒋廷黻回忆录》及唐德刚所写《胡适口述自传》等同为该校口述历史计划下之产物），李当然没有看到过宣介溪文，当年李有没有看到过有关他及张自忠的改良平剧也不得而知。不过，我读了宣、李两文，深感改良平剧的民族艺术在当前仍有其采用的价值，即以真人真事用平剧形式来演出，必将大受欢迎。但值得注意的是史实问题，决不能为讨好观众而歪曲或擅改历史真相，否则便“四不像”了，而徒然引起读者的反感与憾叹！

读者郭学虞敬上

一、宣介溪所记改良平剧《台儿庄大捷》

二十七年（一九三八），台儿庄大捷后不久，汉口有一个平剧晚会，大轴是《台儿庄大捷》。首先有八武将起霸，两将念：“杀气冲霄。”另两将：“儿郎虎豹。”再两将：“军威浩。”最后两将念：“地动山摇。”然后八将同念：“一心要把狼烟扫！”“俺！”“某某某”“某某某”“某某某”“曹福林”“孙桐萱”“缪澄流”“庞炳勋”“张自忠”（庞是花脸；张是白袍白铠，长坂坡时或甘露寺时之赵云模样）“请了，请了。”“今日司令长官升帐，我等两厢侍候了。”“请了。”

这时有众兵将、中军，导引着一位岳武穆式的元帅出场。升帐后，念四句诗。然后道白云：“本长官姓李名宗仁，广西人也，只因东邻日本扰我国土，奉令镇守徐州，顷据探报，敌人某某师团有向临沂侧面，进扑我台儿庄态势。台儿庄是我咽喉之地，必须派一上将前往迎击。”“诸将听令！”经一一唱名，将其他七将分别派遣出去，唯独对张自忠，看都不看一眼，即准备掩门退帐。

张自忠于是大叫司令长官，说：“末将有一事不明！”“何事不明？”“两国自战争以来，大小战役，无不参加，今日遇此重要决战，为何独不派末将上阵！”“并不是本长官不派你上阵，倒有一处十分险要之地，但想到你昔日在平津的失误，只好另选爱国善战的大将前往。”

“啊呀呀！”于是张唱，“……中了敌人计牢笼！……”于是派他上阵，再经过几个武打场面并穿插庞炳勋上阵助战，然后大捷台儿庄，全国振奋！

二十八年（一九三九）在重庆，我将这出戏告诉张将军，他高兴极了！他说：“我是奉命，并不是中了敌人什么计牢笼，但国人对我如此曲意爱护，尤其以平剧方式表白出来，且把我形容成青年时代的赵云，真太有意思了！”

二、李宗仁笔下的庞炳勋、张自忠与台儿庄之战

我（李宗仁自称）在六安就省政府主席（安徽）后回到徐州时，已是二月初旬，鲁南保卫战至此已进入紧急阶段。敌军板垣、矶谷两师团正以台儿庄为会师目标，并策应津浦路南段敌军之攻势，企图会攻徐州。

先是，当韩复榘态度游移之时，津浦路敌军可以随时南下，青岛在战略上已成孤立之点，无死守价值。我乃命令青岛守军于学忠部南下，沿淮河北岸据险防守，以堵截敌军北进。对青岛防务只采取消极态度，由市长沈鸿烈率海军陆战队五百人，及一部分警察，协同维持治安，并监视海面敌人。廿七年（一九三八）一月十二日，敌军板垣第五师团在青岛之崂山湾及福岛两处强行登陆，沈市长即率所部南撤。敌军占领青岛后，乃沿胶济路西进，至潍县转南，经高密，循诸城、莒县一线，进迫临沂；与津浦线上之矶谷师团取得呼应，齐头猛进。

板垣、矶谷两师团同为敌军中最顽强之部队，其中军官、士卒受侵略主义之毒素最深。发动“二二六”政变之日本少壮派，几乎全在这两个师团之内。今番竟协力并进，与自南京北犯之敌军相呼应，大有豕突狼奔，一举围歼本战区野战军之气概。

二月上旬，临沂告急，该地为鲁南军事上所必争的重镇，得失关系全局。当时因本战区战线空前辽阔，而南北两面庞大的敌军兵团又已同时向

徐州采取夹击攻势，处此紧急关头，既无总预备部队可资调遣，只有就近抽调原守海州之庞炳勋军团，驰往临沂，固守县城，堵截敌人前进。（庞部防地则由驻苏北之缪澄流军接替。）

庞军团长之职位虽比军长崇高，但所指挥之军队则只有五个步兵团，实力尚不及一个军。庞君年逾花甲，久历戎行，经验丰富，于抗日以前之内战时期，以善于避重就轻、保存实力著称，人极圆滑，为一典型之“不倒翁”人物。凡为庞氏之指挥官，与并肩作战之友军，莫不对渠存有戒心。

但是庞君亦有其特长，他能与士卒共甘苦，廉洁爱民，为时人所称道。所以他实力虽小，所部却是一支子弟兵，有生死与共的风尚，将士在战火中被冲散，被敌所俘，或被友军收编者，一有机会，他们都潜返归队。以故庞部拖曳经年，又久为中央所歧视，仍能维持于不坠。

当庞部奉命编入第五战区序列之初，庞氏即来徐州谒见，执礼甚恭。我因久闻其名，且因其年长资深，遂亦破格优礼款待。我虽久闻此公不易驾驭，但百闻不如一见，于谈吐中察言观色，觉庞君尚不失为一爱国诚实的军人。在初次见面时，我便推心置腹，诚恳地告诉他说：“庞将军久历戎行，论年资，你是老大哥，我是小弟，本不应该指挥你，不过这次抗战，在战斗序列上，我被编列为司令长官，担任一项比较重要的职务而已。所以，在公事言，我是司令长官；在私交言，我们实是如兄如弟的战友，不应分什么上下。”

接着，我又说：“我们在内战中搅了二十多年，虽然时势逼人，我们都是被迫在这旋涡中打转，但是仔细回想那种生活，太没有意义了。黑白不明，是非不分，败虽不足耻，胜亦不足武。今日天如人愿，让我们这一辈子有一个抗日报国的机会，今后如能为国家民族而战死沙场，才真正死得其所。你我皆是五十岁以上的人，死也值得了，这样才不愧做一军人，以终其生。”

庞君闻言甚为感动，说：“长官德威两重，我们当部属的，能在长官之下为国效力，天日在上，万死不辞。长官请放心，我这次决不再保存实力，一定同敌人拼到底。”

我又问他道：“你的部队有没有什么困难，需要我替你解决呢？”庞叹息说：“我原有五个团，现在中央有命令，要我把一个特务团归并，共编为四个团。长官，我的部队兵额都是足额的，我把这个团归并哪里去呢？不能归并，就只有遣散。现在正是用兵之时，各部队都在扩充，唯独要我的部队遣散，似乎也不是统帅部的本意吧？”

我说：“可能上级不知道你部队的实况！”

庞说：“报告长官，我如不遵令归并，中央就要把整个部队停止发饷！”

我说：“中央这方面是不合现实的，我当为你力争此事。”我又问他道：“你的部队还缺少些什么呢？”庞说：“子弹甚缺，枪支亦都陈旧，不堪作战。”我也答应在我权力所能及，尽量予以补充。在庞部去海州之前，我便认真地向中央交涉，请求收回成命。旋奉军政部复电说：“奉委员长谕，庞部暂时维持现状。”我将此消息告诉庞君，全军大喜过望，庞氏自更感激涕零，认为本战区主帅十分体恤部曲，非往昔所可比拟。我更命令本战区兵站总监石化龙尽量补充第三军团的弹药和装备，然后调其赴海州接防。全军东行之日，我亲临训话，只见士卒欢腾，军容殊盛，俨然是一支劲旅。

此次临沂吃紧，我无军队可资派遣，只有调出这一支中央久已蓄意遣散的“杂牌部队”，来对抗数目上且占优势的号称“大日本皇军中最优秀的板垣师团”。

二月下旬，敌我两军遂在临沂县城发生攻防剧烈的战斗。敌军以一师团优势的兵力，并附山炮一团、骑兵一旅，向我庞部猛扑。我庞军团长遂率其五团子弟兵据城死守。敌军穷数日夜的反复冲杀，伤亡枕藉，竟不能越雷池一步。

当时随军在徐州一带观战的中外记者与友邦武官不下数十人，大家皆想不到以一支最优秀的“皇军”，竟受挫于一不见经传的中国“杂牌部队”。一时中外哄传，彩声四起。板垣征四郎以颜面有关，督战尤急。我临沂守军渐感不支，连电告急。

所幸此时我方援军之张自忠第五十九军，及时自豫东奉调赶至津浦线增援。张部按原命令系南向开往淮河北岸，增援于学忠部，适淮南敌军主力为我李品仙廿一集团军之卅一军，暨廖磊十一集团军之第七军及四十八军所纠缠而南撤，我遂临时急调张自忠全军北上临沂，援助庞部作战。

张部以急行军出发，于三月十二日黄昏后赶到临沂郊外。翌晨，敌军攻城甚急，五十九军先与守城部队取得联系，乃约定时间向敌人展开全面反攻。临沂守军见援军已到，士气大振，亦开城出击。两军内外夹攻，如疾风暴雨。板垣师团不支，仓皇撤退。庞、张两部合力穷追一昼夜，敌军无法立足，一退九十余里，缩入莒县城内，据城死守。沿途敌军伏尸遍野，器械、弹药遗弃不计其数，造成台儿庄大战前一出辉煌的序幕战。

敌军退入莒县后，我军围攻数日，终因缺乏重武器，未能奏效，否则生擒板垣亦未可知。

临沂一役最大的收获，是将板垣、矶谷两师团拟在台儿庄会师之计划彻底粉碎，造成以后台儿庄血战时矶谷师团孤军深入，为我围歼的契机。

此次临沂之捷，张自忠之第五十九军奋勇赴战之功，实不可没。张自忠亦在“杂牌”之列，他所以能造出这样赫赫战功，其中亦有很多有趣的故事。

张自忠原为宋哲元第二十九军中之师长，嗣由宋氏保荐中央，委为北平市长。（编者按：此处为李氏误记，张自忠在七七事变前为天津市长，事变后奉宋哲元命，代理北平市长及冀察政务委员会委员长等职。）七七事变前，敌人一意使华北特殊化，张以北平市长身份，奉宋氏密令，与敌周旋，忍辱负重，外界不明真相，均误以张氏为卖国求荣之汉奸。七七事变后，张氏仍在北平城内与敌交涉，因此舆论界对其攻击尤力，大有“国人皆曰可杀”之慨。迨华北战事爆发，我军失利，一部分国军北撤南口、张垣，张部则随大军向南撤退。时自忠被困北平城内，缒城脱逃，来京请罪。唯京、沪舆论界指责张自忠擅离职守，不事抵抗，吁请中央严予惩办，以儆效尤。南京街上，竟有张贴标语，骂之为汉奸者。群情汹汹，张氏百喙莫辩。军委会中，亦有主张组织军法会审；更有不逞之徒，想乘机收编张之部队，而在中央推波助澜。此时我刚抵南京，闻及此事，乃就西北军自忠之旧同事中调查张氏之为人。他们，尤其是黄建平，均力为辩护说，自忠为人侠义，治军严明；指挥作战，尤不愧为西北军中一员勇将，断不会当汉奸。我听到这报告，私衷颇为张氏惋惜。一次，我特地差黄君去请他前来一叙，孰知张君为人老实，竟不敢来，只回答说，待罪之人，有何面目见李长官。后经我诚恳邀请，他始来见我。

当张氏抵达之时，简直不敢抬头。平剧中，常见犯人上堂见官，总是低着头说："犯人有罪，不敢抬头。"对方则说："恕你无罪，抬起头来。"我以为这不过是扮戏而已，殊不知抗战时期，北方军人中尚有此遗风。

我说："荩忱兄，我知道你是受委屈了。但是我想中央是明白的，你自己也明白，我们更是谅解你。现在舆论界责备你，我希望你原谅他们。群众是没有理智的，他们不知底蕴才骂你，你应该原谅他们动机是纯洁的……"

张在一旁默坐，只说："个人冒险来京，戴罪投案，等候中央治罪。"

我说："我希望你不要灰心，将来将功折罪。我预备向委员长进言，让你回去，继续带你的部队！"

张说："如蒙李长官缓颊，中央能恕我罪过，让我戴罪图功，我当以我的生命报答国家。"

自忠陈述时，他那种燕赵慷慨悲歌之士的忠荩之忱，溢于言表。张去后，我便访何部长一谈此事。何应钦似有意成全。我乃进一步去见委员长，为自忠剖白。我说："张自忠是一员忠诚的战将，决不是想当汉奸的人。现在他的部队尚全师在豫，中央应该让他回去带他的部队。听说有人想瓜分他的部队，如中央留张不放，他的部队又不接受瓜分，结果受激成变，真去当汉奸，那就糟了。我的意思，倒不如放他回去，戴罪图功。"

委员长沉思片刻，遂说："好吧，让他回去！"说毕，立刻拿起笔来，批了一个条子，要张自忠即刻回至其本军中，并编入第一战区战斗序列。

自忠在离京返任前，特来我处辞行，并谢我帮忙，说："要不是李长官一言九鼎，我张某纵不被枪毙，亦当长陷缧绁之中，为民族罪人。今蒙长官成全，恩同再造，我张某有生之日，当以热血生命以报国家，以报知遇。”言出至诚，说来至为激动而凄婉。我们互道珍重而别。

至廿七年二月，淮河前线吃紧，于学忠兵力不敷，军令部乃将五十九军调来五战区增援。张军长大喜过望，因为我和他有那一段渊源，他颇想到五战区出点力。不过，在五战区，他亦有所顾虑，因为他和庞炳勋有一段私仇。原来在民十九年（一九三〇）中原大战之时，庞、张皆系冯系健将，彼此如兄弟。不意庞氏后来倒戈反冯，且出其不意袭击张自忠师部，张氏几遭不测。所以自忠一直认为炳勋不仁不义，此仇不报，誓不甘休。自忠此次奉调来徐时，便私下向徐参谋长陈述此一苦衷，表示在任何战场皆可拼一死，唯独不愿与庞炳勋在同一战场。盖庞较张资望为高，如在同一战场，张必然要受庞的指挥，故张不愿也。好在原定计划中，已调他去淮河战场。

天下事真是无巧不成书，淮南敌军主力适于此时被迫南撤，淮河北岸军情已经缓和，独于此时，庞炳勋在临沂被围请援，而我方除五十九军之外，又无兵可调。徐参谋长颇感为难。我闻讯，乃将张自忠请来，和他诚恳地说：“你和庞炳勋有宿怨，我甚为了解，颇不欲强人之所难。不过以前的内战，不论谁是谁非，皆为不名誉的私怨仇私。庞炳勋现在前方浴血抗战，乃属雪国耻、报国仇。我希望你以国家为重，受点委屈，捐弃个人前嫌。我今命令你即率所部，去临沂作战！你务要绝对服从庞军团长的指挥。切勿迟疑，致误戎机！”

自忠闻言，不假思索，便回答说：“绝对服从命令，请长官放心！”

我即命张氏集合全军，向官兵训话鼓励一番。自忠乃率所部星夜向临沂增援，竟打了一个惊天动地的胜仗！若非张君大义凛然，捐弃前嫌，及时赴援，则庞氏所部已成瓮中之鳖，必至全军覆没。其感激张氏，自不待言。从此庞、张二人竟成莫逆，为抗战过程中一段佳话。

原载《传记文学》第三十一卷第五期（一九七七年十一月号）

日本记录中的台儿庄之战

崔万秋

台儿庄大捷，于今年（一九七九）四月六日满四十一周年。

我们没有忘记台儿庄大捷。《传记文学》于去年四月出版“台儿庄大捷四十周年纪念”号，请直接参与战役的王仲廉将军与侯象麟将军，对战争的进行做第一手的翔实报道，并特别选刊了直接指挥作战的孙连仲将军及运筹帷幄、决胜千里的当时参谋总长何应钦将军的回忆。这都是纪念台儿庄大捷的珍贵资料，可以永垂青史。

日本也没有忘记“台儿庄大败”。但揭了疮疤忘了痛，随着日本经济的成长，日本人夜郎自大，帝国主义的面孔又渐渐显露出来，竟妄想篡改历史，把“台儿庄大败”的史实掩饰篡改。御用文人森松俊夫（防卫研修所教官）的《“日本军台儿庄大败”之真相》一文，便是很好的例证。森松此文发表于一九七八年八月号之《历史与人物》，东京中央公论社发行。

森松在该文的开头说：

大东亚战争结束后，以战记为题材的出版物如堰堤决口似的泛滥市井。其中题为“台儿庄之败战”者甚多。对此怀抱奇异之感者，乃直接参加此战役之将兵。彼等虽感到此战役乃激战、苦战，但并无败北感。

因此，听别人说“你们打败了”，便感觉奇异和愤慨，到我这里询问真相者，络绎不绝。由此乃知感觉“败战”的作家们既对事实有误认，又不究明事实的真相，而且受了中国方面宣传资料的影响。

我在这里无意详述有意歪曲史实的翻案文章，倒想把他认为“误传”的“日本军台儿庄大败”的日本记载摘要介绍，以供人参考。

（一）中日两方的战斗序列

在介绍日本关于台儿庄之战的记录之前，我想先把此役当时中日两方的战斗序列加以说明，这样易于了解两方的指挥系统。

台儿庄是山东峄县的一个寨。庄的南门外是大运河。在它的西边四华里是枣赵铁路的北站，在它的西南边六华里是南站。由北站向北，经峄县县城，可以到枣庄。枣庄有铁路向西，与津浦铁路线上的临城站相连接，叫作“临枣支线”。临城北边的大站是滕县，南边的大站是徐州。徐州是津浦铁路与陇海铁路的交叉点。台儿庄在平时有经济上的重要性，在战时有战略上的重要性。

抗战初期，中国军事委员会依预定作战计划，于民国二十六年（一九三七）八月二十日划河北、豫北、晋察绥、苏南、浙江、闽粤、山东、淮北为第一至第五战区。

南京陷敌后，政府迁往重庆，军事委员会则迁往汉口，距前线近，便于指挥。民国二十七年（一九三八）一月初，战斗序列重新调整，南北战场分为六个战区。随战线之扩大，战区续有增加。

台儿庄属山东省，在第五战区之内。当时的第五战区司令长官为李宗仁，战区司令部设在徐州。我统帅当局为保卫徐州，不让日军离开津浦路，就将江南第二十一集团军及平汉线第五十九军调到第五战区，另令平汉线的第二十军团控制归德和亳县，巩固第五战区的后方。第五战区的部署是第二十六集团军、第二十一集团军和第十一集团军从合肥、老人仓、洛河一带，侧击津浦铁路南段的日军，把日军截留在淮南；第三集团军、第三军团与海军陆战队守备鲁西鲁南，同时发动游击牵制敌人。

第五战区以“徐州为敌所必争，津浦南段之敌，与我夹淮河对峙，以待机蠢动。北段之敌，日显增强。为确保徐州计，建议抽调大军来徐，转移攻势”。白副参谋总长崇禧亦以汤恩伯军团与敌相持于阵地为非计，亦必增兵出击，以制机先。经最高统帅裁可，乃将第二集团军调徐。

参加台儿庄之战的汤恩伯将军，时任第二十军团总司令，参加战斗的部队为隶属第二十军团的第八十五军，军长王仲廉辖有第四、第八十九两个师。第四师师长陈大庆，第八十九师师长张雪中。

主守台儿庄的第二集团军总司令为孙连仲（字仿鲁）将军，下辖两个军，第四十二军军长冯安邦，第三十军军长田镇南。

当时（民国二十七年三月上旬），第二集团军在信阳，已奉命调洛，行进在途。第二十七师、三十师、独立四十四旅正向巩洛集中。第三十一师，时归武汉工程处指挥，于归还建制后，方于许昌下车中，即令转向徐州进发，正值十九日黄昏。三十一师（师长池峰城）夜抵徐，奉战区命，向车辐山集结，归汤军团指挥。

当时日本的战斗序列，分南北两部分。华北归华北方面军指挥，司令官为陆军大将寺内寿一，下辖两个军。第一军司令官为陆军中将香月清司，第二军司令官为陆军中将西尾寿造。

台儿庄战事，由第二军指挥。第二军下辖两个师团。第十师团长矶谷廉介中将，第五师团长板垣征四郎中将。

攻击台儿庄的主力为第十师团，第五师团辅之。

第十师团的兵力如下：

步兵第八旅团（下辖第三十九联队及第四十联队）

步兵第三十三旅团（下辖步兵第十联队及第六十三联队）

骑兵第十联队

野炮兵第十联队

工兵第十联队

辎重兵第十联队

第十师团通信队、卫生队及四个野战病院

第五师团的兵力与第十师团的兵力相等。

华中方面日本的战斗序列，抗战初期有上海派遣军，有华中方面军，有第十军，指挥系统不甚统一。抗战第二年的一九三八年二月十八日，新设华中派遣军司令部于南京，把上述各军予以统一。华中派遣军司令部畑俊六大将，辖下列单位：

第三师团

第六师团

第九师团

第十三师团

第十八师团

第一〇一师团

步兵第十旅团

第三飞行团

（二）台儿庄战前的山东战局

台儿庄之战，日本的指挥系统属于华北方面军的第二军。

一九三八年二月上旬，占领山东省济宁、兖州、邹县及胶济沿线的第二军，一再向其中央请求准其南进，但大本营复示不准。因为此时参谋本部的消极论正占上风。

关于应否在中国大陆积极作战，日本陆军省与参谋本部意见向来对立。参谋本部的多田次长及河边作战课长持消极论。

秦郁彦在《日中战争史》第七章《军事作战概史》中，说明其背景如下：

> 日本陆军对主要假想敌苏俄之战备充实，因忙于中国作战，迟迟不进；一九三七年年末，在满洲，以五个师团为基干的关东军，与约四倍的优势的苏俄军相对峙。
>
> 参谋本部特别热望早日解决对华战争，将中国派遣军部队转用于北方。再则，以南京（惨杀）事件为代表的军纪废弛事件续发，为刷新军队的士气，兵士的新陈代谢亦有必要。
>
> 基此观点，一九三八年二月十六日之大本营御前会议，决定在新设预定师团之编制可完成的夏秋之前，除一部分支作战外，不进行积极的大作战，专心于占领地域之治安肃正及新政权之育成。

上述政策之积极推进者为参谋本部第二课（作战课）课长河边虎四郎大佐。在御前会议之后，除将《中国事变日本陆军作战指导要纲》通告各军外，河边大佐自二月二十三日至三月上旬，亲赴北京、张家口、长春、龙山各司令部，说明中央之意图。据《河边虎四郎少将回想应答录》（参谋本部作成）记载：

> 各军司令官，大体回答："好的，没有异议，一切遵照大本营命令行事。"但寺内阁下则说："对大本营之指示，当然不能反对，但本人有意见。徐州非打不可。"本人于三月人事调动时，转任他职，还不满一个月，徐州会战就发动了，使我大吃一惊。

由此可以看出当时日本军人之骄横，大有"将在军，君命有所不受"

之概。

寺内大将态度如此，所以："华北方面军，对第二军之南进作战，并未死心。其后仍继续其执拗而积极的意见具申。"

此种执拗而积极的意见具申，终于生效。第二军于一九三八年三月上旬，经由华北方面军向大本营申请："请准予驱逐眼前之'敌'决非向南深入之作战。再者，第二军两个师团（第五、第十师团）不足以警备宽广地域，为警备后方地域，请增加兵力。"对此，大本营内有人反对，认为如此战局自然扩大，则战局之扩张，将无止境；如此推移，则永无积蓄一举解决之弹发力。但统帅部终于信赖第二军之建议，增加一部分部队，准许其"扫荡作战"。

此项批准，乃放弃其战局不扩大的既定政策，关系重大。

对二月十六日御前会议决定之《中国事变日本陆军作战指导要纲》，陆军省、海军省内心均怀不满。杉山陆相、梅津次官表示"过于顾虑苏俄，对中国战线采消极政策，违反将战力指向重点的一般原则"，予以非难，并谓"最近参谋本部之态度，颇为软弱，与事变当初完全相反"。海军则对参谋本部之呼号对俄危机，怀疑其真有发动对俄战争之企图，海军自身亦竞相散布为应付英美的海军扩张说，以致使日皇表示疑虑："对华长期战、对俄准备、海军扩张，三者能同时成立吗？"

在中央，陆、海两省对战局不扩大政策不满；在前线，华北方面军要求向山东南部扩展，华中方面军（一九三八年二月改编为华中派遣军，烟俊六大将任军司令官）要求打通津浦线，结果日本军部改变二月十六日之既定方针，于三月一日将稳重派之河边作战课长他调，而以陆军省军事课高级课员稻田正纯中佐继任作战课长。

稻田在卢沟桥事件爆发当时，任战争指导班长，其后半年，在军事课努力于陆军省与参谋本部间的政策调整。他检讨一九三八年年初的战争指导方针之混乱与沉滞，确信为避免"第二之西伯利亚出兵化"的危险，消极持久策不切实际，只有使用"以大体处理事变为目标之积极作战"的反击手法。

稻田就任作战课长后，立即促成发动徐州、汉口、广州作战，以期“击灭”中国军之主力，占领抗战根据地，借以消灭中国之抗战意欲，一方面使“新政权”之育成及和平工作之强化平行发展，导致事变之早期解决为主旨的战争指导要纲，努力说服陆军省与参谋本部的首脑。

批准第二军南进之申请，就在稻田中佐就任作战课长之后。

第二军奉准南进之后，即于三月十三日下令第十师团攻击大运河以北之中国军；下令第五师团以一部分兵力占领沂州后，向峄县附近推进，协助第十师团作战。第二军之企图，拟于达成上述目的后，在滕县、沂州之线，准备以后作战。

第二军此举，使日本中央的战局不扩大方针为之瓦解。

（三）日本官方记录中的台儿庄之战

现在要书归正传，谈到台儿庄之战了。

根据日本防卫研修所战史室编纂的《战史丛书：中国事变陆军作战（2）》第二章《不扩大方针之破绽与徐州会战》，关于台儿庄作战，有下列记录。

（甲）濑谷支队之南进

濑谷支队于三月十四日拂晓，从两下店附近开始作战，十五日夕到达滕县附近。濑谷支队是攻台儿庄的主力，兹志其编成如下：

步兵第三十三旅团司令部、旅团长濑谷启少将，于三月一日之定期调动，调充斯职，三月八日始到兖州接事。旅团司令部辖步兵第十联队（缺一个半大队）、步兵第六十三联队、独立机关枪第十大队、独立轻装甲第十及第十二中队、野炮兵第十联队（缺一个大队、两个中队）、临时野炮兵中队（九〇野炮）、临时编成山炮兵中队、野战重炮兵第二联队（一个大队，缺联队段列半部）、中国驻屯炮兵第三大队（十五公分榴弹炮两个中队）、工兵第十联队第一中队、师团通信队之一部、师团卫生队、师团第一野战病院、兵站自动车第十五中队。

此外，并将野战重炮兵第一旅团长以下指挥机关之一部与师团参谋逆濑川幸男大尉配属于该支队。

濑谷支队长以步兵第十联队的基干部队攻击滕县附近华军，以步兵第六十三联队的基干部队赶往滕县南方。

步兵第十联队基干部队于三月十六日早晨开始攻击，遭遇意想外之顽强抵抗，十八日午后完全占领滕县城。华军为第四十一军（四川军）之第一二二师、第一二四师，约七千人。

步兵第六十三联队基干部队，三月十六日击破南沙河地区之有力华军，十七日夕占领临城。

十八日，濑谷支队长根据师团命令，以步兵第六十三联队第一大队（缺一个中队）基干为右追击队，向韩庄追击；以步兵第六十三联队第二大队基干为左追击队，向峄县追击；将支队主力集结于临城附近。

右追击队击破华军南进，于二十日占领韩庄；左追击队于二十日未明，占领峄县。占领峄县之目的为确保该地北方枣庄附近之炭田，并使第五师团容易作战。

附记：上述记录，根据下列资料：

A．第十师团长矶谷中将日志；

B．步兵第十联队战斗详报。

（乙）濑谷支队向台儿庄进攻

三月十九日，第二军参谋冈本清福大佐（上校）出差到兖州，对第十师团长传达第五师团坂本支队之状况（南下困难），示意第十师团支援坂本支队。

第十师团长二十日命濑谷支队“确保韩庄、台儿庄运河之线，一方面警备临城、峄县，一方面尽量多派兵力向沂州方面突进，协助第五师团之战斗”。濑谷支队长于二十一日对步兵第六十三联队长发出下列命令（摘要），使其向峄县附近进发。

> 步六三［缺第一、第二大队，一中队。野炮兵第十联队第一大队（缺二中队）属之］于明日自临城出发，向峄县前进，并指挥左追击队，搜索台儿庄及兰陵镇方面之敌情。

步六三主力于二十二日七时自临城出发，同日十七时三十分顷到达峄县，掌握左追击队。

濑谷支队长于二十二日十时发出下列命令：

一、右追击队改为韩庄守备队，守备韩庄。

二、台儿庄派遣队（步六三之第二大队，野炮一个大队基干）于二十三日自峄县出发，确保台儿庄附近之线。

三、沂州支队（步一〇主力基干）于二十三日自临城出发，向沂州方面前进，策应坂本支队之作战。

四、濑谷支队主力集结于峄县附近。

但濑谷支队长于同日午后接获情报：微山湖有一二五零只船团之夏镇（临城西北四十公里）为华军侵入等情，遂中止沂州支队之派遣及主力之峄县集结，二十三日以主力"扫荡"临城西方地区。但夏镇并无有力华军存在。

台儿庄派遣队于二十三日朝，自峄县出发，沿台枣铁道地区南下，击破所在之华军，于同日夜到达北洛（台儿庄西北七公里）附近。

斯时，濑谷支队长接获下列情报：

一、华军第二十军团（汤恩伯）之第三十八军（第四、第八十九师）在峄县周围。第五十二军（第二、第二十五师）正向峄县东方地区前进。

二、第五战区司令长官李宗仁命汤恩伯军集结于峄县之东北方及北方高地，二十四日开始攻击前进，在韩庄、临城间把日本军压迫至微山湖予以歼灭。汤恩伯二十二日夜在向城。

濑谷支队长考虑及上项情报，二十三日夜发出下列命令（要旨）：

一、支队派遣一部分开往沂州方面，策应坂本支队，主力确保韩庄及台儿庄附近之大运河之线。

二、沂州支队（步兵第十联队之第二大队基干），于二十四日自临城出发，向沂州方面前进，策应坂本支队之作战。

三、步兵第十联队（缺第二大队，炮兵等属之）以一部分确保韩庄附近大运河之线，主力集结于临城。

四、步兵第六十三联队（缺一个大队，炮兵等属之）以一部分确保台儿庄附近大运河之线，主力集结于峄县。

五、支队司令部及直辖部队集结于枣庄附近。

附记：上述记录，根据下列资料：

A．第十师团长矶谷中将日志；

B．步兵第十联队战斗详报，步兵第十联队作成；

C．步兵第六十三联队台儿庄攻略战斗详报，步兵第六十三联队作成。

（丙）坂本支队之南下困难

第五师团之坂本支队，乃担任攻击山东莒县的片野支队之改属。一九三八年二月二十三日，第五师团长将片野支队编入步兵第二十一旅团长坂本少将指挥之下，称为坂本支队。坂本支队之兵力，逐渐增加，以下列部队为基干：步兵第十一联队（缺一个大队），步兵第二十一联队（缺一部分），步兵第四十二联队之一个大队，野炮兵第五联队主力（二个大队基干），山炮兵一个中队。

坂本支队于三月五日攻略汤头镇，企图向沂州方面进展，但遇优势的华军反击，战况不能迅速进展。

此方面之华军，起初以第三十九师（庞炳勋）、海军陆战队（沈鸿烈指挥）为主，三月十二日顷，第五十九军军长张自忠指挥之第三十八师、第一〇八师到达沂州方面，兵力加强。

坂本支队自三月二十二日起击破沂州东北方及北方之华军，自二十五日朝，以主力开始攻击沂州东侧之沂河东岸华军阵地。此时接到一部分华军自费县方面南下之情报，支队长为击破此方华军，命以步兵第二十一联队主力为基干的部队向义堂集“转进”。该部队于二十五日夜开始转进，二十六日正午时分占领义堂集，担任警戒。

继此，坂本支队长将其主力转移至沂州西北方，自二十七日起开始攻击沂州，逐渐攻略沂州周围之华军占领村庄，但华军之抵抗“顽强”，至二十九日尚未能攻下沂州城。

另一方面，策应坂本支队作战之濑谷支队所派沂州支队主力，二十四日夕到达郭里集，二十五日未明遭华军包围攻击，激战后将其击退。同日未明，枣庄炭矿亦受华军攻击，予以击退。据情报，郭里集方面华军有四个师（第二、第四、第二十六、第二十九师）。

同日，韩庄亦有华军约二千来攻，予以击退。

附记：上述记录，根据下列资料：

A．步兵第十联队战斗详报；

B．步兵第二十一联队汤头镇附近战斗详报。

（丁）台儿庄方面之战局激化

台儿庄派遣队（步兵第六十三联队第二大队基干）三月二十四日继续南下，同日夕刻以其一部分兵力突入台儿庄城墙东北角，遭受逆袭，突入失败。派遣队弹药缺乏，攻击中止，在台儿庄北侧，准备以后之攻击。

濑谷支队长二十五日向枣庄前进，忧虑沂州支队方面之情势，同夜发令：“支队对台儿庄止于以目下兵力予以监视及炮兵制压，企图以主力与郭里集附近之华军决战”，使步兵第十联队主力（约一个半大队之兵力）自临城向枣庄南方进发。

台儿庄派遣队于二十五日击退逐渐增大之华军包围攻击，同日夕刻，接受步兵约两个中队、重炮两门之增援及弹药之补充。二十六日仍在优势的华军包围下，准备自二十七日起发动攻击。

台儿庄派遣队二十六日发出下列电报：

一、华军兵力三个师（城内一、城东一、城西及包围一），城内及停车场附近有列车炮。

二、派遣队等候增援，二十七日开始攻击。

三、战死约二十，负伤百十二，城内突入生死不明十五。

二十六日，因郭里集附近之华军主力向西南方退却，濑谷支队长以其一部分占领警戒郭里集——峄县东侧地区，并下令步兵第六十三联队长福荣大佐指挥步兵约一个大队基干为台儿庄攻略部队。

忧虑台儿庄方面状况之第十师团长，二十六日要求濑谷支队长发动果敢的攻势。

台儿庄派遣队二十七日朝，开始攻击台儿庄，七时五十分占领东北角，遭受华军之“顽强”抵抗与包围攻击（来自东、北、西三方），继续苦战。

福荣大佐指挥之台儿庄攻略部队主力，于二十七日八时自峄县出发，击破所在之华军南下。福荣大佐于同日十七时二十分到达刘家湖（台儿庄北方二公里），掌握台儿庄派遣队，部署次日之攻击。

濑谷支队长于二十七日朝下令支队主力攻略台儿庄，同夜中止，下令以第十联队主力等攻击郭里集东北方华军。

台儿庄攻略部队自二十八日早晨开始攻击台儿庄。同队之兵力，逐渐增加，战斗部队概要如次：

步兵第六十三联队（步兵约两个大队），独立机关枪第十大队，轻装甲车第十中队，中国驻屯战车队之临时战车中队（中战车七，轻装甲车五），野炮兵第十联队第一大队（缺第一中队），野战重炮兵第二联队（缺第二大队），中国驻屯炮兵联队之一个小队（十五公分榴弹炮二），工兵第十联队第一中队之一个小队。

台儿庄之抵抗依然“顽强”，二十八日七时三十分，虽占领台儿庄西北角之一部，但由于东方及东北方之华军攻击与有力的华炮兵（二四至二五门）之炮击，不能扩张战果。二十九日同样状态。

附记：上述记录，根据下列资料：

A．第十师团长矶谷中将日志；

B．步兵第十联队战斗详报；

C．步兵第六十三联队台儿庄攻略战斗详报。

（戊）濑谷支队主力之台儿庄攻击

三月二十九日，第十师团长命令濑谷支队长迅速以主力击破台儿庄附近华军。

濑谷支队主力（步兵第十联队基干）于三十日早晨，自峄县附近南下，先头部队于二十一时三十分到达台儿庄西方六公里之范口附近。此方面之华军分属于第五、第六、第三十师的四个旅。

台儿庄攻略部队排除“顽强”的华军，三月三十日夕刻，攻略台儿庄东半部到达大运河。

濑谷支队长于三十日夜得到“自沂州方面退却的张自忠军约两个师停止在峄县东方地区”的情报，乃命步兵第十联队主力集结于獐山（峄县东南九公里）东侧，攻击此方面华军。獐山于三十一日未明，受华军约八百人攻击，同地守备队奋战“击退”。

三十一日，台儿庄之攻击无进展。

濑谷支队长顾忌北方之华军，四月一日命步兵第十联队主力向东北方压迫北方之华军。步兵第十联队主力，自北洛向东北方攻击前进。该正面华军，因日军前进，逐渐退却，第十联队主力于下午三时进至低石桥（台儿庄东北六公里）。此日，将步兵第三十九联队第一大队（缺三个中队及机关枪一个小队）配属于步兵第十联队。

台儿庄攻略依然无进展，福荣大佐命占领台儿庄西北角之一部，于四月一日夜撤退，集中攻击力于台儿庄东部。

附记：上述记录资料来源与“（丁）台儿庄方面之战局激化”相同。

（己）坂本支队之台儿庄方面进发

第五师团之坂本支队于三月二十九日继续攻击沂州。

第二军因濑谷支队方面之战况急迫，于三月二十九日命第五师团援救濑谷支队。第五师团命坂本支队暂时停攻沂州，往援濑谷支队。

坂本支队长留步兵约两个大队于沂州附近，于二十九日夜将其主力（步兵四个大队，野炮二个大队）自战线撤退南下，四月一日进至兰陵镇（台儿庄东北二十五公里）。继之，支队于四月二日进至台儿庄东方五六公里地区，与濑谷支队联系，攻击台儿庄东方华军。

第五师团长于三月三十一日进至汤头镇，指挥作战。

四月二日，台儿庄攻略依然无进展。步兵第十联队主力向台儿庄东方地区南下，激战之后，于十八时到达边庄（台儿庄东北二公里），步兵第十联队战斗详报记述二日战斗如次：

> 对华军第二十七师第八十旅昨日以来之战斗状态加以检讨：究竟是深得蒋介石信任的部队，决死勇战之状历然在目。据守散兵壕抵抗的守兵，全部顽强抵抗至最后。勇哉此敌，全部阵亡，尸骨堆山，七十九壕，尚难容纳。虽系敌人，其壮烈令人感叹。纵令翻译人员劝其投降，无一应者。尸山血河，并非日本军所独有，不识他人，徒自陶醉宴如，为国军所最应戒慎者。此日（二日），日本损害死伤将校以下六十名，华军遗弃尸体不下二百五十。

四月三日，台儿庄攻略部队在城内前进约一百公尺，并占领东南门。步兵第十联队主力进至大运河河畔之黄林庄（台儿庄东南一公里）。

坂本支队三日自火石埠（台儿庄东南五公里）攻击萧汪（台儿庄东方八公里）方面华军，展开激战。

四日，台儿庄城内之抵抗依然顽强，日本战线仅推进约八十公尺。濑谷支队长将步兵第十联队之一个大队留于黄林庄，命步兵第十联队主力于四日夜转进集结于鱼鳞（台儿庄西北四公里）附近，警戒台儿庄西方地区华军。

附记：上述记录，根据下列资料：

A．第二军之作战关系资料，第二军参谋部作成；

B．步兵第十联队战斗详报；

C．广岛师团史，自卫队第十三师团作成；

D．滨田联队史，步二一会编纂发行；

E．步兵第二十一联队沂州附近战斗详报，步兵第二十一联队作成。

（庚）两支队撤离台儿庄方面

四月四日，坂本支队在萧汪附近遭受优势的华军包围攻击，陷入苦战。此日，坂本支队接到第五师团长命令："该支队速将当面之'敌'击灭后，应为攻略沂州转进。"当时因通信联络不良，第五师团长判断坂本支队之作战在有利进展中。但坂本支队依然继续苦战，因后方被遮断，来自第五师团的补给困难，五日不得不仰给第十师团的弹药与粮食的补充。

五日，台儿庄城内之攻击无进展，集结于鱼鳞附近之步兵第十联队主力各以一部兵力支援顿庄闸（台儿庄西方八公里，步兵第十联队一个中队在此守备），并攻击台儿庄西方三公里附近华军。

坂本支队长，五日以为濑谷支队之台儿庄攻略已经完结，策应濑谷支队之任务业已达成，于同日十九时三十七分对步兵第二十一联队下令向后转，于二十时三十分电告濑谷支队长称："本支队为攻略沂州受命反转，明六日日落后行动开始，预定七日拂晓前将兵力集结于三佛楼（台儿庄西北四公里）附近。"又于同夜（时刻不明）发一电报："本支队虽受命转返沂州，但仍欲予'敌'一击，祈濑谷支队攻击本支队北方之'敌'背后。"

濑谷支队长电询坂本支队长："预定在何种时机开始反转，请至急见告。"本电发电时刻不明，坂本支队于六日八时五十五分收到。

坂本支队长于六日八时三十分（推定）电告第五师团长及濑谷支队长："击破当面之'敌'，乃目下急务，反转沂州判断当在十日左右。"濑谷支队长，曾否收到此电，不明。濑谷支队长（自四月三日驻在台儿庄北方五公里之杨庙）在六日早晨之前，得到大概下记情报：

一、坂本支队在台儿庄东方地区与约两个师交战中。

二、五日夕，在韩庄西南四公里地点有五千至六千华军东进。

三、泥沟、獐山附近，约有五六百华军。

四、约半个师的华军，向杨家庙东北五至八公里地区进发。

濑谷支队长于六日七时发令如下：

一、步兵第六十三联队主力从速“扫荡”台儿庄。

二、步兵第六十三联队之第一大队（缺两个中队）在本日拂晓前集结于潘坠（杨家庙东南二公里），攻击杨家庙东北地区之“敌”，一面协助坂本支队，一方掩护左侧。

三、步兵第十联队主力集结于鱼鳞地区，准备向西方攻击。

四、步兵第三十九联队之第一大队占领獐山附近。

濑谷支队长于六日十五时以前获知坂本支队主力在三河口、邢家楼、五圣堂、贺庄、萧汪、辛庄、火石埠一带，遭受华军南、北、东三方之包围。华军第一百一十一师在北方常沟附近，第二十七师在东北方饿虎桥附近，第一百三十九师在东方岔河镇附近，第六师在南方后堡附近。（参照步兵第六十三联队战斗详报四月六日台儿庄附近彼我态势图。）该支队长乃于六日十五时三十分下令支援主力于是日日没后向北转进，攻击坂本支队右侧背之“敌”。命令要旨如次：

一、坂本支队六日朝以主力在台儿庄东方地区，以步兵二十一联队一部分兵力在堡子—朱庄地区，面对东西恶战中。坂本支队骑兵队在向城与“敌”第二师交战中。坂本支队依然在现地附近续行攻击。步兵第六十三联队第一大队及野炮兵第二大队主力击破支队背后西进中之“敌”，现在从河湾向马庄方面攻击中。

二、本支队本日日没后以全力向北方转进，击灭威胁坂本支队右侧之“敌”。

三、步兵第十联队第一大队于日没时自南洛附近出发，占领白山西（泥沟西方九公里），掩护右侧。

四、步兵第三十九联队第一大队长［步兵的两个中队，机关枪三个小队，野炮兵第十联队第四大队（缺两个中队）等］占领獐山，掩护右侧。

五、步兵第六十三联队长于日没后指挥联队主力（台儿庄城内主力除外）、野炮兵第十联队主力（四个中队）向朱庄进击，援救步兵第二十一联队后，与该联队协力击破饿虎桥附近之“敌”。

六、台儿庄城内部队，由步兵第六十三联队第二大队长指挥，日没后集合，向泥沟前进。

七、顿庄闸、插花沟、黄林庄之部队于二十时自第一线撤退，向南洛前进。步兵第十联队长，指挥前项部队及指挥下部队向泥沟前进。

八、其他部队集结于洛沟。支队长于二十一时在北洛，二十四时以后在洛沟。

第十师团长六日获悉坂本支队之转进决心，乃向第二军建议应以综合兵力击灭台儿庄附近之“敌”，第二军予以同意。但其后接到濑谷支队报告“暂时离脱台儿庄，企图集结兵力于后方”，师团长立即命令濑谷支队中止转进，参谋长以电话通知此旨。

但濑谷支队长就全盘状况判断，命支队自台儿庄撤退。支队虽未陷入混乱离脱“敌”军，但输送困难的积聚物资，却不得不焚毁。

步兵第六十三联队长于六日夜，指挥撤离台儿庄战线的主力向较早北进的第一大队方面前进，于七日朝进至河湾附近。继即向东北方攻击前进，击退顽强的“敌军”，进至晁村、底阁附近，十六时左右与步兵第二十一联队取得联系。步兵第六十三联队根据濑谷支队长之指示，于二十四时集结于官庄（台儿庄北方二公里）。

坂本支队长获悉濑谷支队之撤离，决意将该支队撤退，七日夜在华军迫近下撤离战线，八日朝转进峄县东北地区。

配属于坂本支队之第五师团参谋奥信夫少佐，于八日（发电时刻九日十五时）向第五师团参谋长发出下列电报：

与濑谷支队之联系，因缺乏军用无线电，甚为困难。关于反转一节，曾于四月五日电告：“预定在三佛楼集结兵力。”根据板参甲第三〇一号电报（第五师团电报），又以第二四五号电报通知该支队：“本支队虽受命转回沂州，但仍拟对当面之‘敌’，予以一击。”本支队虽密切与濑谷支队联系，直至六日夜，濑谷支队无任何消息，关于后退泥沟，并无丝毫意思表示，遗憾之至。昨七日夜之反转，在迫近的“敌”炮火之下实行。八日拂晓，濑谷支队副官前来，始判明万事联系不充分之原因。

笔者注：（按：此处之笔者系《中国事变陆军作战》之撰述人。据防卫研修所战史室室长岛贯武治之序文称，本书为战史室调查员伊藤常男所执笔。）濑谷、坂本两支队之撤退，其后（战后亦然）成为问题。笔者对濑谷支队不与坂本支队联系而后退之真相，曾努力究明，但弄不清楚。从上述奥参谋之电报，可推定通信联系不充分为最大原因，但指挥系统亦有问题。在同一方面作战两支队，由远在兖州（一百二十公里）的第十师团长及在冯头镇（一百一十公里）的第五师团长分头指挥，而且两支队间之通信机关不备。军部于四月八日始将坂本支队置于第十师团指挥之下，以图指挥之统一。

附记：上述记录，根据下列资料：

A. 第十师团长矶谷中将日志；

B. 步兵第十联队战斗详报；

C. 广岛师团史；

D. 步兵第六十三联队台儿庄攻略战斗详报；

E. 坂本支队之台儿庄反转关系电报缀，小沼治夫资料。

（辛）坂本支队配属于第十师团长

第二军于八日正午，把坂本支队配属于第十师团长指挥之下，对该师团长明示下列企图：“击碎‘敌’之攻击，后续部队抵达时，击破当面之‘敌’，向禹王山（台儿庄东南八公里）、四户镇（台儿庄东北二五公里）穷追。”在此以前，四月三日华北方面军已接到大本营内定实施徐州作战的电报。

第十师团长，八日因通信不良，不明了坂本支队之情况，命两支队

“在现地附近极力整顿兵力，搜索敌情，准备今后之攻击”。八日，濑谷支队集结部队于峄县周围，坂本支队整理部队于郭里集南方地区。

昭和十三年（一九三八）六月，华北方面军参谋部第三课统计第五师团（自二月二十日至五月十日）及第十师团（自三月十四日至五月十二日）之死伤数目，比较庞大。

第五师团战死一千二百八十一，战伤五千四百七十八。

第十师团战死一千零八十八，战伤四千一百三十七。

（按：此死伤数字，截至五月十日及五月十二日，则包括徐州作战前半期的数字在内。）

我们读过上述自甲项至辛项的日本记录，对于台儿庄的日军败战，已一目了然。纵然官方记录，不肯坦白使用“败战”字样，但节节“转进”，固不能掩饰其为退却，而“离脱”战场即撤退，“逃奔”之代名词亦一望而知。第二军司令官及第十师团长虽一再严令前线部队“转进中止”，继续攻击，但濑谷支队长判断全般情势，终于不得不抗命后退，其战败之惨，可以证明。至于我军之誓死抵抗的勇敢壮烈的斗志，步兵第十联队战斗详报中，亦盛赞“虽系敌人，其壮烈令人感叹”。笔者译述至“全部阵亡，尸骨堆山”一节时，感动得珠泪双流。抗战的最后胜利，真不容易。

尽管台儿庄日军大败，他们的记录如上述，但官方的战史执笔者，仍勉强为之辩解。《战史丛书：大本营陆军部（1）》第五四二页做下列解释：

> 右记所谓台儿庄之败退，乃濑谷支队攻略台儿庄尚未完毕之前，接到邻接友军坂本支队误认台儿庄已经占领而后退的消息，因联系不足，濑谷支队亦不得已撤退，完全是战场之一错误，并非被击退。

此种说法，采自日本参谋本部编纂之《中国事变陆战概史》上篇。该

《概史》说："由于联络欠周，不得已而折回，并非被击退。"

濑谷支队长濑谷启少将被追究责任，编入预备役。

（四）日本民间著作中的台儿庄之战

A. 秦郁彦著《日中战争史》

该书第七章《军事作战概史》中"台儿庄之战斗"一节，记述如下：

适于此时，在山东省作战之第二军正面，越过进出制令线南下之第五、第十师团之一部，在台儿庄附近，为优势的中国军包围，激战之后退却。中国方面借此大规模地宣传"台儿庄之胜利"。

本来伺机南下的第二军以设定战略安全线为理由，坚决要求进入临城—沂水之线（在目下进入线之南八十至一百公里），击破中国军，得到大本营之许可，于三月十三日命令第十师团之濑谷支队（步兵四个大队基干）与第五师团之坂本支队（步兵六个大队基干）前进。

但十七日占领临城的濑谷支队根据师团命令"确保韩庄及台儿庄附近大运河之线"，乃越过限界，其先遣队于二十七日突入台儿庄（徐州东北约三十公里），占领其一角。该支队为由有力炮兵掩护、据守坚固阵地、陆续增加的优势中国军所包围，第二军司令部乃命正在包围攻击沂州的坂本支队增援。该支队于四月二日虽进至台儿庄东方，但中国军抵抗剧烈，两支队陷入苦战。

但不甚明了现地情势的第五师团，判断此方面之战斗已大体终了，乃命坂本支队转回沂州。五日，因支队通报撤离战场，濑谷支队长认为独力维持台儿庄战局困难，六日夜后退至峄县。

本来，台儿庄在军司令部指示的进入制令线之南，并未赋予占领该地的任务，但陆军中央认为濑谷支队之退却，破坏日本军之传统，不久，将濑谷少将编入预备役。

但由于台儿庄之战，出乎意料地判明以李宗仁为总指挥的约五十个师（其中有十师中央军）的中国军，集结于徐州附近整备强力的抵抗阵地。于是乘此良机，使用全部中国派遣军一举与中国野战军主力决战的意见，在陆军各方面增高。

以台儿庄之战斗为契机，大本营决定发动徐州作战，一九三八年四月七日发布大陆命八四号命令：

大本营企图击破徐州附近之“敌”。

B.《走向太平洋战争之路》卷四《日中战争》（下）

该书“徐州作战”一节中，有“台儿庄之败战”一项，译述于下：

一入三月，在山东作战之第二军，以设定战略安全线为理由，南下至临城—沂水之线。二十七日根据师团命令，突入更偏南之台儿庄（徐州东方约三十公里）的第十师团（在日本时驻屯姬路）之濑谷支队（步兵四个大队基干），为优势的中国军所包围，援救该支队之第五师团之坂本支队又未到，四月六日退却。

本来，台儿庄在军司令部指示的进出线之南，该支队并无占领该地之任务。但因中国方面以此为“台儿庄之胜利”大肆宣传，陆军认为破坏了日本的传统，把濑谷少将编入预备役。

（按：下面一段，叙述大本营因台儿庄之战斗，决定发动徐州作战，文句几与上面所引《日中战争史》完全相同，从略。）

C.历史学研究会编《太平洋战争史：日中战争（2）》

该书“总动员法与中国战线”一节中，涉及台儿庄作战如下：

第二军超越大本营“确保胶济沿线及从济南至黄河上流右岸之占据地区”的任务，申请准其攻击前面之中国军，三月上旬开始行动。

此次作战，第十师团之濑谷支队，进至军司令部指示的进出线更偏南的台儿庄，为优势的中国军所包围，不得已而退却。日本军在台儿庄的败退，作为中国的大胜，汉口举行庆祝战胜的火炬行列。此项新闻立即为英、美、德、法等国报纸所揭载，参谋本部内亦认识到事态不能置诸不理。同时，此次作战之结果，判明李宗仁麾下之优势的中国军在此地域集中。为击退中国军，作战当局亦认为徐州作战有必要。

D.战地记者之报道

一、《大阪每日新闻》《东京日日新闻》特派员栗原三月三十日发自兖州电报：为协助攻略坚垒台儿庄，演出死之白兵战的××及××部队，由枣庄急遽南下的赤柴部队，于三十日午前九时半已抵达台儿庄，乃向以此处为紧要关头，狂奔于最后防战的孙连仲三个师集中炮火，彼此射出之枪声、炮声，直使天空炸裂，殷殷震动天地。“我”空军之正确无比的投弹，使大运河、微山湖的波浪翻涌，展开了装点华北战局掉尾的大激战。

二、同盟社四月四日兖州电：台儿庄乃北方通往中国心脏部路线上战略的要地，殆预想有今日乎，民国二十四年（一九三五）之国防会议指定为国防阵地，蒋介石锐意构筑阵地，巩固其铁壁似的防卫。其城墙与津浦沿线各城相异，使用与北京城、太原城相同的硬砖。南侧背负东西流动的大运河，在所谓背水之地势，围以几条防线壕，以孙连仲指挥之二十七师、三十一师为中心，汤恩伯、王仲廉、关麟征军及四川军合计十万大军集中于此，在汤恩伯总指挥之下，恃其兵数之优势、地势之险峻，抵挡日军。“我”福荣部队与谷口、西村等各特科队及中园、铃木各部队协力，开始攻略该城为三月二十五日至二十七日朝，已占领其城之西北角。“敌”以此为最后，发动顽强的抵抗，以致演成类似上海战那样激烈的市街战。（下略）

三、《朝日新闻》特派员小仓四月四日峄县电：台儿庄攻略战乃津浦战线最大之激战，其战况壮烈凄惨，“皇军勇士”连续死斗旬余，其奋斗着实惊人。

自滕县、临城、韩庄一直南下，制压津浦线至大运河的日本南下部队，攻略临枣支线要冲台儿庄时，不期而遭遇十余个师的“敌”方大军，以山东、江苏省境为舞台，三月二十四日以来，展开血流成河的激战。此实为津浦线方面战斗开始以来之大会战。

三月二日攻陷峄县之福荣部队、安永部队，于二十四日自峄县出发，击破途中泥沟之“敌”，以其余势于二十四日一举突入台儿庄之东北角，占领其附近一带。城外有汤恩伯麾下约两个师集结，以大运河为后背，布背水之阵抵抗；安永部队据守城内与其对阵，继续凄怆的市街战，一时陷入与友军失去联络的苦境。明了“我”军势力之“敌”，自陇海线陆续增援，使其部队北上，采取包围台儿庄之态势。“我”大村部队闻讯，于二十一日冲出“敌”之重围，突入城内西北角，予以占领；但恃众之“敌”，更增加部队，以五个师的兵力来袭。“敌”在运河南岸阵地，把五十门大炮排列成阵，不分昼夜，集中射击。所有民家均装置枪眼，机关枪、步枪乱射，城壁及屋顶，手榴弹如雨点乱飞。安永部队、大村部队的勇士，潜入枪林弹雨，在“敌”兵密集的民家，一户一户地扩张战果，连日连夜之死斗，不饮不食负着枪伤，精疲力竭地匍匐前进，往击“敌”人。子弹渐渐打完，没有子弹把“敌”人杀死，夺其手榴弹；捡起“敌”人投来的手榴弹，再投回去。“敌”人退路已断，拼死迎战，以致城内的死尸累累，途为之塞，变成凄惨的修罗场。另一方面，城外的所有村庄都是“敌”之阵地，中川部队连续不断地予以突击，渐次击破东北地区之“敌”前进。十天十夜，彼此的天翻地覆的炮声轰隆轰隆，从此无间断，死斗日益激烈。“敌”方射来各种炮弹，机关枪弹似雨地落下，弹量之丰富，令人惊叹。观测所大概设置在运河南岸的桥上，射击非常正确。有时对“我”炮兵部队的排列集中射击，“我”谷口、木下、川村、赤松各炮兵部队逐渐予以制压，“敌”不断地移动阵地，其出没不可端倪。（中略）三十一日，张自忠军逆袭峄县，立即被击退，但台儿庄之周围，依然在“敌”之密集圈中，“敌”之炮弹仍然集注飞来，震耳欲聋的炮声隆隆，机关枪、步枪、手榴弹的声音，无时或断。安永、大村两部队之浴血奋战的情景，如在目前。安永、中川两部队长业已负伤，伊藤敏雄、奥谷勤两部队长，金田幸弘、宫川喜一、市村满各少尉俱在台儿庄战死。此数日间，在不饮不食的苦斗中，勇士们士气旺盛，友军从后方运送食粮归去时，央求快送弹药来。对于中平航空部队空投的食粮、纸烟，好像小孩子似的乐得乱蹦乱跳，一支香烟，几个人分吸之后，又去战斗。（下略）

上述日本民间著作中关于台儿庄之战的记述，较日本官方记录更为爽直："为优势的中国军所包围""中国军抵抗剧烈，两支队陷入苦战""濑谷支队长认为独力维持台儿庄战局困难，六日夜后退至峄县""陆军中央认为濑谷支队之退却，破坏日本军之传统，不久，将濑谷少将编入预备役"，这些文句，不是日本军在台儿庄大败的明证吗？

战地记者的通讯，虽然目的在宣扬日军的英勇，但却间接地透露了中国军抵抗之壮烈。"台儿庄之周围，依然在'敌'之密集圈中，'敌'之炮弹仍然集注飞来，震耳欲聋的炮声隆隆，机关枪、步枪、手榴弹的声音，无时或断。""'敌'人退路已断，拼死迎战，以致城内的死尸累累，途为之塞，变成凄惨的修罗场。"

关于我军战术之巧妙，日本通讯记者亦有描写："射击非常正确"，"不断地移动阵地，其出没不可端倪"。

笔者介绍日本官方及民间的记录，主要是想了解敌人眼中的中国将校士兵的战斗精神，我想这项愿望大体达到了。

读者如有意把我们关于台儿庄之战的记录与日本记录做一对照，我郑重推荐《传记文学》第三十二卷第四期的"台儿庄大捷四十周年纪念"号。

一九七九年四月六日于美国加州

原载《传记文学》第三十五卷第四期、第五期
（一九七九年十月、十一月号）

台儿庄战斗与徐州会战

何应钦

敌第十师团矶谷廉介部于占领滕县后，即以一部进占韩庄，而以濑谷旅团主力沿台枣支路挺进，欲以迅雷之势攻占台儿庄据点，以为进攻徐州之根据。适我孙连仲部到达该处，予以迎头痛击。汤军团之王仲廉军，斯时仍在峄县附近与敌相持，另以一一〇师接替关麟征军之运河南岸防务，以关军向峄县以东地区挺进，会合王仲廉军准备攻击敌人。此时敌逐次增加兵力，自三月二十四日起至四月三日止，矶谷师团主力全被我孙连仲集团吸引于台儿庄附近。而在此旬日间，台儿庄之争夺战极为猛烈。敌竭其全力，并运用其优势之炮兵及机械化部队（野炮六七十门、重炮十余门、战车三四十辆），猛烈围攻。我军孙部之三十一师（池峰城师）以与台儿庄共存亡之决心，奋勇抵抗，反复肉搏，虽台儿庄城寨被敌占去四分之三，我守军屹然未动，死力支撑，以待我机动兵团包围攻击之成功。敌主力即被吸引于台儿庄附近，峄枣方面仅存一部。我汤军团于三月二十六日向峄枣之敌猛攻，歼其大半，残部负隅顽抗，敌复由临城方面增援，我汤军团乃放弃攻击峄枣之计划，而以主力向台儿庄北侧敌之侧背猛攻。三月三十一日，台儿庄之敌已完全陷于包围圈内。斯时临沂方面敌板垣师团及该师预备役第一〇五师团所编之沂州支队，再攻临沂，我庞（炳勋）、张（自忠）两军浴血苦战，敌迄未得逞。敌以台儿庄正面万分危急，乃将临沂之坂本旅团沂州支队放弃临沂之攻击，星夜转用于爱曲方面，攻我汤军团之侧背，企图解矶谷之危。我汤军团乃迅速以关麟征军转用该方，并以周岩军加入攻击，一鼓将该敌击破，仍回师围攻台儿庄之敌，四月六日晚间将该敌歼灭三万余。残敌万余人向北溃退，我军跟踪追击。斯时我堵击兵团曹福林部，已由鲁沿西津浦路南下，到达临城、枣庄北侧地区，敌退路被遮断，乃利用峄县附近之良好地形与坚固城寨负隅固守。

台儿庄敌军被击破后，我全线追击，敌拼死抵抗，我各军节节进迫，猛烈尾追。敌占据峄县附近之獐山、九山及税郭等坚固围寨，凭有利地形困守待援。四月二十日后，我樊崧甫、卢汉各军相继到达战场，同时敌亦由津浦路陆续增援，以最猛烈之炮火历次向我反攻；而临沂方面之敌亦增加甚多，协力继续向西南进犯。至五月十三日以前，敌军（第五、第十师团，第一〇三、第一〇五、第一一〇师团各一部，及山下兵团与酒井兵团一部）与我汤恩伯、孙连仲两军对峙于杨家集、艾山、台儿庄及其以西之线。

四月下旬以来，晋绥及苏皖各战场之敌，陆续向津浦线南北两段转移，企图包围徐州。五月上旬，津浦线南段之敌，除以一部犯合肥牵制该方面我军外，更以其第九师团及井关机械化部队等敌循涡河出蒙城，而阜宁、淮阴方面亦有敌第三、第一〇一、第一一六等师团之各一部活动。五月九日，我蒙城被陷。十二日晨，敌又陷永城，直趋归德，更以一部进犯徐州。此时蚌埠附近之敌（第一〇二及第一〇七、第一一九师团之各一部）亦进迫宿县，我廖磊部向西转移，同时津浦线北段济宁方面之敌，则以第一一一师团向南进犯。我以守兵薄弱，十一、十四两日，郓城、菏泽相继失守。敌并以第十六师团之一部，由南阳镇西渡南阳湖攻我鲁西军之右侧，第一一四师团攻我金乡、鱼台。十四日，金乡、鱼台又告不守。我孙桐萱部及商震、庞炳勋等部，在鲁西开阔地形之下无险可守，敌到处突窜，我节节抵抗，以迟滞敌人向陇海路之南进。十三日，我鲁南部队为脱离目前之不利态势起见，十三日起整顿西移，于五月下旬，我孙连仲、汤恩伯等部，各抵豫南、鄂北指定地点。徐州则经刘汝明部剧烈抵抗后，亦于五月十九日放弃。敌军企图包围我鲁南大军之计划，全归泡影，而徐州会战亦于此时告终。（本文原载《八年抗战之经过》）

转载《传记文学》第三十二卷第四期（一九七八年四月号）

第五编

对日受降

对日受降签字二十周年感言

何应钦

二十年前的今天——九月九日上午九时，我奉令代表中国战区最高统帅蒋委员长接受日本投降，在南京黄埔路中央军校大礼堂举行签字受降典礼，由此结束了中日两国之间不幸的战争状态。我也自这个时候起，开始忠实地执行蒋委员长对日广播“以德报怨，不念旧恶”的指示。

记得当时代表日本签字投降的“中国派遣军总司令官”冈村宁次大将，在一九五二年《中日双边和约》签字后的日本九月号《话》杂志上，发表一篇《徒手官兵》的文字，其中曾有这样的记述：

> 首先我想说的，乃是战争结束当时，普通把被遣返的人们叫作俘虏及侨民，但是，在中国，严格地讲，没有一个这种俘虏。
>
> 当时，中国政府称此等日军为徒手官兵，在公事文件上也如此写着。徒手即是不带武器的意思，官兵相当于日本的将兵。总之，他们以解除了武装的将兵，对待我们。
>
> 当然在中国政府内也曾有许多人提出，应予普通的俘虏待遇，但何应钦将军及其他许多理解日本人的性格的人，……主张采取这种形

态（指徒手官兵），在维持秩序上，最为有利；而对于投降的敌方军司令官的我，给予总联络部长官的职务，又任命散在中国各地的隶下各部队军司令官为某某地区联络部长官，由我担任总指挥。

当遣返之际，无论军人或侨民，都准许除了被盖之外，各带行李三十公斤，及侨民一千日元、军人五百日元的现款。这和从其他国家遣返的人相比较，可以说实在是宽大的处置。当然，在侨民中也有许多人久居中国，已经建立了经济基础，这时只能带这一点东西返国，自然是一件悲惨的事，……不过，我想，这些人一旦返抵日本，看到从其他各地区被遣返的人抵达日本港口时的样子，也许会知道中国采取的处置，是如何的宽大。

何将军一开始就对我说，现在日本已经不会再凭借武力，侵略中国了。因此，从今以后，应该开始真正的中日提携。我想：这次战争结束，乃是日本与中国恢复亲善邦交的最好机会。

我们从冈村宁次这些话，可以了解当时我执行蒋委员长“以德报怨”指示所给予日本人的影响。

附：日本降书全文

一、日本帝国政府及日本帝国大本营，已向联合国最高统帅无条件投降。

二、联合国最高统帅第一号命令规定：“在中华民国（东三省除外）、（中国）台湾与越南北纬十六度以北地区内之日本全部陆海空军与辅助部队应向蒋委员长投降。”

三、吾等在上述区域内之全部日本陆海空军及辅助部队之将领，愿率领所属部队向蒋委员长无条件投降。

四、本官当立即命令所有上第二款所述区域内之全部日本陆海空军各级指挥官及其所属部队与所控制之部队，向蒋委员长特派受降代表、中国战区中国陆军总司令何应钦上将及何应钦上将指定之各地区受降主官投降。

五、投降之全部日本陆海空军，立即停止敌对行动，暂留原地待命。所有武器、弹药、装具、器材、补给品、情报资料、地图、文献档案及其他一切资产等当暂时保管，所有航空器及飞行场一切设备，舰艇、船舶、车辆、码头、工厂仓库及一切建筑物，以及现在上第二款所述地区内日本陆海空军及其控制之部队所有或所控制之军用或民用财产，亦均保持完整，全部待缴于蒋委员长及其代表何应钦上将所指定之部队长及政府机关代表接收。

六、上第二款所述区域内日本陆海空军所俘联合国战俘及拘留之人民立予释放，并保护送至指定地点。

七、自此以后，所有上第二款所述区域内之日本陆海空军，当即服从蒋委员长之节制，并接受蒋委员长及其代表何应钦上将所颁发之命令。

八、本官对本降书所列各款及蒋委员长与其代表何应钦上将以后对投降日军所颁发之命令，当立即对各级军官及士兵转达遵照。上第二款所述地区之所有日本军官佐、士兵，均须负有完全履行此类命令之责。

九、投降之日本陆海空军中任何人员，对于本降书所列各款及蒋委员长与其代表何应钦上将嗣后所授之命令，倘有未能履行或迟延情事，各级负责官长及违犯命令者愿受惩罚。

奉日本帝国政府及日本帝国大本营命签字人，中国派遣军总司令官陆军大将冈村宁次

昭和二十年（公历一九四五年）九月九日午前九时　分签字于中华民国南京

代表中华民国、美利坚合众国、大不列颠联合王国、苏维埃社会主义共和国联邦，并为对日本作战之其他联合国之利益，接受本降书于中华民国三十四年（公历一九四五年）九月九日午前九时　分在中华民国南京

中国战区最高统帅特级上将蒋中正特派代表、中国陆军总司令、陆军一级上将何应钦

原载《传记文学》第七卷第三期（一九六五年九月号）

第十一战区北平受降典礼实录

刘本厚

前　言

民国三十四年（一九四五）秋，我国抗日战争胜利。最高统帅特派第十一战区司令长官孙连仲兼任华北区受降主官。奉命后随即在重庆成立受降前进指挥所，派吕文贞为主任，刘本厚为参谋主任（后调军务处处长），随兆善为副官主任，胡钟京为外事主任，刘漫天为政训主任，张家铨为调统室主任，徐维贤为军法主任，傅印图为通信主任。于同年九月九日，分乘飞机两架，由重庆起飞，经西安飞北平，下午四时在北平南苑机场降落。日军华北方面军司令官根本博、参谋长高桥坦等迎入城内，下榻于前清庆王府旧址办公。于是开始预为安排日军投降及我军受降接收一切问题，至十月十日在北平太和殿举行受降典礼。笔者亲与盛会，回忆实际情形，分三段述之：第一，日本投降，我战区奉命受降之措施；第二，受降典礼经过状况；第三，受降后战俘之处理。

壹、日本投降，战区奉命受降之措施

中华民国三十四年八月十日，日本政府宣布愿意接受盟国《波茨坦宣言》之各项规定，无条件投降。我国对日八年的抗战，军事行动于此停止，并准备处理受降事宜。

当时我最高统帅蒋公于同年八月十五日，对全国军民及世界人士广播，宣布："我们不念旧恶，不愿企图报复。乃愿向自由民主与合作的大道上迈进，来共同维护全世界永久的和平。"

同年九月九日，日本向中国战区投降。签字典礼在中华民国之首都南京举行，并由最高统帅特派中国陆军总司令、陆军一级上将何应钦接受降书。

日本帝国政府及日本帝国大本营命签字人，中国派遣军总司令官、陆军大将冈村宁次。

日本签字之降书内容要点如下：

一、日本帝国政府及日本帝国大本营，已向联合国最高统帅无条件投降。

二、联合国最高统帅第一号命令规定："在中国（东三省除外）、（中国）台湾与越南北纬十六度以北地区内之日本全部陆海空军与辅助部队应向蒋委员长投降。"

三、吾等在上述区域内之全部日本陆海空军及辅助部队之将领，愿率领所属部队向蒋委员长无条件投降。

四、本官立即命令所属部队与所控制之部队，向蒋委员长特派受降代表、中国战区中国陆军总司令何应钦上将指定之各地区受降主官投降。

五、投降之全部日本陆海空军，立即停止敌对行动，暂留原地待命。

所有武器、弹药、装具、补给品、情报资料、地图、文献档案及其他一切资产等，暂时保管。所有机场、船舶、车辆、码头、工厂仓库，及一切建筑物、军用财产等均保持完整，全部待缴于蒋委员长及其代表何应钦上将所指定之部队长及政府机关代表接收。

六、日本陆海空军所俘联合国战俘及拘留之人民立予释放，并保护送至指定地点。

七、此后在上述第二款区域内之日本陆海空军，当即服从蒋委员长及其代表何应钦上将所颁发之命令。本官当即转达所有日本军官佐、士兵，均须有完全履行命令之责。

八、投降之日本陆海空军中任何人，倘有未能履行命令或迟延情事者，愿受惩罚。

中国战区受降范围

按照盟军最高统帅麦克阿瑟将军所划分之受降区域规定：中国战区受降范围，应为中华民国（东北除外，归苏俄受降）、（中国）台湾及越南北纬十六度以北地区。日军投降代表为日军驻华派遣军总司令冈村宁次大将。其所辖投降兵员共约一百二十八万三千二百人。

日军投降兵员中，在华北方面投降者，约为三十二万六千二百四十四人，其指挥机关及部队，为华北方面军所属之各部队与其所控制之部队，包括驻河北及山东地区者。

日军华北方面军投降代表，为华北方面军司令官陆军中将根本博及其在山东地区驻军军长细川忠康。

中国战区陆军总司令区分全国为十五个受降区，并特派就近战区（或地区）最高军事长官兼各该区受降主官，分别接受日军之投降，办理接收事宜。

华北方面受降区之规定

第十一战区受降区域规定如下：

甲项部分

孙连仲将军兼河北、平、津、保、石地区受降主官。

此区日军投降代表为日本华北方面军司令官、陆军中将根本博。

办理受降地点：北平。

日军投降部队及指定其集结地点：

日军118D、9BS及华北特别警备队等，集结天津；

日军华北及蒙疆方面军，及3TKD、2BS、8BS、3KS等，集结北平；

日军7KS集结保定；

日军1BS、21BS，集结石家庄。

乙项部分

李延年将军兼山东济南、青岛、德州地区受降主官。

此区日军投降代表为43A细川忠康军长。

办理受降地点：济南。

日军投降部队及指定其集结地点：

日军5BS、12KS、11BS及海军陆战队等，集结青岛；

日军43A、47D、9KS、11KS等，集结济南。

成立受降前进指挥所

按第十一战区成立较晚，于三十四年六月间，最高统帅特命陆军上将孙连仲任第十一战区司令长官，陈继承、上官云相、马法五分任副长官，宋肯堂任参谋长，吕文贞任副参谋长，刘本厚任参谋处长；并统辖第三十军鲁崇义部、第四十军马法五部、第三十九集团军高树勋部。同月，国民政府任命孙连仲将军兼任河北省政府主席。

本战区系在河北沦陷区，在抗战末期，也就是我们反攻时期，战区任务就是以全力配合盟军行动，对敌后方发动大规模的攻势，以摧毁侵入之日军，收复全部失土，完成最后胜利。因此，孙长官即率领长官部及省政府人员，由重庆前进至陕西，积极筹备，继进至河南新乡，指挥所属部队北进。适于此时，日军于八月十日宣布投降，于是本战区作战任务，即转而为全面受降任务。（战区长官部编制表如附表一）

胜利后战区主要任务为：（一）受降、处理华北日军事宜；（二）绥靖地方，恢复华北秩序。为施行受降任务，先要明了华北日军情况，使受降业务顺利进行起见，成立受降前进指挥所，先期赴北平为受降工作铺路，洽商受降一切事宜。

前进指挥所之编成（如附表二）于三十四年九月九日，有关人员经陕西飞往北平，在北平城内庆王府旧址设置办事处，开始办公，准备受降一切事宜。

我三十军、四十军及三十九集团军奉命由豫北沿平汉线北进，办理受降。在我政府军队未到达前，仍责由日军负责防务，终于支持到国军空运平津，顺利完成受降典礼及接收工作。

前进指挥所主要任务

一、预为接洽及安排日军投降和我军接收事项。

二、调查应接收日军人员马匹、械弹、车辆、粮服、物资、仓库等事项。

三、维护平、津、保、石重要城市地区之治安问题。

四、防止日军物资等被破坏及不法转移等事项。

五、政治、经济、外交、军事等各机关部门，分别接收洽商事项。

六、计划本受降区受降典礼事项（包括收缴日军投降代表等军刀事）。

受降部队之部署

本战区受降部队，原为本战区所辖的三十军、四十军及第三十九集团军，命其由豫北北上。后改为第九十二军由汉口空运北平，第九十四军及第六十二军运驻天津。改编伪治安军齐燮元部为暂编第九军（后改编为新二军），驻保定。第三军由西安空运石家庄一带驻防。国军不断向平津增加，我战区在极困难的环境中，终于达成了受降、接收、遣俘之任务（受降部队部署如附表三）。

贰、受降典礼经过状况

受降典礼中，许多观众的感想，有诗为证：

受降礼十月十日，太和殿人海人山。
孙长官训令日军，根本博伏首下颜。
想当年残无人道，看今天阶下囚般。
我领袖以德报怨，谋人类和平万年。

这首诗是当年受降典礼时千万观众的心声，说出了北平受降景况的全貌。民国三十四年十月十日，抗战胜利，第十一战区司令长官、陆军上将孙连仲，奉命兼任华北受降主官，在北平举行受降典礼。典礼的这一天，在北平皇城内太和殿，四周挤满了观众，不只是震撼了故都全城的人们，并由津、保、通（州）、石（石家庄）赶来参观的民众，亦不在少。真是人山人海，约有廿万以上，参观人中多数心情怀着沦陷八年被异族的欺侮屈辱，想借此以洒其郁闷苦衷，更为我们的胜利而翘指骄傲，也看到帝国主义侵略者的失败因果。这些观众也体识到蒋公的宽宏大量、仁德的心怀，不咎既往，不念旧恶，以德报怨，只向着自由民主与合作的大道迈进，来共同维护世界人类的永久和平。这就是“仁者，无敌于天下”的真理。我们胜利因素在此，数千年的道统，亦是如此。仁道主义文化的结晶，实在深具特殊意义。

太和殿在故都皇城内，为皇宫三大殿之一。殿内尚有帝王用宽大雕刻龙形座椅宝座及桌案，周围围以黄色丝绳，两旁陈设有皇上用过的衣物与纪念物品。

殿前宽大的平台，周围是大理石栅栏，石铺甬道，直通午门。受降典礼会场，即设在殿前平台上。典礼举行时，午门开放，投降代表根本博等十余人，即由此门引进，在午门前下车，步行走进典礼台前，照仪式程序举行典礼。

帝王时代，王公大臣朝见君主进出的门，就是这个有名的午门。观众首先映入眼帘的是午门前扎彩的牌坊标志，迎面高耸，左右五孔出入交通，上下缀一红绸V字，牌坊上横挂宽大红缎金字标帜，上书“第十一战区受降　日本华北军投降签字典礼”字样。两旁青天白日国旗随风飘扬，与明媚照耀的阳光互相辉映，雄威触目，震动中外，振奋了民族精神，唤起了大汉声威，消除了我们的耻辱，并增加受降荣典庄严和平的气氛。

受降典礼会场的设备

走进午门沿着千余尺甬路两旁，国旗林立，荷枪仪队与军乐队分列典礼台左右。太和殿门前悬挂中美国旗，台阶铺着红毡，台中央为交叉国旗暨国父遗像。台中央设有长条桌案，上铺红毡，桌案正面设宽大太师椅一张，备为受降主官发号施令签字座位。相对面也设有同样座椅一张，备为投降代表签字座位。礼台桌上有文房四宝及受降主官命令和投降代表之降书各三份，签字用毛笔共六支，笔架二台，每台置毛笔三支，墨、砚、水盂、镇尺、吸墨纸各二套。

受降典礼仪式程序

日期：中华民国三十四年十月十日。

地点：中华民国北平太和殿。

受降主官：中华民国最高统帅特级上将蒋中正特派第十一战区司令长

官、陆军上将孙连仲，兼平、津、保、石地区受降主官。

投降代表：日本华北方面军司令官、陆军中将根本博。

典礼程序：

一、上午八时前，参加典礼人员及中外观礼贵宾入场，各依席次就位。（席次位置如附表四）

二、上午八时廿分前，中外新闻、摄影记者入场活动。

三、上午八时三十分，受降主官进入会场休息室。

四、上午八时卅分，日本投降代表等乘车到午门前下车，步行到典礼台附近休息室。

五、上午九时正，受降主官向投降代表下达命令。

六、日本投降代表根本博接受命令后宣读，宣读后签字。

七、受降主官孙上将签字，并以一份交给投降代表根本博。

八、缴收投降代表及其随从军官等军刀。

九、受降主官宣告日本投降代表等退席，引导出场。

十、受降主官广播受降，并率参加受降人员退席，礼成。

典礼进行经过

一、典礼进行照预定程序准时开始，受降主官主持，领导全体及来宾，先奏国歌，向国旗暨国父遗像行三鞠躬礼。参加典礼人员及中外贵宾，均照指定席次，排列整齐。（参加典礼人员如附表一、三）

二、受降主官肃立于典礼台中央，戎装焕发，雄伟庄严，精神抖擞，威慈面孔，感人威其可威，敬其可敬，大将风度，中华气概，表现非凡。面对的日本投降代表等，精神气氛已被征服矣。

三、日本投降代表及其随带人员，均位于典礼台前，面向受降主官站立行举手最敬礼。

四、受降主官答礼后，随即下达第一号命令给日军投降代表根本博。

五、根本博接受训令后，随即宣读并下达及其随带军官，并其所辖各部队遵照施行（口述）。然后，在降书上签字（签三份，用三支笔）呈缴给受降主官孙将军。

六、受降主官孙将军随后在呈上的投降书上也签字三份，以一份交给根本博。（闻另以一份呈报陆军总司令部，余一份存案。）

七、接着缴收投降代表根本博等所带之军刀，由笔者一一接收呈交受降主官过目。

八、所缴军刀系战利品，应呈交陆军总部。（据闻奉命将军刀交故宫博物院，连同签字文具并做纪念。）

九、收缴军刀完毕后，受降主官宣告日本投降代表等退席。随后广播，并率参加典礼人员退席，礼成。

附受领证（投降书）原文如下：

本官收到中国战区第十一战区司令长官孙叁字第一号命令，当即照执行并立即转达所属及所代表各部队之各级官长、士兵遵照。对于本官今后所发之一切命令或训示，本官及所属与所代表之各部队及各级官兵均要有完全执行之责。

日本华北方面军司令官、陆军中将根本博（签字）

叁、战俘处理

解除日军武装

自十月十日受降典礼以后，即着手计划解除日军武装和接收日军物资。所谓“武装”，包括了枪炮弹药、飞机、舰艇、火箭、战车、装甲车、汽车、铁甲列车，以及军队所需用的一切装备，如通信交通器材、兵工器材、照明器材、防毒器材等。所谓“物资”，包括粮、服、营造、仓库、兵工厂所、所有军需物品，及一切建筑物、军用财产、图书文件案卷在内。

按照计划实施解除日军武装，其步骤如下：

一、我受降部队在要点要线布防，命令日军照指定地点逐次集结。投降部队为日军华北方面军所属部队（如附表五）。凡到达集结地之日军，在我军监视下，自动卸下一切武装军品，放置于我方指定的仓库或场所。

二、应缴之武器军品等数目、品类，应由日军预为缮造清册呈报，由我方部队照数点收。日军应保留之私人物品、钱币数量，须经我方许可者为限。

三、缴械后之军队，称为俘虏。所有俘虏不论官兵，一律送入集中营，加以管理，衣食口粮由我方供给，直至遣返其本国止。所供给之数量，与我方官兵同。

四、日军眷属及日侨，另行集中指定地点，管理待遣。其口粮依大小口数量，由我方供给至遣返止。

五、战俘在集中营间，不准有结社联络及通信等非法活动。日侨男女分别集中。自十月十日至同年十二月终了，大部日军已行缴械完毕，归入集中营，经过尚称顺利。少数日军有特别技能特长者，如医生、技士执行业务尚未接交者，暂免集中。（缴收日军人员、马匹、武器表如附表六）

山东方面受降区，由受降主官李延年将军负责处理。

其受降情形，直接向中国陆军总司令部负责，本文从略。

遣返战俘及日侨

一、战俘及日侨遣返，含日军眷属，一并遣回其本国。

二、遣返时依遣俘计划及顺次，不得争先恐后，紊乱秩序。

三、遣俘工具及路程：由所在地集中营起，利用公、铁路经天津至塘沽新港，此段陆运由我国负责。由塘沽新港乘运输船艇至其本国，此段海运由美方负责。

四、遣俘系依我最高统帅宽大政策而行，绝无任何留难或利用，或代作劳工行为。

五、本受降区之日俘、日侨中，包括有少数韩俘、韩侨及台胞，尽速分别遣返其原籍。

六、遣俘开始，系于三十四年十二月末，日军缴械集中完毕以后，至三十五年（一九四六）春，三四个月内，全部遣返完毕。共遣日俘、日侨（韩俘、韩侨在内）大小人员约有三十五万人。遣俘的顺利和迅速，使日本军民深怀感荷。

战犯处理

一、中国战区对日军战犯之逮捕及处理，悉依盟国战犯处理委员会所审定之名单，由各地区军政机关及港口司令部实行逮捕，送交各地军事法庭审理。

二、如有经当地军民检举或告发者，各行营或战区长官亦得径行逮捕。其已返回日本本国者，则转由外交部照会美国政府转饬美占领军统帅部逮捕交付。

三、本受降区之战犯，据闻有日本华北方面军参谋长高桥坦及在抗战时有名的女间谍川岛芳子（其原名金壁辉，系前清皇族，已入日籍）。高桥坦已返日本，由美占领军统帅部处理，川岛芳子经军法庭审理。

附表一：第十一战区司令长官司令部编组概见表

司令长官——孙连仲

副司令长官——陈继承、上官云相、马法五

参谋长——宋肯堂

秘书长——张志韩

副参谋长——吕文贞

参谋处长——郑长海

副官处长——随兆善

军务处长——刘本厚

军需处长——赵子英

军法处长——王寿如

军医处长——董翰堂

外事处长——胡钟京

政训处长——刘漫天

通信处长——傅印图

调统室主任——张家铨

附表二：第十一战区司令长官兼受降主官受降前进指挥所编组概见表

兼受降主官——孙连仲

参谋长——宋肯堂

指挥所主任——吕文贞

参谋主任——刘本厚

副官主任——随兆善

外事主任——胡钟京

军法主任——徐维贤

政训主任——刘漫天

军需主任——赵子英

通信主任——傅印图

调统室主任——张家铨

附表三：第十一战区受降部队一览表

受降主官——孙连仲

参谋长——宋肯堂

第三十四集团军	李文		
第十六军	李正先	一〇九师	朱光墀
		预一师	冯龙
		预三师	陈鞠旅
第三军	罗历戎	第七师	李用章
		第十二师	陈子干
		第三师	邱开基
第十三军	石觉	第四师	蔡剑鸣
		第五四师	史松泉
		第八九师	王光汉
第六十二军	林伟传	第一五一师	段沄
		第一五七师	李宏达
		第一五八师	刘栋才
第九十二军	侯镜如	第廿一师	郭惠苍
		第一四一师	刘春岭
第九十四军	牟庭芳	第五师	李则芬
		第一二一师	朱敬民
		第四三师	李士林
第五十三军	周福成	第一一六师	刘润川
		第一三〇师	王理寰
新编第二军	高卓东	暂卅一师	陈志平
		暂卅二师	刘化南
		暂卅三师	刘本厚
第二〇八师	吴晓亚		
装甲兵司令	韩梦罴		
保定警备司令	乜子彬	保安一团	池峰峻
		保安二团	胡金山

附记：山东方面受降部队，另由受降主官李延年将军负责，不在此表范围内。

附表四：典礼席次位置

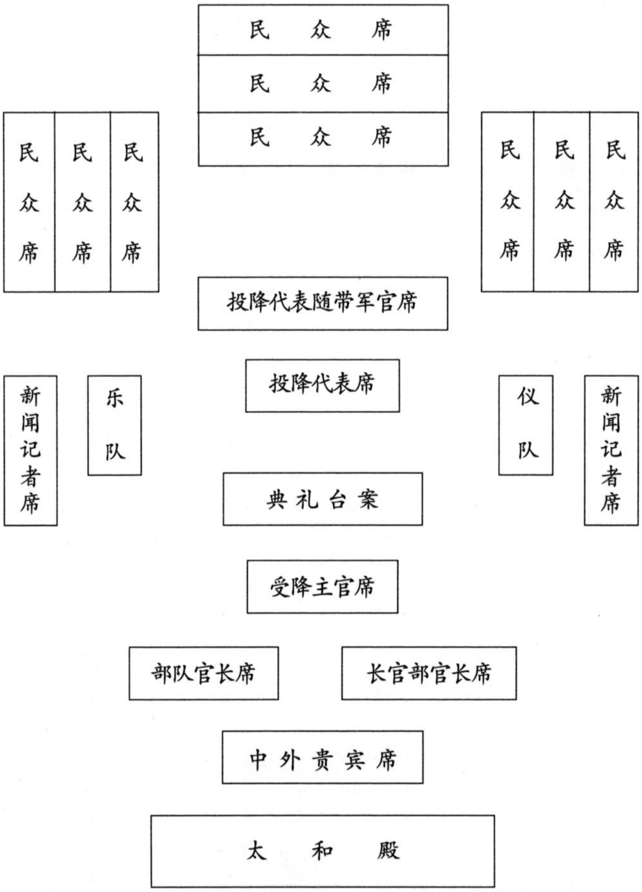

附表五：投降部队日军华北方面军所属部队表

华北方面军司令官——根本博

参谋长——高桥坦

第一一八师团 ┐
第九旅团 ——├——天津方面
华北特别警备队 ┘

第三骑兵师团	北平方面
第二混成旅团	北平方面
第八混成旅团	北平方面
华北及蒙疆方面军团	北平方面
第七骑兵旅团	河北保定方面
第一混成旅团	河北石家庄方面
第二十一混成旅团	河北石家庄方面
第十一混成旅团	山东青岛方面
第五混成旅团	山东青岛方面
第十二骑兵旅团	山东青岛方面
海军陆战队	山东青岛方面
第四十三军团	山东济南方面
第四十七师团	山东济南方面
第九骑兵旅团	山东济南方面
第十一骑兵旅团	山东济南方面

附表六：缴收日军人员、马匹、武器概见表

日俘、日侨人员共约三十五万人

步骑枪共约二十万支

手枪约二万支

轻重机枪约八千挺

大小火炮约二百余门

各种弹药约五千万发

各种车辆（含战车、装甲汽车及装甲列车）约五百辆

马匹约五千匹

其他粮服军需物品不计

原载《传记文学》第三十八卷第六期（一九八一年六月号）

抗战胜利空军受降亲历记

赵光汉

民国三十四年（一九四五）八月十五日大约下午五点钟的时候，在无线电收音机里的广播说：日本天皇宣布日本接受同盟国的无条件投降。笔者当时在空军第一路司令部担任空军指挥作战业务的工作，随即奉命计划未来对日本在华航空武力装备设施等接收，以及会同陆海军办理受降有关事宜。现在已事隔五十年，关于对日本在华军事接收及受降情形，在《传记文学》中，谈一般经过的文章，看得不少，唯独对空军方面的受降接收经过，并不多见。现在趁这胜利五十周年纪念，以当时亲身经历、亲眼所见、亲耳所闻的事情，以残存记忆，写出这篇简短的纪要，聊供见证。

日本投降，全民同庆，记得当我听见无线电报告日皇宣布无条件向同盟国投降的广播之后，在心情兴奋中，也很快向同甘共苦、八年来艰苦备尝的家人报告此消息。当我的太太听说日本投降的天外好音，她忽然发神经似的大叫起来说：“好了！好了！日本鬼子给我们打败了！我们好了！”这些小事插曲，我现在不便粗俗写出来，也希望我们的儿孙后辈看见，这简单的几句话语，其中如何包含了非比寻常的境遇与感受。千百载后，这几句话，仍会“掷地有声”。当时不只我一家如此，凡中国的家庭（包括沦陷区），大家可说都是一样的心情。

当日皇宣布日本接受同盟国无条件投降之次日，航空委员会主任周至柔先生即召集重要主管研商如何进行接收日本在华航空武装问题（因当时尚未成立空军）。因应全国地区，先决定区分全国地区为十八个接收地区司令部。接着，航空委员会以人铨渝字一五七〇四号令发表十三个地区司令部的驻地及其负责人姓名如下：

第一地区司令部　孙桐岗　驻南京

第二地区司令部　章　杰　驻上海

第三地区司令部　蒋翼辅　驻杭州

第四地区司令部　沈延世　驻汉口

第五地区司令部　谭以德　驻南昌

第六地区司令部　张之珍　驻广州

第七地区司令部　徐燕谋　驻桂林

第八地区司令部　侯拔仑　驻新乡

第九地区司令部　郭汉庭　驻安康

第十地区司令部　郝中和　驻北平

第十一地区司令部　张抑强　驻太原

第十二地区司令部　丁普明　驻万全

第十三地区司令部　宁明阶　待派

其他五个地区司令部的人选及驻地均尚待决定，以后均有指派。

以上各地区司令部的接收任务，由空军第一路司令张廷孟负责统一指挥。但在情况需要时，得由航空委员会直接指挥之。此为三十四年八月十七日事。

八月十八日，张廷孟司令即召集各地区司令商议并规定若干有关接收事宜。当时以事机仓促，而前方地区，敌我意识尚不明白，在前方主管，一时难以到重庆会议。故实际参加十八日会议者，不及半数。

十九日，张司令赴总长官邸请示机宜，本人随行。总长指示，在前方我方接收部队尚未到达之前，日本方面尚有守护之责，当谨慎为之。二十日决定飞赴湖南芷江机场，因萧毅肃副参谋总长（按：萧为中国战区陆军总司令部参谋长）已到芷江，有关空军受降接收事宜，亟待商定。当日重庆九龙坡机场天气恶劣，等到下午，乃转赴白市驿机场起飞赴芷江。

规定日军来呈送受降文件代表，须在二十一日飞来芷江。二十一日自上午十时，中美空军人员均人车拥挤机场边等待日机来降首批代表，争先看看是什么样子的。先由美方派三架战斗机前去监视引路，到芷江东溆浦小机场，日机以为是芷江机场，便摇尾拟降落，经美机指正，然后飞到芷江机场，于十一时十五分，日机降落。

日机由美军吉普引导车引到停机线，日方今井武夫少将代表日军在华总司令官冈村宁次大将来芷江接受受降书。美军驾驶吉普车护送人员，当时表示不齿今井武夫一行数人，今井武夫亦能保持严谨，不苟言笑。机场边旁观人员，笑骂时起，尤以美军士兵为甚。

下午三时，今井武夫一行，以吉普车送至会议室，先谒见萧毅肃及海空军代表。萧接受今井武夫代表冈村大将呈递之投降文件，萧随交付今井武夫之“中字第一号备忘录”，指示日军投降应遵办之一般事宜。随由今井将带来之日军在华配置图呈摊桌上，报告大概。继萧问数语，即完毕。随略谈去南京安排受降事。不久，今井等仍乘原机飞离芷江。

中国方面，在萧毅肃之下，有陆军总部副参谋长冷欣主持，有关空军受降接收部分，有时亦受其指挥。以空军的接收规划政策而言，许多为陆军方面所不了解，以致在芷江数日，对日军航空之接收问题，毫无具体规划。

八月二十四日，张司令回渝向航委会复命，得指示后于次日（二十五日）飞赴南京，降落在南京大校场飞机场，这也是中国政府在中日八年战争后飞赴南京机场降落的第一架C–47运输机。我也乘兴第一个跳下机来。那时八月末，黄昏晚风已有些凉意，而机场边草色已泛微黄，萋萋离草，转眼已是八年不见面了，是不是也在临风摇曳中欣见故人的归来？一群日本军人硬蹦蹦地向我们的停机地走过来了。

大约来人有五六个，其先头一个头目，态度比较威严，我们机上二十几人也都陆续下机，先都不免内心有些紧张，不知来人是否仍怀有敌意。我们有一位日文翻译毛文麟君快步上去，向那头目咕噜几句，立时向他引荐张廷孟司令。那位头目立即把两皮马靴脚跟“蹦”的一声，立正向张司令行一个军礼，我们一群人心才平定下来！

到航空站后受到日军的妥善接待，当夜被安顿在一幢重门叠户的豪华巨舍里，各人一间卧室，而每室每户外都站了日本宪兵，我们心里不免嘀咕着，万一日本鬼子忽然变心要加害我们，真是插翅也难飞去。幸好，一夜平安。

在三十四年九月九日上午九时，正式在南京中央陆军军官学校大礼堂举行日军投降的受降典礼。由何应钦上将代表蒋委员长接受日军投降。日军由日本在华派遣军总司令冈村宁次大将签具投降文件，当面呈交何应钦上将接受。空军接收代表为张廷孟司令，位在何上将的左侧第三席，我等随员便分别在大礼堂两侧观礼，亦千载难遇之时会也。

受降典礼后，次日，即开始与日军商讨接收事宜。在空军来说，首先面对的问题，便是如何在广大中国沦陷地区分别进行全面接收。因日军原占有各处的航空基地，我陆军部队尚不知何时可以到达该接收区，如该地区尚未经我地面部队接收，空军势不能以少数空军接收人员前去执行接收任务。因此，先仅能接收少数我地面部队已掌握确实之航空基地的空军建筑及武装设施等。如江北地区及黄河以北各处，几乎经二三个月之久，方逐渐接收，而接收情况，亦极为凌乱。

当开始办理接收时，日军负责航空交接任务者，为椙山一郎中佐。此人为陆军，并曾在日本陆军大学毕业，学识丰富，办事精明负责，几乎在第一个月中，每在天气许可之日，即与笔者同坐小运输机，携带有关人员到各基地检查原存的装备物资，如发现有遗损，必定严格追查，非得到满意结果不止。公余闲时，也广泛谈及一般军事，中日陆军大学教学，每多相类似，笔者曾在中国陆大毕业，故相谈尚颇投契，不过需赖翻译相助，不免费时费事了！记得有一次，榻山谈及五年前在日本关东军服务，曾主持黑龙江南岸由东北至西南对付苏俄攻击的要塞防御线工事构筑事。日军在该线之防御力，可以抵御三十个苏俄重装备师半年之攻击。

最后特别记述张廷孟司令曾与冈村宁次大将于三十四年八月三十一日上午十时相晤谈。九时许接冈村总部来电话，谓大将愿于上午十时与张空军司令晤面。张即召笔者同毛文麟翻译同往，冈村在客厅门口相迎。冈村中等身材，面略瘦削，而举止态度，有点像中国一个旧式的教书先生，绝显不出那种可以叱咤风云、指挥雄师百万的大将形象，眉目之间，也平易近人。首先问张司令对接收有无特别需要日本方面准备的；继续表示，我们如有何不能适应的地方，希望早给他们知道改善，以便利双方的工作。张除礼貌上表示满意之外，并请大将对以后空军接收物资的使用有什么特别注意的地方见告。冈村略沉默半分钟光景，他平静地说，因空军除在执行空勤之外，其他一切设备都在基地上，所以空军的基地设施都比较复杂而充实。台湾在中国地区地位重要，日本很重视台湾空军能力的储备。他笑笑说，台湾不仅现在对中国军事很重要，在将来也是很重要的基地。

在三十四年年底前，接收告一段落，全国正式区分为五个空军区，我们第一路司令部扩充为第一军区司令部，先移驻北平中南海怀仁堂西侧大院，不数月移驻沈阳，将东北划属第一军区。以后情形因与接收无关，故从略。

（按：作者服务空军至一九六三年止，调任“国防部”第五厅副厅长，后调“国防会议”任蒋经国副秘书长秘书主任三年，同时任“国防研究院”讲师，一九七三年退役，现旅居美国。）

原载《传记文学》第六十七卷第二期（一九九五年八月号）

审判战犯回忆录

石美瑜

笔者一介庸愚，乏善足记，迩承《传记文学》杂志社编者敦促，嘱将珍藏审判战犯资料贡献读者。窃以斯举既有裨于史料之搜集，除少数首恶元凶外，举凡息戈就范者，胥在宥赦之列，揆诸判例，历历可考。笔者爰就二次世界大战结束后，奉命主持我国军事法庭审判战犯之经过，谨述梗概，借供参考。

一、审判战犯之缘起

二次世界大战爆发之初，希、墨二魔披坚执锐，称霸欧洲。日本军阀遵奉《田中奏折》，勾结纳粹，鞭笞天下，锋镝所至，庐舍为墟。八年抗战，我老弱妇孺惨遭屠戮者何止千万？然强权终败，公理必胜，在我联军夹击之下，轴心相继瓦解。日本天皇于民国三十四年（一九四五）八月十日宣告投降，滞留我大陆暨台、越之日军，共一百二十八万三千二百名，由日军大将冈村宁次率领投降，我陆军上将何应钦氏代表我政府受降，完成中日战史重要之一页。

溯于民国三十一年（一九四二）二月十三日，法、比、捷、希、荷等国政府在伦敦集会，首先发表惩治战犯宣言，并于民国三十三年（一九四四）三月十九日，在伦敦成立联合国战罪审查委员会。参加者有中、美、英、法、捷、澳、丹、南、荷、希、新、波、比、印、加诸国。该会先后通过战犯名单四十三批。旋于同年十一月二十九日，设立远东及太平洋分会于我国重庆，公推我国全权代表王宠惠博士为分会主席。该分会所处理之战犯案件，百分之九十系由我国政府所提送，其提送程序，首由我司法行政部担任编审，会同国防、外交两部，按照伦敦总会规定格式，缮具控诉单（Charge Sheets），送经分会核定后成立战犯名单。前后通过日本战犯名单二十六批，共二千九百九十二名。其中由我国提出者二千三百六十八名，美国提出者二百一十八名，英国提出者四十三名，澳国提出者十八名，法国提出者三百四十五名。根据我司法行政部前部长谢冠生氏于民国三十五年（一九四六）十月二十四日在我国战争罪犯处理委员会之报告，司法行政部先后审查日本战犯案件，达十七万一千一百五十二案之多，均由民间诉由各级法院层报到部者，其数字骇人听闻。我同胞遭日军蹂躏之惨，可见一斑！民国三十四年七月二十六日，与日本作战之各国政府，在波茨坦联合宣布："对一切战争罪犯应受严正之裁判。"同年十二月二十六日，美、英、苏三国政府在莫斯科会议，并征得我国政府同意后决定："同盟国最高统帅为补充投降条款，得发布一切命令。"民国三十五年一月十九日，同盟国最高统帅麦克阿瑟将军，根据上述之授权，命令在东京设立远东国际军事法庭，担任审判日籍主要战犯。民国三十四年八月八日，美、英、法、苏四国政府，在伦敦订立关于控诉及处罚欧洲轴心国主要战犯之协定，并根据一九四三年十月三十日莫斯科宣言，在纽伦堡设立国际军事法庭，担任审判欧洲轴心国主要战犯。我国政府根据《波茨坦宣言》，在国内各战区分设审判战犯军事法庭十所。笔者奉命充任国防部审判战犯军事法庭庭长，并兼上海审判战犯军事法庭庭长，主持审判日本将级重要战犯。

二、各军事法庭审判战犯之概况

（一）纽伦堡国际军事法庭

纽伦堡国际军事法庭审判之主要纳粹战犯，除临刑前自杀之纳粹二号党魁戈林外，尚有驻波兰总督弗朗克（Frank）、外交部长里宾特洛甫（Ribbentrop）、陆军参谋总长约德尔（Jodl）、高级指挥部首脑凯特尔（Keitel）、波希米亚兼摩拉维亚行政长官弗里克（Frick）、纳粹精神与观念指导长罗森堡（Rosenberg）、冲锋队兼褐衫党将领绍克尔（Sauckel）、驻奥地利总督英夸特（Inquart）、保安警察长卡尔登勃鲁纳（Kaltenbrunner），及著名犹太刽子手施特莱歇尔（Streicher）等，均以违反和平罪、战争罪、违反人道罪被处绞刑。

（二）远东国际军事法庭

设在日本东京之远东国际军事法庭，系由中、美、英、法、苏、澳、荷、新、印、加、菲等十一国法官所组成。被审判之日本甲级战犯计有：土肥原贤二、东条英机、松井石根、畑俊六、重光葵、荒木贞夫、桥本欣五郎、平沼骐一郎、广田弘毅、星野直树、板垣征四郎、贺屋兴宣、木户幸一、木村兵太郎、小矶国昭、松冈洋右、南次郎、武藤章、永野修身、冈敬纯、大川周明、大岛浩、佐藤贤二、岛田繁太郎、白鸟敏夫、铃木贞一、东乡茂德、梅津美治郎等二十八人，分别以破坏和平罪、一般战罪及违反人道罪，判处死刑或无期徒刑。我国抗日名将秦德纯氏曾被邀到庭做证。国际著名女间谍川岛芳子，曾经发交笔者主持之军事法庭侦讯录供，抄送远东国际军事法庭，做阴谋侵略我国之罪魁土肥原贤二犯罪之重要证据。又日军大将松井石根，在我首都屠城之罪行，并经我军事法庭将共犯谷寿夫案内搜集之证据，提供远东国际军事法庭，以资印证，因而定谳。

（三）我国军事法庭

我国审判战犯军事法庭分设各战区，共十所。计开：（1）国防部审判战犯军事法庭（设南京）；（2）武汉行辕审判战犯军事法庭（设汉口）；（3）广州行辕审判战犯军事法庭（设广州）；（4）东北行辕审判战犯军事法庭（设沈阳）；（5）第二战区审判战犯军事法庭（设太原）；（6）第十一战区审判战犯军事法庭（设北平）；（7）徐州绥靖公署审判战犯军事法庭（设徐州）；（8）第一绥靖区审判战犯军事法庭（设上海）；（9）第二绥靖区审判战犯军事法庭（设济南）；（10）台湾警备总司令部审判战犯军事法庭（设台北）。上开法庭除南京、上海两法庭由笔者担任庭长外，其余各法庭均由优秀资深法官岳成安、陈珊、刘贤年、钱国成等分任庭长；主任检察官有王家楣、陈光虞、施泳、施文藩等。全国各法庭统计共受理战犯二千三百八十八名，除南京大屠杀案罪魁谷寿夫，及蹂躏港粤之酒井隆等主要战犯，经判处死刑以昭炯戒外，其余二千余名，悉以罪嫌不足，经宣告无罪或不起诉，遣回日本。

三、审判战犯之刑事政策

审判战犯基本原则，系尊重蒋公于抗战胜利后所昭示者：“我国战后对日政策，本仁爱宽大、以德报怨之精神，建立中日两国永久和平之基础。”此一昭示，源于我国先圣慎刑恤狱之意。盖刑罚之用，将以革人心迁之于善，故圣人至于无已而用刑也，必本之以钦恤，行之以哀矜。皋陶作士，刑期于无刑者，固已深寓斯旨。

我国审判战犯之刑事政策，与联军统帅麦克阿瑟将军对日管制重视收揽人心政策，暨联合国对德、意主要战犯之处置，采取教育及示范性惩戒政策，不谋而合。笔者奉命主持审判日本重要战犯，胥本斯旨，持平处理，除祸首罪魁予以明正典刑外，余犯悉予谕知无罪遣返，庶期正义法律与民族情感兼筹并顾。

四、三重要战犯之审判经过

（一）日军中将谷寿夫，凶残成性，民国二十六年（一九三七）冬，率部攻我首都，因遭遇我军坚强抵抗，愤恨之余，乃于陷城后，做有计划之屠杀，以示报复。我无辜同胞遭戮者，达三十万众。更以剖腹、枭首、轮奸、活焚等酷刑，加诸老弱妇孺，尸横遍野，惨绝尘寰，造成举世无匹之大屠杀案，深为中外人士所重视。美国国务院曾函索判词陈列于华盛顿国会图书馆，做二次世界大战战史之重要文献。“国军历史文物馆”亦有该判词原本之陈列，备作中日战史之参考资料。忆该犯在我首都雨花台正法之日，围集观刑者，达十万众，可谓极恶大憝，人类蟊贼，自应明正典刑，为穷兵黩武者戒。

（二）日军中将酒井隆，系日本军阀中之阴谋家，与土肥原贤二及梅津美治郎，同为来华实施日本侵略政策之主要人物。曾以阴鸷手段引起卢沟桥七七事变，造成二次世界大战之导火线，已无解于祸首罪魁之刑责。况在作战期间，蹂躏港粤，铁蹄所至，死伤枕藉，更以纵兵毒打孕妇，轮奸少女并剖裂肚腹倾其鲜血饲犬，用菜刀活剖夫妻肚腹使双双哀号而毙等残酷手段，施诸我粤籍同胞。民国三十年（一九四一）十二月八日，亲率大军突袭香港，因遭英、加守军奋力抵抗，乃于登陆后纵兵展开大屠杀，借以报复。英军炮手麦当诺（Macdonal）、加军枪手麦凯（McKay）等，于被俘后惨遭挖目、割舌、凌迟致死。倒卧红十字医院病榻疗伤之英籍病俘，悉遭刺杀或枭首，刀剑砰轰与呻吟哀号齐鸣。红十字会英籍女护士戈登（Gordon）女士等并遭轮奸。种种暴行，不胜殚记。战事结束后，该犯经我第十一战区长官部缉获，层解我国防部审判战犯军事法庭审判。英政府曾要求将该犯移解伦敦审判或准派员陪审，但我政府以该犯之犯罪地跨连港、粤两地，我军事法庭自有审判权，故予拒绝移解或陪审。嗣经笔者主持之军事法庭根据确凿证据判处极刑正法后，英政府曾函索判词陈列于伦敦大英图书馆，做英、日战史之重要文献。

（三）日军大将冈村宁次，虽身为日本驻华派遣军总司令官，但系受命于轴心瓦解、日军陷于孤立之顷，所有长沙、徐州各大会战日军之暴行，以及酒井隆在港粤、谷寿夫在南京之大屠杀，均系发生于冈村宁次任期之前，固不能使负共犯之责。况在日本天皇宣告投降后，冈村宁次遵以降将身份，率领百万大军听命纳降，并无违反国际公法之罪行，自不能仅因其身份系敌军总司令官遽以战罪相绳，故经笔者主持之军事法庭判决无罪遣返，以昭公允。

五、判词原稿

台湾兴建之“国军历史文物馆”，虽珍藏有日军大将冈村宁次案卷暨南京大屠杀案主犯谷寿夫之判词，然以展柜深锁，无法窥其内容。笔者因主审该案，尚存有判词原稿及有关照片数帧，爰将之付梓，以献读者：

（一）冈村宁次判词全文

国防部审判战犯军事法庭判决（三十七年度战审字第二十八号）

公诉人：本庭检察官。

被告：冈村宁次，男，年六十六岁，日本东京人，前日本驻华派遣军总司令官，陆军大将。

指定辩护人：江一平律师

杨　鹏律师

钱龙生律师

上述被告因战犯案件，经本庭检察官起诉，本庭判决如下：

主文：

冈村宁次无罪。

理由：

按战争罪犯之成立，系以在作战期间，肆施屠杀、强奸、抢劫等暴行，或违反国际公约，计划阴谋发动或支持侵略战争为要件，并非一经参加作战，即应认为战犯，此观于国际公法及我国战争罪犯审判条例第二、第三各条之规定，至为明显。本案被告于民国三十三年十一月二十六日，受日军统帅之命，充任中国派遣军总司令官，所有长沙、徐州各大会战日军之暴行，以及酒井隆在港粤，松井石根、谷寿夫等在南京之大屠杀，均系发生于被告任期之前，原与被告无涉。（酒井隆、谷寿夫业经本庭判处死刑，松井石根经东京远东国际军事法庭判处死刑，先后执行在案。）且当时盟军已在欧洲诺曼底及太平洋塞班岛先后登陆，轴心既形瓦解，日军陷于孤立，故自被告受命之日，以迄日本投降时止，阅时八月，所有散驻我国各地之日军，多因斗志消沉，鲜有进展。迨日本政府正式宣告投降，该被告乃息戈就范，率百万大军，听命纳降，迹其所为，既无上述之屠杀、强奸、抢劫，或计划阴谋发动或支持侵略战争等罪行，自不能仅因其身份系敌军总司令官，遽以战罪相绳。至在被告任期内，虽驻扎江西莲花、湖南邵阳、浙江永嘉等县日军，尚有零星暴行发生，然此应由行为人及各该辖区之直接监督长官落合甚九郎、菱田元四郎等负责，该落合甚九郎等业经本庭判处罪刑，奉准执行有案。此项散处各地之偶发事件，既不能证明被告有犯意之联络，自亦不能使负共犯之责。

综上论述，被告既无触犯战规，或其他违反国际公法之行为，依法应予谕知无罪，以期平允。

据上论结，应依《战争罪犯审判条例》第一条第一项，《刑事诉讼法》第二百九十三条第一项，判决如主文。

本案经本庭检察官施泳莅庭执行职务。

中华民国三十八年一月二十六日

国防部审判战犯军事法庭

审判长　石美瑜
审判官　陆　起
审判官　林健鹏
审判官　叶在增
审判官　张体坤

（二）南京大屠杀案主犯谷寿夫判词全文

国防部审判战犯军事法庭判决（三十六年度审字第一号）

公诉人：本庭检察官。

被告：谷寿夫，男，年六十六岁，日本人，住东京都中野区富士见町五十三号，日本陆军中将师团长。

指定辩护人：梅祖芳律师
张仁德律师

上述被告因战犯案件，经本庭检察官起诉，本庭判决如下：

主文：

谷寿夫在作战期间，共同纵兵屠杀俘虏及非战斗人员，并强奸、抢劫、破坏财产，处死刑。

事实：

谷寿夫系日本军阀中剽悍善战之将领，远在日俄战役，即已从军，并著战绩。迨民国二十六年中日战起，充任第六师团长，于是年八月，率部来华，参与侵略战争，先转战于河北永定河及保定、石家庄等处。同年十一月杪，我京沪沿线战事频告失利，移转阵地，扼守南京。日本军阀以我首都为抗战中心，遂纠集其精锐而凶残之第六师团谷寿夫部队、第十六师团中岛部队、第十八师团牛岛部队、第一一四师团末松部队等，在松井石根大将指挥之下，合力会攻，并以遭遇我军坚强抵抗，愤恨之余，乃于陷城后，做有计划之屠杀，以示报复。由谷寿夫所率之第六师团任前锋，于二十六年十二月十二日（即农历十一月十日）傍晚，攻陷中华门，先头部队用绳梯攀垣而入，即开始屠杀。翌晨复率大军进城，与中岛、牛岛、末松等部队，分窜京市各区，展开大规模屠杀，继以焚烧奸掠。查屠杀最惨厉之时期，厥为二十六年十二月十二日至同月二十一日，亦即在谷寿夫部队驻京之期间内。计于中华门外花神庙、宝塔桥、石观音、下关草鞋峡等处，我被俘军民遭日军用机枪集体射杀并焚尸灭迹者，有单耀亭等十九万余人。此外零星屠杀，其尸体经慈善机关收埋者十五万余具。被害总数达三十万人以上。尸横遍地，惨绝人寰。其残酷之情状，尤非笔楮所忍形容。如十二月十五日下午一时，我军警二千余名，为日军俘获后，解赴汉中门外，用机枪密集扫射，饮弹齐殒，其负伤未死者，悉遭活焚。同月十六日下午六时，麇集华侨招待所之难民五千余人，被日兵押往中山码头，用机枪射杀后，弃尸江中，仅白增荣、梁廷芳二人，中弹受伤，投身波中，与漂尸同流，得以幸免。同月十八日夜间，复将我被囚幕府山之军民五万七千四百一十八人，以铅丝扎捆，驱集下关草鞋峡，亦用机枪射杀，其倒卧血泊中尚能挣扎者，均遭乱刀戳毙，并将全部尸骸，浇以煤油焚化。又如十二月十二日，乡妇王徐氏，在中华门外下码头，遭日军枭首焚尸。同月十三日，乡民魏小山，因谷寿夫部队在中华门堆草巷纵火，驰往施救，致被砍死；同日，僧隆敬、隆慧，及尼真行、灯高、灯元等，亦于中华门外庙庵内，悉遭屠戮。十四日，市民姚加隆携眷避难于中华门斩龙桥，又遭日军将其妻奸杀，八岁幼儿、三岁幼女，因在旁哀泣，被用枪尖挑入火中，活焚而毙。同月十三日至十七日，时值严寒，驻中华门外日军，勒令乡民三十余人，入水捞鱼，从则冻毙，违亦遭戮；并将一老叟，绑悬树梢，以枪瞄准，做打靶练习，终至命中，绳断跌毙。又日军官二人，以杀人为竞赛，其一杀一百零五人，一则以杀一百零六人获胜。同月十九日，乡妇谢善真，年逾六旬，被日军在中华门外东岳庙用刀刺杀，并以竹竿插入阴户，均属惨无人道。计自十二月十二日至同月二十一日，我首都无辜军民，被日军残杀而有案可稽者，达八百八十六起。（见附件甲一至二八号，乙一至八五八号。）其在中华门一带被害者，除以上列举外，尚有王福和、柯大才、卓吕同、沈有功、刘广松、曹文党、余必福、陈萧氏等三百七十八案。（详见附件甲九、一三、一八、一九、二〇、二四、二六、二八号，乙一至三七〇号。）日军陷城后，更四出强奸，一逞淫欲。据外侨所组国际委员会统计，在二十六年十二月十六、十七两日，我妇女遭日军蹂躏者，已越千人。且方式之离奇惨虐，实史乘所未前闻，如十二月十三日，民妇陶汤氏，在中华门东仁厚里五号，被日军轮奸后，剖腹焚尸。怀胎九月之孕妇萧余氏，十六岁少女黄柱英、陈二姑娘，及六十三岁之乡妇，亦同在中华门地区惨遭奸污。乡女丁小姑娘，在中华门堆草巷，经日军十三人轮奸后，因不胜狂虐，厉声呼救，当被刀刺小腹致死。同月十三日至十七日间，日军在中华门外，于轮奸少女后，复迫令过路僧侣续与行奸，僧拒不从，竟被处宫刑致死。又在中华门外土城头，有少女三人，因遭日军强奸，羞愤投江自尽。凡我留京妇女，莫不岌岌自危，乃相率奔避于国际委员会所划定之安全区。讵日军罔顾国际正义，竟亦逞其兽欲，每乘黑夜，越垣入内，不择老幼，摸索强奸，虽经外侨以国际团体名义，迭向日军当局严重抗议，而日将谷寿夫等均置若罔闻，任使部属肆虐如故。

再日军锋镝所至，焚烧与屠杀同时并施，我首都为其实行恐怖政策之对象，故焚烧之惨烈，亦无伦比。陷城之初，沿中华门迄下关江边，遍处大火，烈焰烛天，半天几成灰烬。我公私财产之损失殆不可以数字计。中华门循相里房屋数十幢，均遭烧毁，居民何庆森、夏鸿贵、毕张氏等数百人，庐舍成墟，栖息无所。中华门钓鱼巷、湖北路、长乐路、双闸镇各处居民，曾有年、常许氏、冯兆英等房屋数百幢，亦俱焚烧，荡然无存。至十二月二十日，复从事全城有计划之纵火暴行，市中心区之太平路，火焰遍布，至夜未熄，且所有消防设备，悉遭劫掠，市民有敢营救者，尽杀无赦。日军更贪婪成性，举凡粮食、牲畜、器皿、古玩，莫不劫取。如在石坝街五十号，抢掠国医石筱轩名贵书籍四大箱，字画古玩二千余件，木器四百件，衣服三十余箱。又在集庆路、任管巷等处，掠劫民间牲畜、粮食、钱财，不可胜计。即国际红十字会病院内，护士财物、病人被褥、难民食粮，亦遭洗劫一空。美大使馆职员陶格拉斯·晋钦（Douglas Jenkine）、美籍女教士格蕾丝·苞尔（Miss Grace Bauer）、德人乌拉比（Rabe）、巴赤德（Barchardt）、波濮罗（Poblo）、蒸姆生（Jeimssen）

等住宅，并经先后搜劫，损失綦重。种种暴行，更仆难数。

日本投降后，谷寿夫在东京被捕，经我驻日代表团解送来京，由本庭检察官侦查起诉。

理由：

查本案被告谷寿夫，于民国二十六年，由日本率军来华，参与侵略战争，与中岛、牛岛、末松各部队，会攻南京，因遭我军坚强抵抗，血战四昼夜，始于是年十二月十二日傍晚，由中华门用绳梯攀垣而入，翌晨率大队进城，留驻一旬，于同月二十一日，移师进攻芜湖各情，已据供认不讳。（见侦查卷六六页，审判卷七宗一六页、二三页。）至其陷城后，与各会攻部队，分窜京市各区，展开大规模屠杀，计我被俘军民，在中华门花神庙、石观音、小心桥、扫帚巷、正觉寺、方家山、宝塔桥、下关草鞋峡等处，惨遭集体杀戮及焚尸灭迹者，达十九万人以上；在中华门下码头、东岳庙、堆草巷、斩龙桥等处，被零星残杀，尸骸经慈善团体掩埋者，达十五万人以上；被害总数共三十余万人。此项事实，匪特已据身历其境之证人殷有余、梁廷芳、白增荣、单张氏、鲁苏、殷南冈、芮方缘、毕正清、张玉发、柯荣福、潘大贵、毛吴氏、郭岐、范实甫、姚加隆、万刘氏、徐承铸、僧隆海、莲华、尼慧定等一千二百五十余人，及当时主持掩埋尸体之许传音、周一渔、刘德才、盛世征等，具结证明。（详见附件甲一至二八号、附件乙一至八五八号、京字九至一二号各证，暨本庭侦查及审判笔录。）且有红十字会掩埋尸体四万三千零七十一具，崇善堂收埋尸体十一万二千二百六十六具之统计表，及伪南京督办高冠吾为丛葬于灵谷寺无主孤魂三千余具所立之碑文为凭。（见京字三号、一六号、一七号各证。）复经本庭按丛葬地点，在中华门外雨花台、万人坑等地，发掘坟冢五处，起出被害人尸骸头颅数千具，由法医潘英才、检验员宋士豪等，验明尸骨多有刀砍、中弹或钝器击损伤痕，填具鉴定书在卷可稽。（见本庭勘验笔录，及京字一四号证。）并有当时日军为炫耀武功，自行拍摄之屠杀照片十五帧，及实地摄制之屠城电影，经我军于胜利后扣获，可资印证。（见京字一号、二号、一五号各证。）至陷城后，日军各部队分窜各区，奸淫肆虐，如乡妇陶汤氏被奸后剖腹焚尸，丁小姑娘遭轮奸后刺死，即妊妇、老妪亦同遭奸污。又放火烧毁民房，掠劫财物，以及闯入安全区内强奸妇女，劫取外人财产等情，亦据各生存之被害人及目睹之证人萧余氏、陈二姑娘、柯荣福、方鹤年、张孙氏、范实甫、张万氏、周一渔、何庆森、夏鸿贵、毕张氏、倪春富、曾有年、常许氏、冯兆英、石筱轩、徐兆彬等百余人，分别结证是实，核与国际委员会所组南京安全区内档案列举之日军暴行，及外籍记者田伯烈（H. J. Timperley）所著《日军暴行纪实》、史迈士（Lewis S. C. Smythe）所作《南京战祸写真》，暨当时参加南京战役之我军营长郭歧所编《陷都血泪录》胪载各节，悉相吻合。（详见附件丙、丁、戊、已及京字九号至一二号各证，暨本庭侦查及审判笔录。）又经当时留京之美籍教授贝德士（M. S. Bates）、史迈士本于目击实情，到庭宣誓并具结证明无异。是会攻南京之日军各将领，共同纵兵，分头实施屠杀、强奸、抢劫、破坏财产之事实，已属众证确鉴，无可掩饰。

虽据辩称：（一）被告部队入城后，系驻扎中华门，于十二月二十一日全部开赴芜湖，当时中华门一带，正值激战，居民迁徙一空，并无屠杀对象，且被害人均未能指出日兵番号，故屠杀事件，应由中岛、末松及其他部队负责，即罪行调查表亦多载有“中岛”字样，可见与被告无涉。（二）被告所属部队，军纪严肃，可保证未曾杀害一人，除已经证人小笠原清到庭证明外，应请传讯被告所属之参谋长下野一霍、旅团长坂井德太郎、柳川参谋长田边盛武、高级参谋藤本铁熊等，即可明了。（三）本案证据全系伪造，不足为论罪根据等语，以为免责之辩解。

但关于第一点，按共同实施犯罪行为之人，在合同意思范围以内，各自分担犯罪行为之一部、相互利用他人之行为以达其犯罪之目的者，即应对于全部所发生之结果，共同负责。（参照最高法院二十八年上字第三一一〇号、二十六年渝上字第一七四四号各判例。）被告既系会攻南京之高级将领，因遭守军猛烈抵抗（见审判卷七宗一六页），乃于陷城后，会合中岛、牛岛、末松等部队，分窜各区，实施大屠杀及奸掠、焚烧等暴行，我被俘军民惨遭杀戮者，达三十余万人之众，已与监督不严之偶发事件，显有不同。况经当时驻京外侨，以国际团体名义，于二十六年十二月十四日至二十一日，即在被告部队驻京之期间内，前后十二次，分向日军当局及日大使馆提出严重抗议，并在照会内，附录日军烧、杀、淫、掠暴行，计一百一十三案，促请日军注意管束部属，防止暴行扩大。（见南京安全区档案原文一至四九页及附件己，京字一〇、一一号各证。）而被告等各将领，又均置若无睹，纵兵肆虐如故，且反将此种惨烈屠城情状，摄成电影及照片，借以表彰战绩。其系与各会攻将领，基于合同意思，共同纵兵，分头窜扰，而做有计划之大规模屠杀及焚烧、奸掠，至为明显。纵令被告部队，仅在旬日间，分担京市一隅之屠杀等暴行，然既与各会攻将领，本于联络之犯意，互相利用，以达其报复之目的。

依照上开说明，即应就全部所发生之结果，与松井、中岛、牛岛、末松、柳川各将领，共同负责，奚容以罪行调查表载有“中岛”字样，以及被害人未能指出日兵番号等词为借口，希图诿卸。矧查京市各区，屠杀奸掠等事件，泰半系发生于被告部队驻京之期间内（即十二月十二日至同月二十一日），即在被告自承为其防区之中华门一带而遭烧、杀、淫、掠之居民有案可稽者，已达四百五十九起。（详见附件甲九、一三、一八、一九、二〇、二四、二六、二八号，乙一至三七〇号，丙一至二一号，丁一至五七号，戊一至三号各证，暨本庭侦查及审判笔录。）其中被害人家属及证人，且多能切实指明被告部队之罪行，如据范文卿之子范实甫供称：“谷寿夫部下杀人、放火、强奸，无所不为，最残忍的要算是谷寿夫部队，杀人最多约有十几万人。我家对门丁道台的孙女被谷寿夫部下十三个人强奸，这小姑娘因受不了惨叫，被日军一刀刺破小腹而死。我还看见邻人魏小山，因谷寿夫部队放火，他去救火，被日军一刀砍死。”丁长荣供称：“我儿子丁连宝，被谷部（指被告）士兵用枪打，又戳一刀死了，当时一共打死七个人。又在中华门赛虹桥，见两个妇人被日兵强奸后，用刺刀从阴户刺入腹部，致腹破肠流而死。”徐承铸供称：“我胞兄徐承耀，被谷寿夫部队拉夫，经母亲哀求，不肯释放，当被拉到雨花台下用枪打死。”又据证人欧阳都麟供称：“日军谷寿夫部队攻陷南京，由中华门首先进城，先行屠杀，就此两天内（十二、十三两日），中华门内外，遍地尸首，惨不忍睹。有的用刺刀刺孕妇腹部，致腹破胎坠而死。有的用刺刀从妇女阴户刺入，刀尖透出臀部致死。亦有八十岁老妇，被强奸致死。”证人张鸿如供称：“日军于二十六年农历十一月初十晚进城，杀人、放火、奸淫最厉害的是谷寿夫部队。”各等语。（见本庭审判卷一宗三〇页，三宗三五页、三九页、四三页，七宗六〇页、六一页。）尤足见被告部队分担实施暴行之事实，昭然若揭，尚何有狡赖之余地。

关于第二点，查被告部队，远在保定、石家庄一带作战时，即曾抢劫居民陈嗣哲所有之衣服、古玩二十八箱，及红木家具等物多件；又在浙江德清县境，惨杀平民卜顺金、卜玉山等人。（见京字一八号、二〇号各证。）是其军纪之败坏，已可概见。迨会攻南京陷城后，更暴行累累，凶残无匹，乃反谓军纪严肃，未曾杀害一人，显属遁词。至证人小笠原清，于被告部队会攻南京之时，尚在日本求学，徒以臆测之词，漫谓被告部队在南京并无暴行，自属无可采信。又查被告所属参谋长下野一霍、旅团长坂井德太郎，及柳川参谋长田边盛武、高级参谋藤本铁熊等，均系参与会攻南京之高级军官及参谋长官，对于实施有计划之南京大屠杀事件，本有共犯嫌疑，纵使该嫌疑犯等到庭为被告所预期之陈述，亦不外瞻徇袒庇，自难据为被告有利之判决。兹被告犹斤斤请传该嫌疑犯等到庭做证，无非借端希图延宕。

关于第三点，查本案证人千余人，均系身历其境，将当时目击日军暴行痛陈如绘。被害人尸骸头颅数千具，并经本庭在丛葬地点掘出。灵谷寺无主孤魂三千余具之墓碑，至今犹存。郭岐所编《陷都血泪录》，远在民国二十七年（一九三八）即在西安写成，并于同年八月披露于《西京平报》。（见京字一二号证第一页。）国际委员会所组南京安全区之档案，外籍记者田伯烈所著《日军暴行纪实》，及美籍教授史迈士所作《南京战祸写真》，皆为当时未曾参加作战之英、美、德人士，本其目睹情形，所作之日军暴行实录。日军以杀人为竞赛娱乐，且系在被告本国《东京日日新闻》登载。（见京字一〇号证第二八四及二八五页。）屠杀照片及屠城电影，俱为当时日军所摄制，借以夸耀武功。均系被告及会攻南京各将领共同实施暴行之铁证。被告竟以空言抹杀，妄指为伪造，可谓毫无理由。

综上各点抗辩，均属狡展图卸，殊无可采。查被告在作战期间，以凶残手段，纵兵屠杀俘虏及非战斗人员，并肆施强奸、抢劫、破坏财产等暴行，系违反《海牙陆战规例》及《战时俘虏待遇公约》各规定，应构成战争罪及违反人道罪。其间有方法结果关系，应从一重处断。又其接连肆虐之行为，系基于概括之犯意，应依连续犯之例论处。按被告与各会攻将领，率部陷我首都后，共同纵兵肆虐，遭戮者达数十万众，更以剖腹、枭首、轮奸、活焚之残酷行为，加诸徒手民众与无辜妇孺，穷凶极恶，无与伦比，不仅为人类文明之重大污点，既揆其心术之险恶，手段之毒辣，贻害之惨烈，亦属无可矜全，应予科处极刑，以昭炯戒。

据上论结，应依《刑事诉讼法》第二百九十一条前段；《海牙陆战规例》第四条第二项，第二十三条第三款、第七款，第二十八条，第四十六条，第四十七条；《战时俘虏待遇公约》第二条、第三条；《战争罪犯审判条例》第一条，第二条第二款，第三条第一款、第四款、第二十四款、第二十七款，第十一条；《刑法》第二十八条，第五十五条，第五十六条前段，第五十七条，判决如主文。

本案经本庭检察官陈光虞莅庭执行职务。

中华民国三十六年三月十日

国防部审判战犯军事法庭

审判长　石美瑜

审判官　宋书同

审判官　李元庆

审判官　葛召棠

审判官　叶在增

（注：本判决证据附件计五十余页，因限于篇幅从略。）

原载《传记文学》第二卷第二期（一九六三年二月号）

东京湾受降的徐永昌

吴相湘

徐永昌字次辰，一八八七年十二月十五日在山西省崞县出生，一九五九年七月十二日殁于台湾省台北市。

徐永昌是一朴实的军人，他服膺春秋大义，挺立于反复无常、变乱多端的北方军界，颇具模范作用。主持绥远、河北、山西省政，以廉介爱民著称。沈阳事变以后，调协南北军人意见，沟通各方思想，不遗余力。对日抗战发生，担任军令部长，主持参谋作业，前后八年，于国军参谋人事制度之建立、参谋教育之改进，措置井然。日本无条件投降时任中华民国代表，在东京湾接受日本无条件投降，获享近代军人所难得的荣幸。

徐出生于一农村家庭，父名庆，后改业商，携妻子居大同府城，徐开始与都市接触。七岁入塾读书，聪颖勤学，很受父母的喜爱，尤其是他的两姊一兄相继夭殇，他更受家庭重视。不幸好景不常，一九〇〇年六月遭母丧，十月父亦见背，徐遂陷于伶仃孤苦、饔飧不继而无可告语的悲惨境界。

其时，八国联军陷北京，清廷西迁，大同为必经要道。一日，徐永昌在他父亲朋友经营的商店中遇见武卫左军某营的一位书记官徐椿龄（营口人），很同情他的不幸，加以又是同姓，就携带他入营执勤务，随军历晋、陕、豫、冀。翌年秋，还驻琉璃河，乃得利用暇闲温习书字，徐永昌的生活才获安顿。一九〇六年，徐永昌渐长成，徐椿龄乃使其入毅军正式列名军籍，随军先后驻南苑、通州、平泉、呼兰等地，以诚实有恒为长官所赏识。偶染伤寒，休养于徐椿龄家，读《左传》，爱不释手，从此在营更利用闲暇读书，学识日以长进。

一九〇八年，徐永昌考入武卫左军随营学堂，多年来梦寐求学的愿望乃获实现。他既感激徐椿龄对他的培植恩惠，更专心攻读，以补不足。第三次月考成绩乃由入学时一百六十人之最末二名，跃进至前茅第四名。又以算术难解，苦事钻研，足不出校门者四月余，遂一跃而以成绩为全班之冠。一九一一年夏毕业，授副军校（中尉），任武卫左军左路前营左哨副哨长（副连长）。就在这时，徐开始与革命党往来，常秘密集会于北京国风报馆。

一九一一年秋，大革命爆发，徐永昌驻守北京宝泉局。其统领陈希义奉令率部赴大同平革命党，徐特以“离家久，未尝归省斯土，今回乡作战，实在不忍心”为理由请免。乃改就毅军新兵营哨长，对新兵严格训练，尤注重纪律，这在民国元年（一九一二）三月毅军弹压北京兵变时就见其效果。然而，徐不以为满足，是年夏，陆军部筹设将校讲习所，徐即辞哨长入所进修。民国二年（一九一三）冬毕业，成绩冠侪辈，为中德教官及陆军部主管所器重，派任南京陆军预备学校第七连连长，不就；或荐任直军团附，亦坚辞。盖徐深切体味学然后知不足，仍发愤力学。民国三年（一九一四）遂又考入陆军大学第四期，接受最高阶之军学教育。

民国五年（一九一六）春，徐为参加倒袁运动，暂抛书本离校南下，谋入浙江有所活动。过嘉兴，闻浙省独立，乃转道赴山东参与居正、吴大洲之民军，并为组织参谋厅。是年六月，袁世凯死，徐重回陆军大学继续学业，同年冬以第一名毕业。为便与革命党人孙岳、续桐溪共同工作，乃辞外调之命，留住北京任陆军训练监编辑官。

民国六年（一九一七）七月，张勋在北京进行复辟，徐极不以为然，立即往保定孙岳处，促孙劝说曹锟迅调轻装部队二团即午入京，可立摧破张勋军力。以曹锟观望，徐又赴天津续桐溪处与陆建章等会商，即由陆作书介绍往晤驻廊坊之冯玉祥及驻通州之张锡元，并以开拔费一万元交张，促急进。张为所动，率部掩入北京朝阳门，事将成功，乃张忽受人劝阻，又将所部撤出城外。其后乃有段祺瑞马厂誓师之举，多数人也就不知徐是洞烛机先的一人。

民国六年冬，孙岳创办直隶军官教育团于廊坊，邀徐任教官主持之。翌年春，北京政局变化，孙岳适因公赴武穴，军官教育团奉命迁保定，徐代部署其事，三日之内即在保定开课。这些学员后来即为孙岳领导的国民军第三军干部分子。是年五月，徐应续桐溪之召南下，自上海转广州拟晋谒国父孙逸仙博士，不意孙博士适离粤取道日本往上海，而于右任之靖国军正为陕西督军陈树藩所逼迫，徐、续乃取道中国香港、越南入云南，再经贵阳、重庆而达成都，促滇、黔、川靖国联军总司令唐继尧及川军同志熊克武、吕超等迅速分兵援助，徐等随军北上。民国八年（一九一九）元旦，师次广元，不得进，续桐溪改道先入陕西，徐旋回保定再执教于军官教育团。

民国九年（一九二〇）春，徐应渭北游击司令李岐山之约赴陕，与陕西同志等会于三原，徐重申经营甘肃以为根据地之议，并劝李放弃此一游击司令共图进行。李不能决，徐遂辞去。六月，应第八混成旅旅长靳云鹗之约，检阅其北自黄河桥、南迄武胜关之部队。适直、皖两系战争发生，靳即商同直军旅长王承斌委请徐调停：战争止于德州、琉璃河一带，使河南不卷入战祸，俟前方战争之解决。徐奔走郑州、洛阳间调停，不遗余力，结果皖系军败，河南遂归直系掌握。人民幸免战祸。

是年七月，孙岳成立直隶保卫团，促徐任营长。孙旋奉命任第十五混成旅旅长，又挽徐为参谋长。时北方兵变频仍，徐则对所部剀切教育，认真约束。

民国十一年（一九二二）夏，直奉战起，孙岳任直军西路司令，徐督队作战，在良乡以北击退奉军优势兵力之攻击。奉军总退却，徐追击至丰台。旋奉命南下援豫，进出郑州、许昌间，敉平变乱。调任第十五混成旅第二团团长，孙岳旋奉命兼冀南镇守使及右翼巡防统领，乃率部移驻大名、保定、南宫等地，一切多赖徐佐理。民国十三年（一九二四）五月，徐奉调任第一团团长驻定县。旋直奉战起，孙岳任京师戒严司令，先调本旅第二团及骑炮兵等入北京。第一团尚未北移，而孙电促徐赴北京。

先是，当孙岳驻大名，续桐溪、刘守中等即时往劝说其推倒曹锟、吴佩孚，并时驰函催促。唯徐深受《春秋左传》大义之影响，极不以推倒长官为然，而以清除匪患、安定民生为急务，孙因之不能决。逮移防北京，续等更来劝迅速把握机会，故孙特召徐来商，徐仍坚守前议，僵持至再。有谓倒曹、吴之举，事在必行，孙岳计已决，特不愿拂徐意，亦以其所恃者在徐之部署。徐因语孙："今日之事，问意见，我不同意；命我做，我当从命。"于是谋遂定。此即是年十月二十二日冯玉祥实行"首都革命"的前奏。

十月二十四日，冯玉祥、胡景翼、孙岳等通电就任国民军总司令兼第一军军长及副司令兼第二军、第三军军长，任徐为第三军中央暂编第一混成旅旅长。

民国十四年（一九二五）一月，段祺瑞任孙岳为陕豫甘剿匪总司令，孙派徐为国民军第三军第一路总指挥，率部由保定南下经河南西进，七月九日入潼关，十二日达渭南。陕西督军吴新田之北洋军第七师布防临潼一带企图抗阻，徐以所部多为新兵，且无后路，乃以猛攻速决战略，遂一战而胜，十六日午前进抵西安。八月二十五日，孙岳奉令兼任陕西督办，乃任徐为第一师师长兼陕西警备司令。

其时，胡景翼病殁，岳维峻继长国民军第二军。九月，岳邀徐赴开封与吴佩孚代表共商联孙传芳讨奉军计划，徐以第二军陷入奉军包围，第三军既不能入甘肃，在陕西又难自给，联合驱奉是亦一道。十一月初乃率部出潼关经郑州北上，长驱入保定，即以主力扑任丘、大城，指向天津。旋国民军第一军亦迫天津西郊，奉军总退却，孙岳入天津任直隶督办兼省长。

民国十五年（一九二六）一月，直鲁联军反攻天津，奉军再入山海关，吴佩孚又乘机抄袭，国民军第二军溃散于豫西，第一军撤退五原，冯玉祥下野走苏俄，徐率所部及第三军之愿撤西北者退集包头。这是国民军成立两年来空前未有的厄运。时孙岳因病留五原休养，徐代理第三军军长，承担起由这一战败而发生的许多问题。是年九月，冯得俄人援助重回五原誓师，徐以主张不合，遂与冯疏远。

盖徐对俄人侵略中国史实印象深刻，民国十四年秋入陕之初，王法勤介绍苏俄代表希拉尼（Sinani）中将来孙岳军商协助军械事，徐与接谈即多不洽。其后孙岳接受苏俄顾问，并以数人派往徐之第一师，徐亦不之问，但供给饮食而已。故当冯玉祥自俄回五原与徐会谈，徐更以俄人不将中东铁路交还，足证其所谓援助中国并无诚意且反映其存心不良。于是返包头，谋屯垦，旅赴太原谒晋绥军总司令阎锡山，极得阎敬重。是年十一月，冯率部援陕，徐即率第三军自榆林转道入山西汾阳。孙岳旋亦来访阎，请准徐所部以客军留晋。

民国十六年（一九二七）六月，阎锡山就任国民革命军北方总司令，为尊重孙岳，仍允徐以国民军第三军名义率所部驻守井陉，巩固晋境。是秋，徐配合晋绥各军转移攻势进击奉军，旋以定县不守，乃从容率部退集获鹿、平山一带，布防于滹沱河线。阎锡山委以北方军东路军总指挥，徐请阎对所部仍以客军待遇，借尊崇孙岳传统，阎嘉其义允其请，徐乃受命。且以所部布防原来前线，晋绥军主力悉退集井陉山地，构筑防御工事，储粮秣，备煤炭，积雪冰，谋固守以待敌之可胜。十月，奉军大举出击，徐在前线略予周旋即全军进入井陉山地，固守北起观音陀，中经井陉山、雪花山，南迄固关以南之线。奉军几次进攻，终无法前进。

民国十七年（一九二八）一月，国民政府继续北伐，阎锡山就任国民革命军第三集团军总司令。徐奉派为国民革命军第十二路军总指挥。四月，徐率所部及第四集团军东路军反攻，出井陉，过获鹿与循津浦、京汉铁路线北进之各军互为声援。一战越滹沱河，再攻至望都，五月三十日攻克保定，即奉命驻守这一重镇。六日之后，北京也为北伐军光复。

其时，在上海养病之孙岳逝世，徐率部为之迎灵发丧，举行追悼大会后，深以所统部队原受符于孙，孙存则义当返璧；现孙已病逝，而以所部易帅改隶应可邀谅孙于九泉。于是决心释兵柄以遂初志，乃请准将所统国民军第三军旧部整编为两师、一骑兵旅、一独立团，正式隶属阎总司令麾下。徐对于长官（孙岳）的忠贞出于至诚，经过三年漫长岁月更显现于世。

是年六月二十五日，国民政府令派徐为河北省政府委员，协助省主席商震处理久经兵燹的北地。迨绥远设省，是年十月十二日，国民政府即派徐为绥远省政府第一任主席。

其时，绥境久困于旱灾，野有饿殍，且土匪横行，民不能安其居，徐乃商请赈济督办朱庆澜运东三省余粮以救绥灾。又请华洋义赈会会长张元善以工代赈，开筑河渠。于是赈粮源源而来，足食兴工，有如丰年，实为历来各地救灾中所仅见。同时徐又督同晋绥军努力剿匪。一九二九年春，匪患肃清，灾害解除，农田已可依时播种，社会秩序遂告安定。是年八月十日，国民政府调任徐为河北省政府主席，莅任不久，新任日本驻华公使佐分利来做到任后之拜访，旋在北平日本使馆设宴款徐。时值东北新发生所谓铁岭事件，佐分利深以中日两国悬案之多将使两国关系陷于无法解决之僵局为忧，徐即席发言对中日间悬案之多认为正常，且正表示两国关系之深，譬如法庭所见两造诉讼多属朋友故旧，而邻居、亲戚、兄弟间之讼争亦复不少；中日两国既属近邻又属兄弟之邦，衡以人情雅不足怪，唯赖双方相见以诚求其公平、合法合理之解决，不走极端而已。佐分利深佩徐此一说词，并一再引用转为日本上议院议员访华团及朝鲜总督来华时言之。不意三月余后，佐分利归国述职，竟以自杀闻，徐痛失一和平良友，特赴日使馆吊祭之。

是年河北省水、旱灾交集，徐约集北平、天津银行界，并邀请朱庆澜、熊希龄等会商，呈请行政院核准长芦盐斤附加救灾捐二年，并以之做抵押向银行借款，设立河北省农田水利委员会，凿井浚渠，培养民力。同时更致力于河北省预算之整理，减少省政不必要之开支，剔除中饱积弊，增益税收，极得时论赞扬。

民国十九年（一九三〇）四月，酝酿多时之阎锡山、冯玉祥等反中央运动终告揭幕。年来徐与何成浚、何应钦等奔走太原劝说之努力全成泡影。中原大战开始，阎任鹿钟麟及徐为前敌总司令及副司令。五月五日，鹿、徐在兰封前线通电就职并督率所部东进，自后兰封以东即为两军拉锯激战地区。九月下旬，中央军加强压力，战局急转直下，张学良之东北军又入关。鹿钟麟通电解除军职，阎旋亦下野，徐被任为晋绥警备总司令，与山西省政府主席商震共同收拾残局。

民国廿年（一九三一）八月十一日，国民政府任命徐继商震为山西省政府主席。莅任之后以工业不振，学风窳败，特成立山西省政设计委员会及中小学教科书编审委员会，致力经济建设，倡兴水利，及整顿教育。

沈阳事变发生，空前国难来临，而各地方军政长官谋国步骤未能一致，徐往来北平、太原间，力求协调歧见。民国廿一年（一九三二）九月，军事委员会北平分会成立，徐往来北平、太原道上更形忙碌，努力于华北人事之协调与力量之团结。是年冬，蒋委员长电召徐往汉口征询其对内政、外交各种意见，徐知无不言。

民国廿二年（一九三三）《塘沽协定》前后，徐仆仆故都促各方协力同心，忍辱准备，以图自强。

民国廿三年（一九三四）七月，徐奉蒋委员长召再至武汉，并至江西前线视察。

翌年春，徐请求蒋委员长组参谋团入陕指挥军事并监督省政。蒋委员长嘉纳之，时日本假借伪“满洲国”与苏俄商谈收买中东铁路事，徐特指出“是余自始不认俄人为有诚意于我者，今日更得证明”。而日军对冀察之侵略与日俱增。徐忧劳甚，致患咯血。在北平医院治疗，仍以协调各方意见为务。徐尝苦口劝说若干军政人士：“日人之得寸进尺固其国策，然亦由我中国人之无识见，有以助成。日本之国策在不要中国之统一。凡有统一中国力量者，日人均视之如蒋委员长。”又尝就当时对日外交及军事各端恳切条陈蒋委员长，蒋委员长嘉纳之，复电有“一鞭一条痕，针针见血”语。

民国廿五年（一九三六）一月，内蒙德王被日人煽动，而乌、伊两盟十二旗王公素与晋绥关系接近，通电拥护中央。一月廿五日，国民政府公布绥远境内各蒙旗政务委员会组织大纲，并派徐前往策助成立，以与德王百灵庙主持之“蒙古地方自治政务委员会”抗衡，头绪粗就。五月二十六日，国民政府乃任命赵戴文继徐为山西省政府主席，徐得卸仔肩，然仍为国防事数数往来北平、南京间，以沟通意见。事实上，徐早已是蒋、阎之间最重要的桥梁。

先是，当徐主政绥远之初，即命专人代为登记其个人俸给收支，其后调任河北，迄于辞卸山西省主席，前后列账三册，徐均特别保存之，将以留示子孙，俾明其做官之收支与生活：清慎勤俭，未玷家声，非义之财，从不受也。其廉介如此。

民国廿六年（一九三七）三月六日，徐奉派为军事委员会办公厅主任，佐蒋委员长整军经武，致力国防。就徐与阎以及冯玉祥国民军诸将领关系来看，这确是一融洽各方的最好安排。卢沟桥事变发生，徐奉命先后至保定行营及第一战区协助指挥。民国廿七年（一九三八）一月七日，军事委员会改组，设军令、军政、军训、政治四部，徐奉派为军令部部长。

军令部主持参谋作业，尤以搜集并研判敌情，策定作战最高指导方针及各战区作战大纲，责任非常重大，故国内优秀人才多集中于此，例如主管敌军情报及研判的第二厅厅长杨宣诚（湖南长沙人，一八八九—一九六二。日本海军炮术学校及水雷学校毕业，曾任长沙及汉口交涉员、驻日公使馆武官等职）即国内著名三数“日本通”之一。

至于参谋人事制度之建立、参谋教育之改进，对于统一国军战术战斗观念，提高国军素质，尤多影响。徐在职八年［民国廿七年至卅四年（一九四五）］劳苦坚忍，不因体弱多病而少懈，其最费心力者在研几徙薪之处，皆胜败所关，存亡所系。惜因国防机密，若干事实，尚未可公开。

民国三十年（一九四一）七月，中国抗战四周年，徐曾撰《四年来敌我战略战术的总检讨》一文，简明分析采用速战速决战略的日军为什么没有能击败中国军队，反使中国军愈战愈强？

徐指出这是中国军最高统帅部采用持久消耗战略的成功。因为中国国土广大，人口众多，资源丰富，但工业不发达，军备不充实，一切的准备都没有完成，不能不争取时间：一面实施准备，增加军备，建设抗战工业；一面逐次抵抗，消耗日军的力量，以便去掉它的优势，而争取彼我的平衡，实行以空间争取时间的手段。于是中日两方形成一种完全相反的企图：在日军以战胜越迅速愈有利，在中国则以消耗愈持久愈有利。因为这两种战略的形态，采速战速决的必然是攻势，而采取持久消耗战的必然是守势；攻势的力量需要集中才能夺取成果，守势方面则需要扩散才能免于覆灭。但攻击前进是最使军队衰弱的主因，一面要受守者抵抗的消耗，同时受疾病的死亡。守者自由撤退，攻者不能不提心吊胆而被动地跟着前进；后方的联络线越加长，越要留守多数守兵驻防，也越增加游击队袭击的机会，使其第一线兵力因而减少。使守者渐渐到达兵力的平衡，于是攻者愈战愈弱，而守者则愈战愈强。

中国军基于这一战略，故日军在上海会战没有达到歼灭中国野战军的目的。经过三个月巨大死伤之后，不能不被动地跟着中国军退却的方向，而向南京前进；在南京未能歼灭中国军，又不能不逐步交付牺牲，而追随中国军之行动以举行徐州会战。在那里，日军确曾希望以包围的行动一举歼灭中国军，但中国军于取得台儿庄胜利，迫日军交付应有的牺牲外，又使它获无所获，而不能不溯江仰攻武汉。交付代价，亦为前所未有。故自武汉会战后（民国廿七年十月），日军已经达到其战略顶点，也就是达到了衰弱降弧线，不能有再进的能力。而在这时期，中国抗战的工业都已经迁到西南各省后方再建设起来，中国军的兵力也已经增加一倍以上。这就是说，中国军已经争取时间，并把战场扩散，日军的优势也被分散。日军的速战速决的战略计划便已经粉碎。

除开上述综合说明之外，徐又根据德国军学家克劳塞维茨所谓战略的因素包括精神、物质、算学、地理、统计诸元而逐项分析说：

（一）精神即战争意识，其内容包括将帅的技能、武德、军队和国民的气概三者。日军速战速决战略之失败，由于其统帅技能的庸劣者甚大：一、日本对于中国缺乏认识，只知以清朝和北洋军阀时代的情形来判断中国，以为只要战争发动，中国将只有少数人抵抗，故初计应用最少兵力于三个月内即可击败中国。二、因缘第一的结果，于是逐次使用兵力，但兵力虽越来越多，而地域则越来越大，兵力越分越散，不能取得地理上集合兵力于决战点，也同时不能取得时间上兵力的一致。遂使中国守势的兵力扩散，恰恰达到预期的结果：既免主力被日军击溃，同时也免除了包围迂回袭击的危险。至于日军武德缺乏，由其长官一任其士兵奸淫掳掠，并不注重军纪、秩序、法令的节制，尤见败亡之征。而中国军民抱死里求生、哀兵必胜的壮烈心理，与发动侵略战争之日本军民的气概自不可同日而语。

（二）物质的：就有形的编组及各兵种的比较数目说，日军在装备上自较中国居优势，但所谓利害是相对的：一、日本的兵源困难，在兵数上不能与中国相敌。二、日军虽有众多炮兵，但克劳塞维茨有言，炮兵多，则作战带主动性者少，而带被动性者多。以是战争的主动地位常属于中国军，日军步炮兵若使分离，其步兵即没有勇气，远非中国军之敌手。

（三）算学的及地理的：日军渡海而来，其对于作战线的选定，并没有一种洞察全局的先胜而后求战的目的和中间目标；同时不论由黄河、长江流域方面都须要溯江仰攻，沿平汉、津浦铁路线南下又有黄河的天险，并且受居高临下的侧击威胁，长江虽然是一条优良的大动脉，然因日军统帅能力的拙劣，对全面战争没有通盘的打算，以致演成被动：在徐州地区受台儿庄的败战，待中国军完成长江南北的作战准备，日军始沿长江两岸的狭长地形，遭受半年以上仰攻的消耗，结果速战速决成了泡影，而兵力的疲劳衰退就达到了不能再进的顶点，且日军编制装备使其不能离开交通线，而其兵力集中与机动力又不如德军之现代化，反因炮兵比例的累赘，使中国军在疏散机动上取得便利，使守势的扩散运动灵巧施行。

（四）统计：由于中国军自由向国内退军，随处可取得仓库的补给，而日军则完全相反，随战局而屡处于被动，后方联络线加长，逐步成几何级数而增加困难。

根据以上的分析，说明在战略上的各要素都与日军不利，所以能够粉碎其速战速决的战略，也就证明中国持久消耗战略的正确。徐于此强调指出："假如我们当初以准备不充分的军备也和敌人举行攻势的决战，我们一点不要作危辞耸听的话，即使在南京附近没有被歼灭，最低限度在徐州会战是有被歼灭的可能。这不是气运的赌赛，而完全是人为的统帅作战能力的竞争，才能达到粉碎敌人战略的目的，建立我们胜利的基础。"

由于战术本是战略的承继者，故徐又进一步就战术方面加以分析：

（一）日军突破战术无效：上海会战时，日军以陆海空协同，企图对中国军施行正面突破。但因军队装备相对的利害，即某种兵的长处同时也带来它的短处，所以虽然日军在威力上较中国军强大，但机动上不能与中国军平衡，其步兵的战斗能力又不能对中国军保持优越，故每当突破将要达成的时候，便是其步炮分离的时候，因此随即被中国军击退，或因中国军增援而阻止，使日军的突破企图终不成功。故在上海方面，中国军能争取三个月的时间，掩护巨量工厂资源的内撤。

（二）迂回的抑制：正面突破无效，日军乃改采大迂回战术，由金山卫登陆，但中国军以抵抗目的已达，为求守势扩散运动，乃自上海退却。日军进攻南京亦采向芜湖的大迂回，而中国军依然施行扩散运动，以避免被歼灭。至徐州会战，中国军开始向日军施以"迂回者常被人迂回"之打击。徐州会战后，中国军以被歼危机已过，兵力亦增强，对日军迂回行动，每次都用反迂回的行动，给日军以打击。

（三）大包围的粉碎：日军素以强化攻击歼灭为主要战术，但在此四年中竟未能有一次实现其理想，如徐州会战时日军曾经由南北两面夹击，企图将中国军主力包围，结果中国军安然脱离包围圈。自后如武汉、长沙、粤北、枣宜、豫南、晋南以及日军所谓各地区之扫荡战，日军均采用全般或局部分进合击，求造成歼灭的大包围，但日军的战术磨炼实在不擅长于在这样广漠的战场上施展，故每次均被中国军用各个击破，或用反包围，或以离心退却，又将求心攻击的日军反包围。

（四）胶着性运动战：中国军由于兵员多，能行广正面全纵深的配备而成为一种全面性的阵地，所以成为胶着性。加以中国军均为轻装备，只有在主动性和运动性的战术条件下才能保障成功，所以成为运动性。此即中国军每一地区都有雄厚兵力应战，不论日军投向哪一方面，那里就成它的泥淖，而被中国军困住。

（五）由攻击到乘虚掩袭：自武汉会战后，日军力量衰退，无能再兴大攻势，乃改用掩袭小据点战术以保持士气，但徒予中国军以攻击消耗日军战力之机会，如日军掩袭南宁终演桂南会战。昆仑关战役更证明中国军攻击精神旺盛，使日军丧失固守阵地的自信力。

（六）由持久抵抗到攻势消耗：武汉会战前之各战役，日军进攻的成分占百分之九十四，中国军只有百分之六。自武汉会战后［民国廿八年（一九三九）一月至廿九年（一九四〇）二月］，日军进攻成分退到百分之五十六，华军攻势增至百分之四十四。至民国三十年三月，中国军攻势成分更增至百分之四十七。再以另一数字说明则武汉会战以前，日军平均每天前进约四公里，到民国廿八年年底则日军平均前进只为二百公尺，至民国廿九年年底则不但没有进展，反由南宁逃出约二百公里。

综合上述，徐在结论中指出：这就是日军在战略上的错误，招致了战争三害因——疲劳、缺乏、用力——而直接影响其战术行动，终使其战斗力衰退而趋于溃败的最好说明。“日军想打击我们战斗力的计划，已经绝对地成为过去了。”

以徐主管军令业务的身份，这一论文自是权威之作，实在是世人了解中国对日抗战获致最后胜利原因所必读的。

民国三十四年八月十日，日本宣布无条件投降。十七日，国民政府特派徐为中华民国代表团团长，参加同盟军统帅麦克阿瑟元帅之受降典礼。三十一日，徐飞抵日本横滨，九月二日随麦克阿瑟元帅在东京湾签署接受日本投降文件。这一文件今由华盛顿美国国家档案局印行，多少万曾购买此印本的游客都可发现徐的中文签名，这是一位军人所难获享的荣幸。徐在签署这一历史文件后，应新闻记者之请发表谈话，指出：“今天是要大家反省的一天，每一个在这里有代表的国家也可同样对过去做一反省，假使他的良心告诉他有过错误，就应该勇敢地承认过错而忏悔！”

九月六日，徐飞回重庆复命。是年冬，马歇尔元帅东来，建议成立军事三人小组。国民政府原拟命徐代表参加，徐不肯就。民国三十五年（一九四六）六月，国民政府任命徐为陆军大学校长。

国内局势激变，民国三十七年（一九四八）十二月二十二日，孙科任行政院长，挽徐出任国防部长，以调协各方共挽危局。民国三十八年（一九四九）一月二十一日，蒋公宣布引退时仍念念不忘北方局势，特亲作长函请徐携往北平面致傅作义希望勿变初衷。其后，傅退居绥远，九月十六日，蒋公又请徐飞往包头与傅恳谈。翌日，蒋公又电徐嘱以对国共问题所得教训转告傅，劝其不可再蹈覆辙。终以无法挽回，徐仍飞回广州，协助行政院院长阎锡山仆仆各地协调意见，旋率陆军大学员生迁移台北。

一九五一年春，“陆军大学”第二十三期学生毕业，学校改制，徐交卸校长职务。一九五二年改任“总统府资政”，一九五九年夏逝世。

徐赋性沉毅，不苟言笑，处世接物坦率谦抑，不矜能伐功，自署“求己斋”足以明志。平居好读书，尤喜史籍。明礼义，辨是非，论事解纷，辄以古为鉴，多方譬喻，使人心气和平，有所抉择。自民国五年一月一日开始写日记，从未间断，至一九五九年六月七日病剧始绝笔，所记皆关当代史实，至可宝贵。

原载《传记文学》第七卷第三期（一九六五年九月号）